RAELIANA

Warum sie die Verlobte des Dukes wurde

8

Whale

Original Story: Milcha

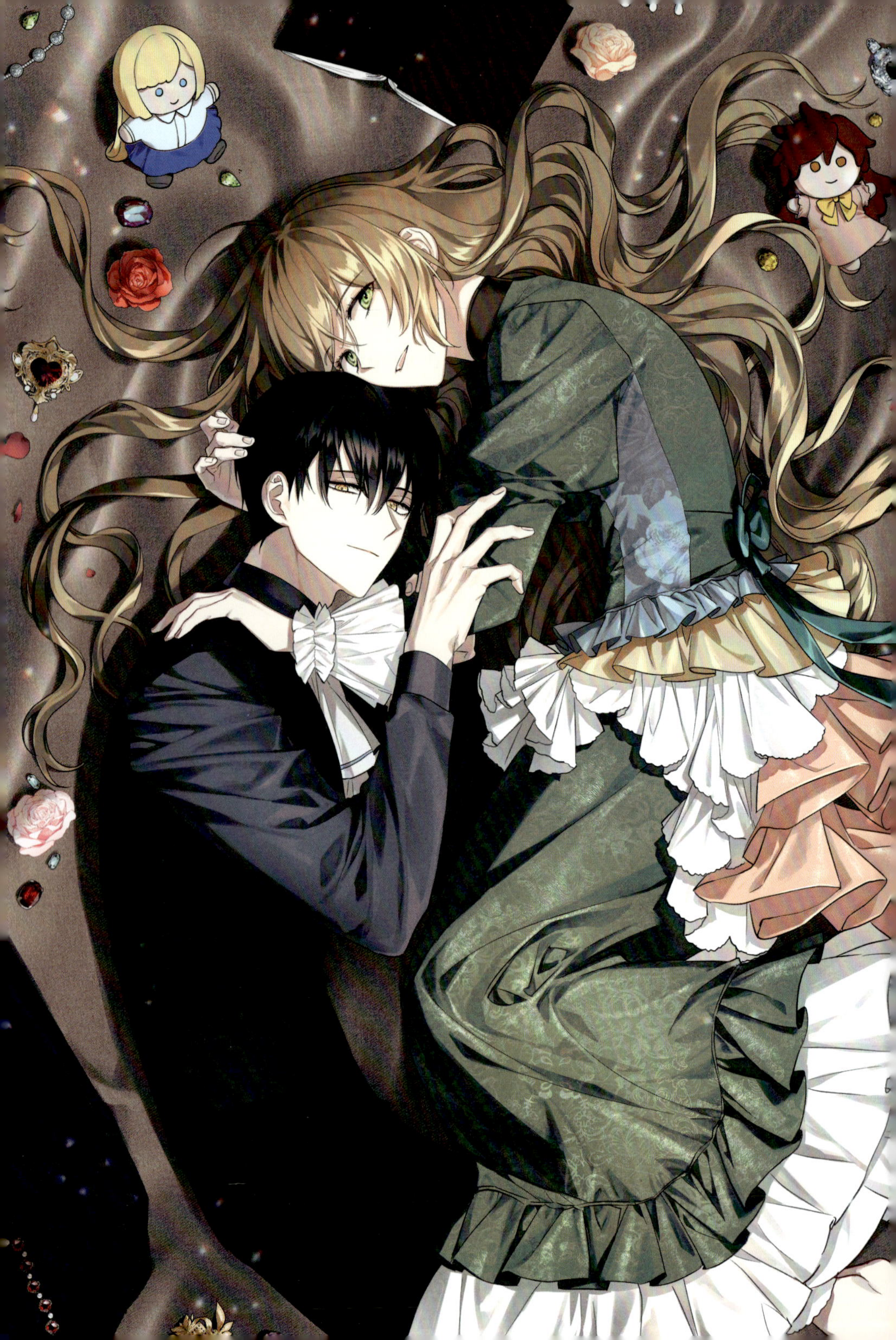

Whale
Original Story: Milcha

RAELIANA
Warum sie die Verlobte des Dukes wurde

8

Das Versprechen

»Du hast gesagt, dass du mich
immer retten wirst, egal was passiert.«

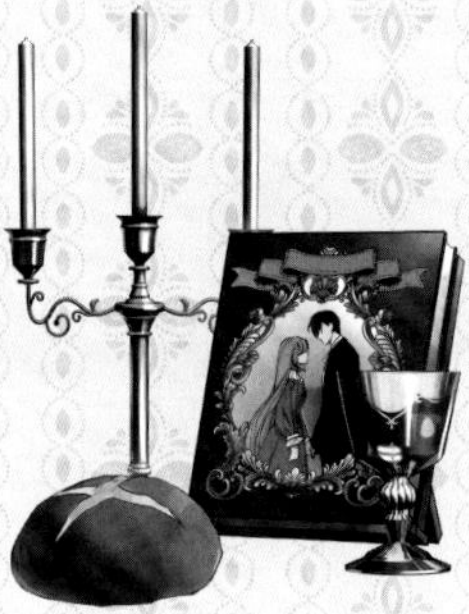

* Dieser Sammelband enthält Kapitel 125 bis 140 des Webtoons *Raeliana – Warum sie die Verlobte des Dukes wurde.*

Inhalt

Kapitel 21

Die falsche Rolle

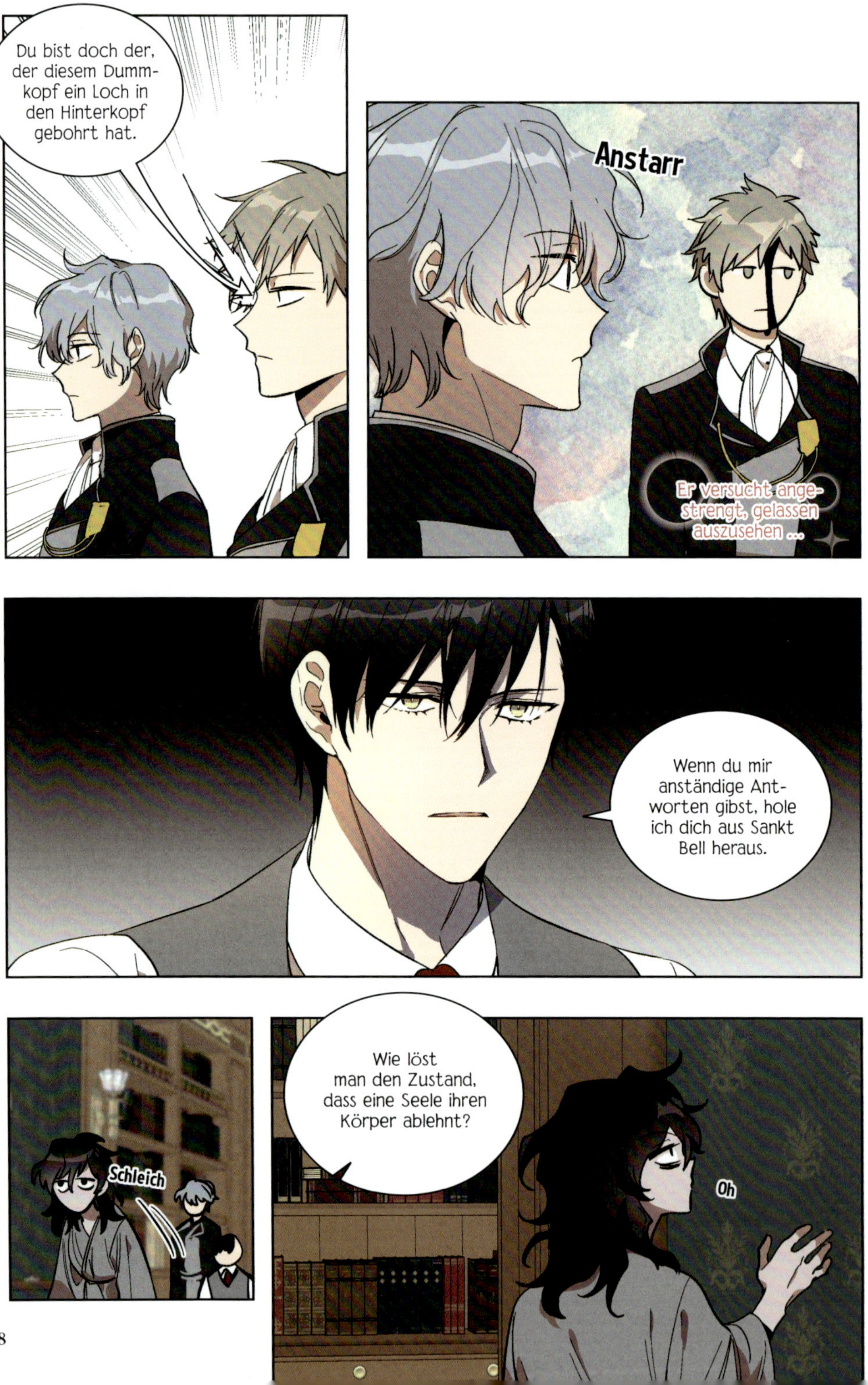
Du bist doch der, der diesem Dummkopf ein Loch in den Hinterkopf gebohrt hat.
Anstarr
Er versucht angestrengt, gelassen auszusehen ...
Wenn du mir anständige Antworten gibst, hole ich dich aus Sankt Bell heraus.
Schleich
Wie löst man den Zustand, dass eine Seele ihren Körper ablehnt?
Oh

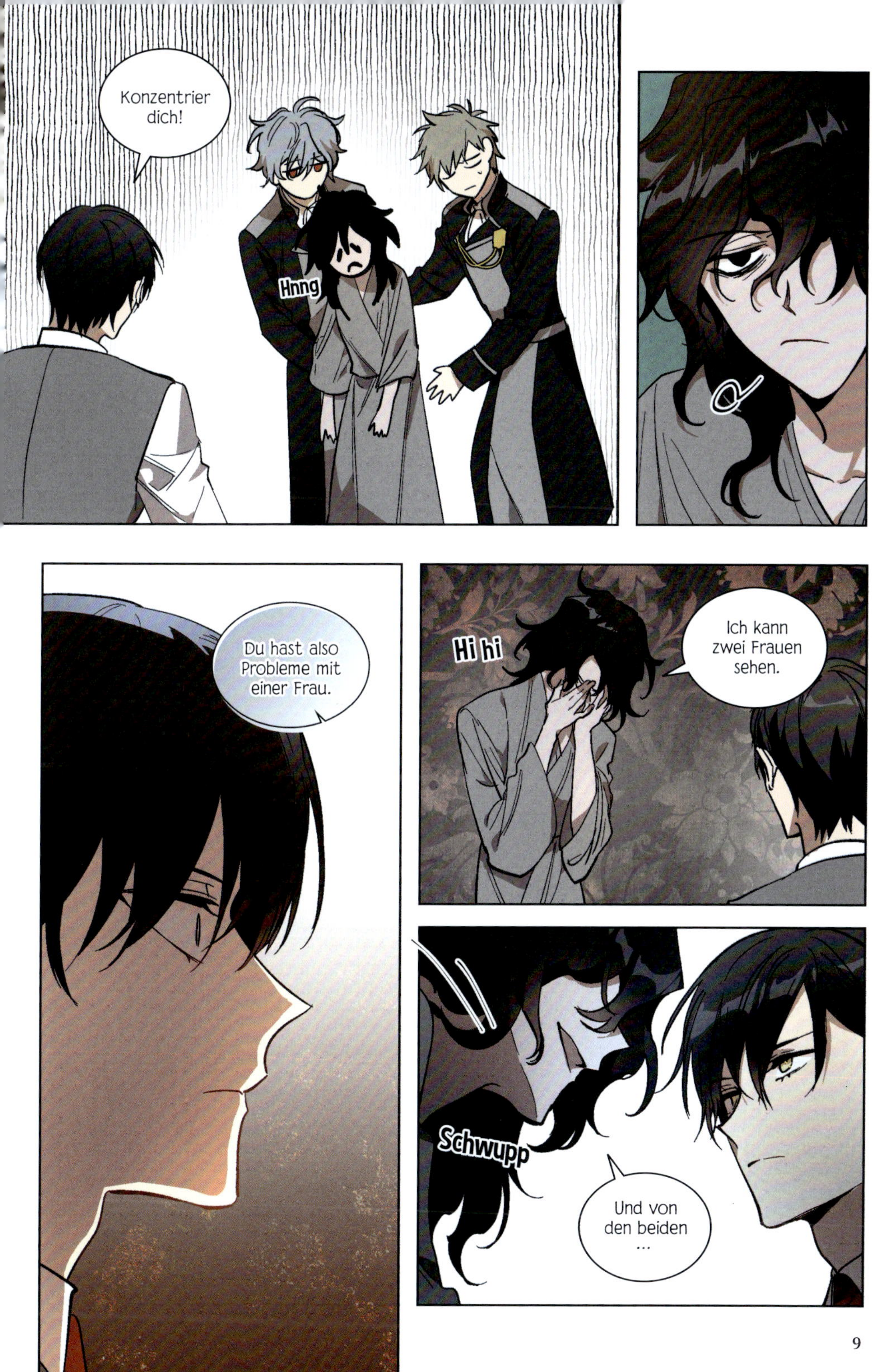
Konzentrier dich!
Hnng
Du hast also Probleme mit einer Frau.
Hi hi
Ich kann zwei Frauen sehen.
Schwupp
Und von den beiden …

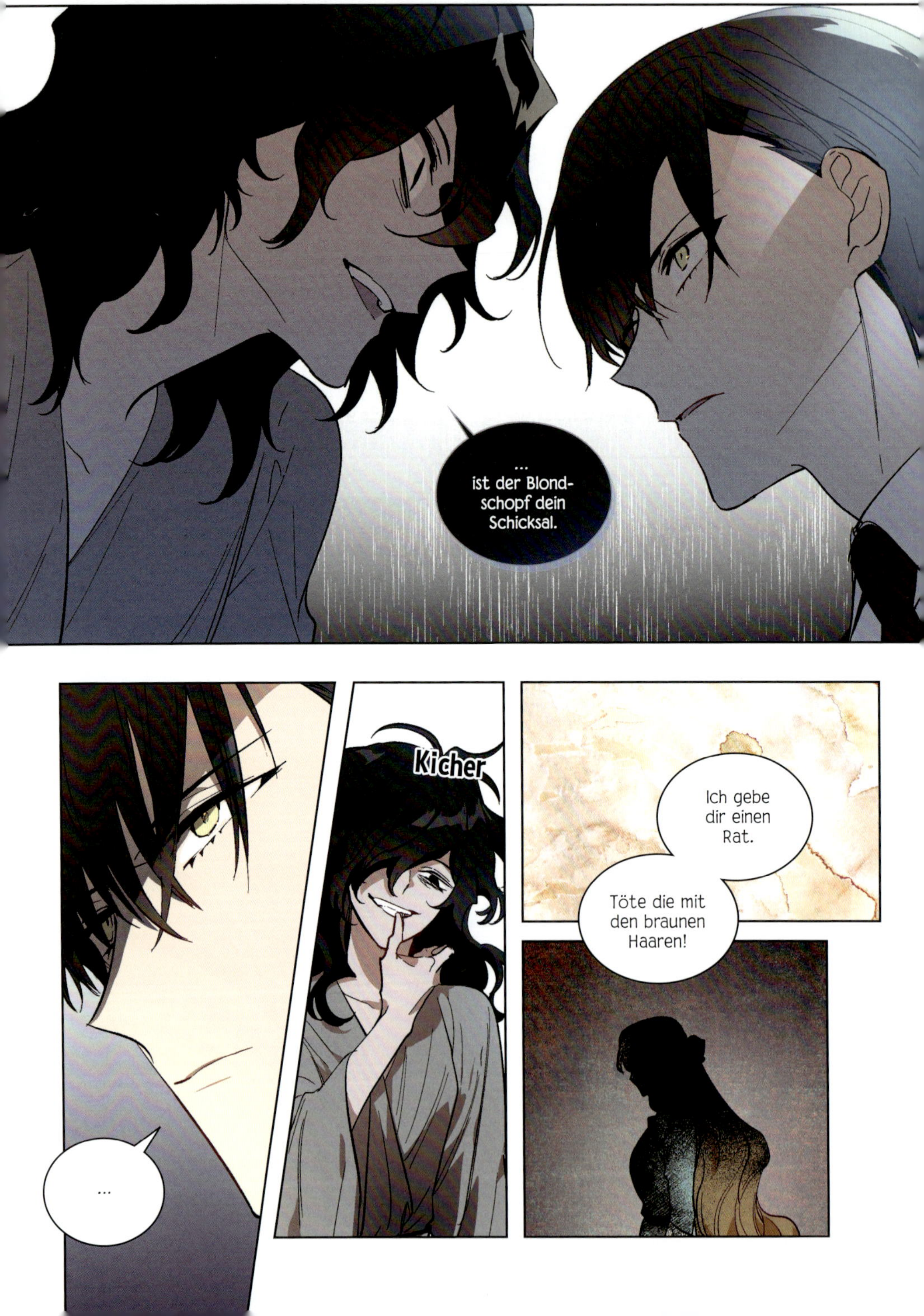
... ist der Blondschopf dein Schicksal.
...
Kicher
Ich gebe dir einen Rat.
Töte die mit den braunen Haaren!

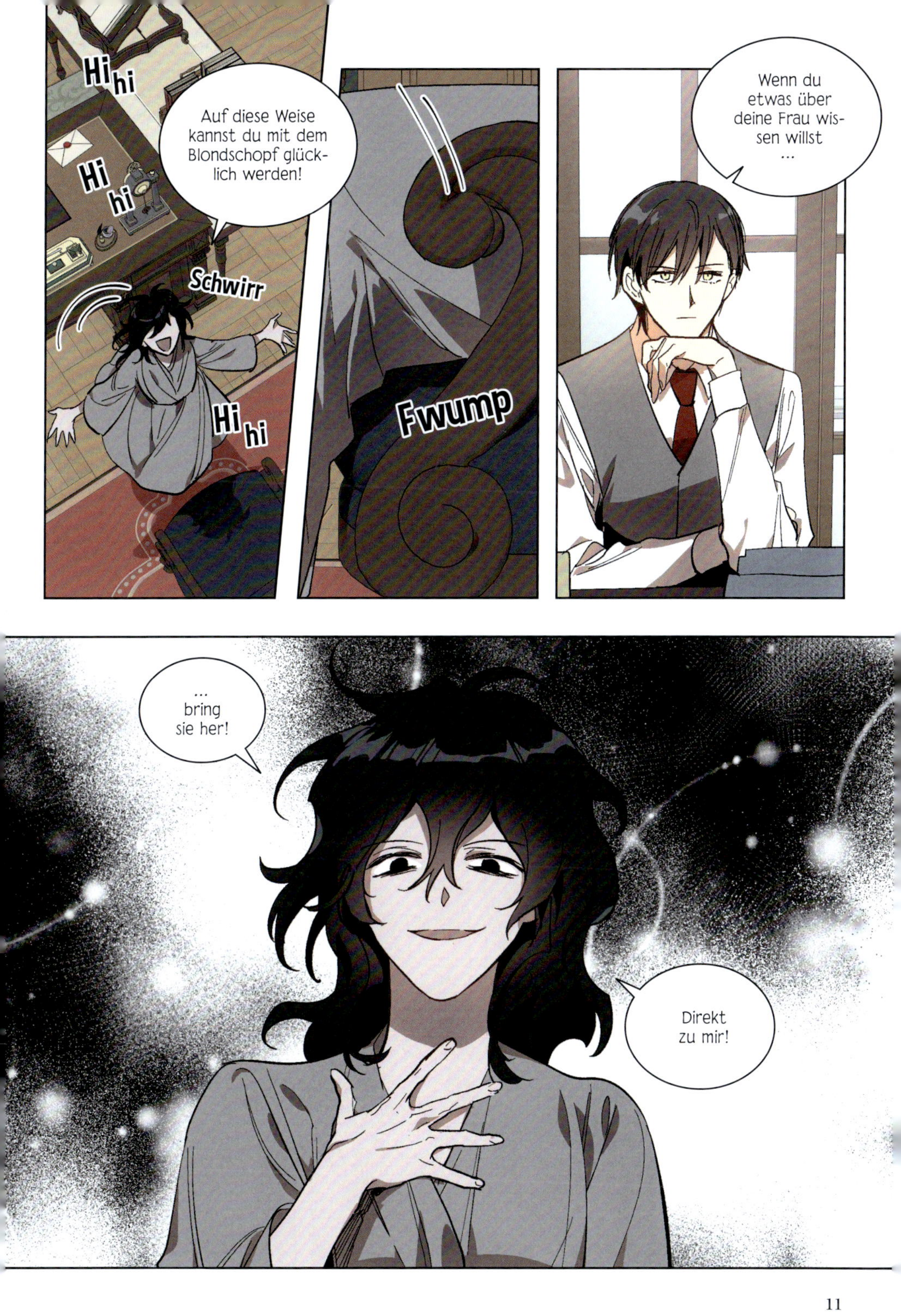
Hi hi
Auf diese Weise kannst du mit dem Blondschopf glücklich werden!
Hi hi
Schwirr
Hi hi
Fwump
Wenn du etwas über deine Frau wissen willst ...
... bring sie her!
Direkt zu mir!

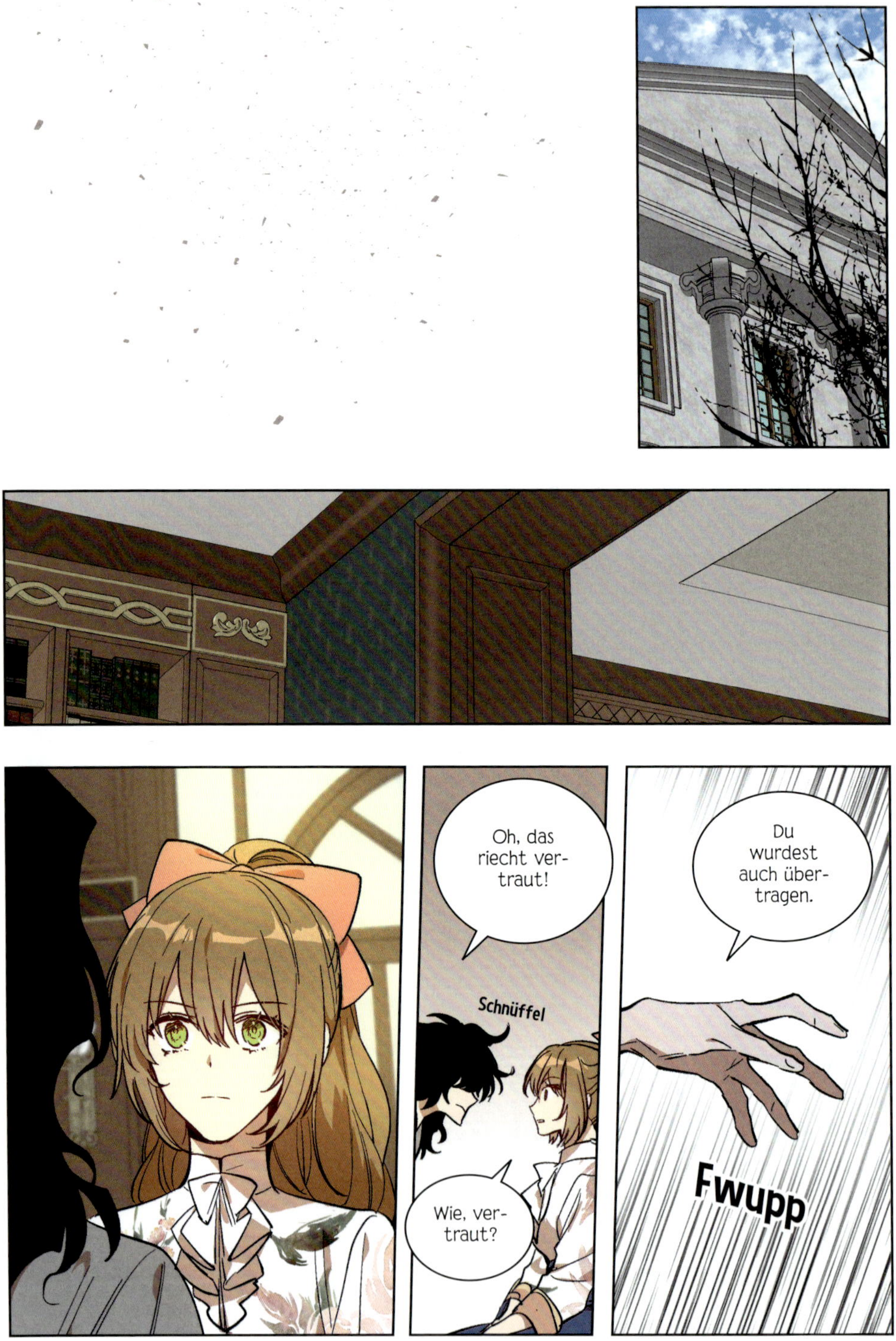
Oh, das riecht vertraut!
Schnüffel
Wie, vertraut?
Du wurdest auch übertragen.
Fwupp

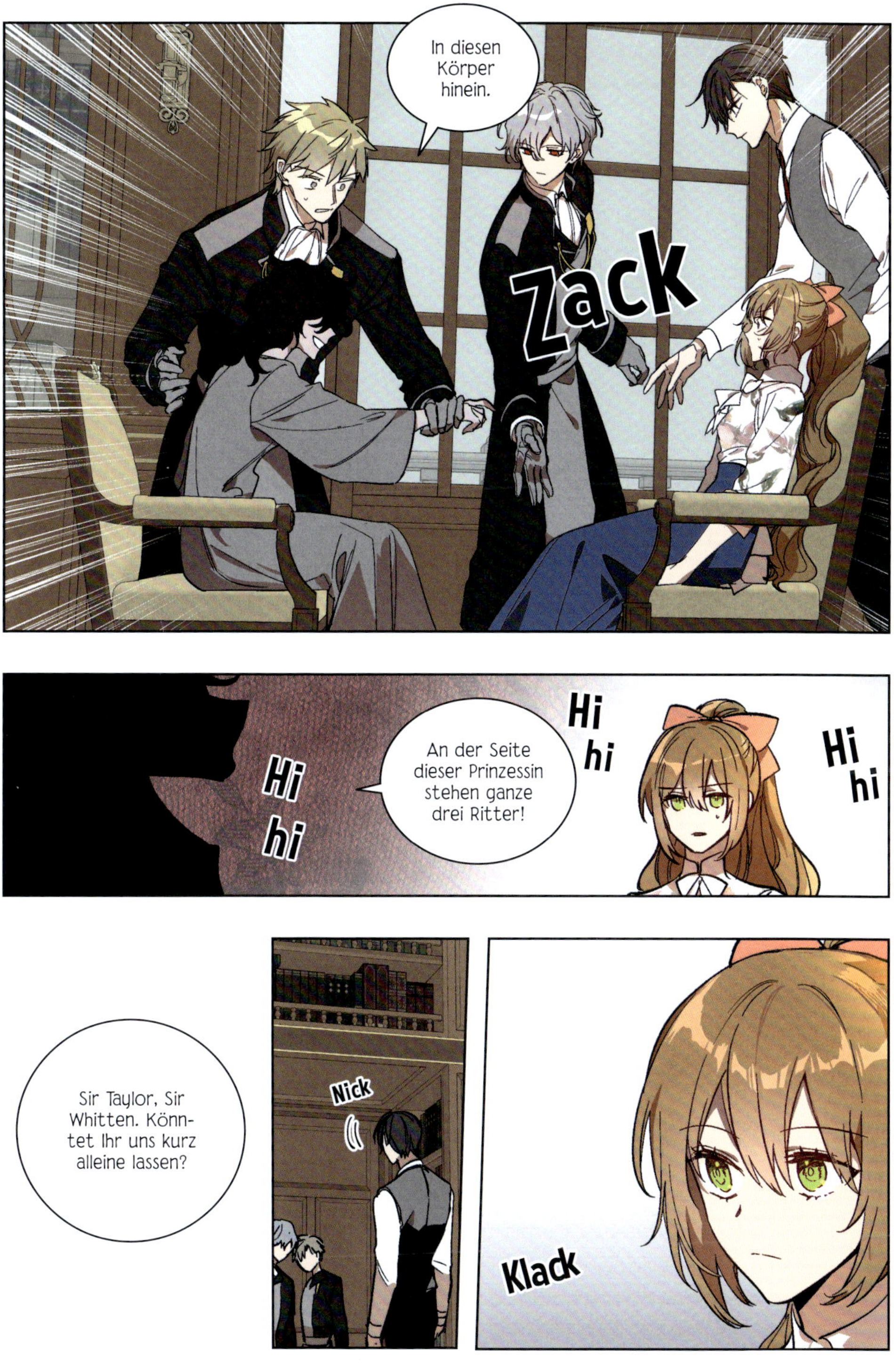
In diesen Körper hinein.
Zack
Hi hi
An der Seite dieser Prinzessin stehen ganze drei Ritter!
Hi hi
Hi hi
Sir Taylor, Sir Whitten. Könntet Ihr uns kurz alleine lassen?
Nick
Klack

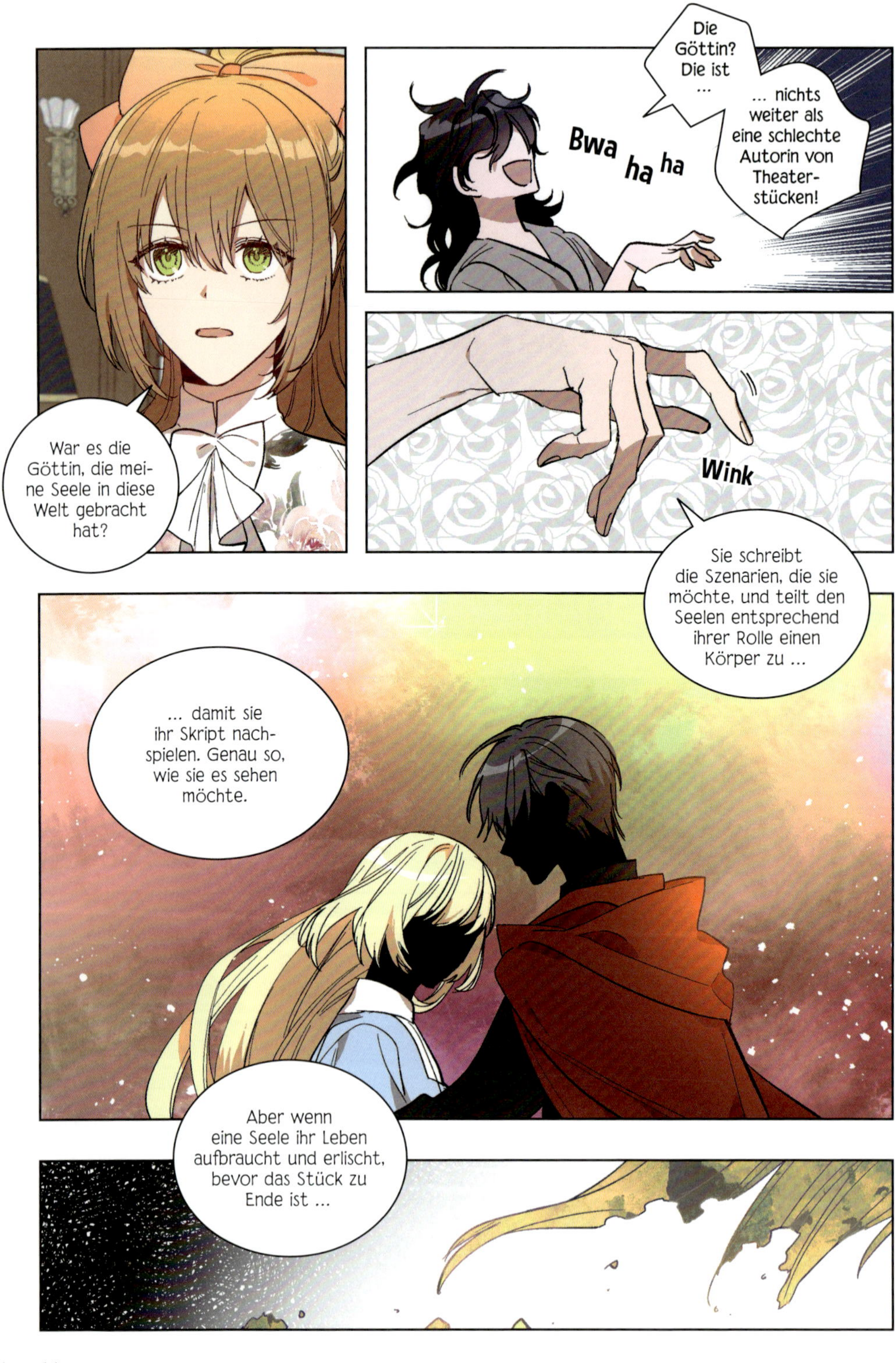
War es die Göttin, die meine Seele in diese Welt gebracht hat?
Die Göttin? Die ist ...
Bwa ha ha
... nichts weiter als eine schlechte Autorin von Theaterstücken!
Wink
Sie schreibt die Szenarien, die sie möchte, und teilt den Seelen entsprechend ihrer Rolle einen Körper zu ...
... damit sie ihr Skript nachspielen. Genau so, wie sie es sehen möchte.
Aber wenn eine Seele ihr Leben aufbraucht und erlischt, bevor das Stück zu Ende ist ...

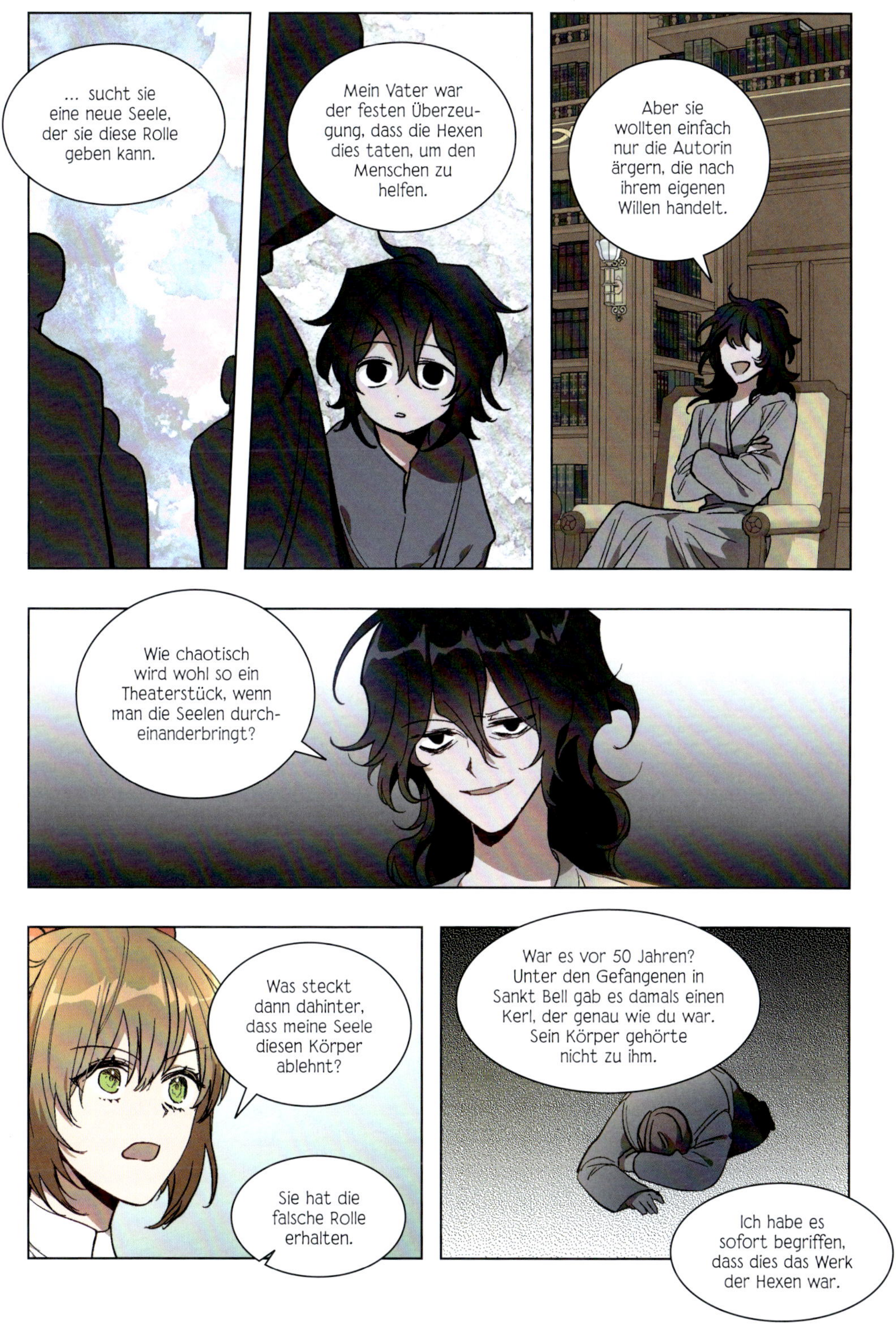
... sucht sie eine neue Seele, der sie diese Rolle geben kann.
Mein Vater war der festen Überzeugung, dass die Hexen dies taten, um den Menschen zu helfen.
Aber sie wollten einfach nur die Autorin ärgern, die nach ihrem eigenen Willen handelt.
Wie chaotisch wird wohl so ein Theaterstück, wenn man die Seelen durcheinanderbringt?
Was steckt dann dahinter, dass meine Seele diesen Körper ablehnt?
Sie hat die falsche Rolle erhalten.
War es vor 50 Jahren? Unter den Gefangenen in Sankt Bell gab es damals einen Kerl, der genau wie du war. Sein Körper gehörte nicht zu ihm.
Ich habe es sofort begriffen, dass dies das Werk der Hexen war.

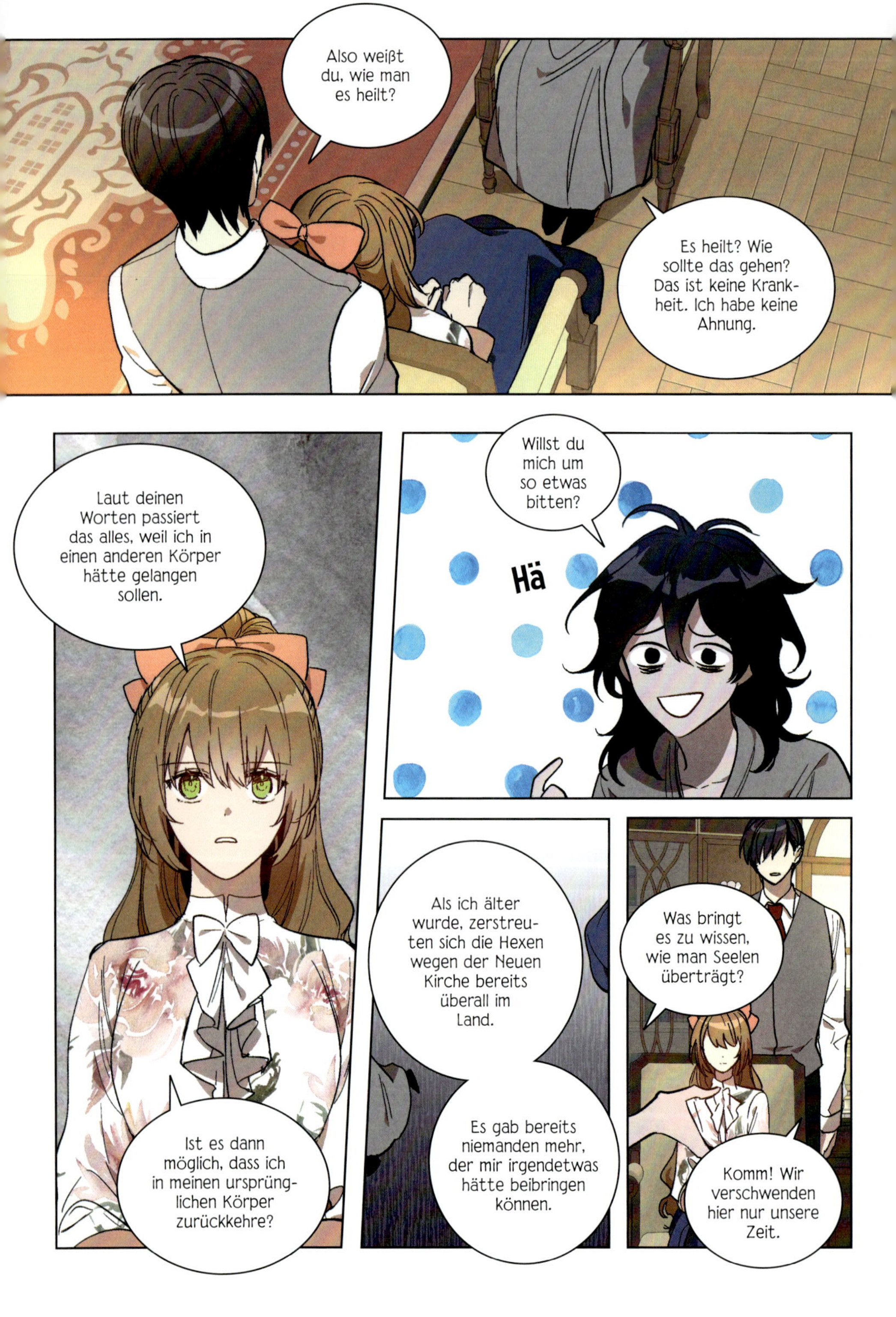
Also weißt du, wie man es heilt?
Es heilt? Wie sollte das gehen? Das ist keine Krankheit. Ich habe keine Ahnung.
Laut deinen Worten passiert das alles, weil ich in einen anderen Körper hätte gelangen sollen.
Willst du mich um so etwas bitten?
Hä
Ist es dann möglich, dass ich in meinen ursprünglichen Körper zurückkehre?
Als ich älter wurde, zerstreuten sich die Hexen wegen der Neuen Kirche bereits überall im Land.
Es gab bereits niemanden mehr, der mir irgendetwas hätte beibringen können.
Was bringt es zu wissen, wie man Seelen überträgt?
Komm! Wir verschwenden hier nur unsere Zeit.

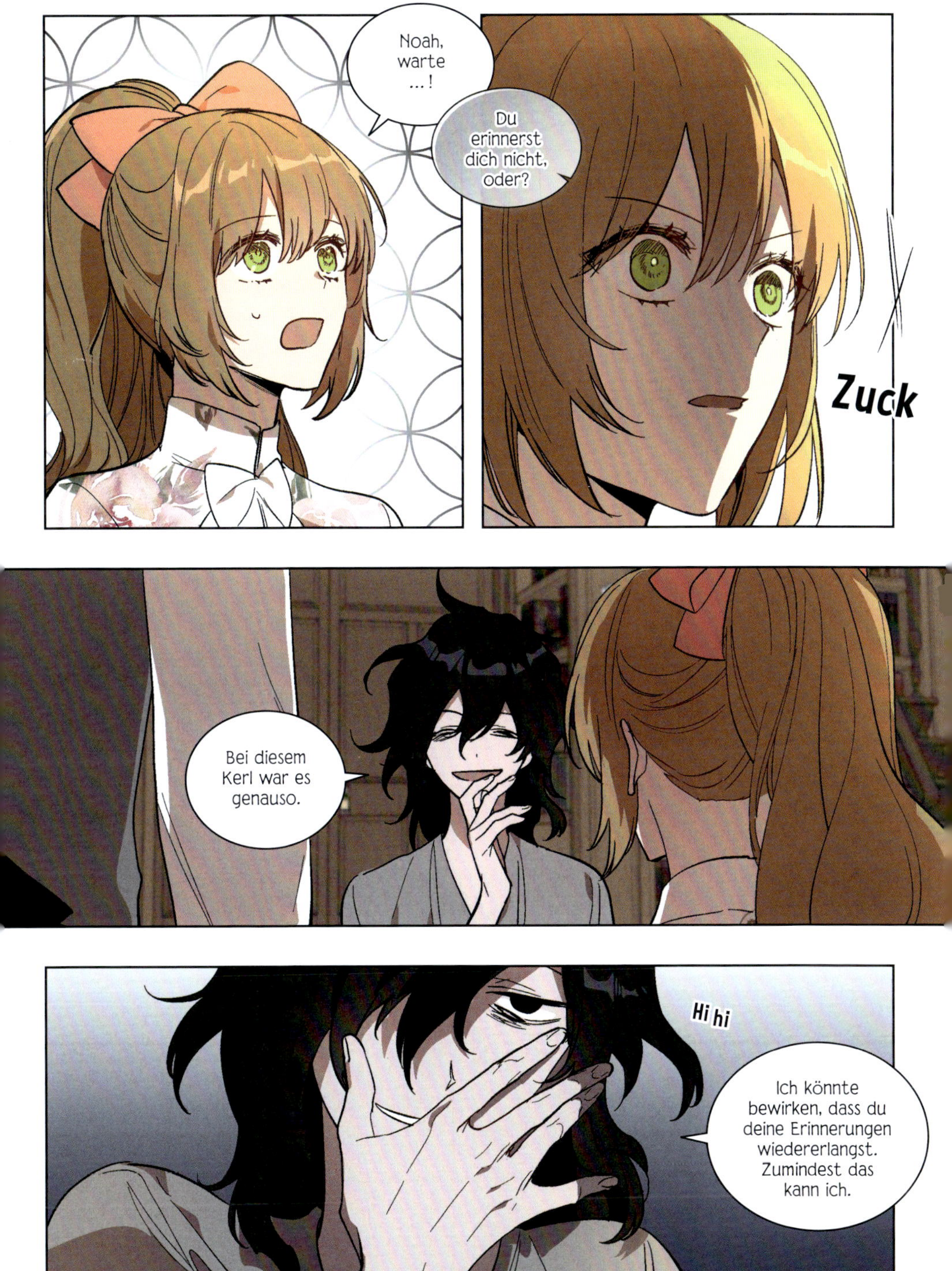
Noah, warte ...!
Du erinnerst dich nicht, oder?
Zuck
Bei diesem Kerl war es genauso.
Hi hi
Ich könnte bewirken, dass du deine Erinnerungen wiedererlangst. Zumindest das kann ich.

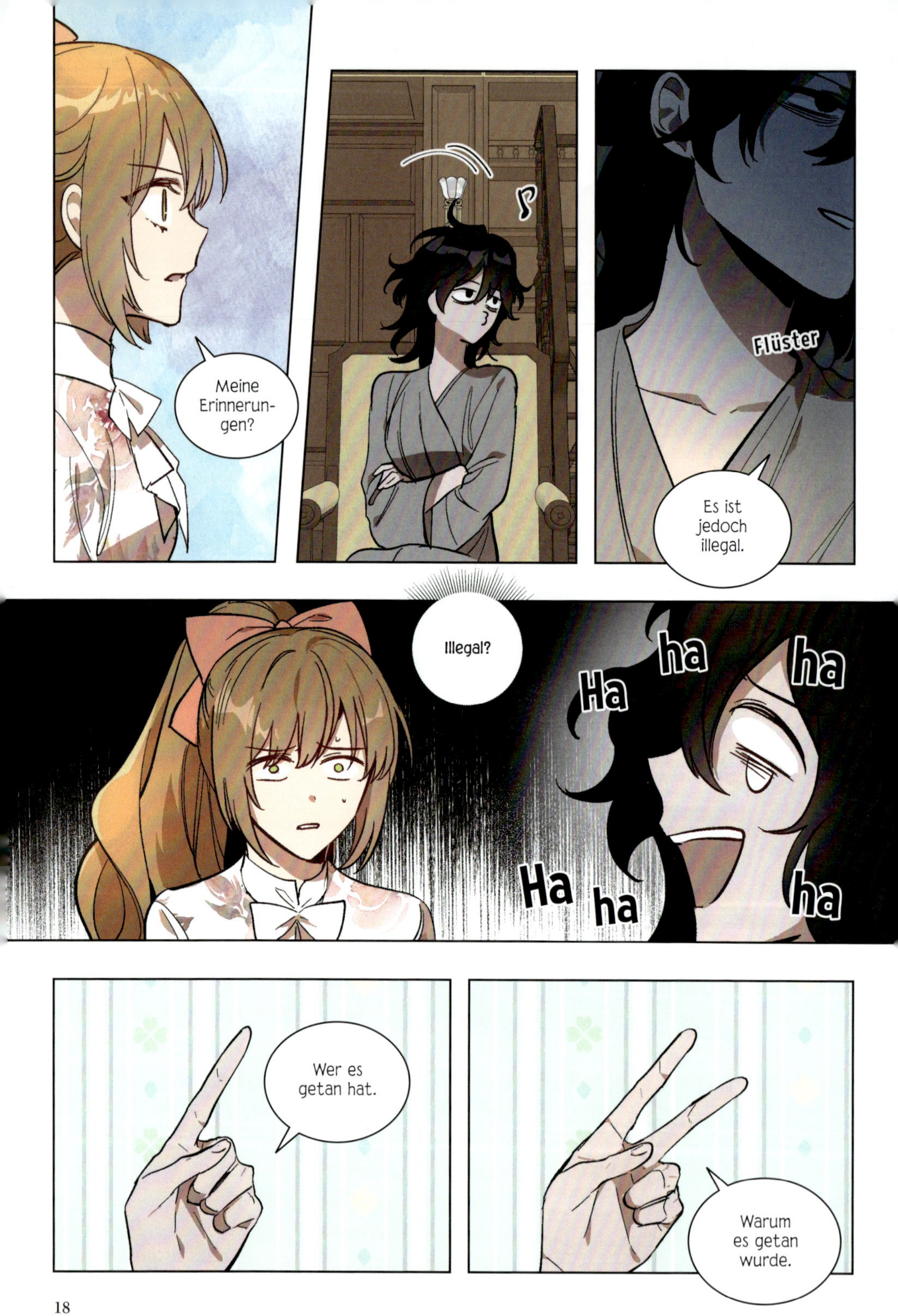
Meine Erinnerungen?
Flüster
Es ist jedoch illegal.
Illegal?
Ha ha ha
Ha ha ha
Wer es getan hat.
Warum es getan wurde.

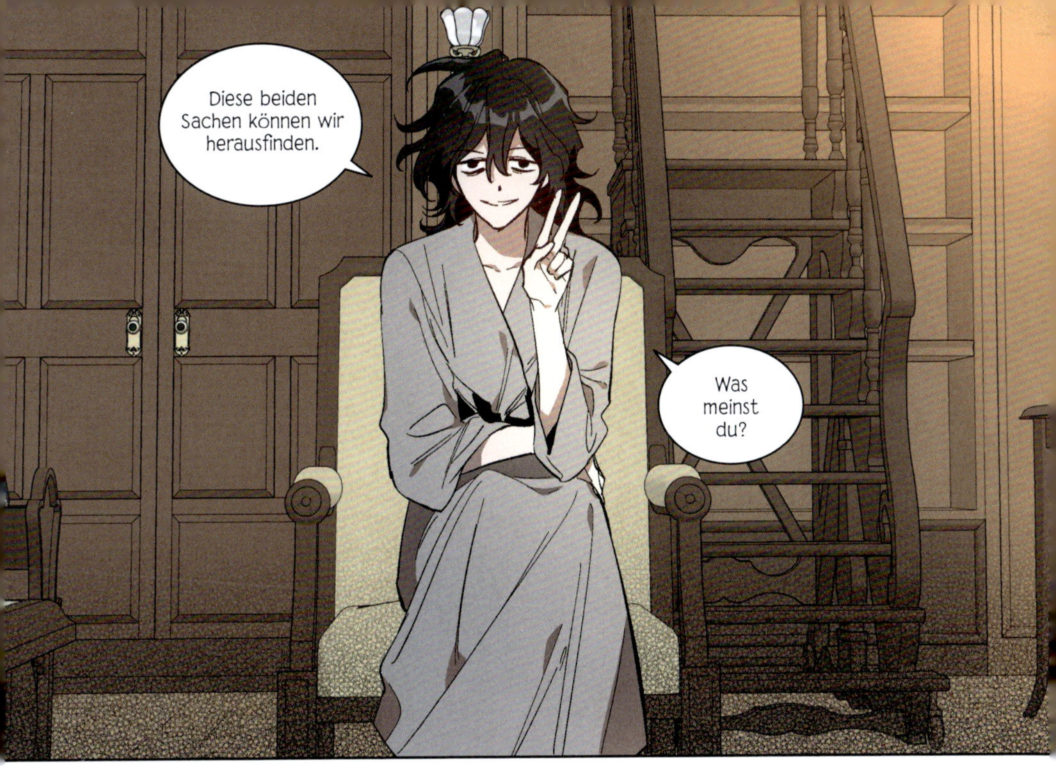
Diese beiden Sachen können wir herausfinden.
Was meinst du?

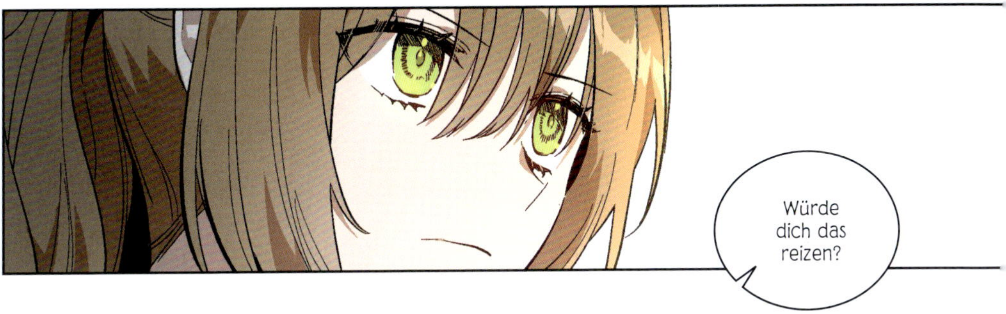
Würde dich das reizen?

RAELIANA

Warum sie die Verlobte
des Dukes wurde

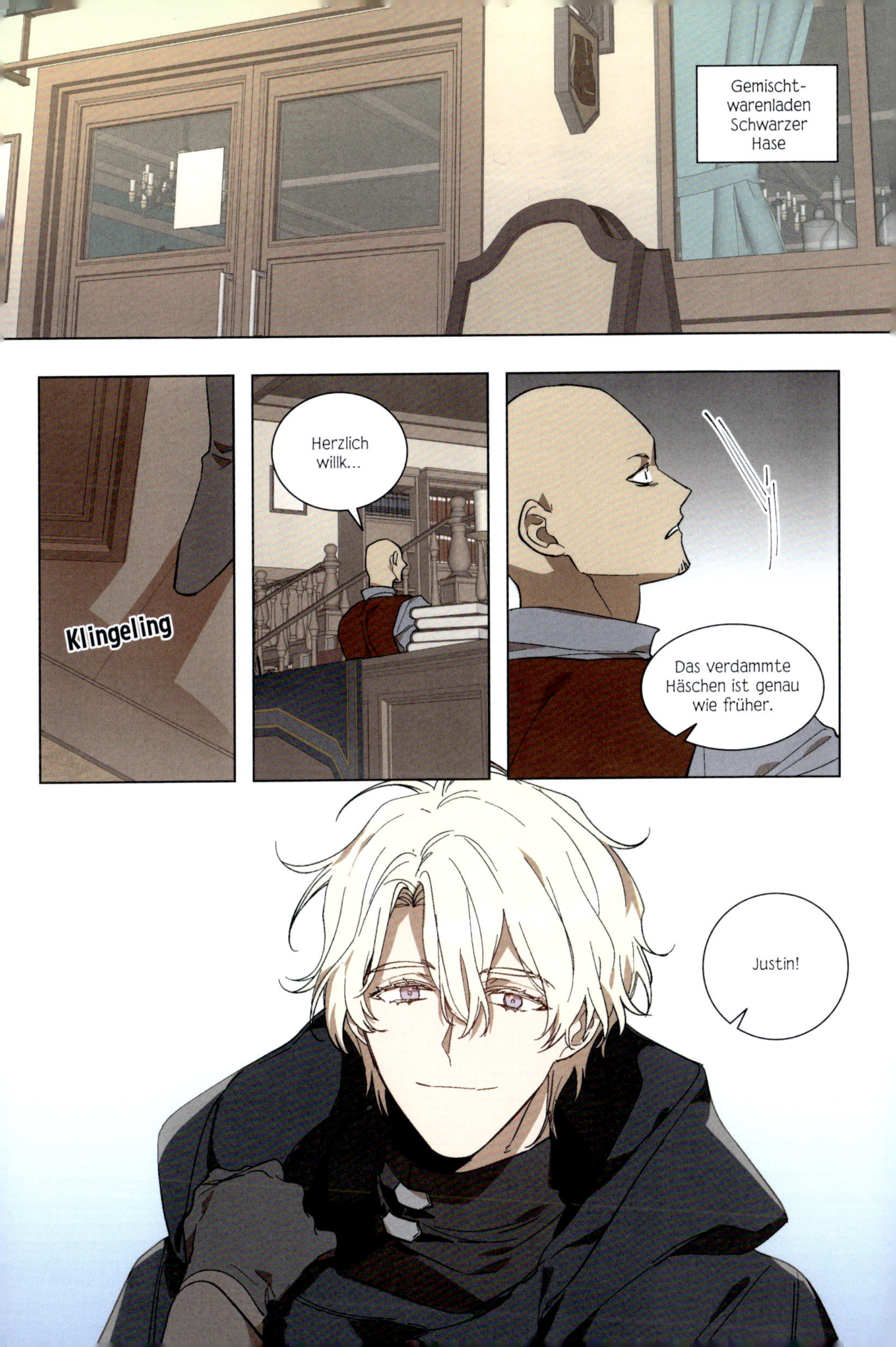
Gemischt-
warenladen
Schwarzer
Hase
Klingeling
Herzlich
willk…
Das verdammte
Häschen ist genau
wie früher.
Justin!

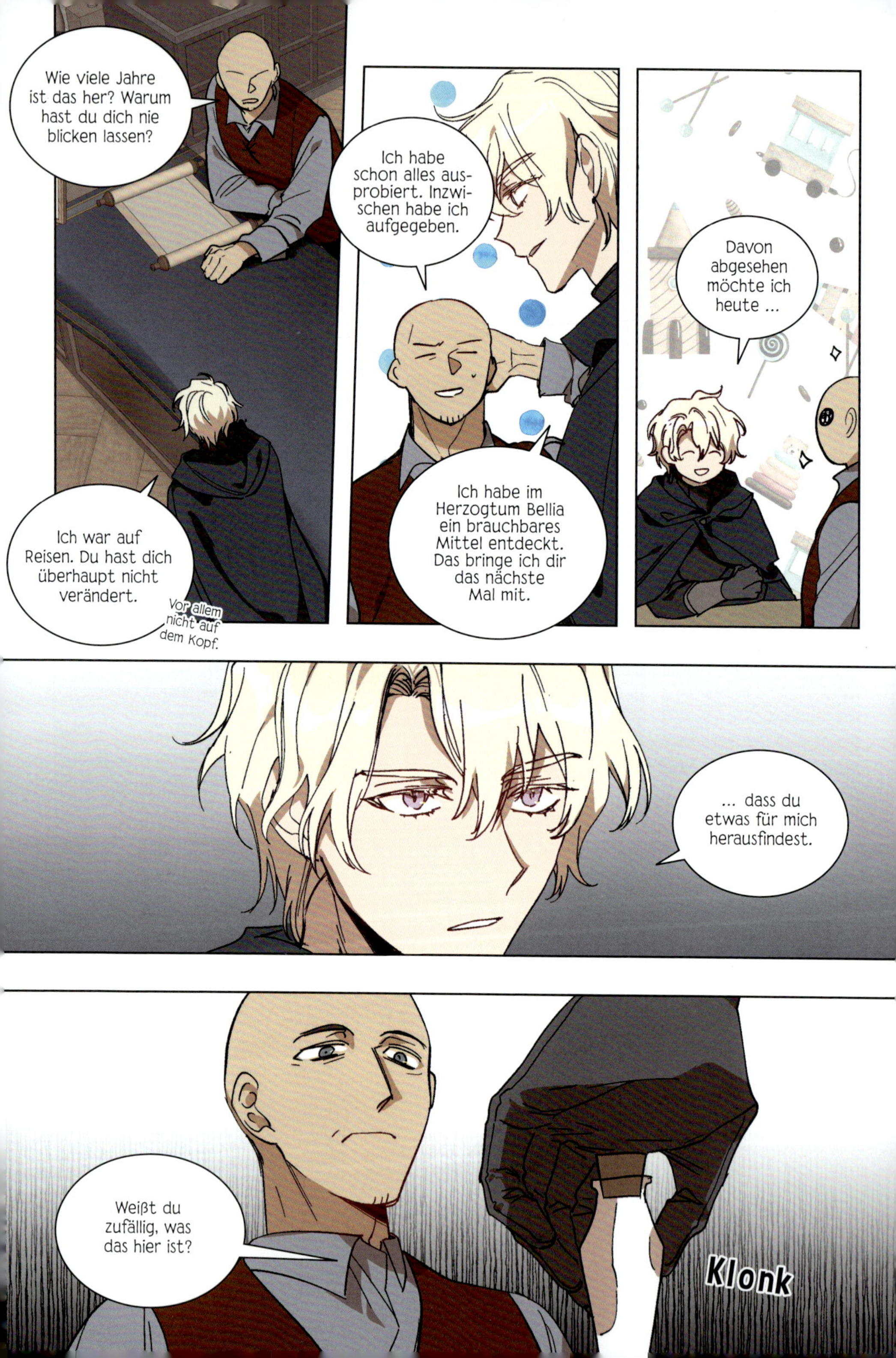
Wie viele Jahre ist das her? Warum hast du dich nie blicken lassen?
Ich war auf Reisen. Du hast dich überhaupt nicht verändert.
Vor allem nicht auf dem Kopf.
Ich habe schon alles ausprobiert. Inzwischen habe ich aufgegeben.
Ich habe im Herzogtum Bellia ein brauchbares Mittel entdeckt. Das bringe ich dir das nächste Mal mit.
Davon abgesehen möchte ich heute ...
... dass du etwas für mich herausfindest.
Weißt du zufällig, was das hier ist?
Klonk

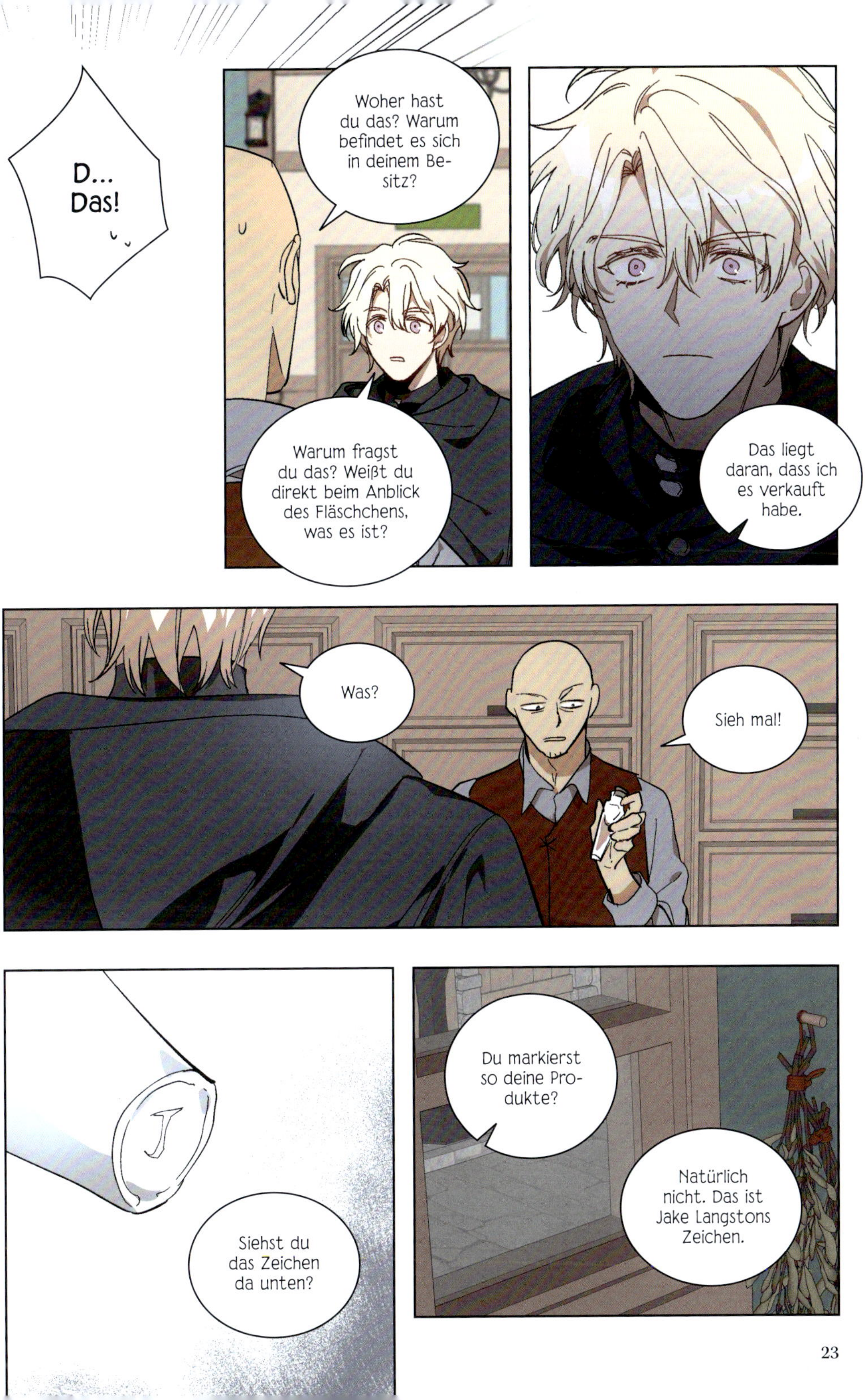
D... Das!
Woher hast du das? Warum befindet es sich in deinem Besitz?
Warum fragst du das? Weißt du direkt beim Anblick des Fläschchens, was es ist?
Das liegt daran, dass ich es verkauft habe.
Was?
Sieh mal!
Siehst du das Zeichen da unten?
Du markierst so deine Produkte?
Natürlich nicht. Das ist Jake Langstons Zeichen.

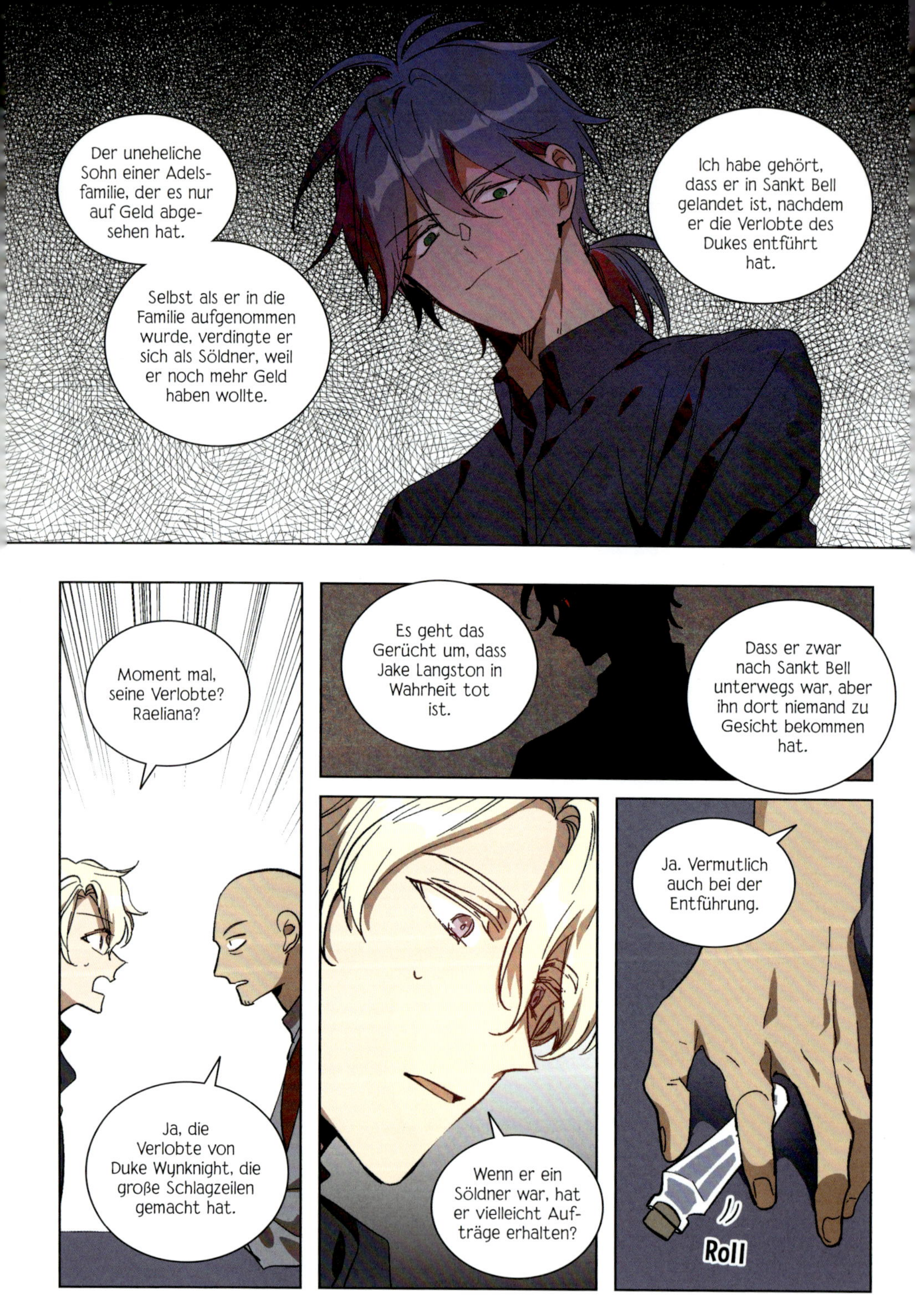
Der uneheliche Sohn einer Adelsfamilie, der es nur auf Geld abgesehen hat.
Selbst als er in die Familie aufgenommen wurde, verdingte er sich als Söldner, weil er noch mehr Geld haben wollte.
Ich habe gehört, dass er in Sankt Bell gelandet ist, nachdem er die Verlobte des Dukes entführt hat.
Moment mal, seine Verlobte? Raeliana?
Ja, die Verlobte von Duke Wynknight, die große Schlagzeilen gemacht hat.
Es geht das Gerücht um, dass Jake Langston in Wahrheit tot ist.
Dass er zwar nach Sankt Bell unterwegs war, aber ihn dort niemand zu Gesicht bekommen hat.
Wenn er ein Söldner war, hat er vielleicht Aufträge erhalten?
Ja. Vermutlich auch bei der Entführung.
Roll

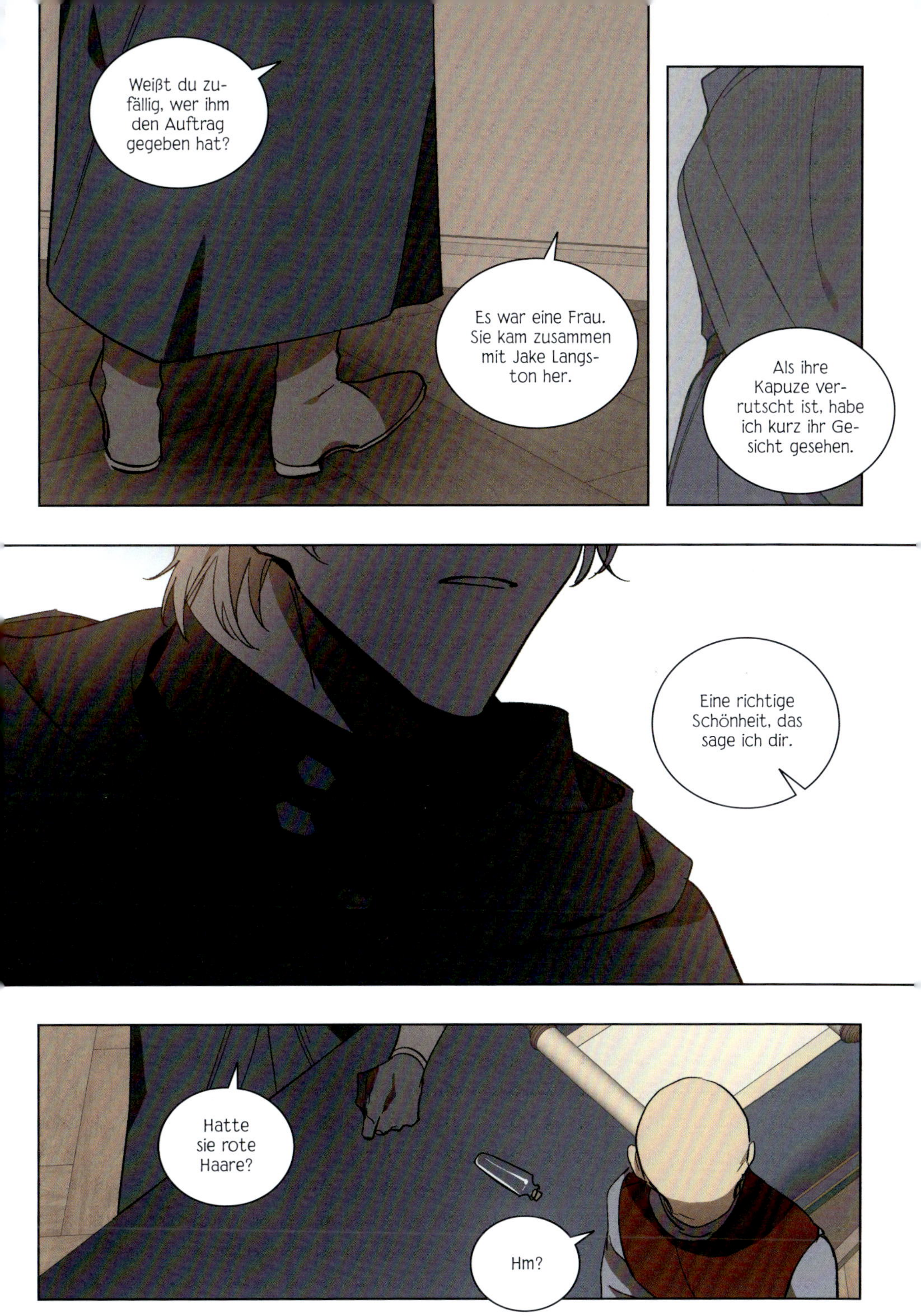
Weißt du zufällig, wer ihm den Auftrag gegeben hat?
Es war eine Frau. Sie kam zusammen mit Jake Langston her.
Als ihre Kapuze verrutscht ist, habe ich kurz ihr Gesicht gesehen.
Eine richtige Schönheit, das sage ich dir.
Hatte sie rote Haare?
Hm?

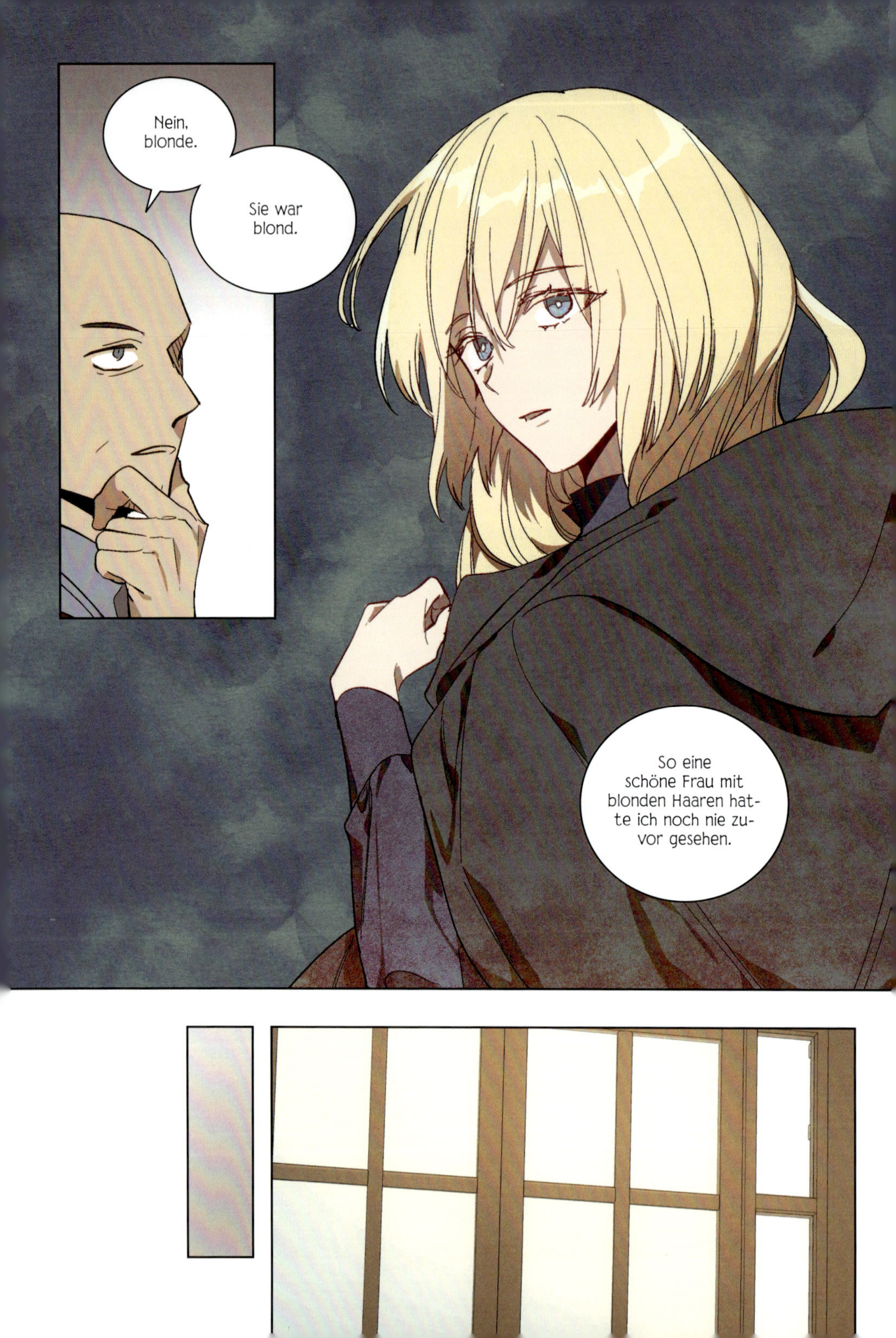
Nein, blonde.
Sie war blond.
So eine schöne Frau mit blonden Haaren hat-te ich noch nie zu-vor gesehen.

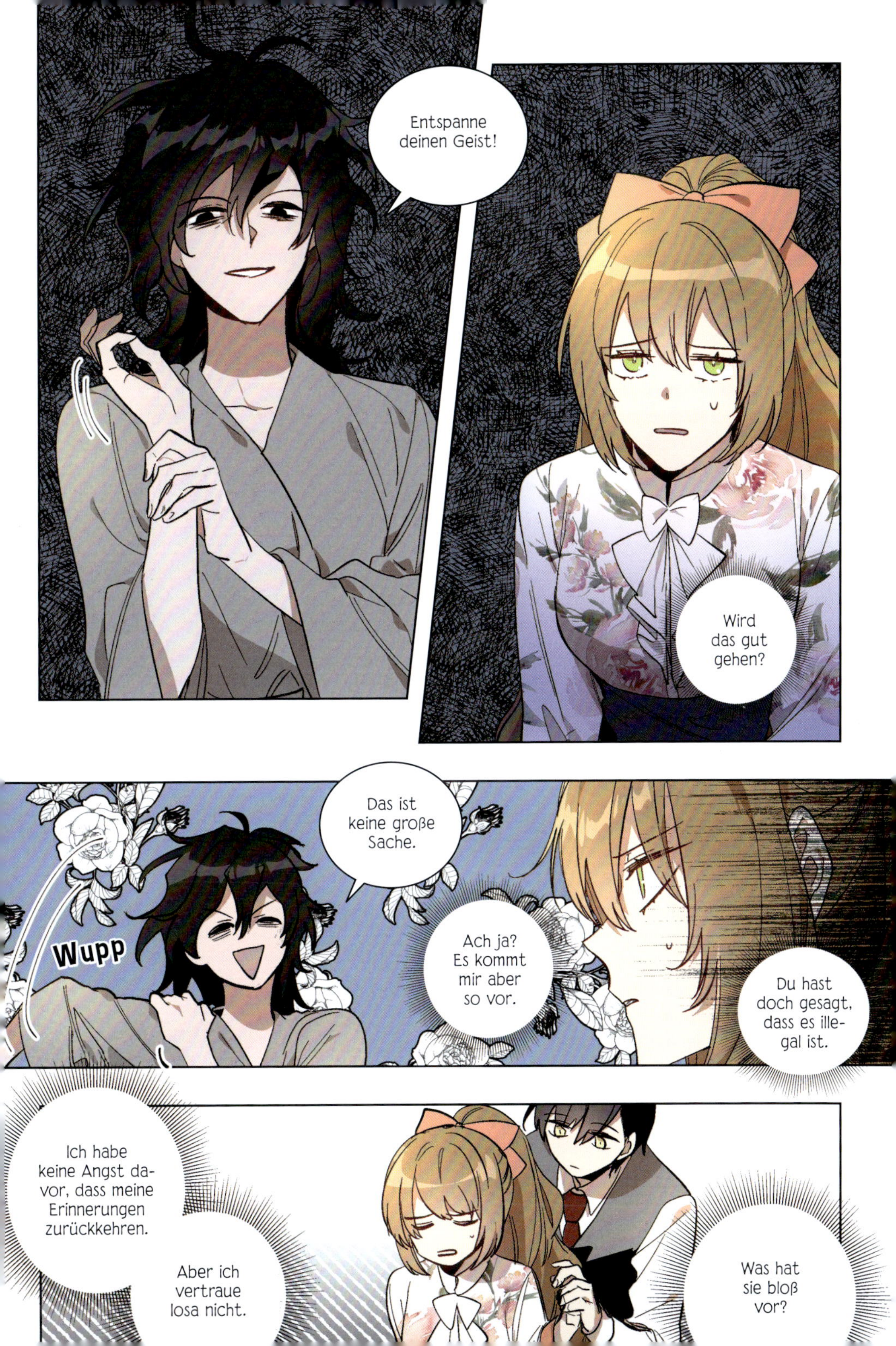
Entspanne deinen Geist!
Wird das gut gehen?
Das ist keine große Sache.
Wupp
Ach ja? Es kommt mir aber so vor.
Du hast doch gesagt, dass es ille-gal ist.
Ich habe keine Angst da-vor, dass meine Erinnerungen zurückkehren.
Aber ich vertraue Iosa nicht.
Was hat sie bloß vor?

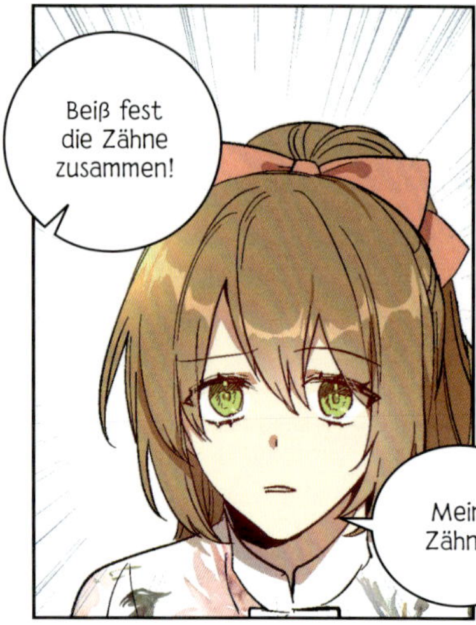
Beiß fest
die Zähne
zusammen!

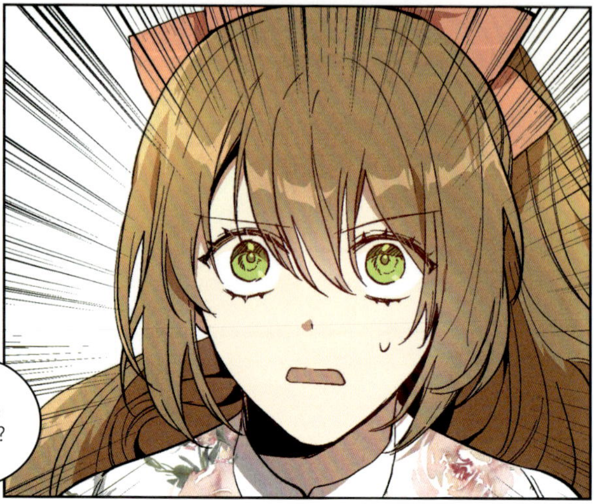
Meine
Zähne?

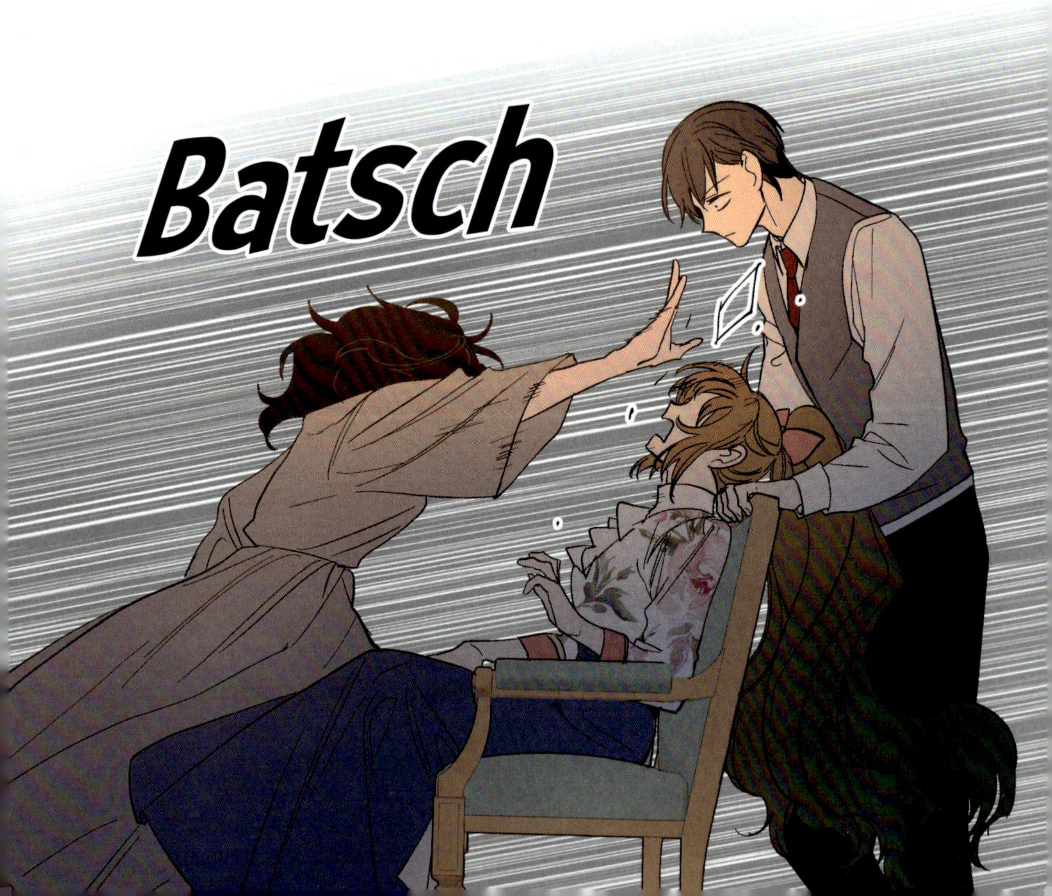
Batsch

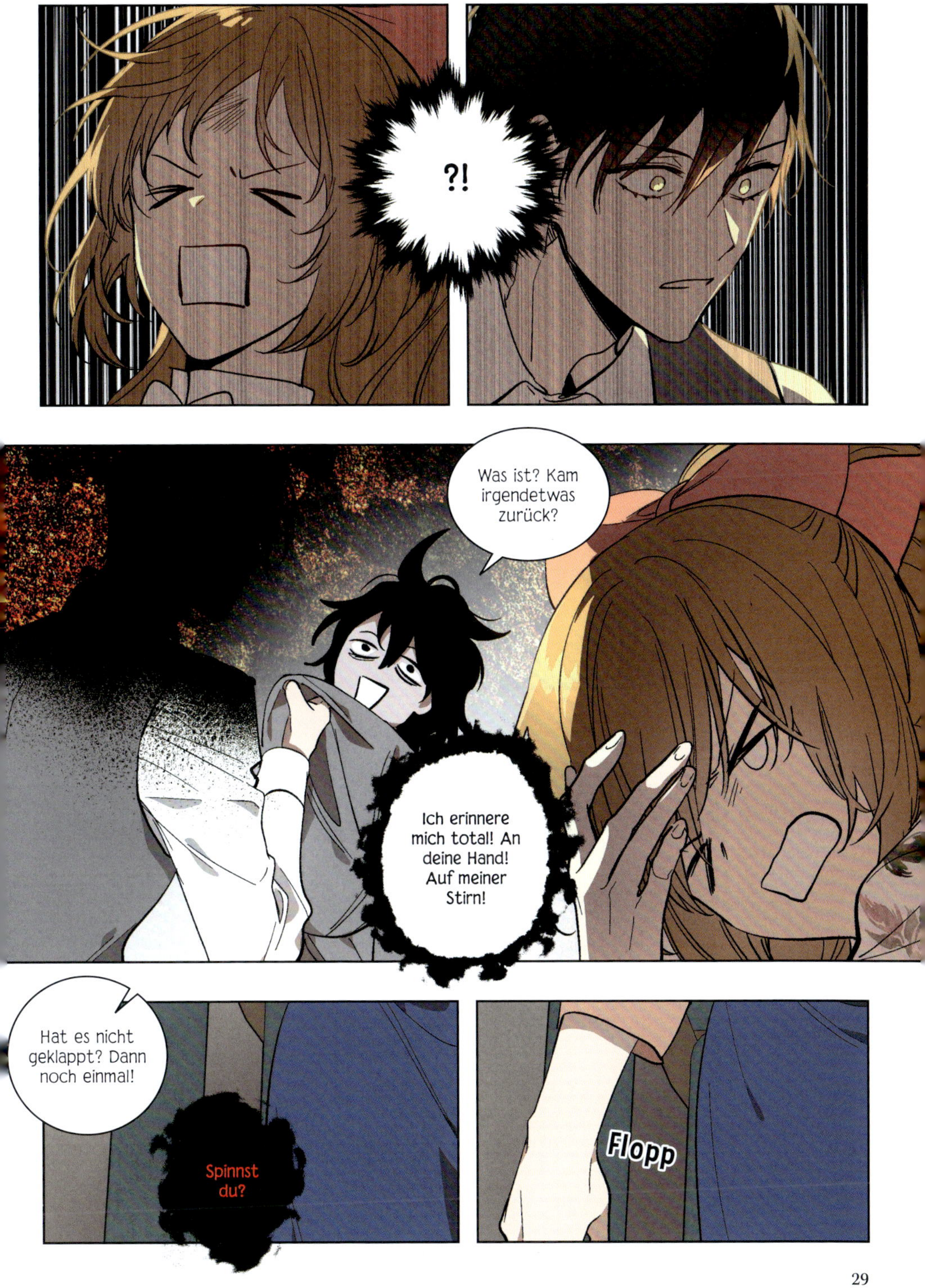
?!
Was ist? Kam irgendetwas zurück?
Ich erinnere mich total! An deine Hand! Auf meiner Stirn!
Hat es nicht geklappt? Dann noch einmal!
Spinnst du?
Flopp

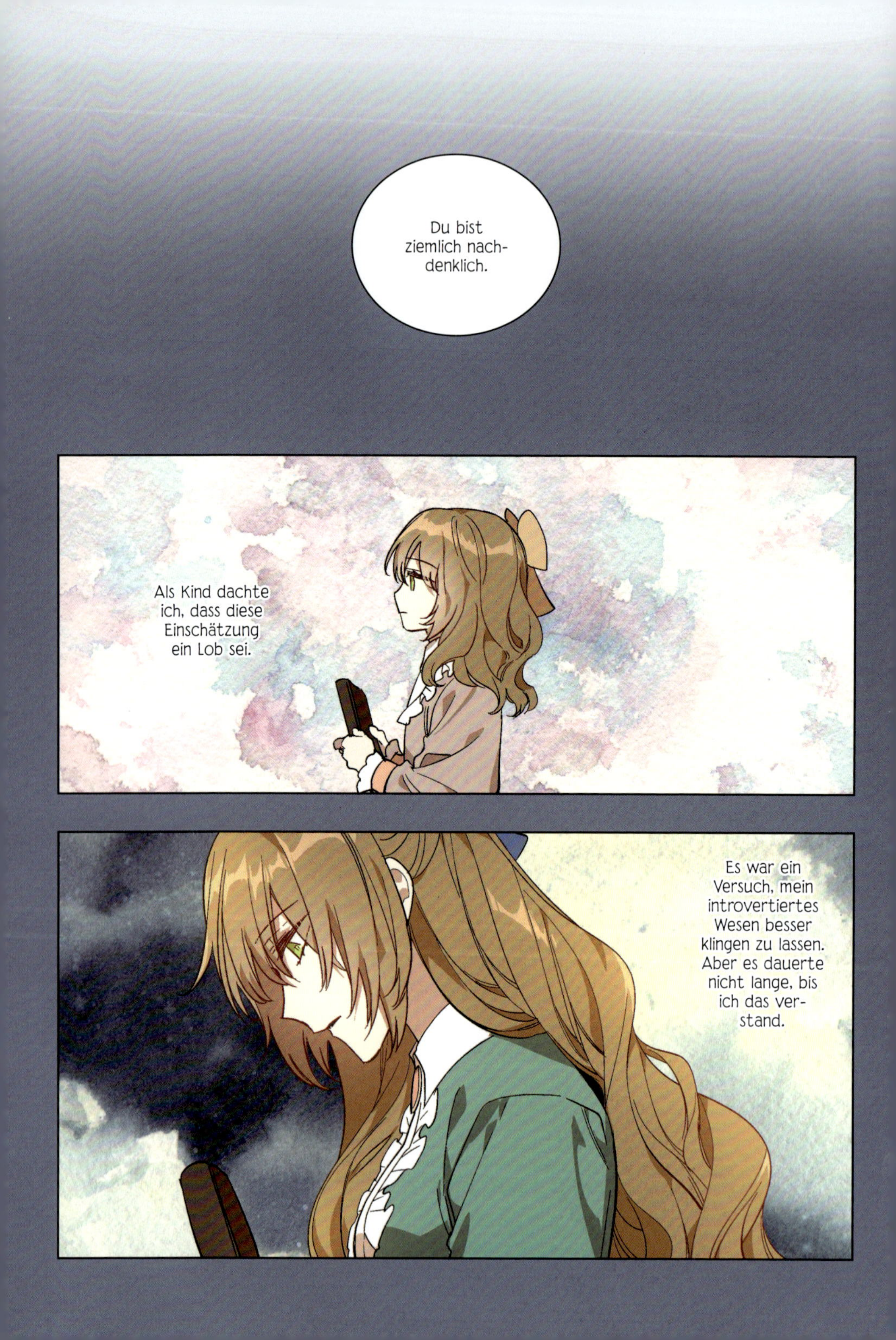
Du bist ziemlich nach- denklich.
Als Kind dachte ich, dass diese Einschätzung ein Lob sei.
Es war ein Versuch, mein introvertiertes Wesen besser klingen zu lassen. Aber es dauerte nicht lange, bis ich das ver- stand.

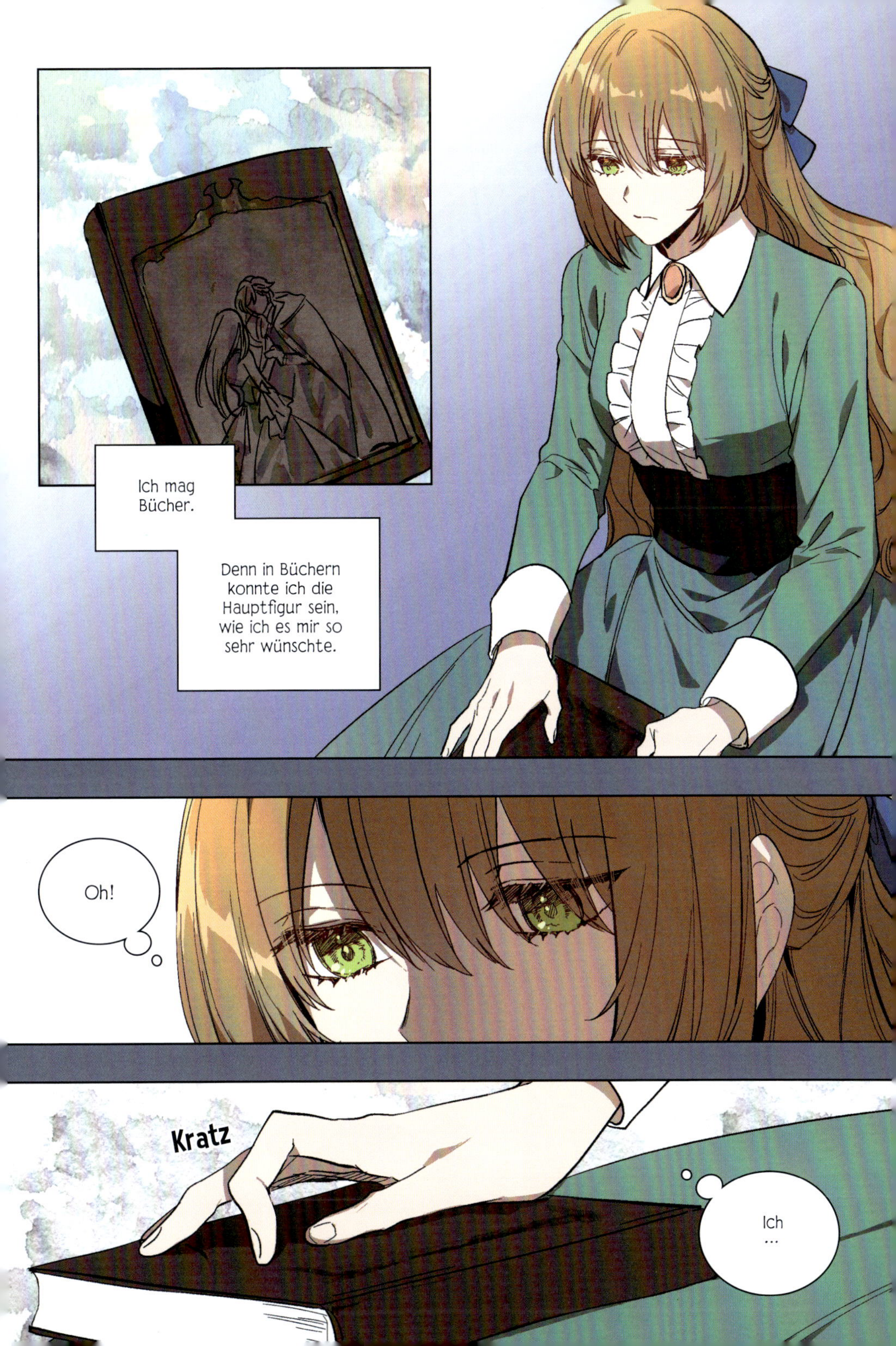

Ich mag Bücher.
Denn in Büchern konnte ich die Hauptfigur sein, wie ich es mir so sehr wünschte.
Oh!
Kratz
Ich ...

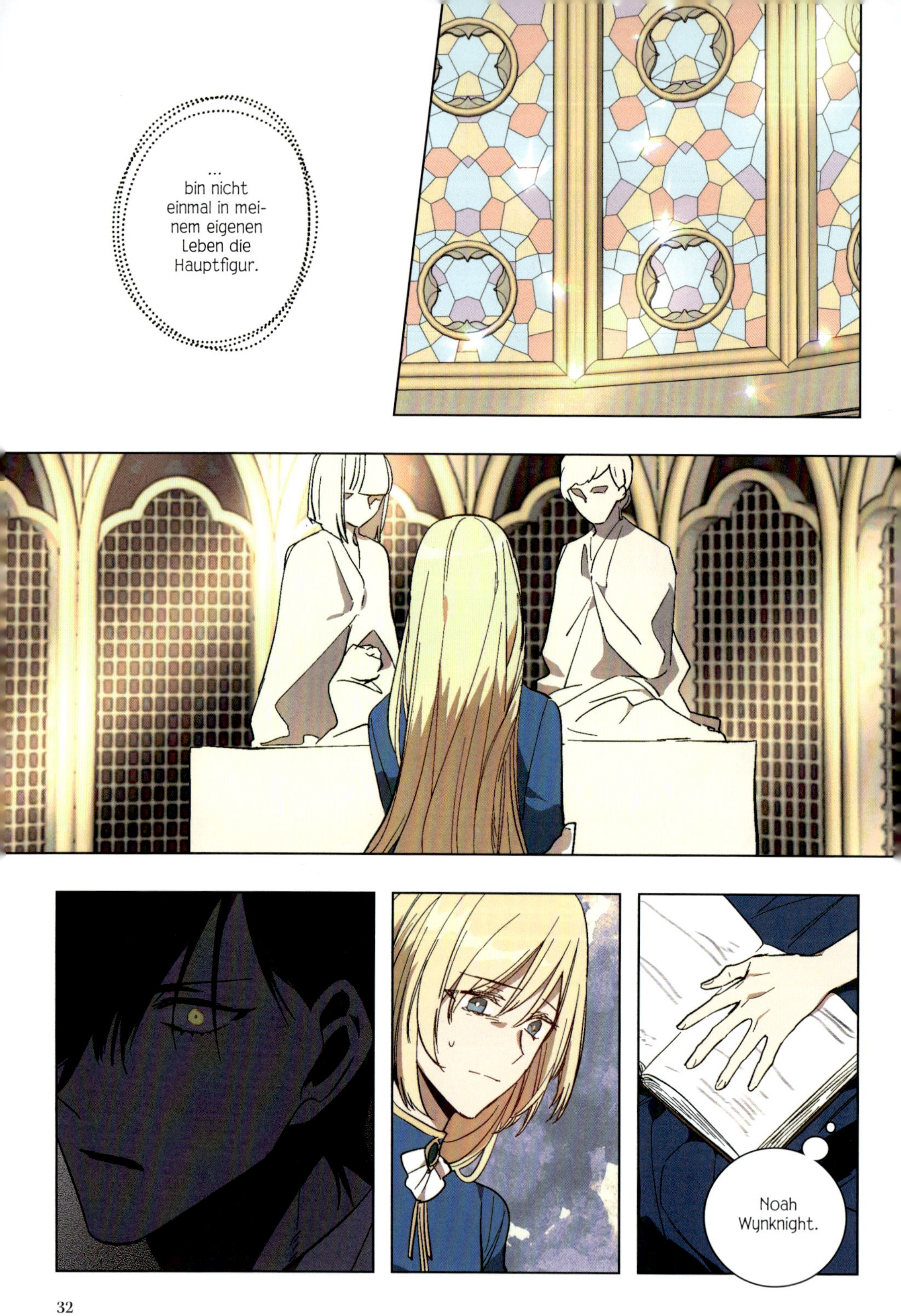
...
bin nicht einmal in meinem eigenen Leben die Hauptfigur.
Noah Wynknight.

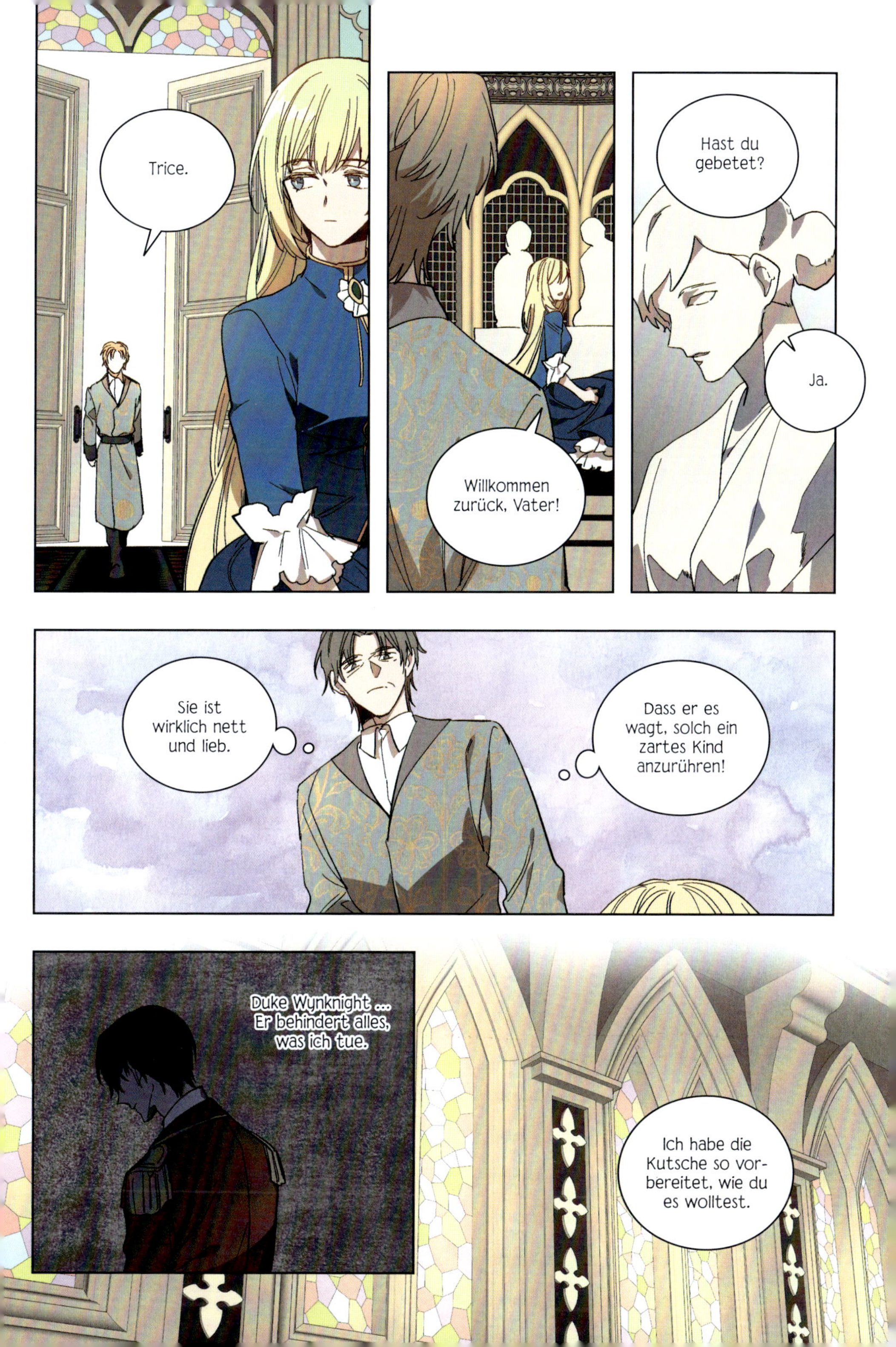
Trice.
Willkommen zurück, Vater!
Hast du gebetet?
Ja.
Sie ist wirklich nett und lieb.
Dass er es wagt, solch ein zartes Kind anzurühren!
Duke Wynknight ... Er behindert alles, was ich tue.
Ich habe die Kutsche so vorbereitet, wie du es wolltest.

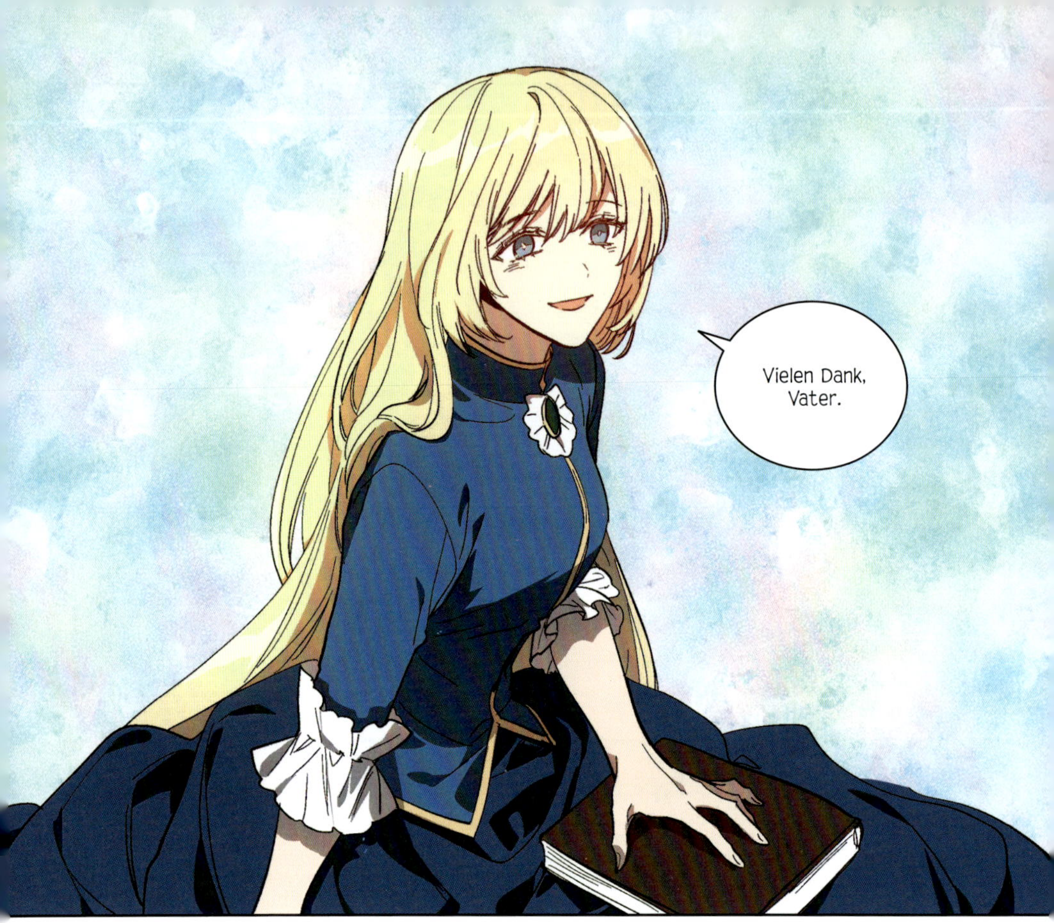
Vielen Dank,
Vater.

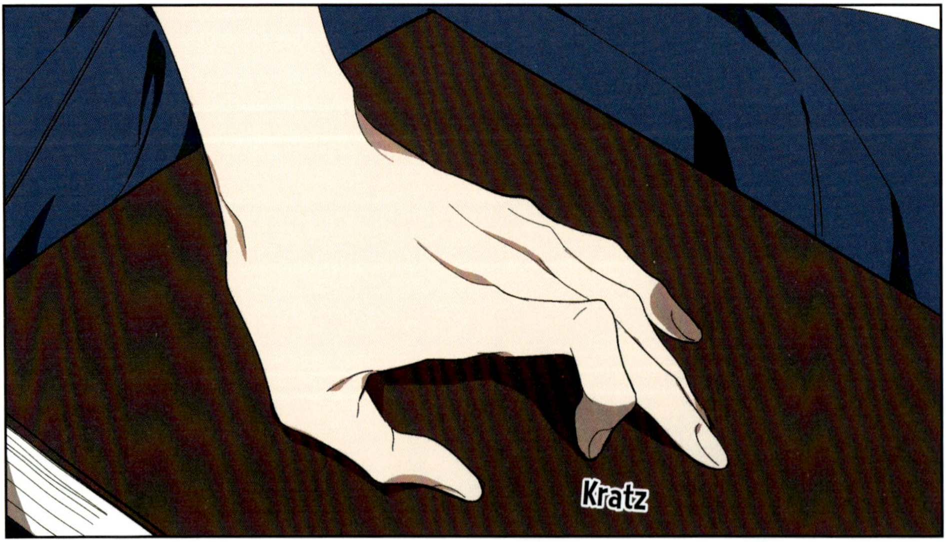
Kratz

RAELIANA
Warum sie die Verlobte des Dukes wurde

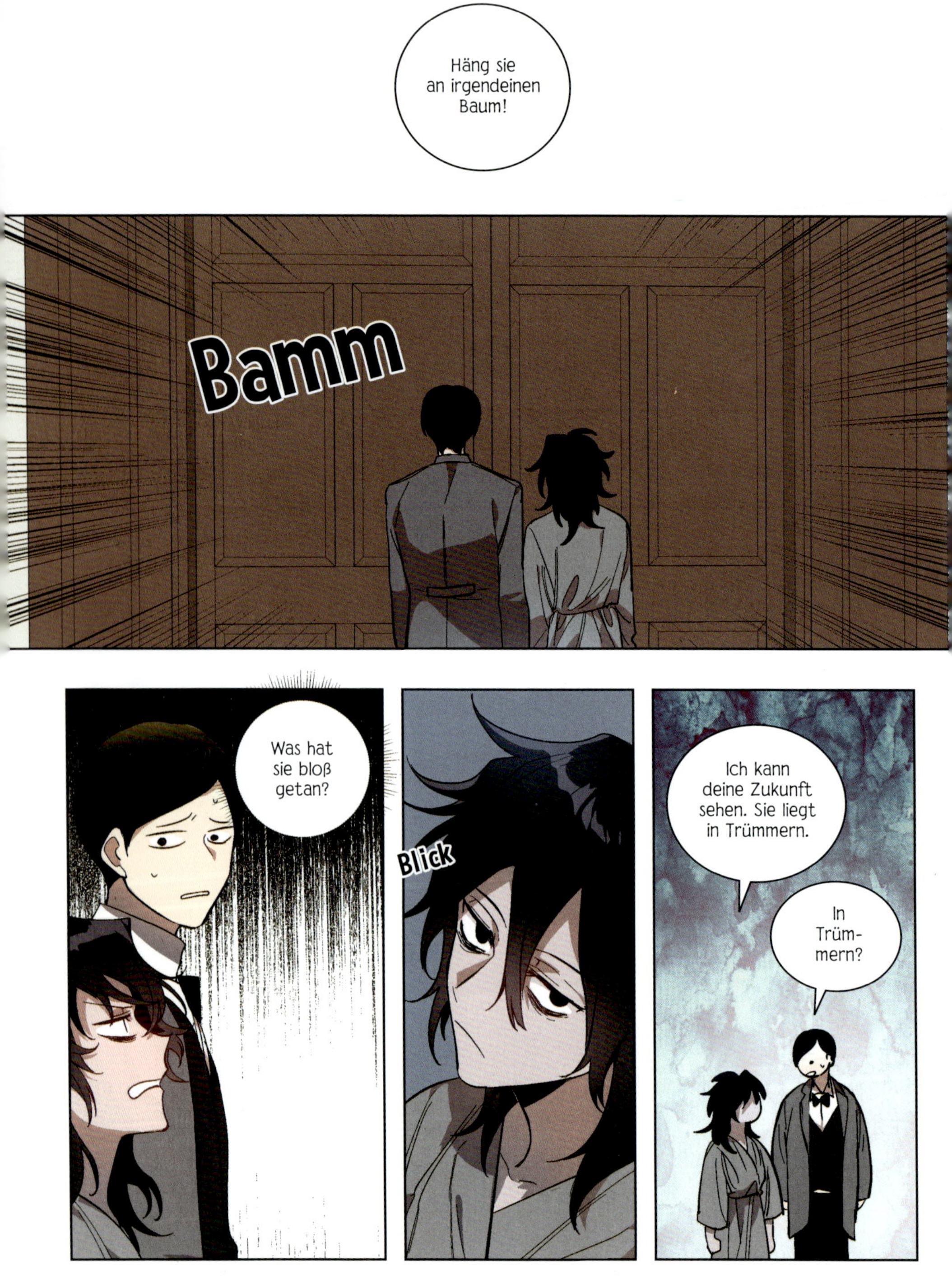
Häng sie an irgendeinen Baum!
Bamm
Was hat sie bloß getan?
Blick
Ich kann deine Zukunft sehen. Sie liegt in Trümmern.
In Trümmern?

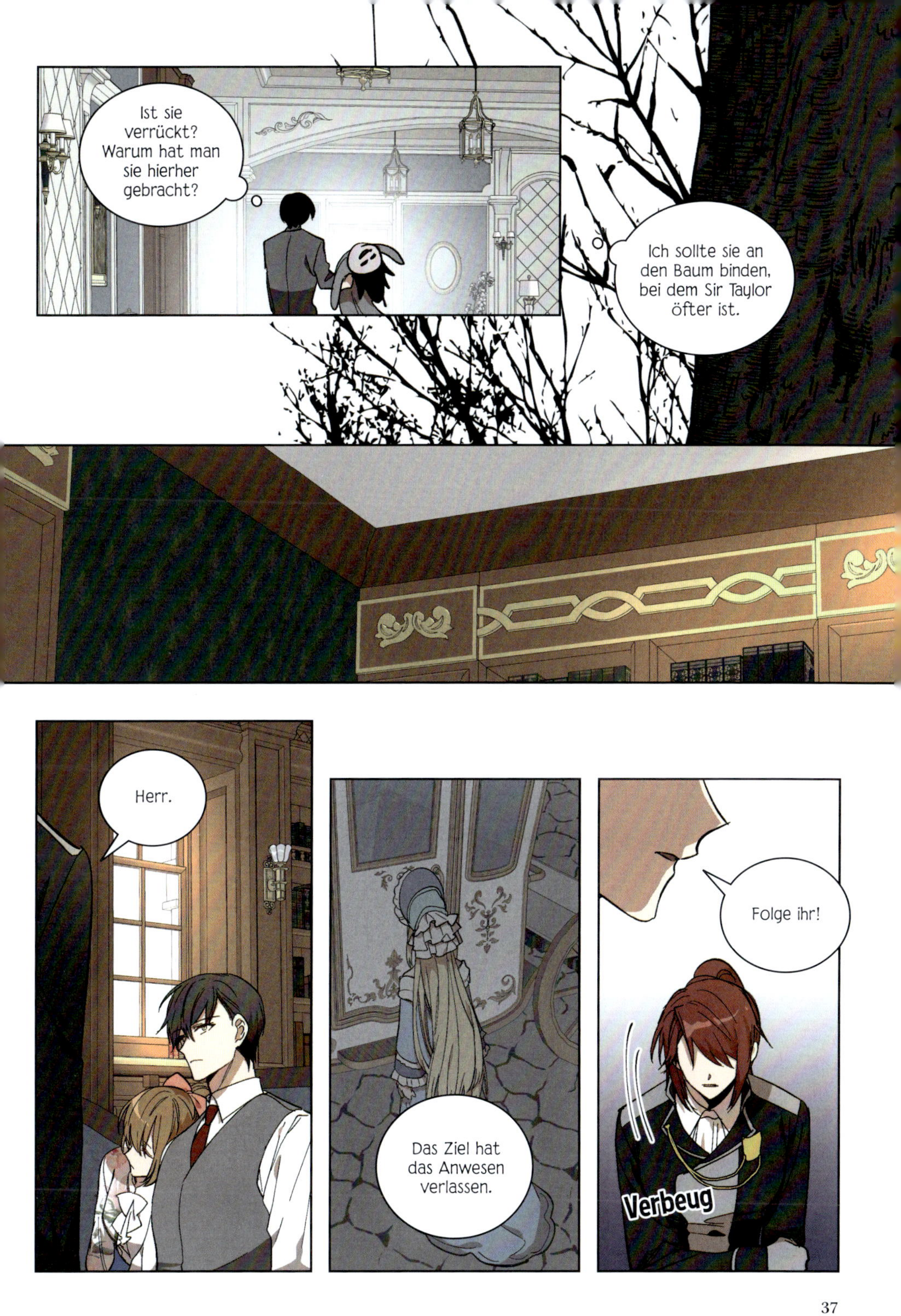
Ist sie verrückt? Warum hat man sie hierher gebracht?
Ich sollte sie an den Baum binden, bei dem Sir Taylor öfter ist.
Herr.
Das Ziel hat das Anwesen verlassen.
Folge ihr!
Verbeug

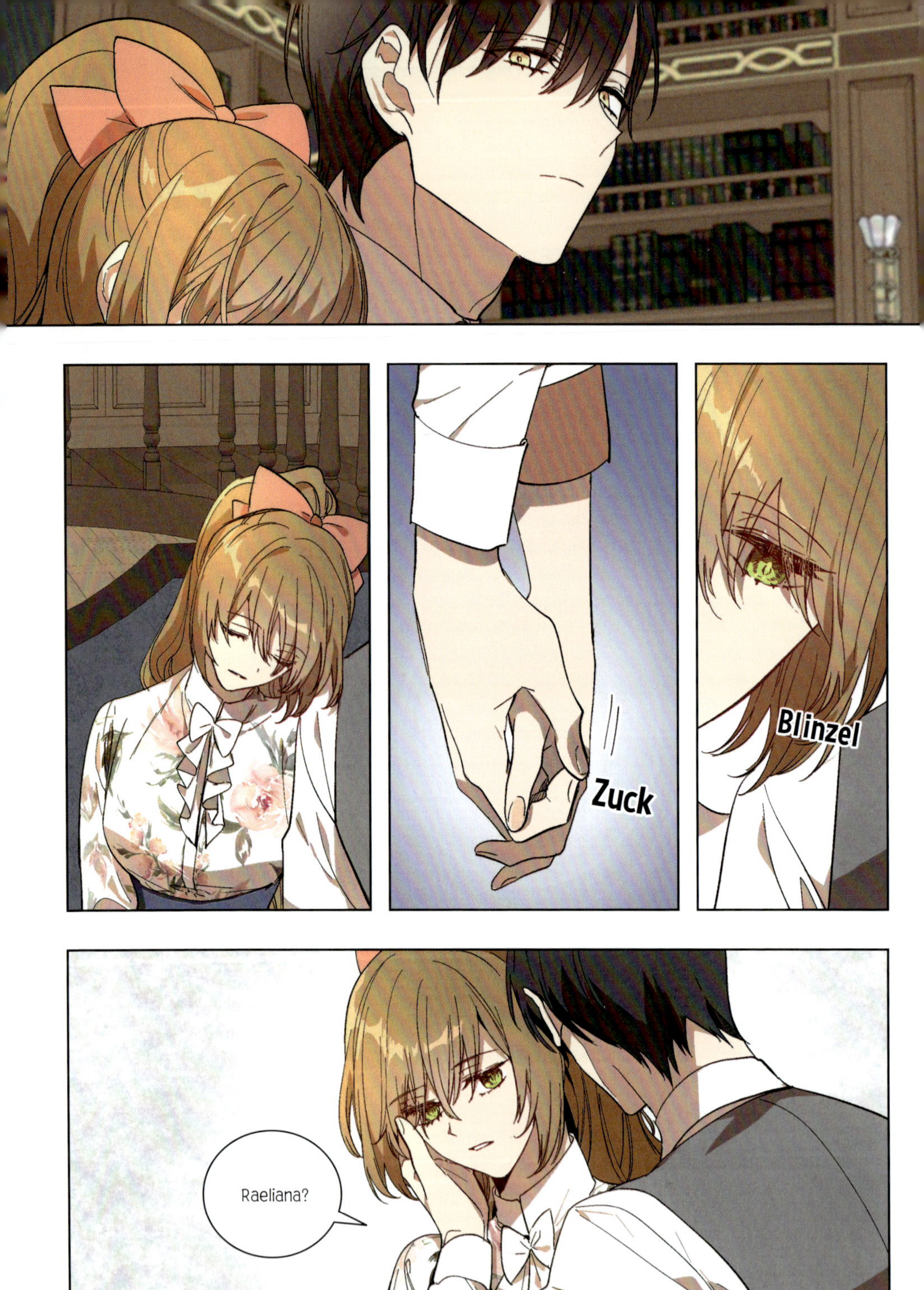

Zuck
Blinzel
Raeliana?

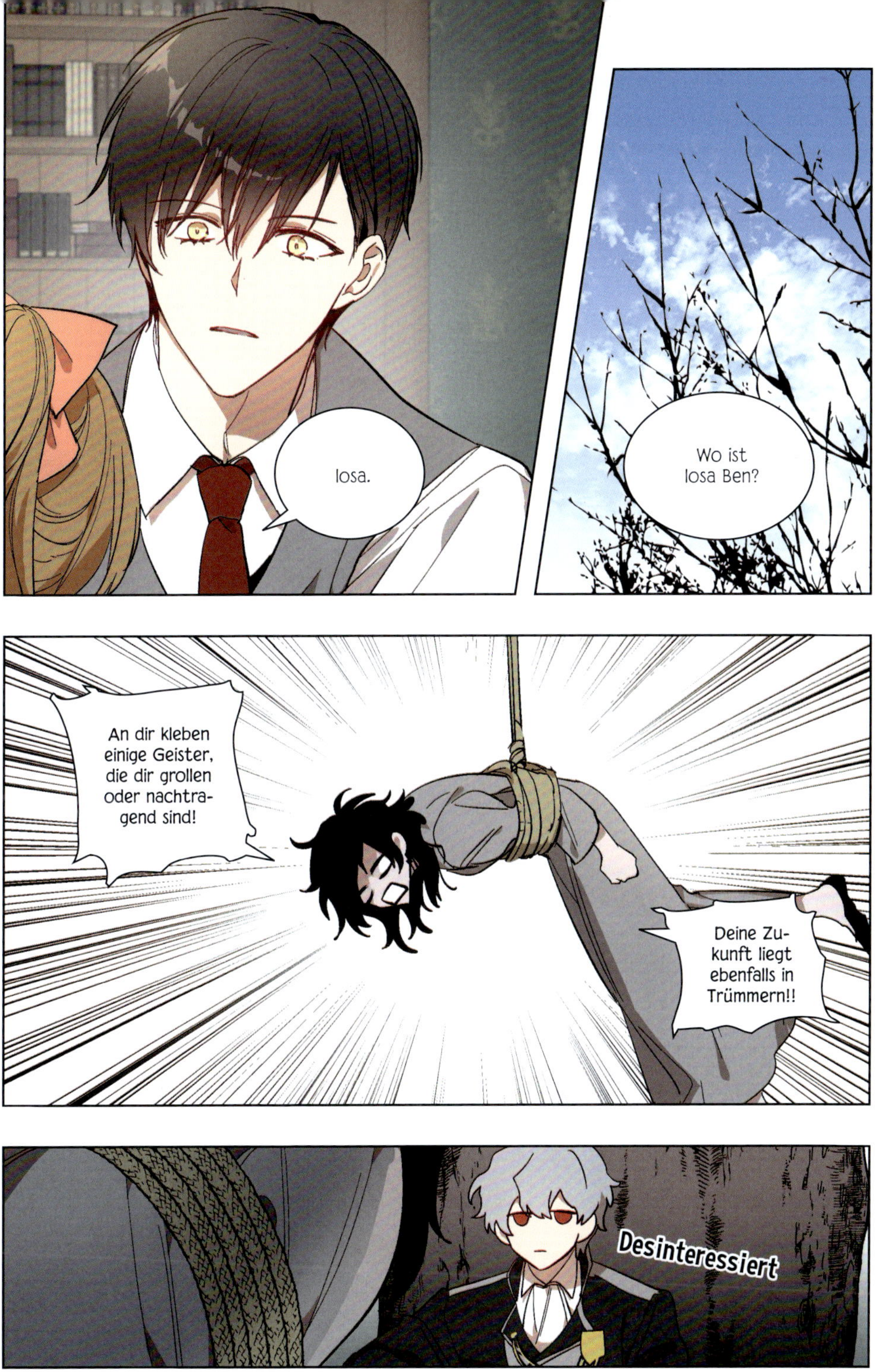
Iosa.
Wo ist Iosa Ben?
An dir kleben einige Geister, die dir grollen oder nachtragend sind!
Deine Zukunft liegt ebenfalls in Trümmern!!
Desinteressiert

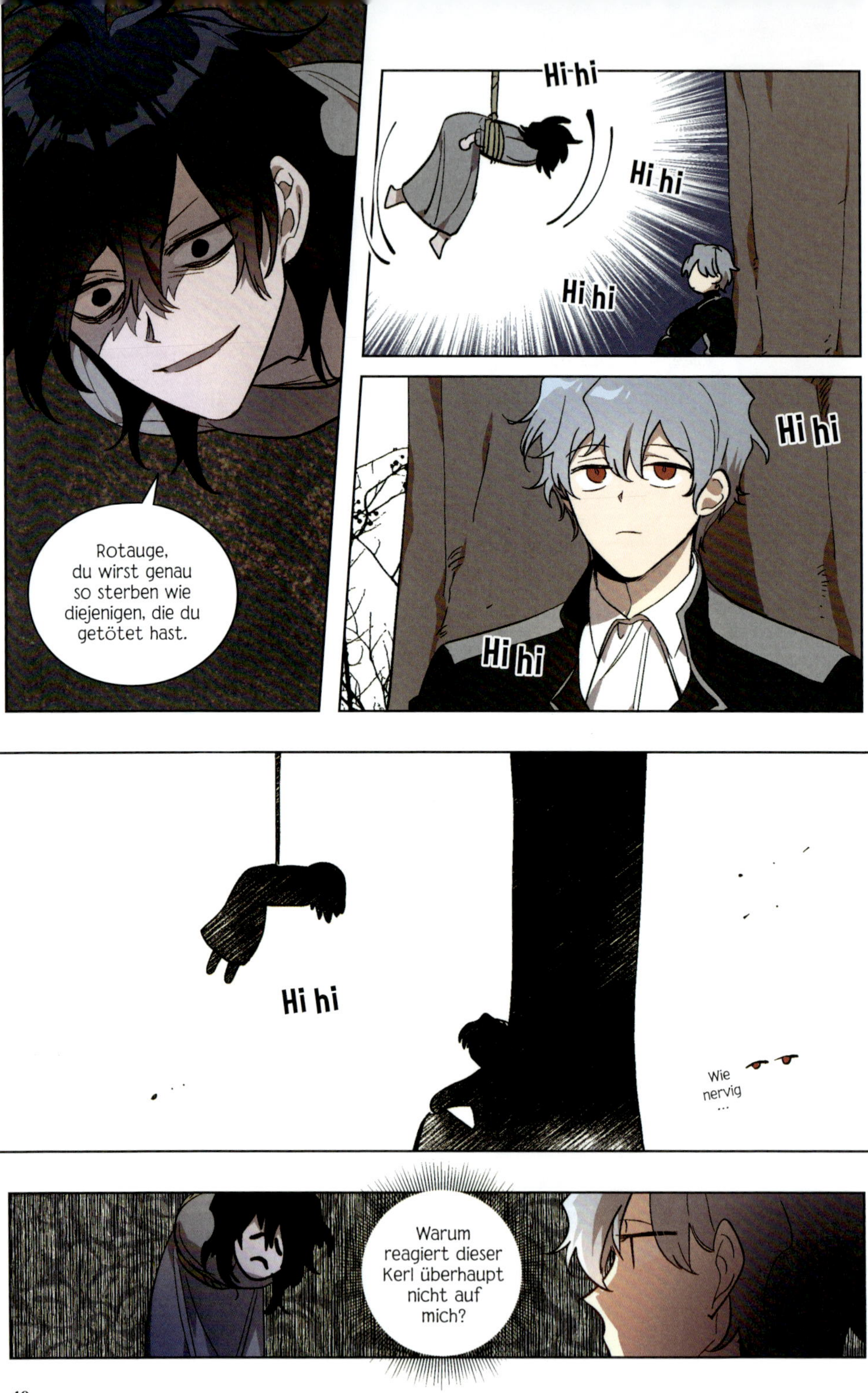
Rotauge, du wirst genau so sterben wie diejenigen, die du getötet hast.
Hi-hi
Hi hi
Hi hi
Hi hi
Hi hi
Hi hi
Wie nervig ...
Warum reagiert dieser Kerl überhaupt nicht auf mich?

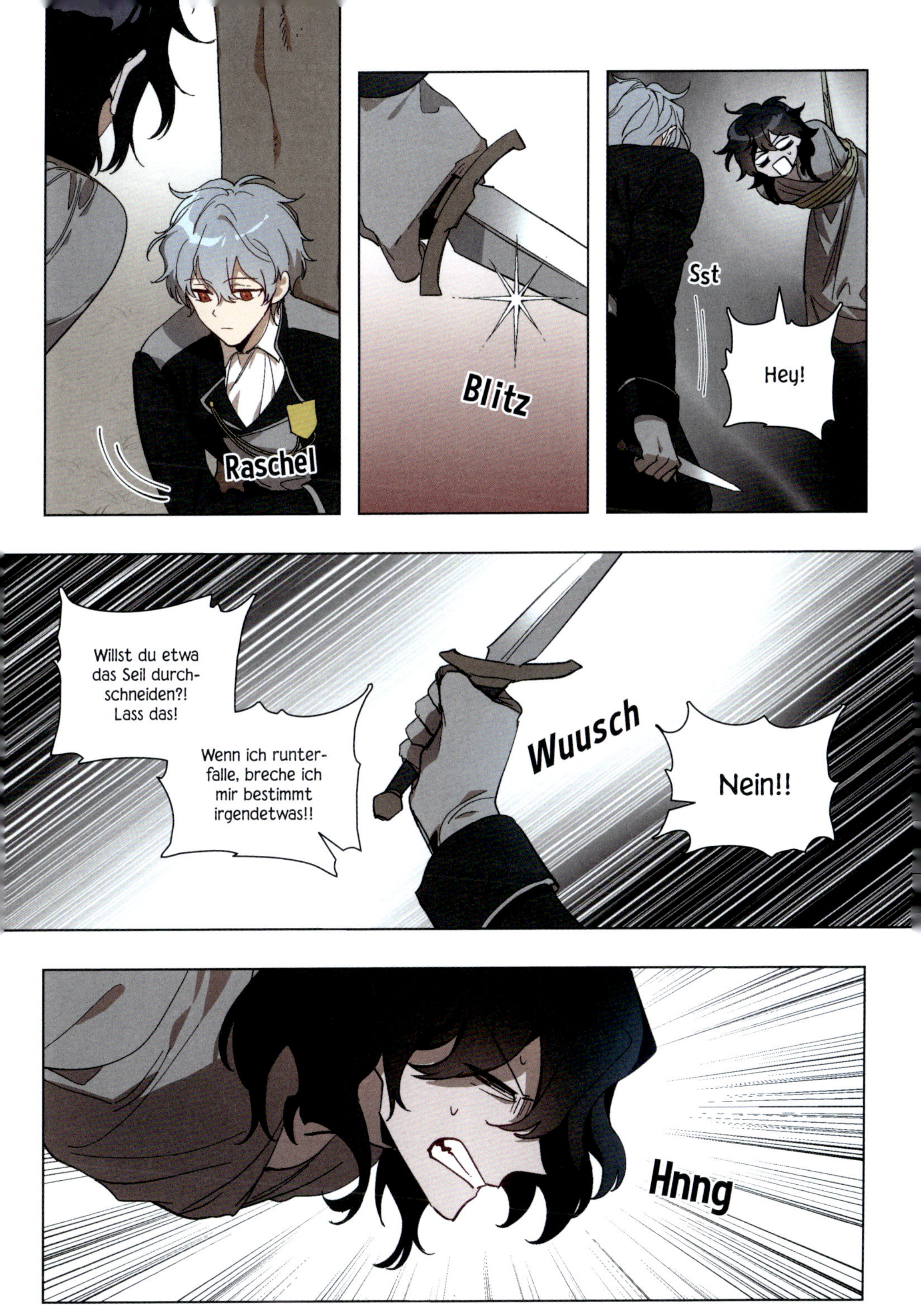
Raschel
Blitz
Sst
Hey!
Willst du etwa das Seil durch-schneiden?! Lass das!
Wenn ich runter-falle, breche ich mir bestimmt irgendetwas!!
Wuusch
Nein!!
Hnng

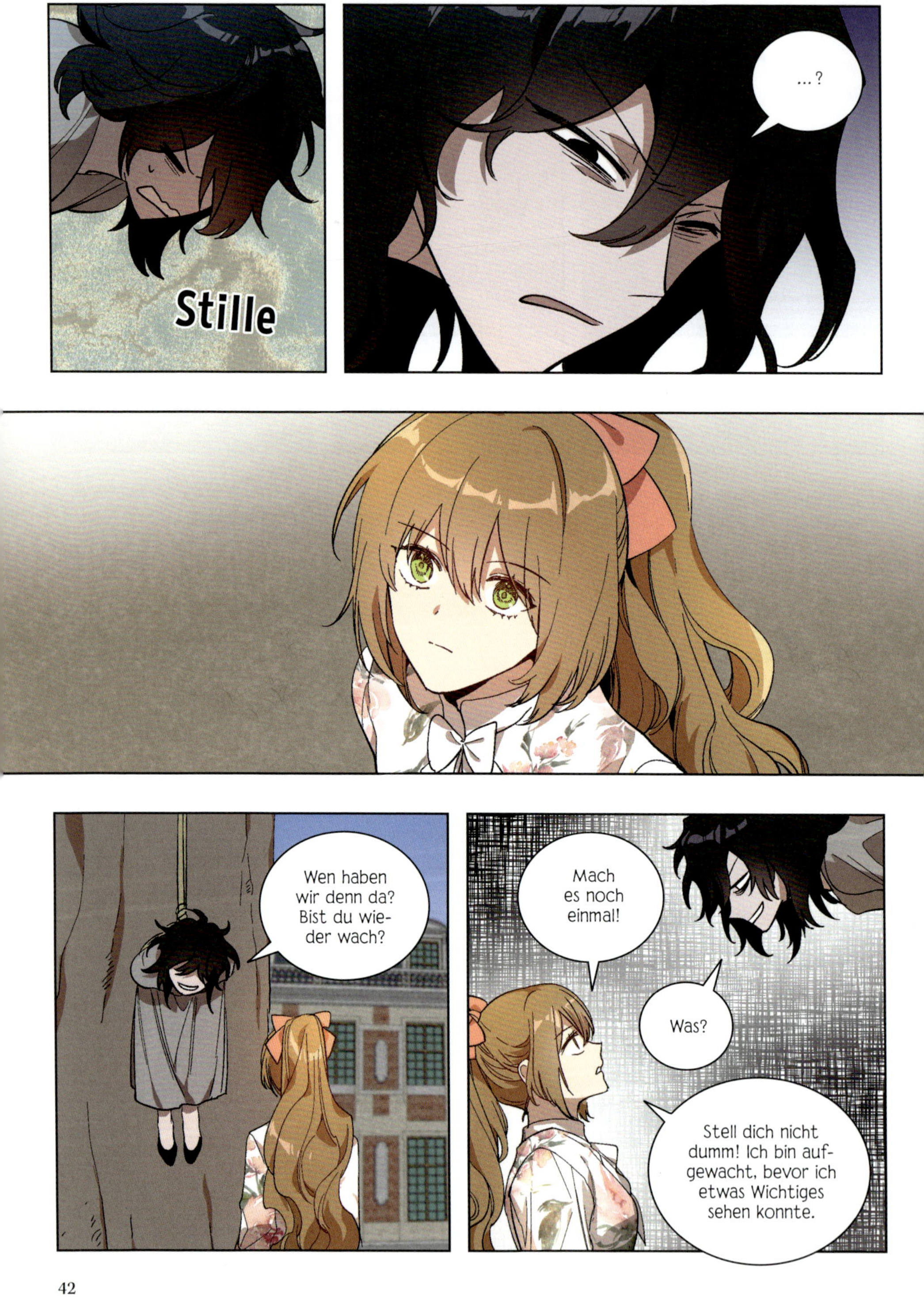
Stille
...?
Wen haben wir denn da? Bist du wieder wach?
Mach es noch einmal!
Was?
Stell dich nicht dumm! Ich bin aufgewacht, bevor ich etwas Wichtiges sehen konnte.

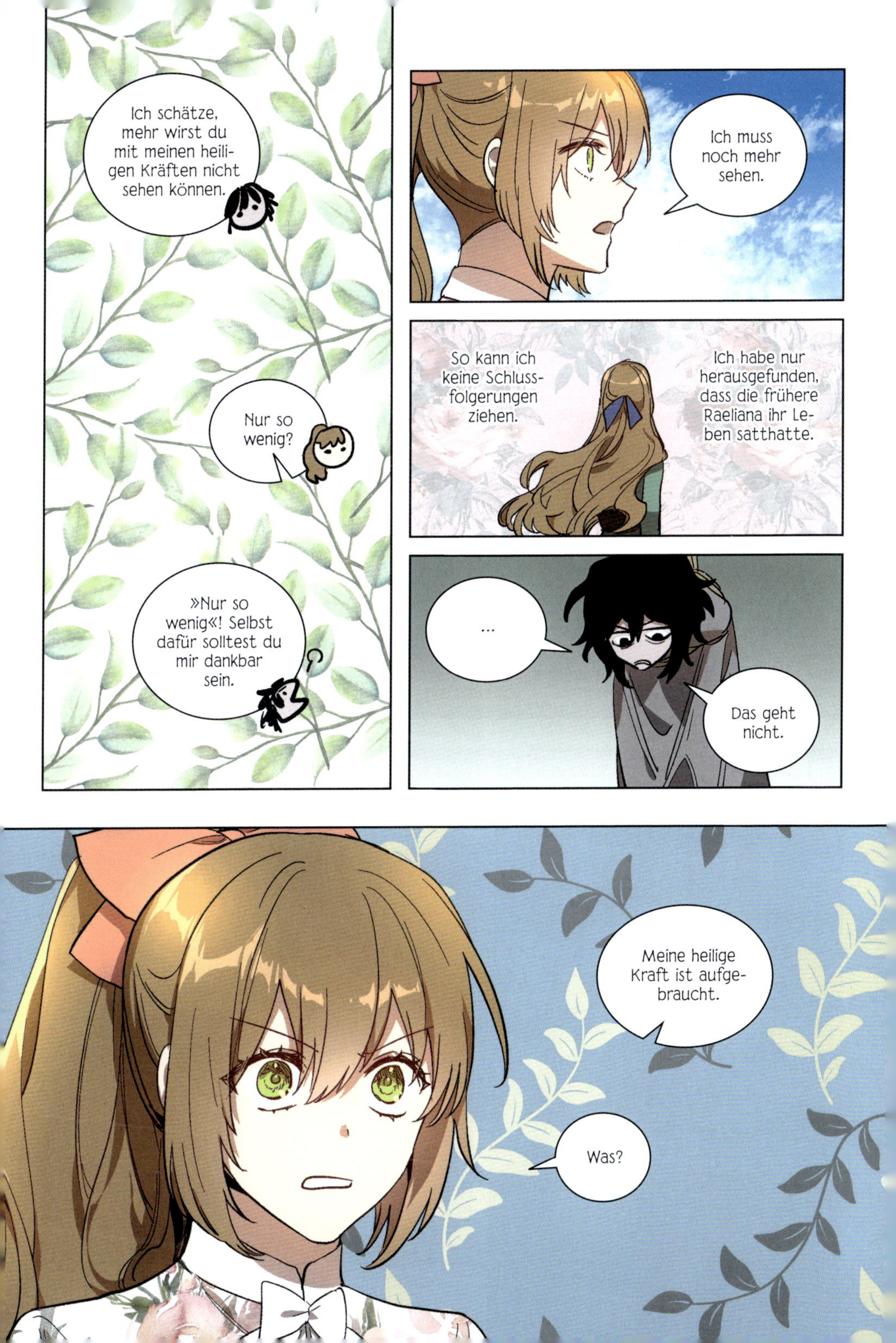
Ich schätze, mehr wirst du mit meinen heiligen Kräften nicht sehen können.
Nur so wenig?
»Nur so wenig«! Selbst dafür solltest du mir dankbar sein.
Ich muss noch mehr sehen.
Ich habe nur herausgefunden, dass die frühere Raeliana ihr Leben satthatte.
So kann ich keine Schlussfolgerungen ziehen.
...
Das geht nicht.
Meine heilige Kraft ist aufgebraucht.
Was?

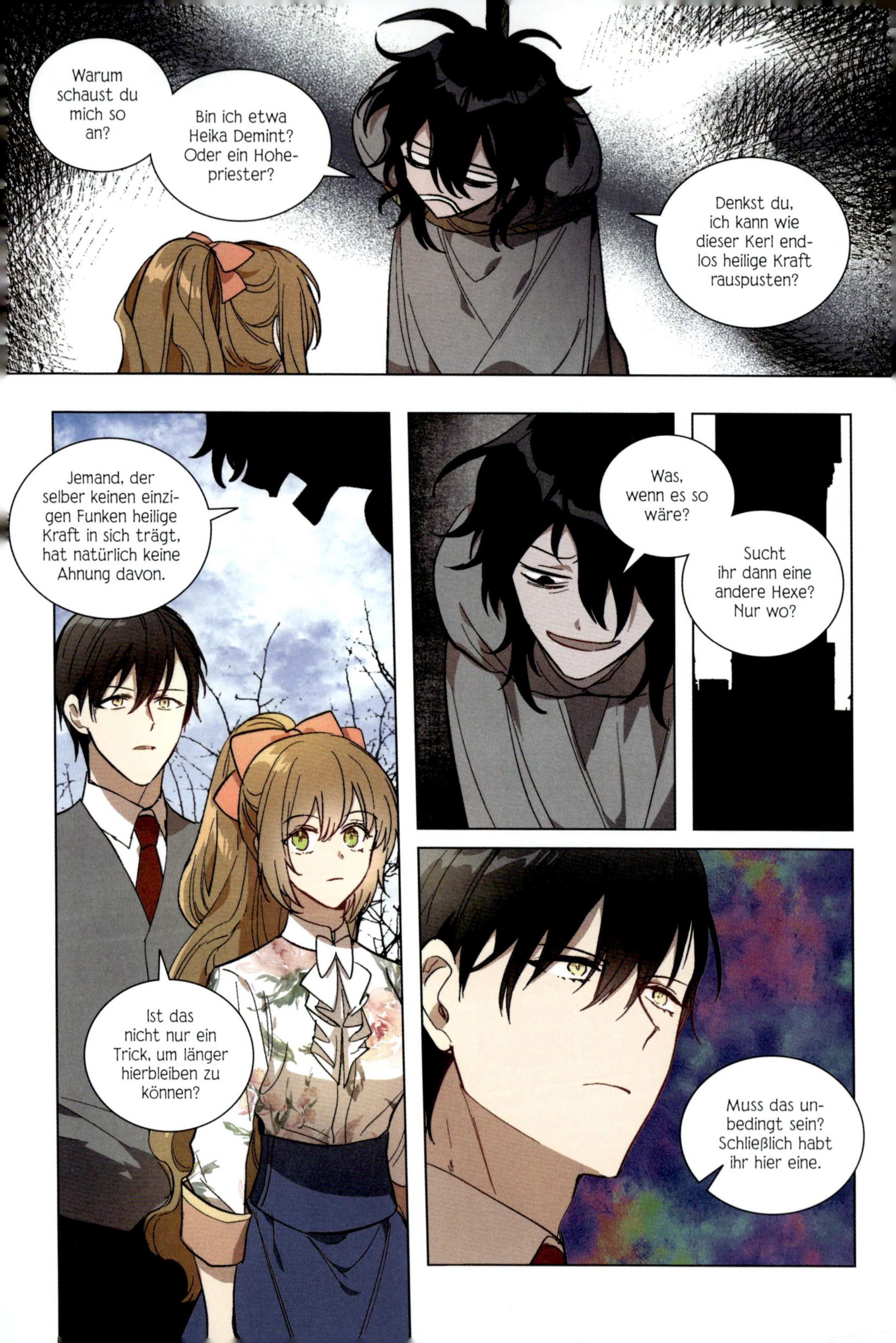
Warum schaust du mich so an?
Bin ich etwa Heika Demint? Oder ein Hohepriester?
Denkst du, ich kann wie dieser Kerl endlos heilige Kraft rauspusten?
Jemand, der selber keinen einzigen Funken heilige Kraft in sich trägt, hat natürlich keine Ahnung davon.
Was, wenn es so wäre?
Sucht ihr dann eine andere Hexe? Nur wo?
Ist das nicht nur ein Trick, um länger hierbleiben zu können?
Muss das unbedingt sein? Schließlich habt ihr hier eine.

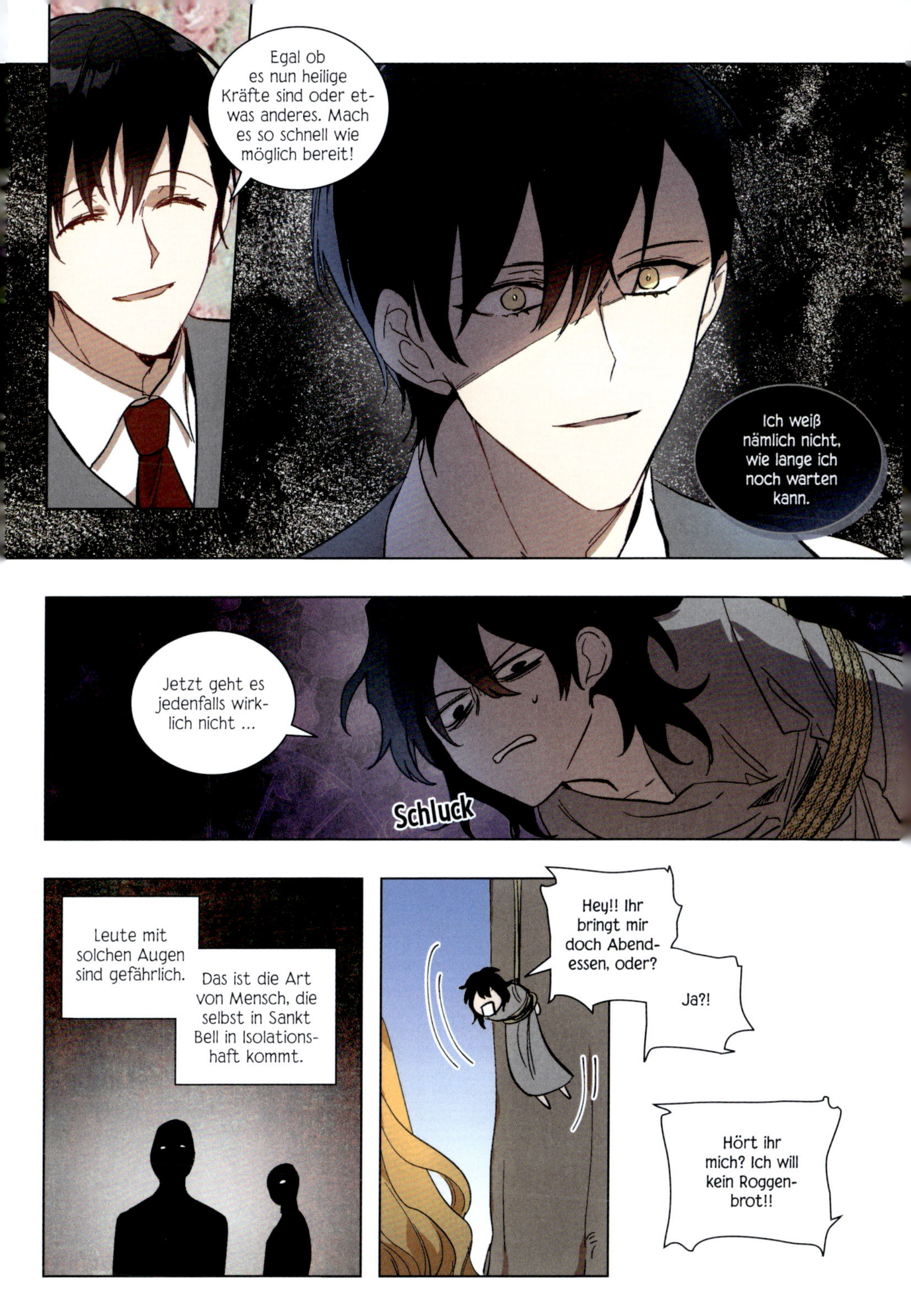
Egal ob es nun heilige Kräfte sind oder etwas anderes. Mach es so schnell wie möglich bereit!
Ich weiß nämlich nicht, wie lange ich noch warten kann.
Jetzt geht es jedenfalls wirklich nicht ...
Schluck
Leute mit solchen Augen sind gefährlich.
Das ist die Art von Mensch, die selbst in Sankt Bell in Isolationshaft kommt.
Hey!! Ihr bringt mir doch Abendessen, oder?
Ja?!
Hört ihr mich? Ich will kein Roggenbrot!!

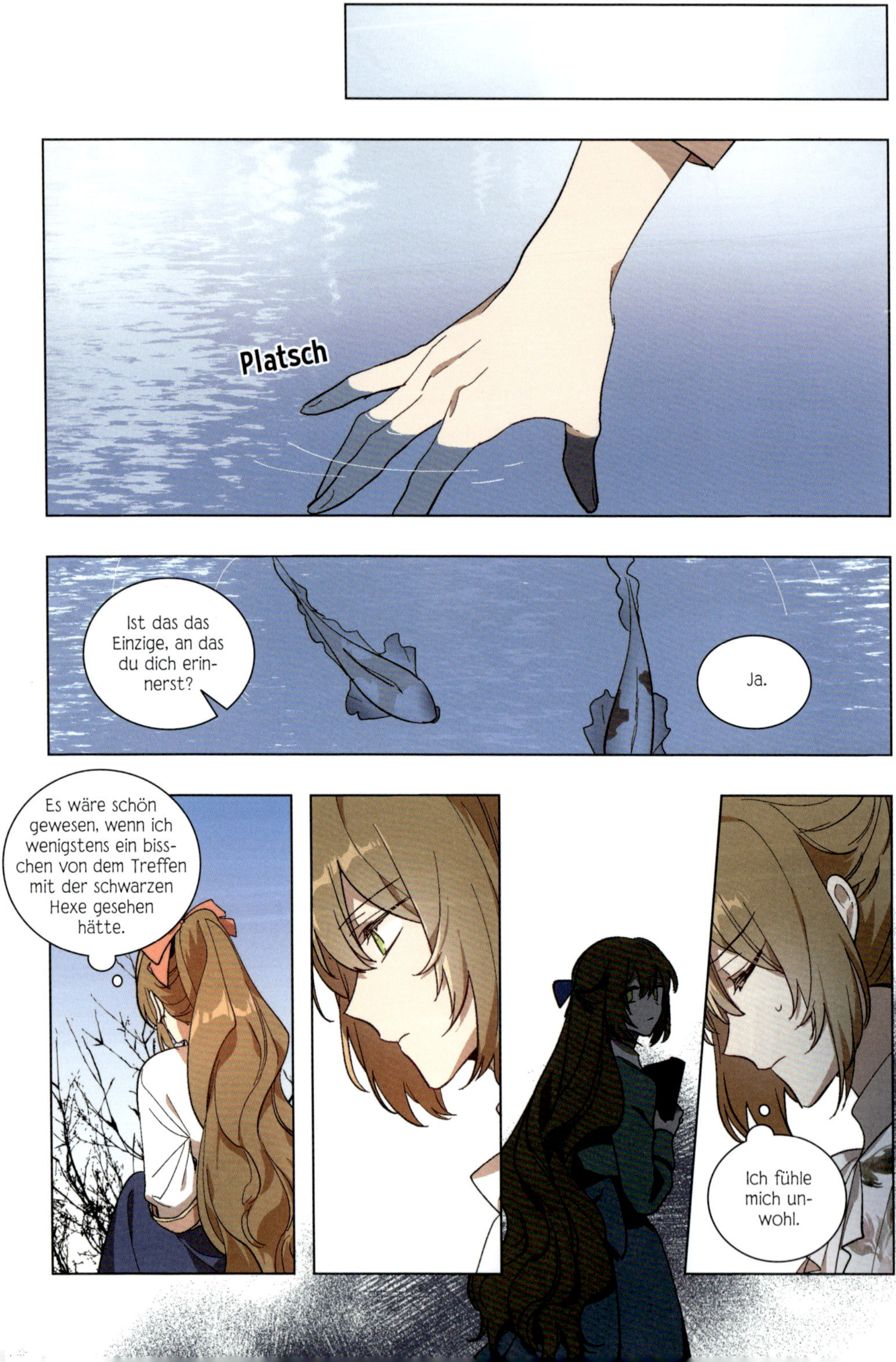
Platsch
Ist das das Einzige, an das du dich erinnerst?
Ja.
Es wäre schön gewesen, wenn ich wenigstens ein bisschen von dem Treffen mit der schwarzen Hexe gesehen hätte.
Ich fühle mich unwohl.

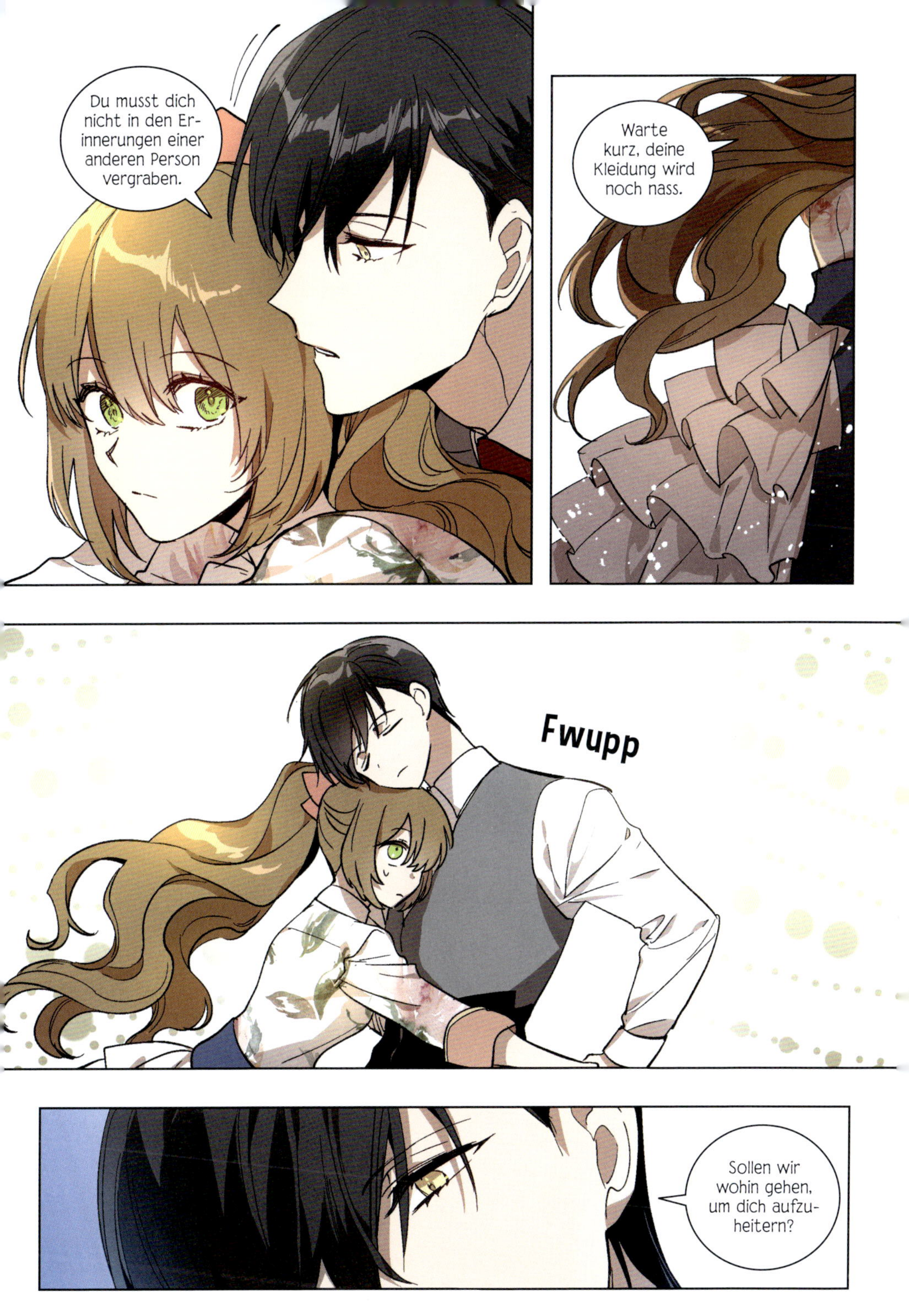
Du musst dich nicht in den Erinnerungen einer anderen Person vergraben.
Warte kurz, deine Kleidung wird noch nass.
Fwupp
Sollen wir wohin gehen, um dich aufzuheitern?

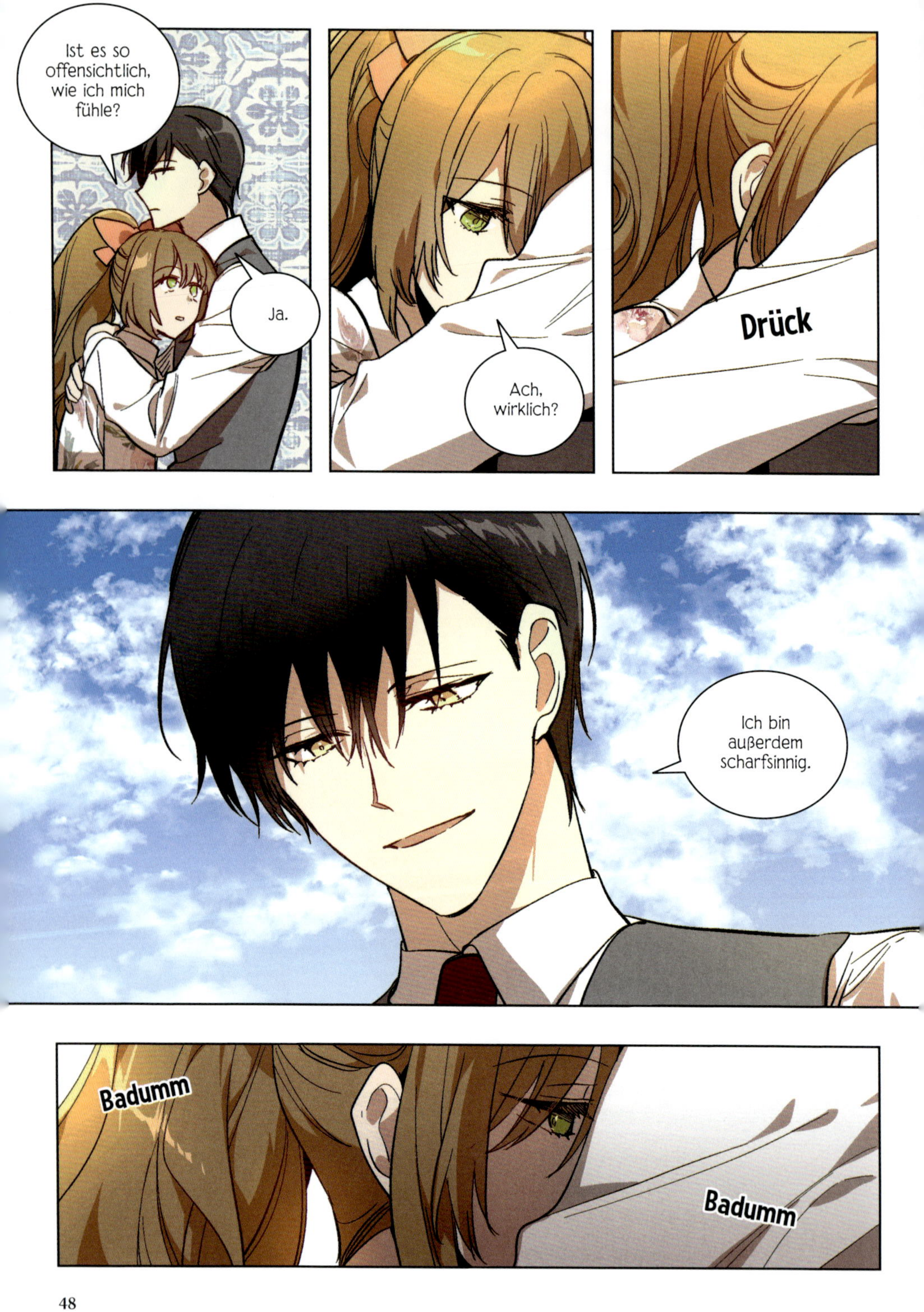
Ist es so offensichtlich, wie ich mich fühle?
Ja.
Ach, wirklich?
Drück
Ich bin außerdem scharfsinnig.
Badumm
Badumm

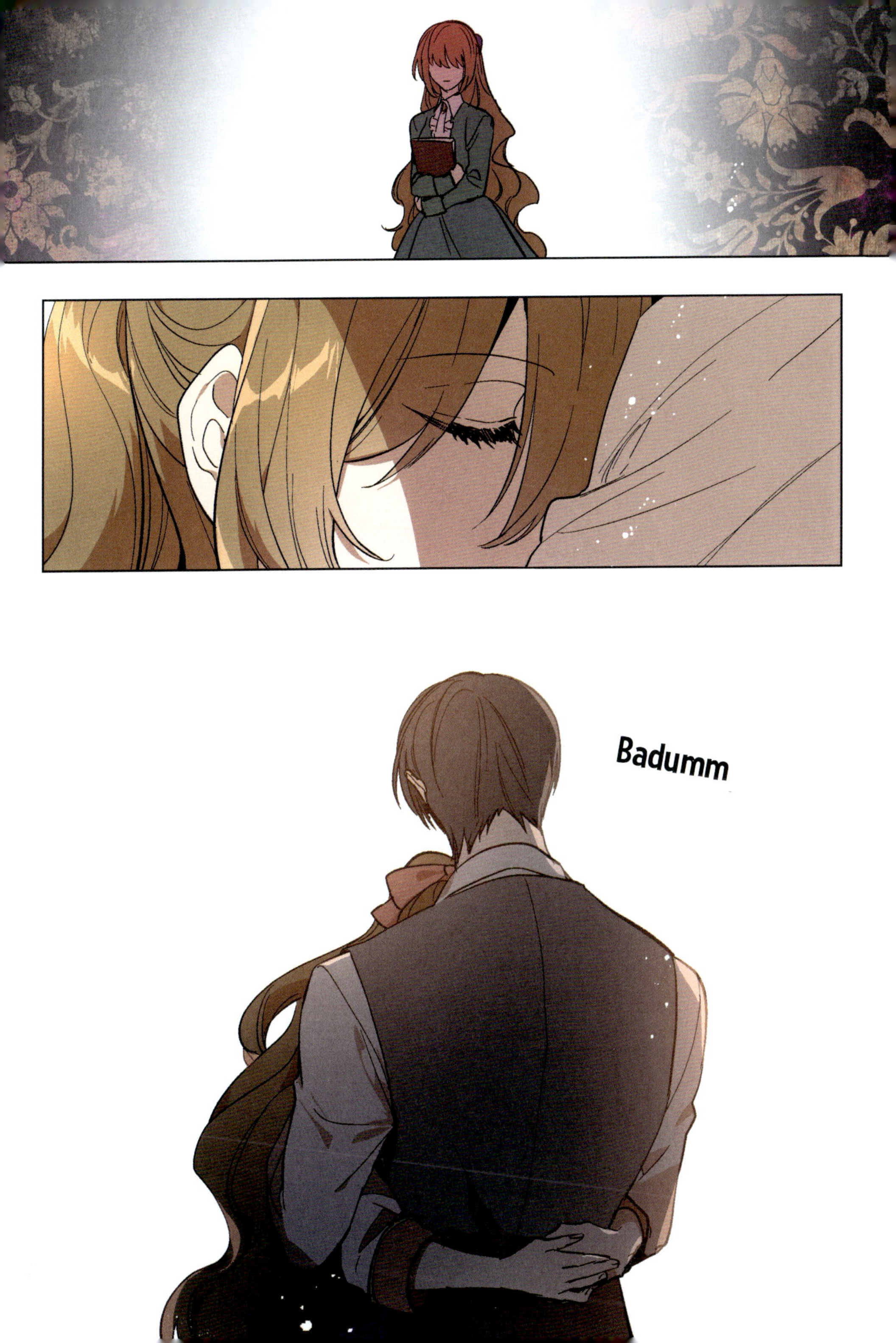
Badumm

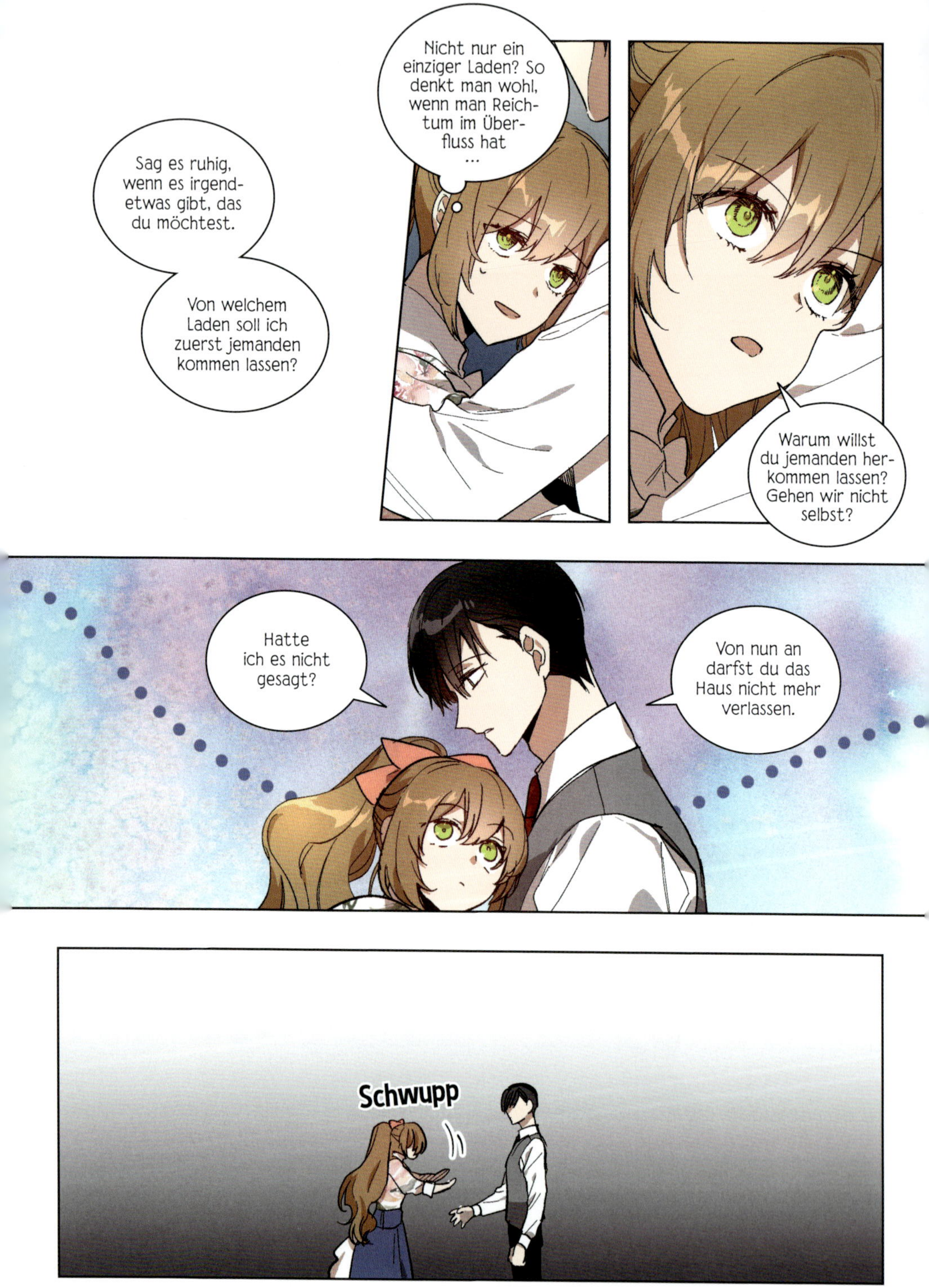
Sag es ruhig, wenn es irgend-etwas gibt, das du möchtest.
Von welchem Laden soll ich zuerst jemanden kommen lassen?
Nicht nur ein einziger Laden? So denkt man wohl, wenn man Reich-tum im Überfluss hat …
Warum willst du jemanden her-kommen lassen? Gehen wir nicht selbst?
Hatte ich es nicht gesagt?
Von nun an darfst du das Haus nicht mehr verlassen.
Schwupp

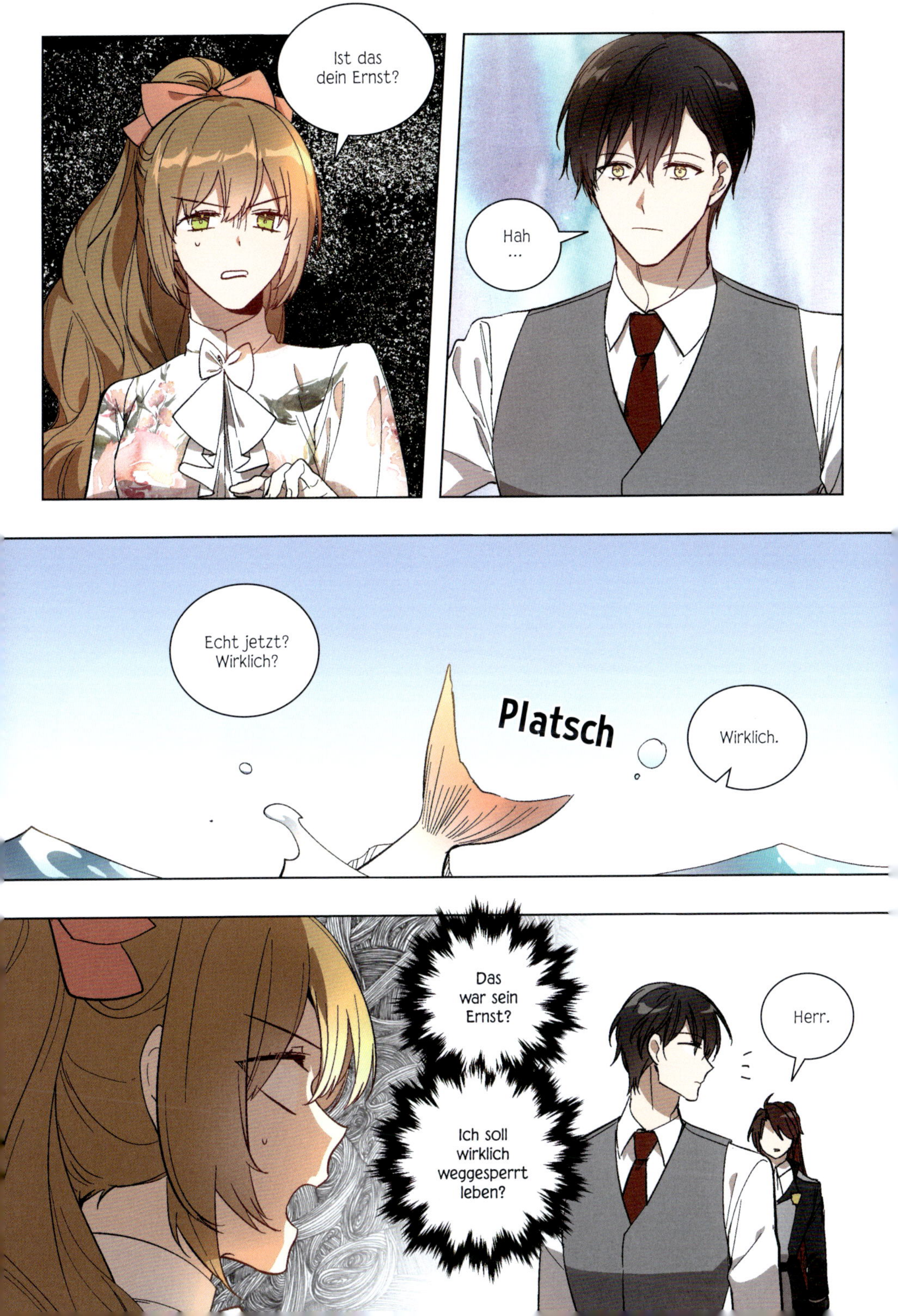
Ist das dein Ernst?
Hah ...
Echt jetzt? Wirklich?
Platsch
Wirklich.
Das war sein Ernst?
Ich soll wirklich weggesperrt leben?
Herr.

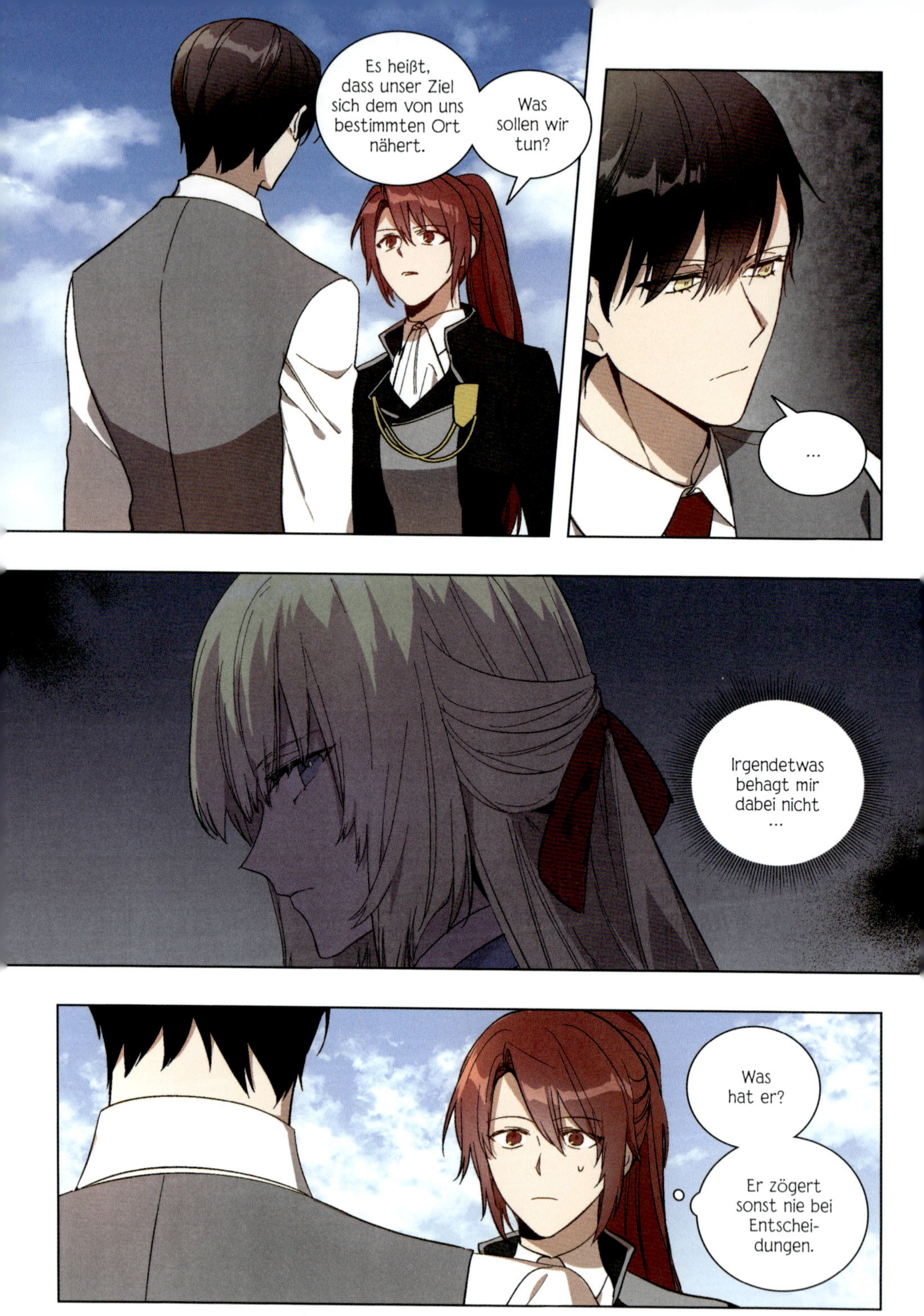
Es heißt, dass unser Ziel sich dem von uns bestimmten Ort nähert.
Was sollen wir tun?
...
Irgendetwas behagt mir dabei nicht ...
Was hat er?
Er zögert sonst nie bei Entschei-dungen.

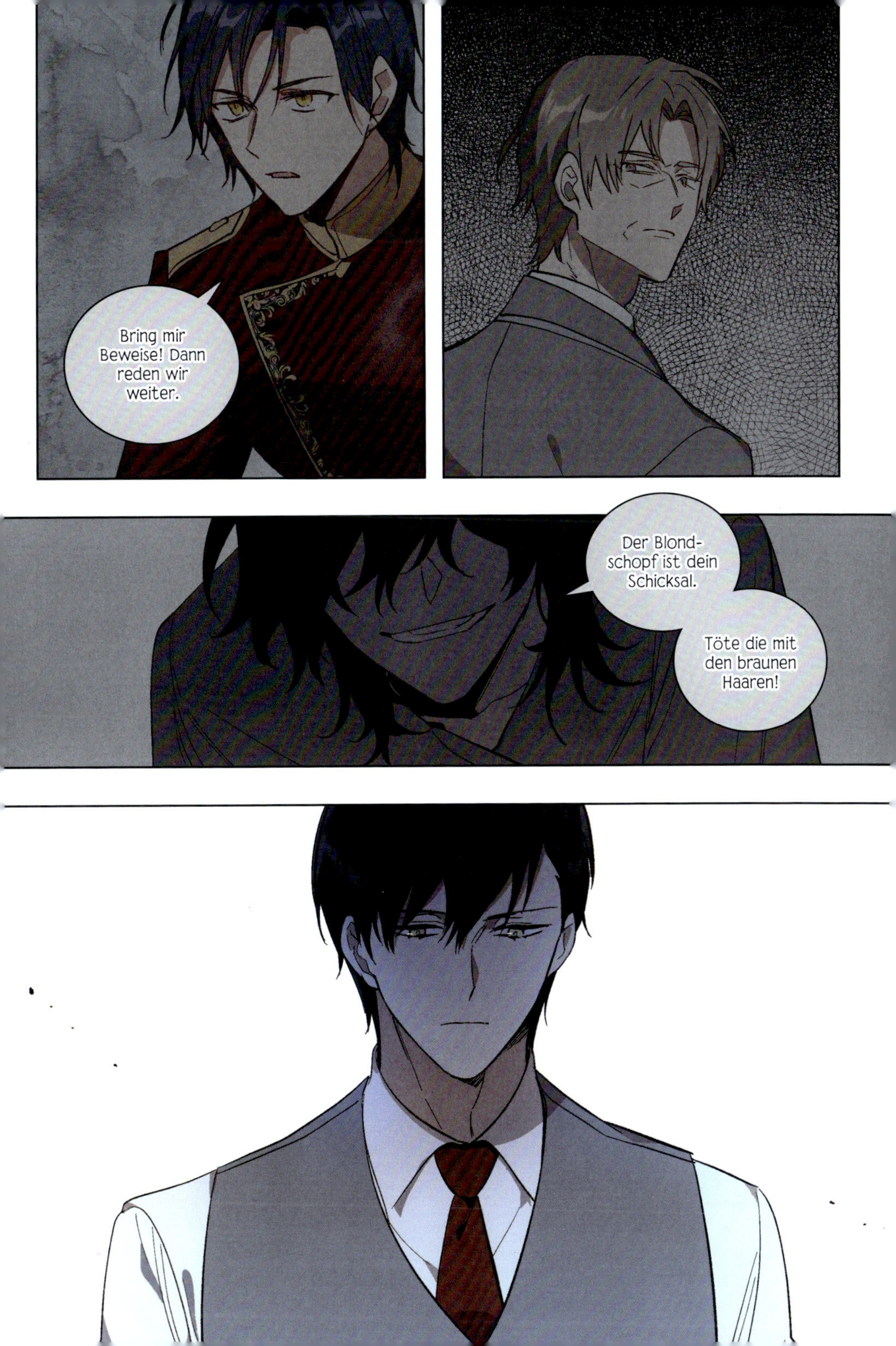
Bring mir Beweise! Dann reden wir weiter.
Der Blondschopf ist dein Schicksal.
Töte die mit den braunen Haaren!

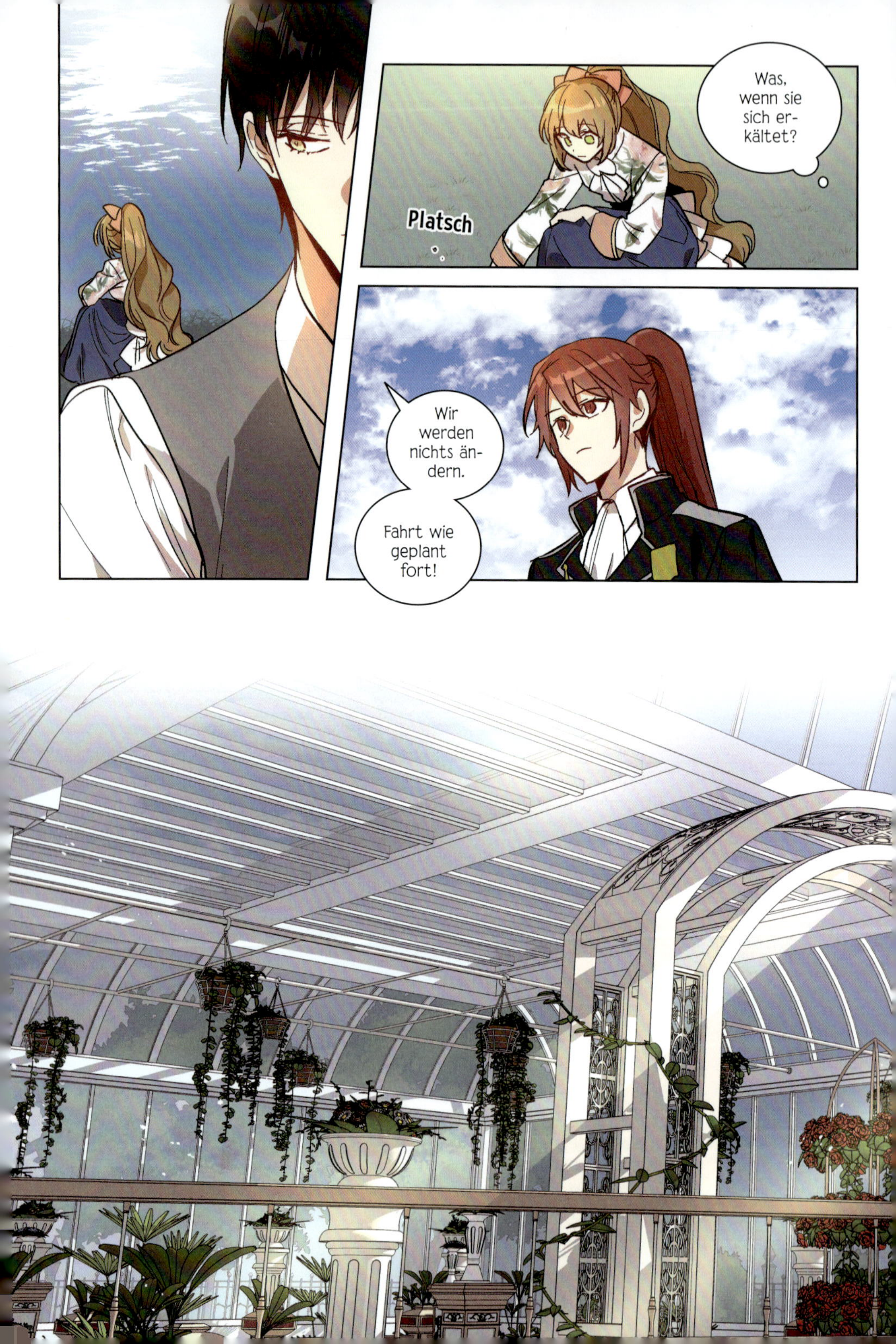
Was, wenn sie sich erkältet?
Platsch
Wir werden nichts ändern.
Fahrt wie geplant fort!

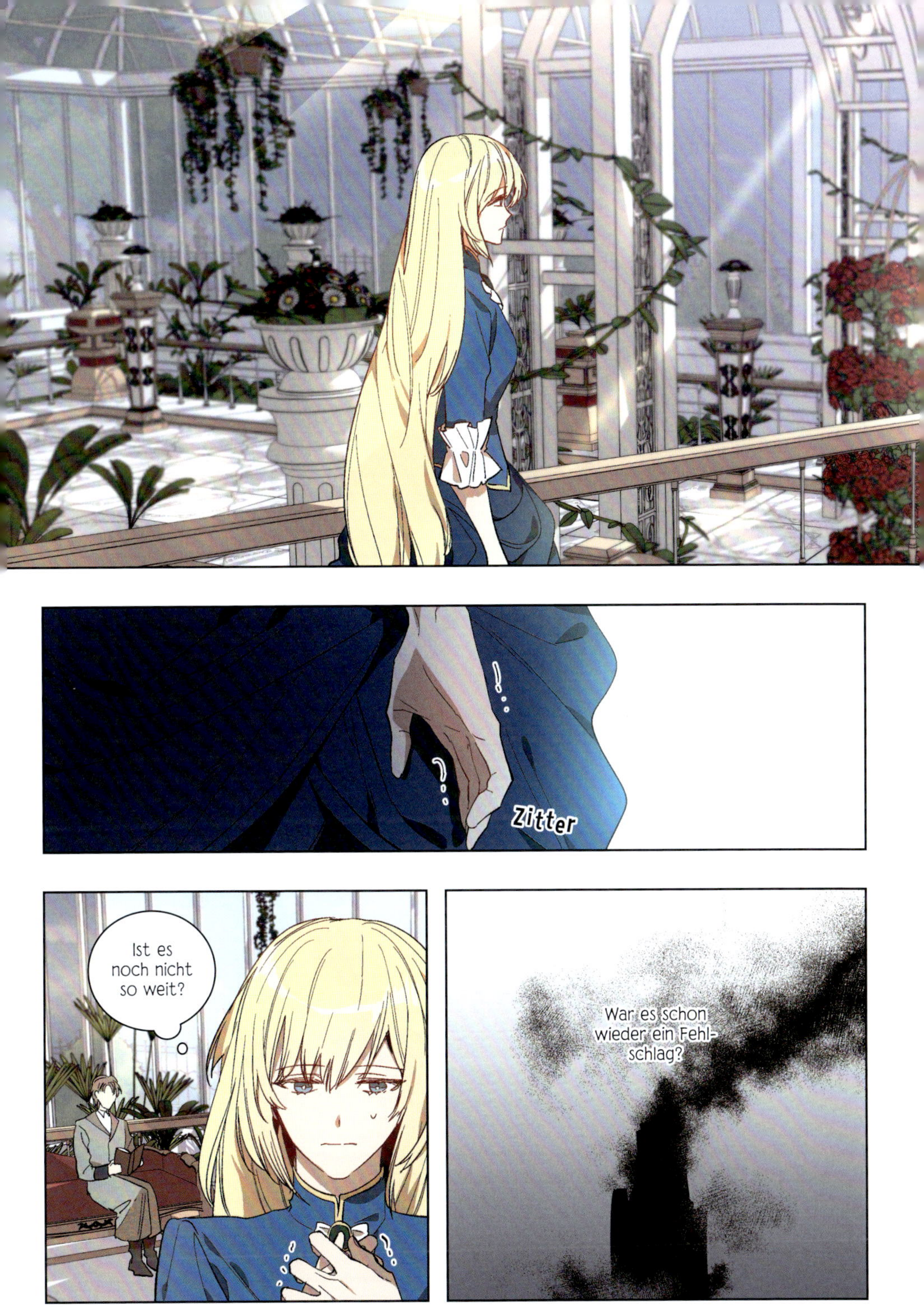
Zitter
Ist es noch nicht so weit?
War es schon wieder ein Fehlschlag?

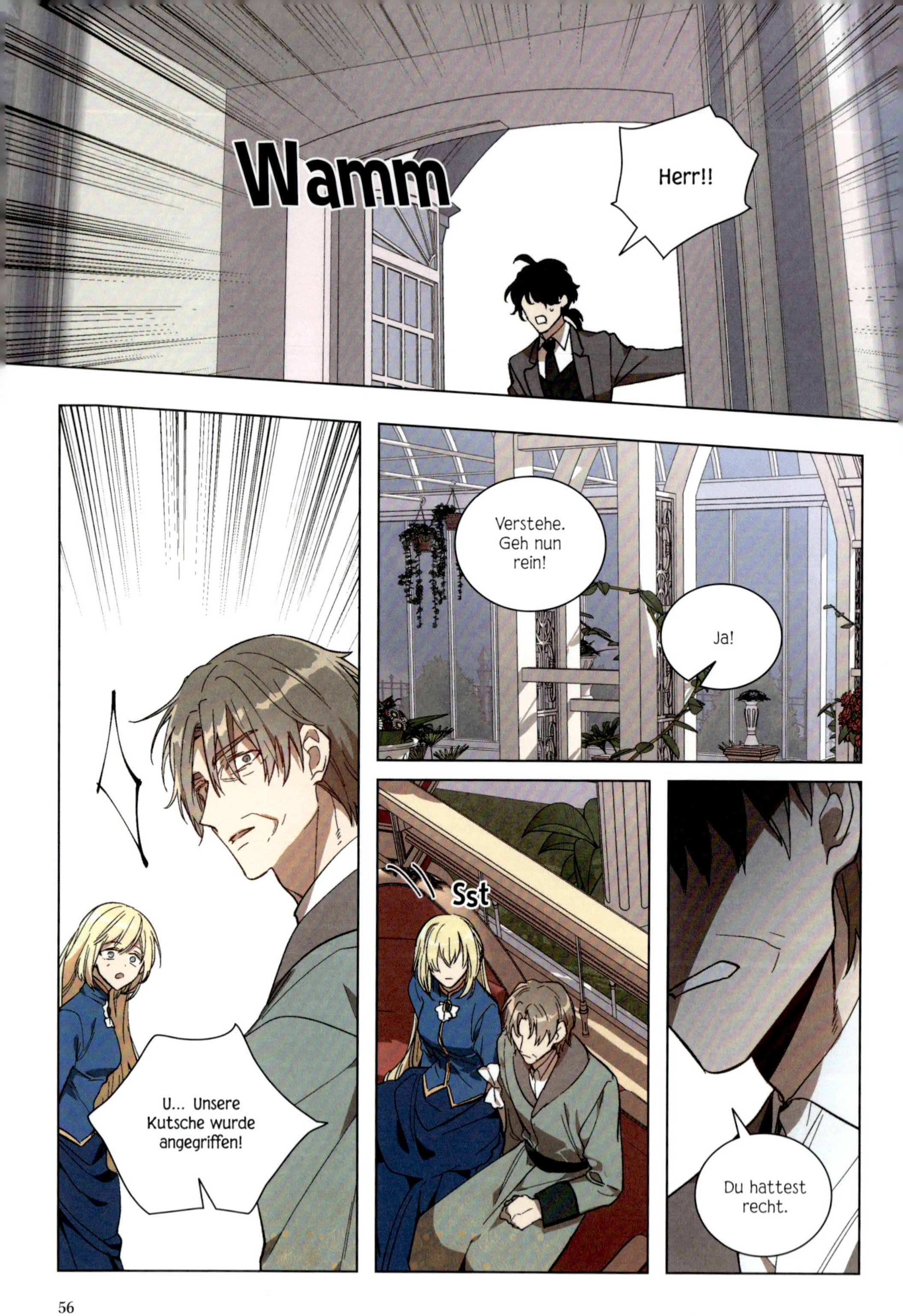
Wamm
Herr!!
Verstehe. Geh nun rein!
Ja!
U... Unsere Kutsche wurde angegriffen!
Sst
Du hattest recht.

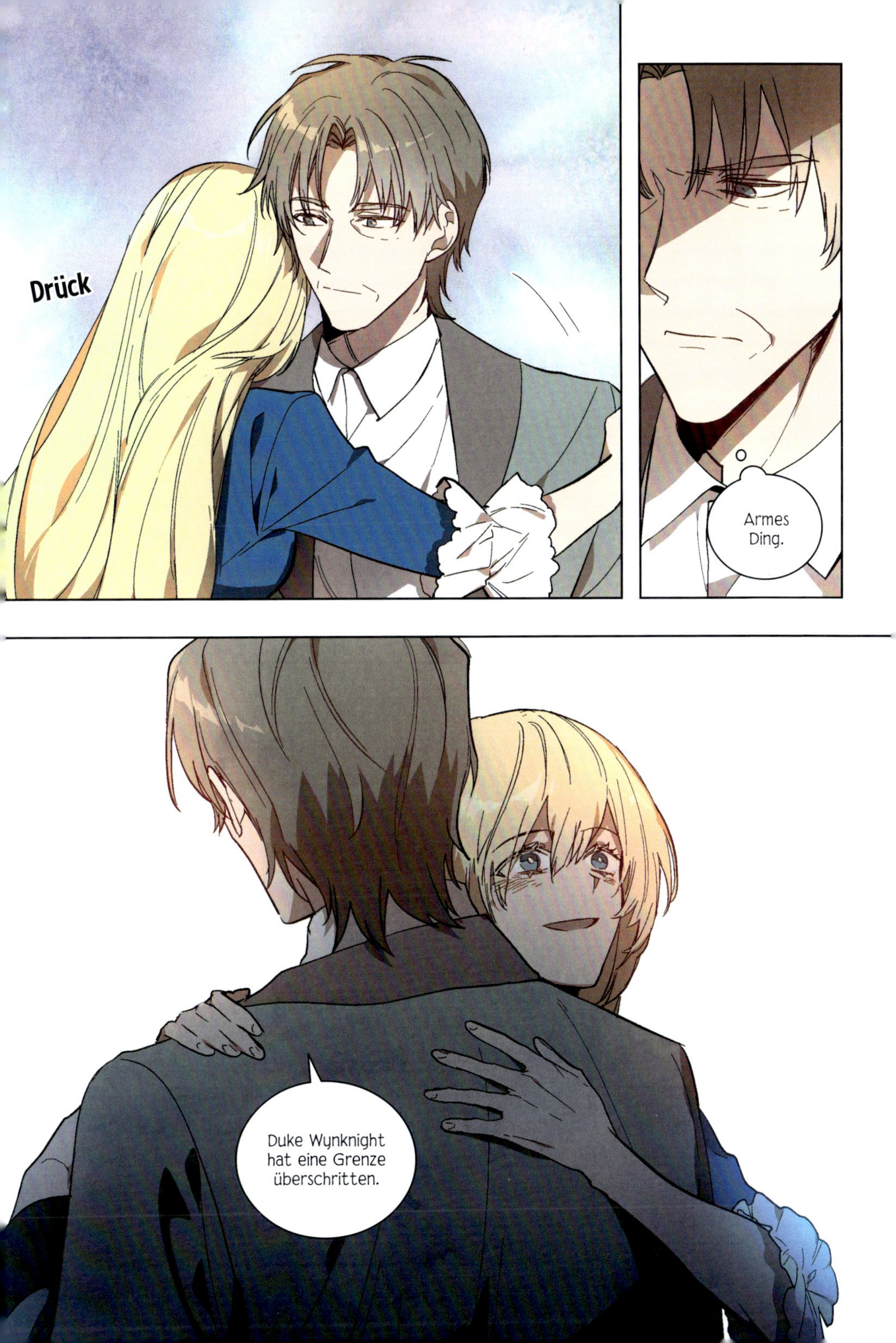
Drück
Armes Ding.
Duke Wynknight hat eine Grenze überschritten.

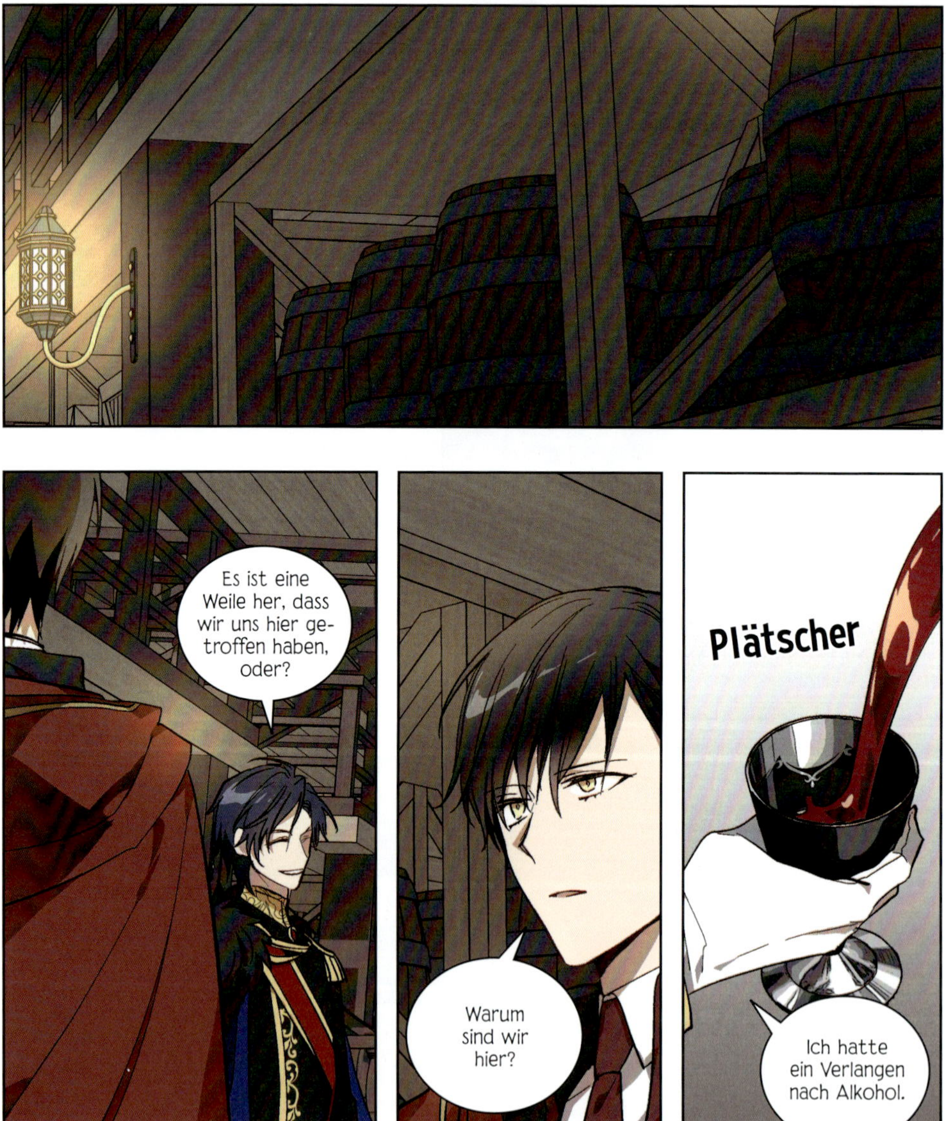
Es ist eine Weile her, dass wir uns hier getroffen haben, oder?
Warum sind wir hier?
Plätscher
Ich hatte ein Verlangen nach Alkohol.

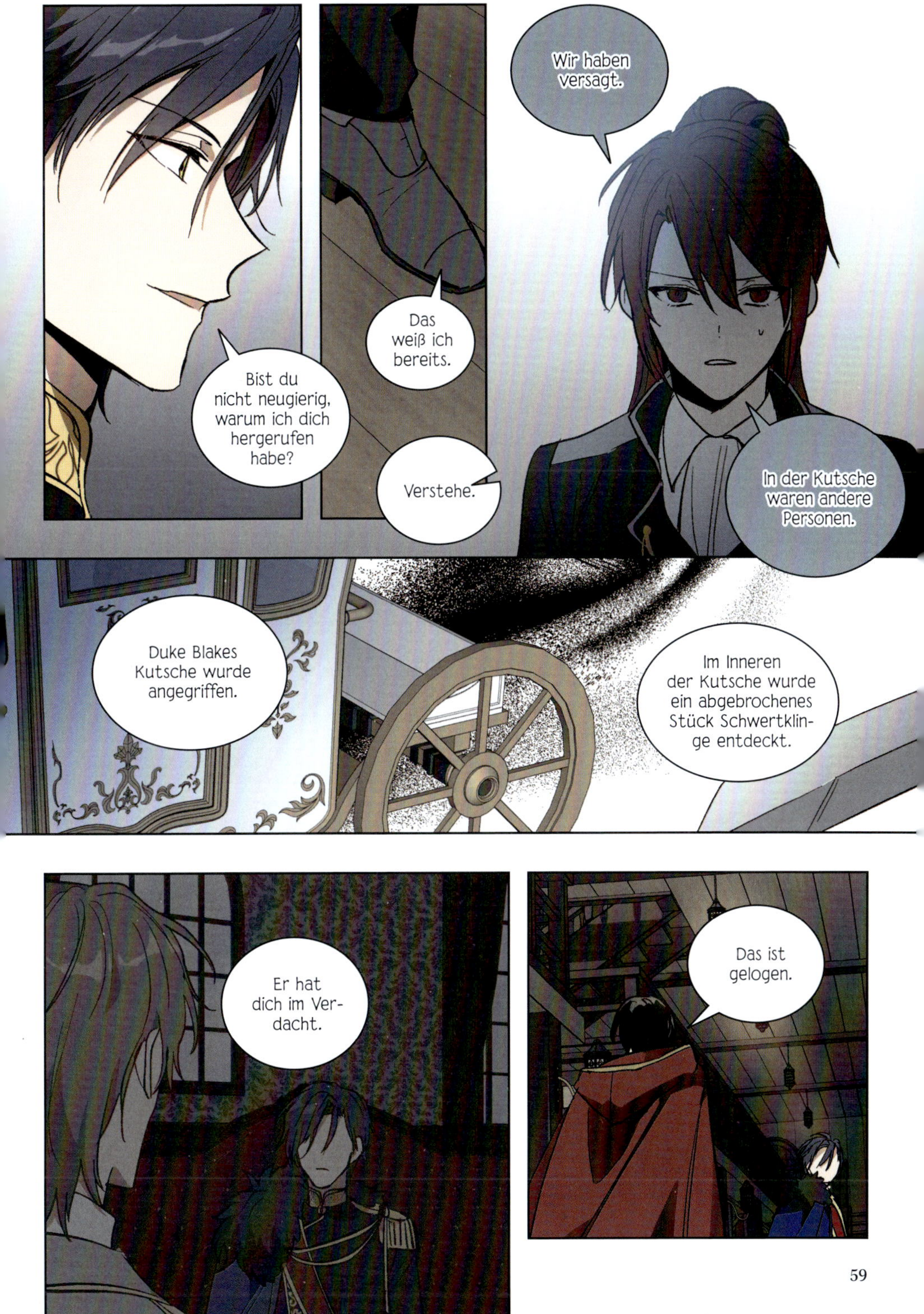

Bist du nicht neugierig, warum ich dich hergerufen habe?
Das weiß ich bereits.
Verstehe.
Wir haben versagt.
In der Kutsche waren andere Personen.
Duke Blakes Kutsche wurde angegriffen.
Im Inneren der Kutsche wurde ein abgebrochenes Stück Schwertklinge entdeckt.
Er hat dich im Verdacht.
Das ist gelogen.

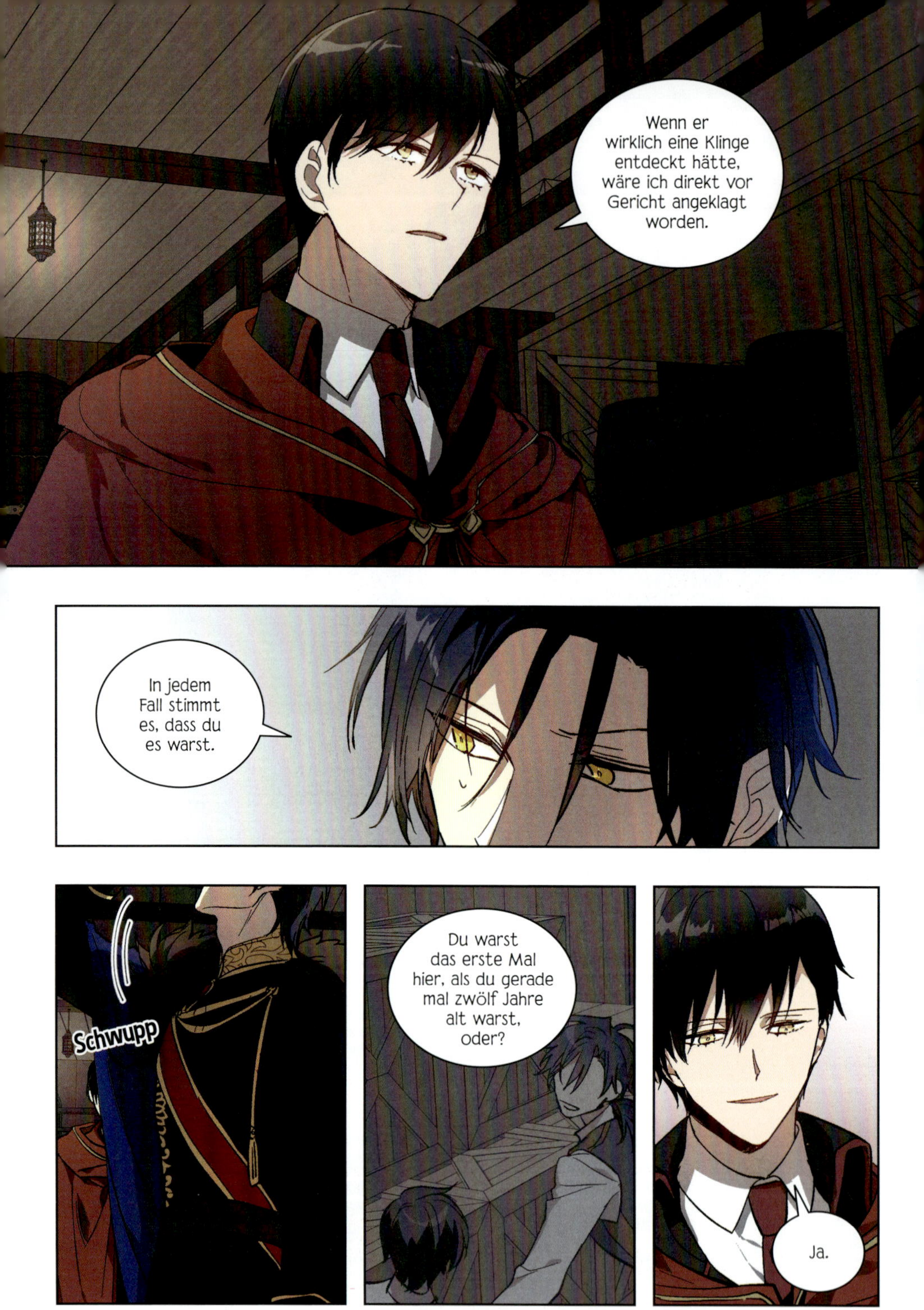
Wenn er wirklich eine Klinge entdeckt hätte, wäre ich direkt vor Gericht angeklagt worden.
In jedem Fall stimmt es, dass du es warst.
Schwupp
Du warst das erste Mal hier, als du gerade mal zwölf Jahre alt warst, oder?
Ja.

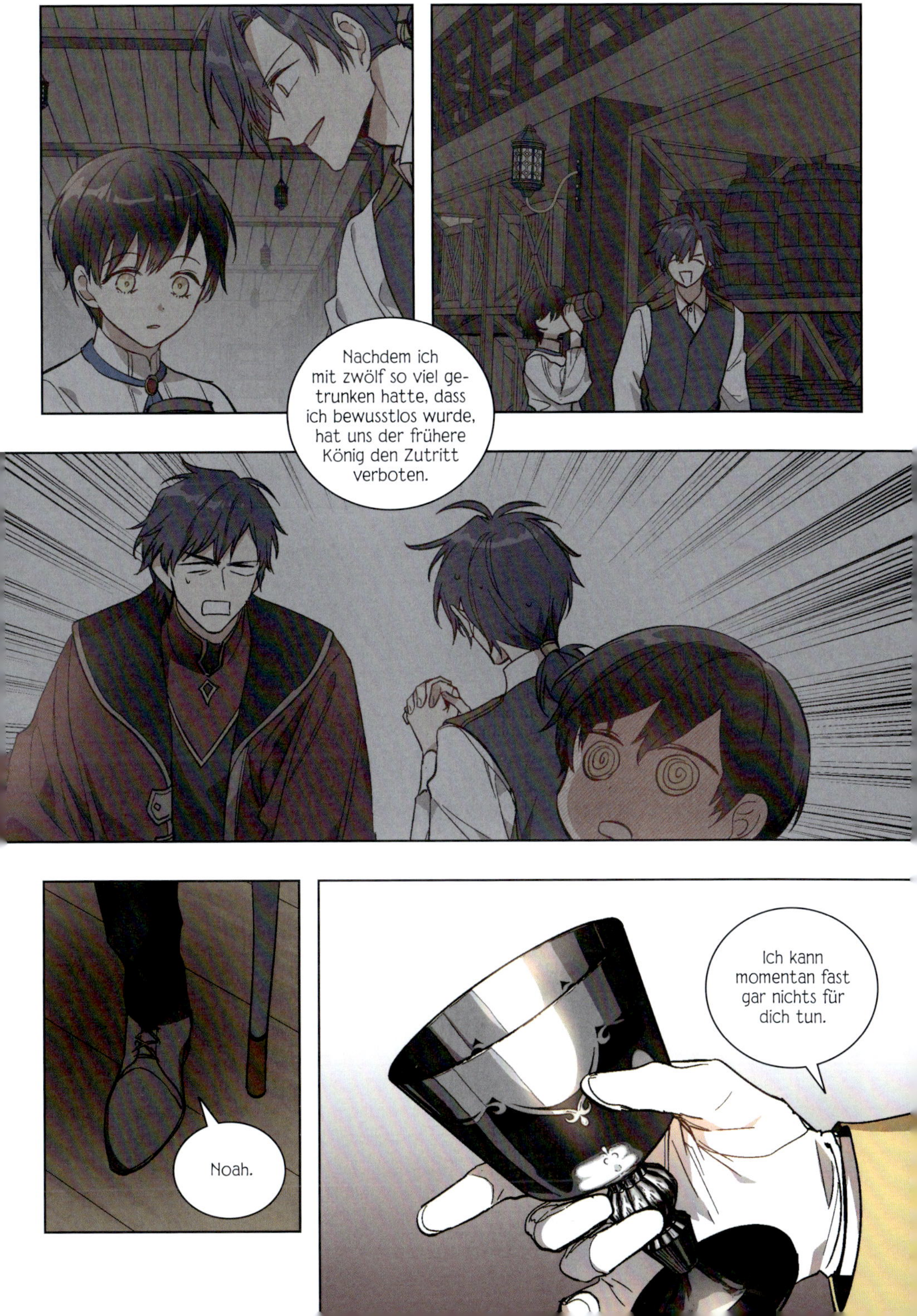
Nachdem ich mit zwölf so viel getrunken hatte, dass ich bewusstlos wurde, hat uns der frühere König den Zutritt verboten.
Noah.
Ich kann momentan fast gar nichts für dich tun.

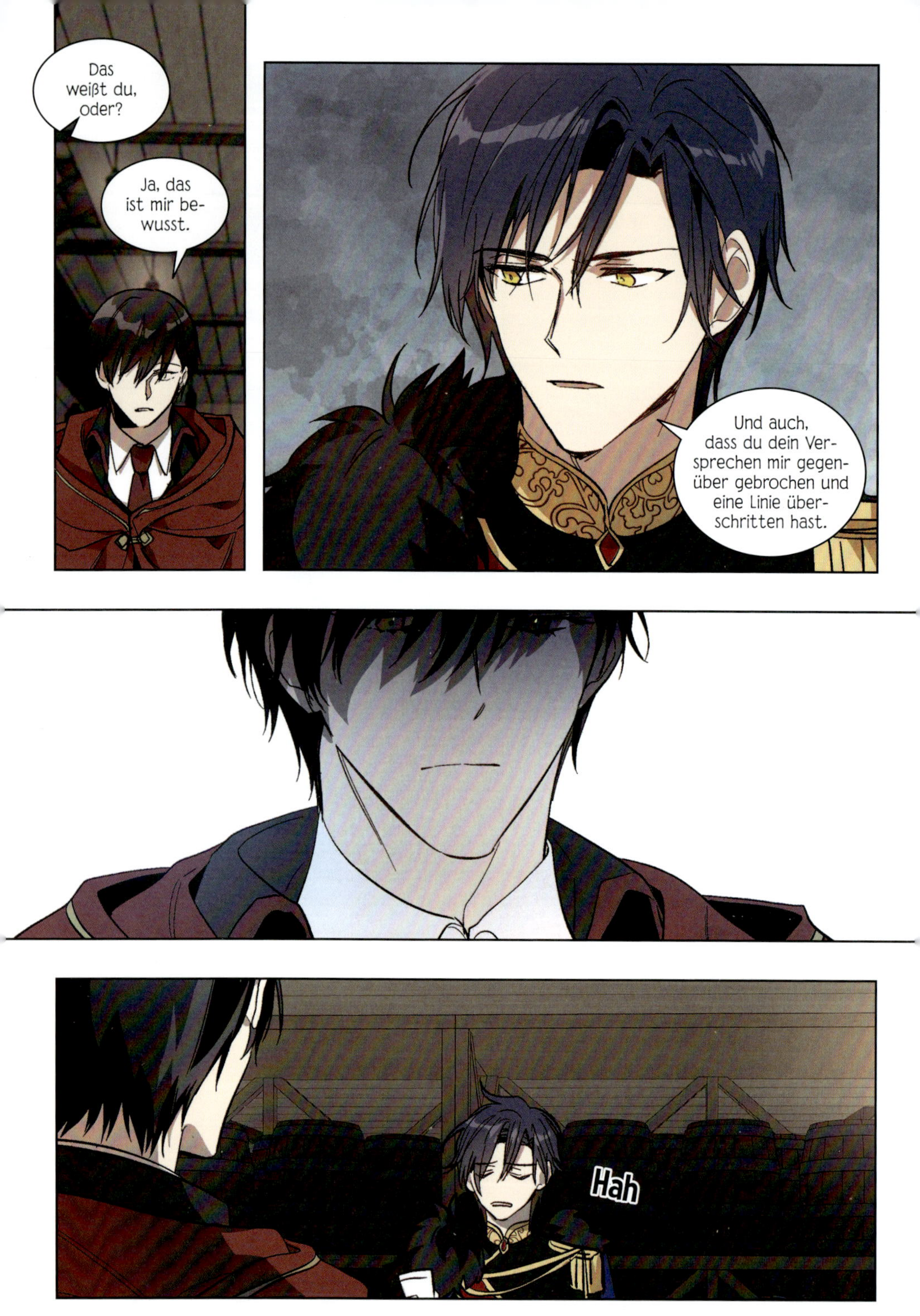
Das weißt du, oder?
Ja, das ist mir bewusst.
Und auch, dass du dein Versprechen mir gegenüber gebrochen und eine Linie überschritten hast.
Hah

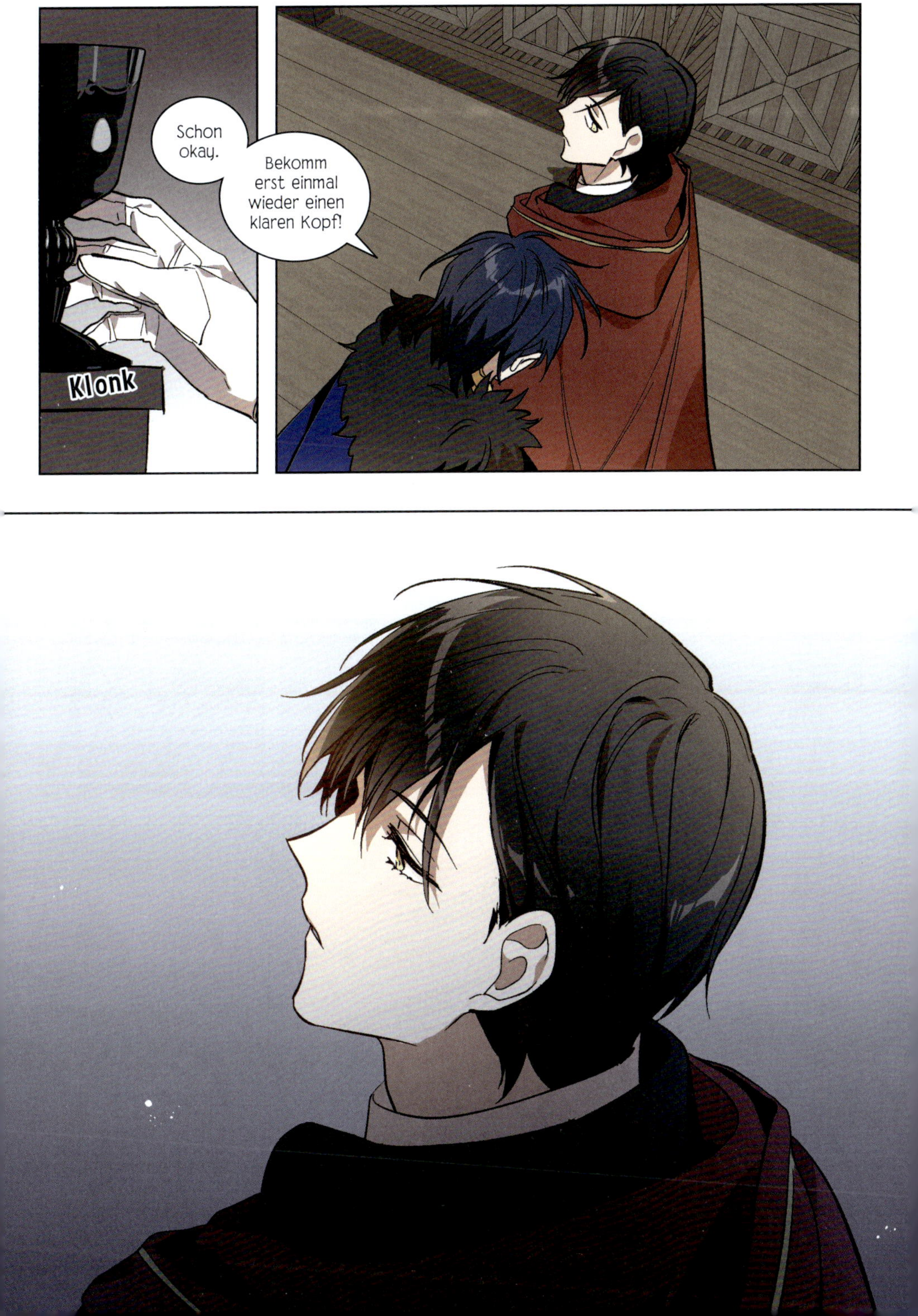
Klonk
Schon okay.
Bekomm erst einmal wieder einen klaren Kopf!

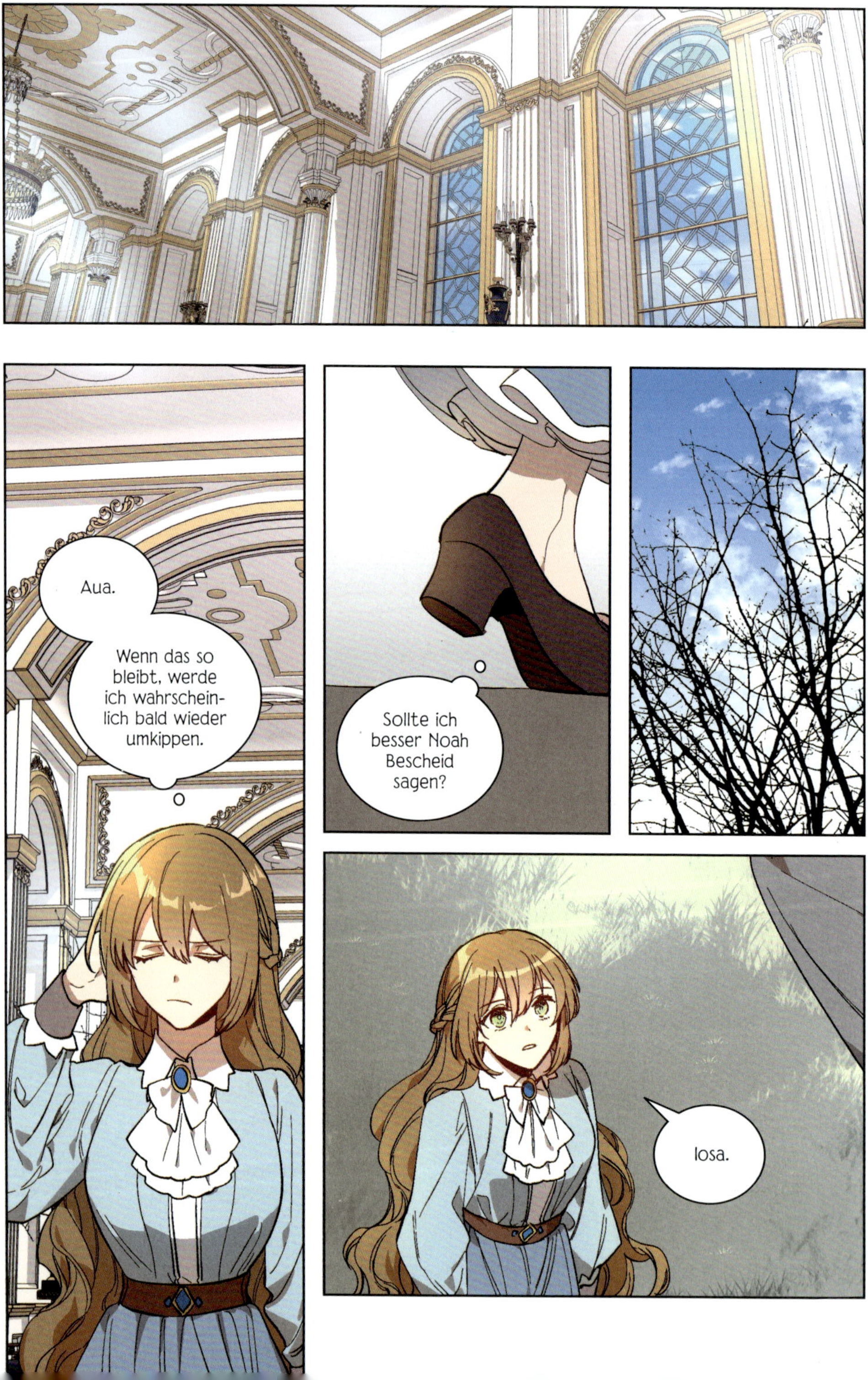
Aua.
Wenn das so bleibt, werde ich wahrscheinlich bald wieder umkippen.
Sollte ich besser Noah Bescheid sagen?
Iosa.

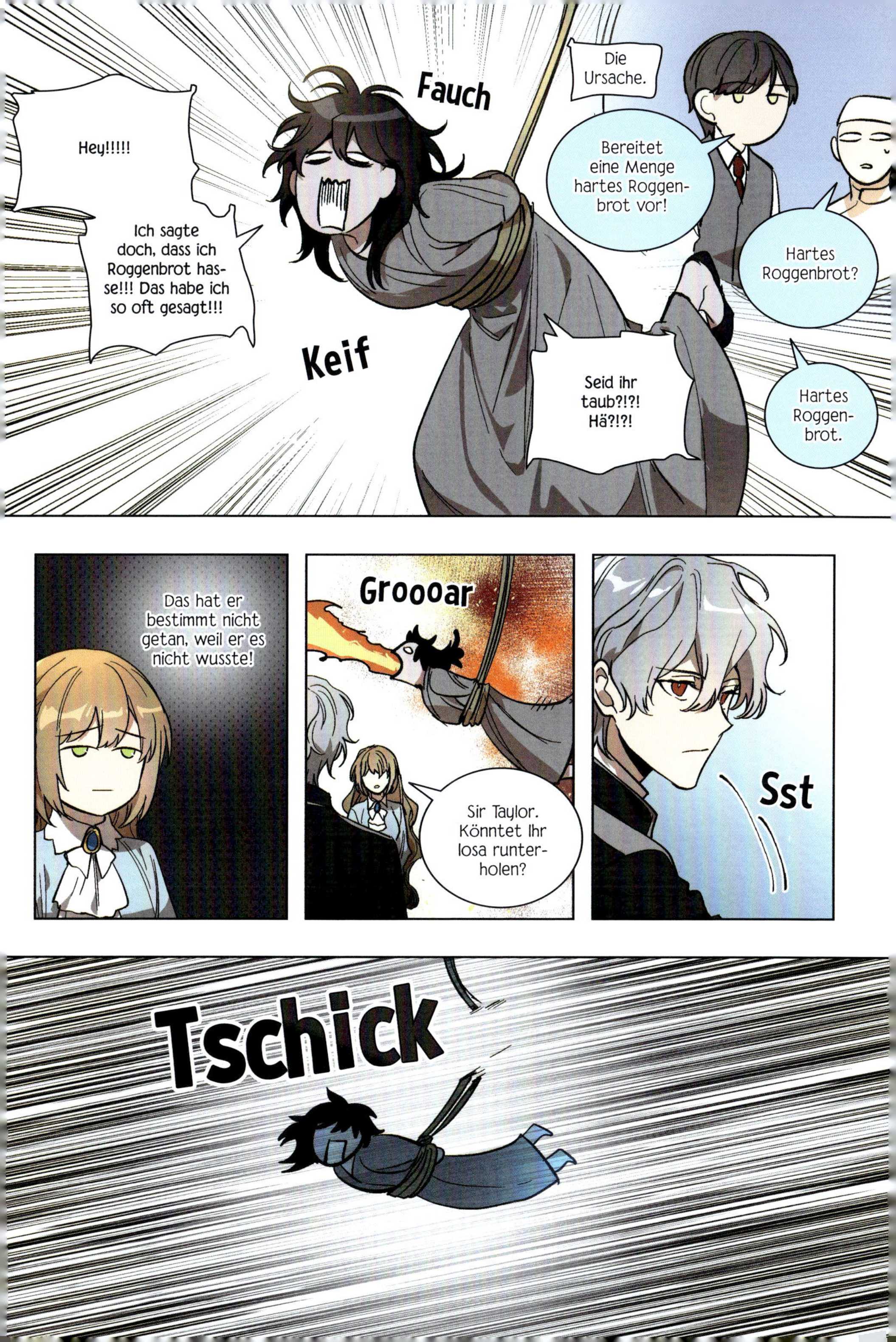
Hey!!!!!
Ich sagte doch, dass ich Roggenbrot hasse!!! Das habe ich so oft gesagt!!!
Keif
Fauch
Seid ihr taub?!?! Hä?!?!
Die Ursache.
Bereitet eine Menge hartes Roggenbrot vor!
Hartes Roggenbrot?
Hartes Roggenbrot.
Das hat er bestimmt nicht getan, weil er es nicht wusste!
Groooar
Sir Taylor. Könntet Ihr Iosa runterholen?
Sst
Tschick

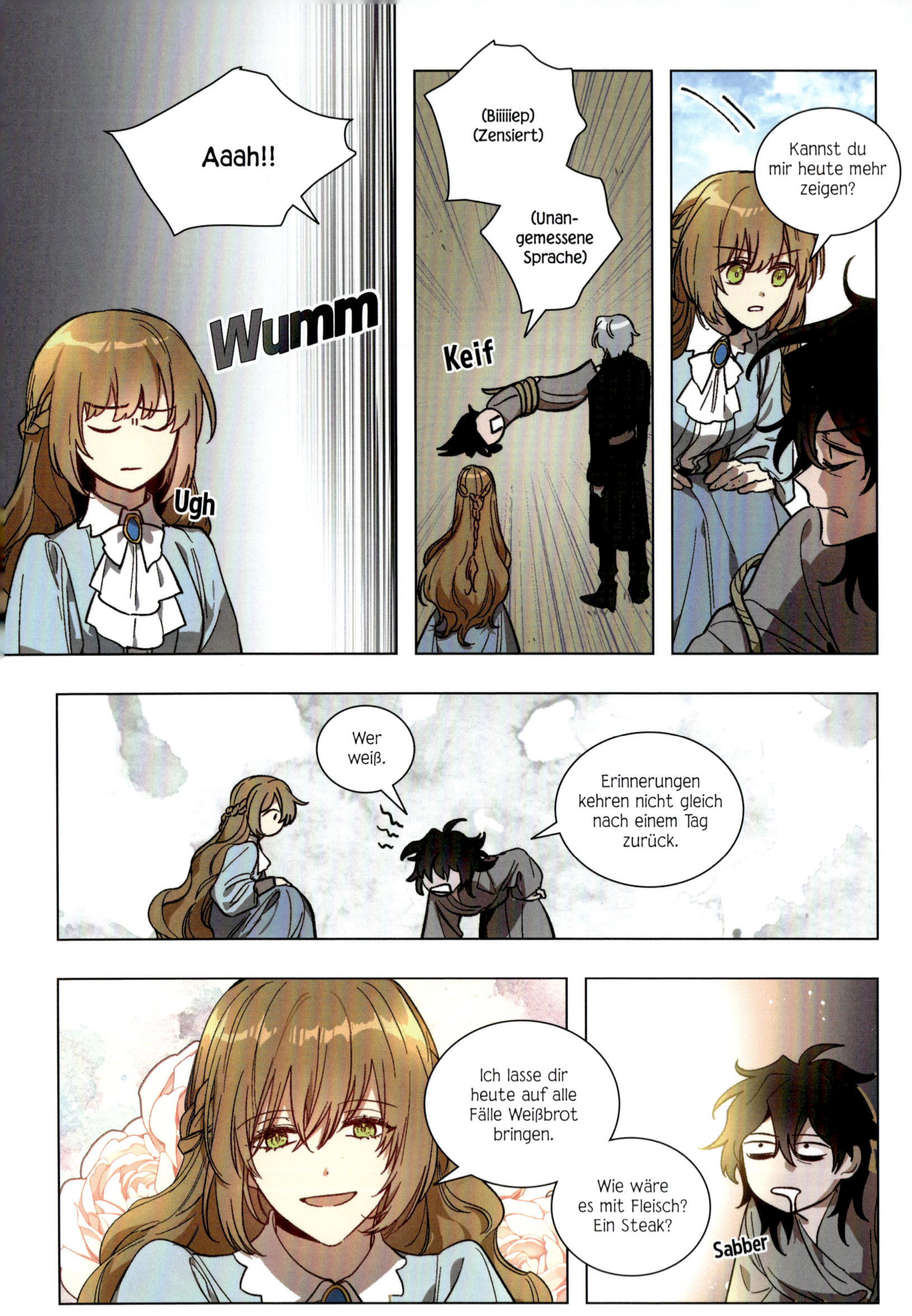
Aaah!!
Wumm
Ugh
(Biiiiiep)
(Zensiert)
(Unan-gemessene Sprache)
Keif
Kannst du mir heute mehr zeigen?
Wer weiß.
Erinnerungen kehren nicht gleich nach einem Tag zurück.
Ich lasse dir heute auf alle Fälle Weißbrot bringen.
Wie wäre es mit Fleisch? Ein Steak?
Sabber

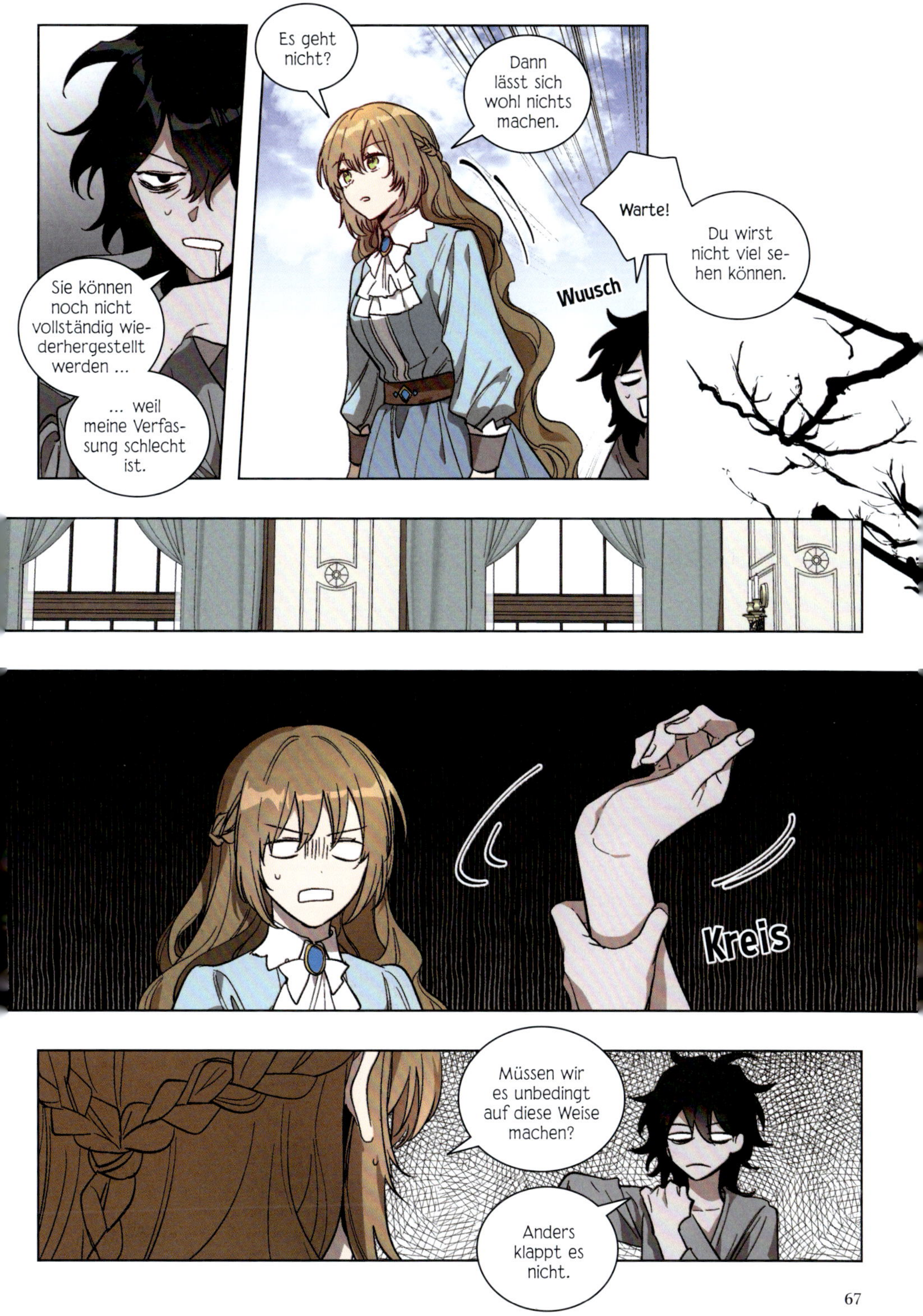
Sie können noch nicht vollständig wiederhergestellt werden ...
... weil meine Verfassung schlecht ist.
Es geht nicht?
Dann lässt sich wohl nichts machen.
Warte!
Du wirst nicht viel sehen können.
Wuusch
Kreis
Müssen wir es unbedingt auf diese Weise machen?
Anders klappt es nicht.

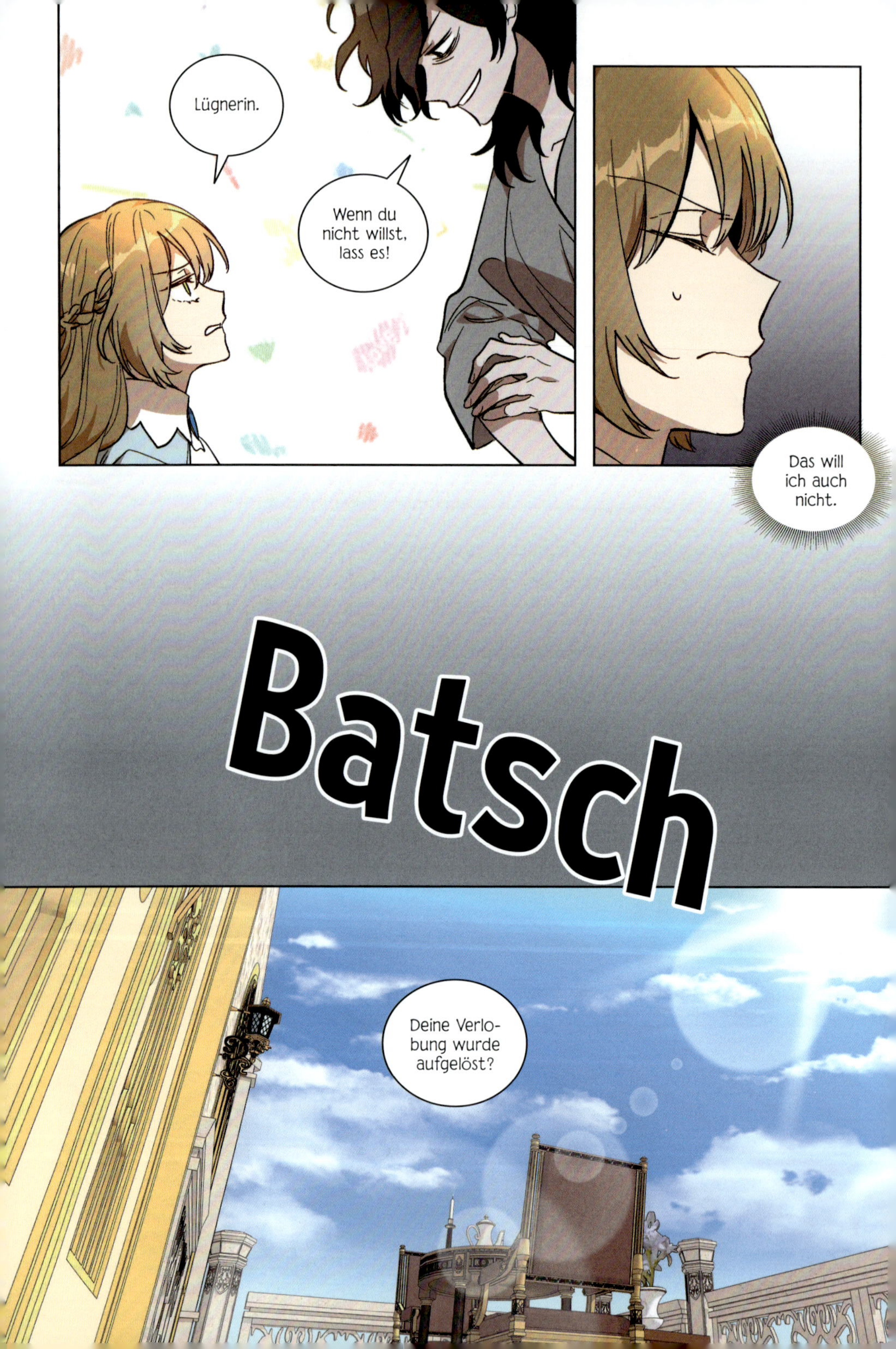
Lügnerin.
Wenn du nicht willst, lass es!
Das will ich auch nicht.
Batsch
Deine Verlobung wurde aufgelöst?

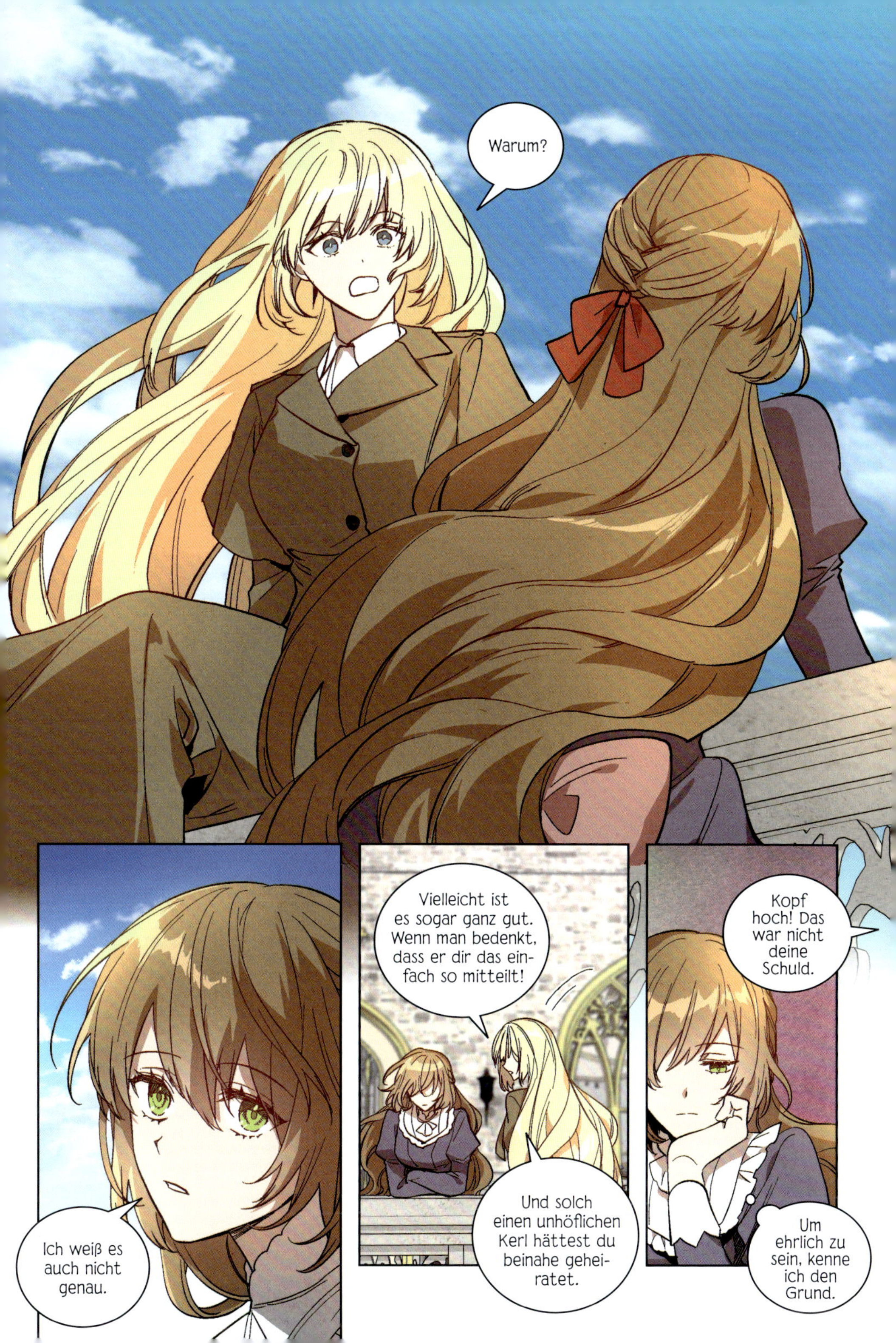
Warum?
Ich weiß es auch nicht genau.
Vielleicht ist es sogar ganz gut. Wenn man bedenkt, dass er dir das einfach so mitteilt!
Und solch einen unhöflichen Kerl hättest du beinahe geheiratet.
Kopf hoch! Das war nicht deine Schuld.
Um ehrlich zu sein, kenne ich den Grund.

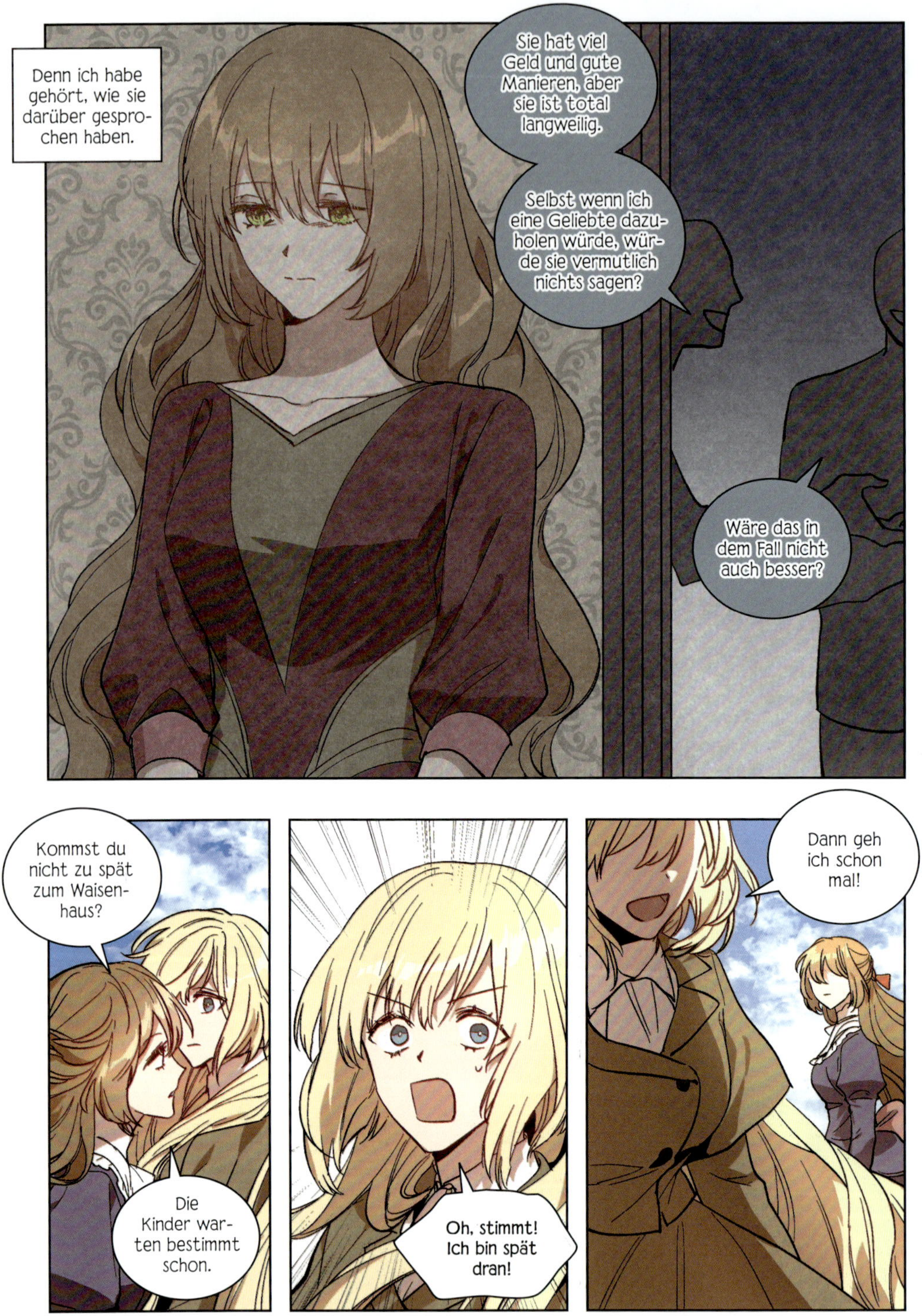

Denn ich habe gehört, wie sie darüber gesprochen haben.
Sie hat viel Geld und gute Manieren, aber sie ist total langweilig.
Selbst wenn ich eine Geliebte dazuholen würde, würde sie vermutlich nichts sagen?
Wäre das in dem Fall nicht auch besser?
Kommst du nicht zu spät zum Waisenhaus?
Die Kinder warten bestimmt schon.
Oh, stimmt! Ich bin spät dran!
Dann geh ich schon mal!

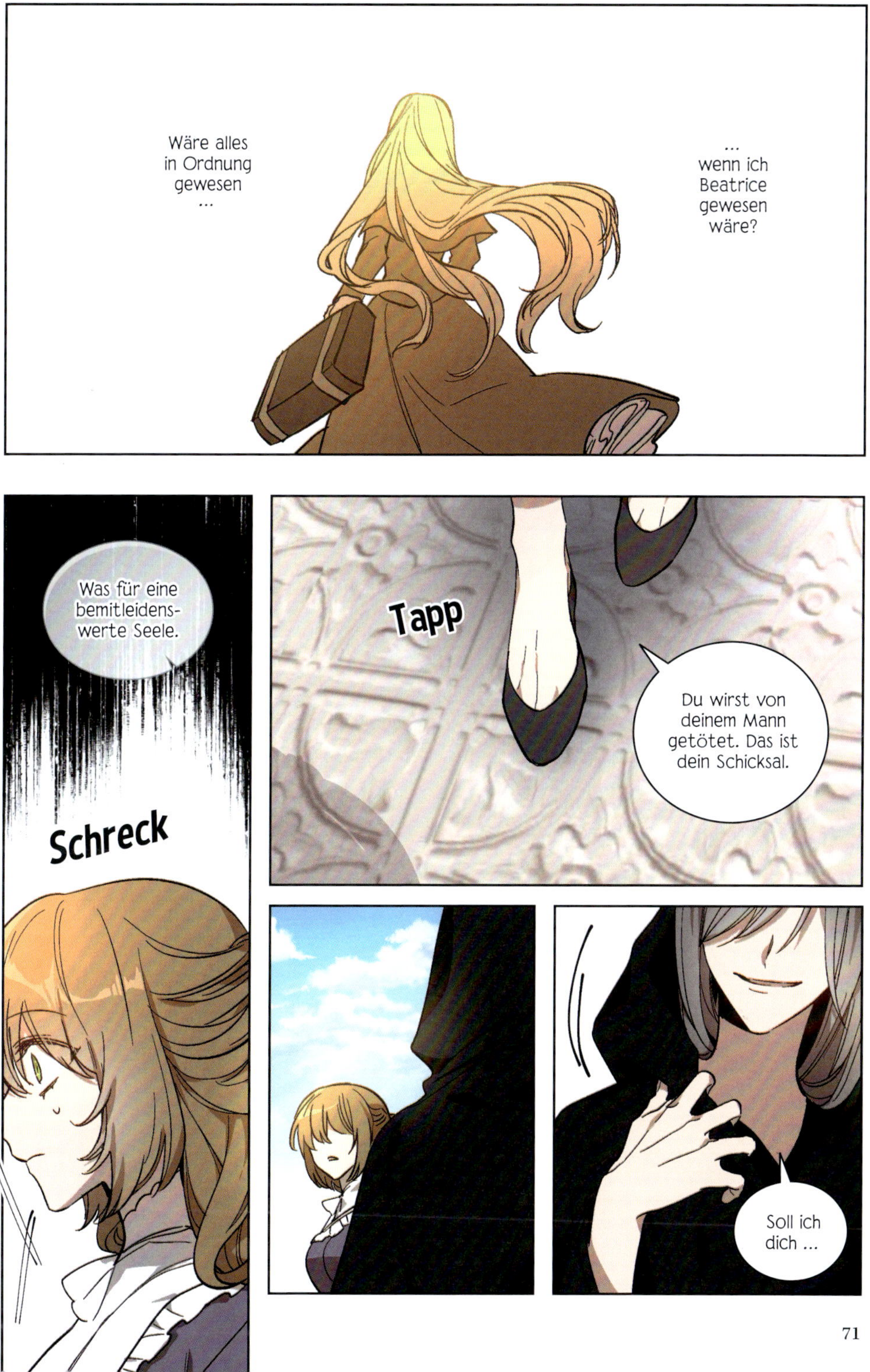
Wäre alles in Ordnung gewesen ...
... wenn ich Beatrice gewesen wäre?
Was für eine bemitleidenswerte Seele.
Schreck
Tapp
Du wirst von deinem Mann getötet. Das ist dein Schicksal.
Soll ich dich ...

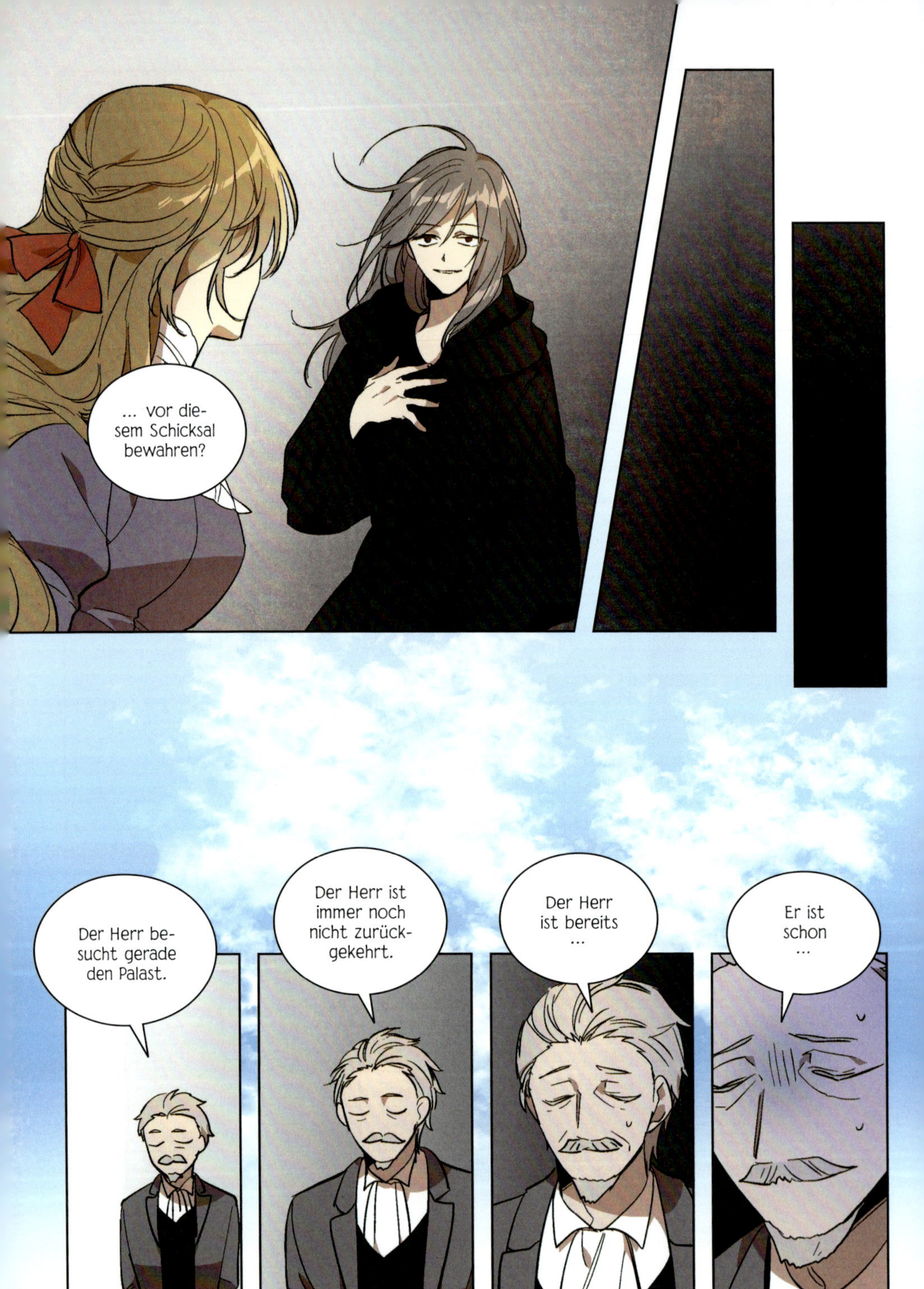
... vor diesem Schicksal bewahren?
Der Herr besucht gerade den Palast.
Der Herr ist immer noch nicht zurückgekehrt.
Der Herr ist bereits ...
Er ist schon ...

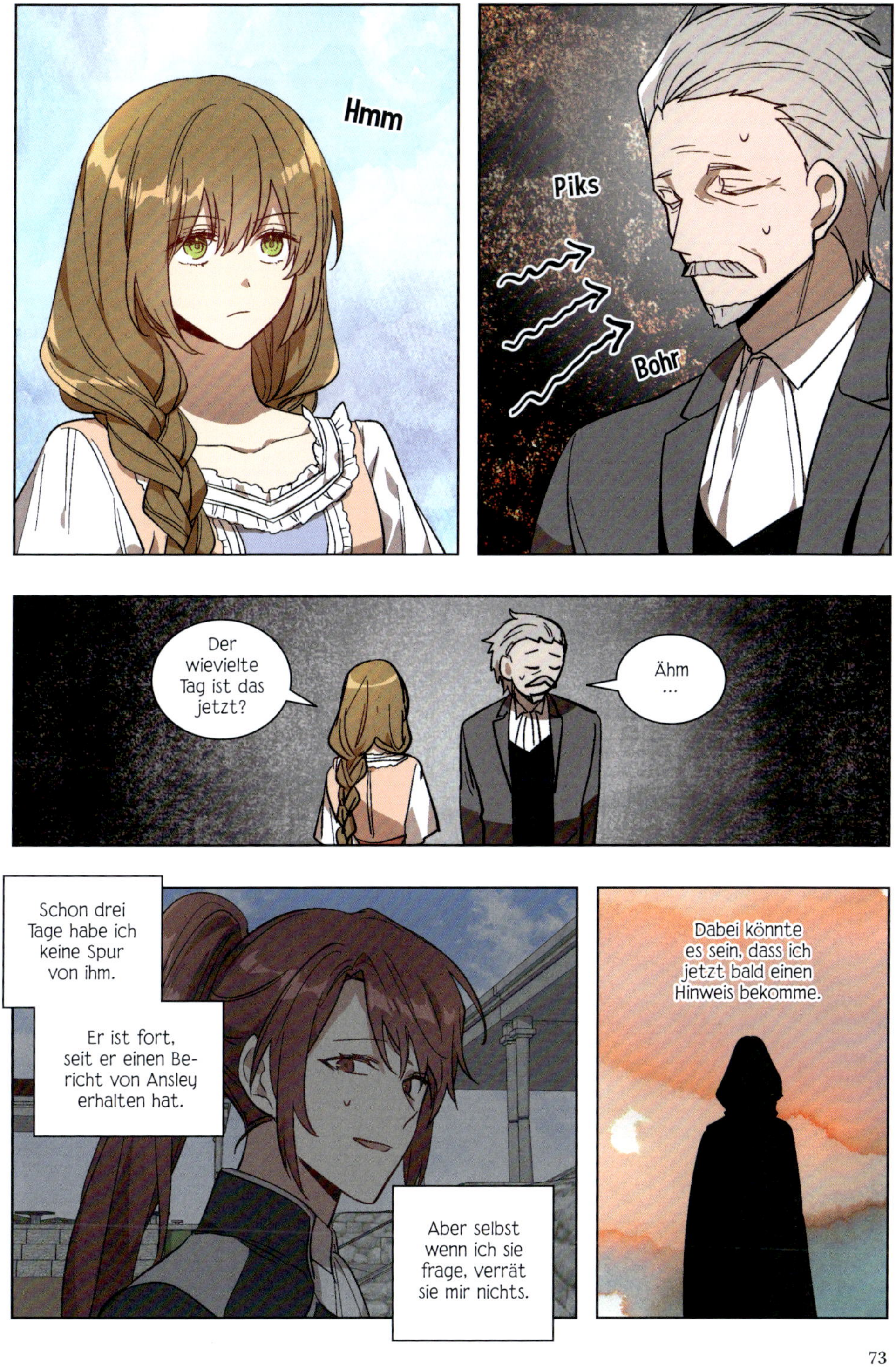
Hmm
Piks
Bohr
Der wievielte Tag ist das jetzt?
Ähm …
Schon drei Tage habe ich keine Spur von ihm.
Er ist fort, seit er einen Bericht von Ansley erhalten hat.
Aber selbst wenn ich sie frage, verrät sie mir nichts.
Dabei könnte es sein, dass ich jetzt bald einen Hinweis bekomme.

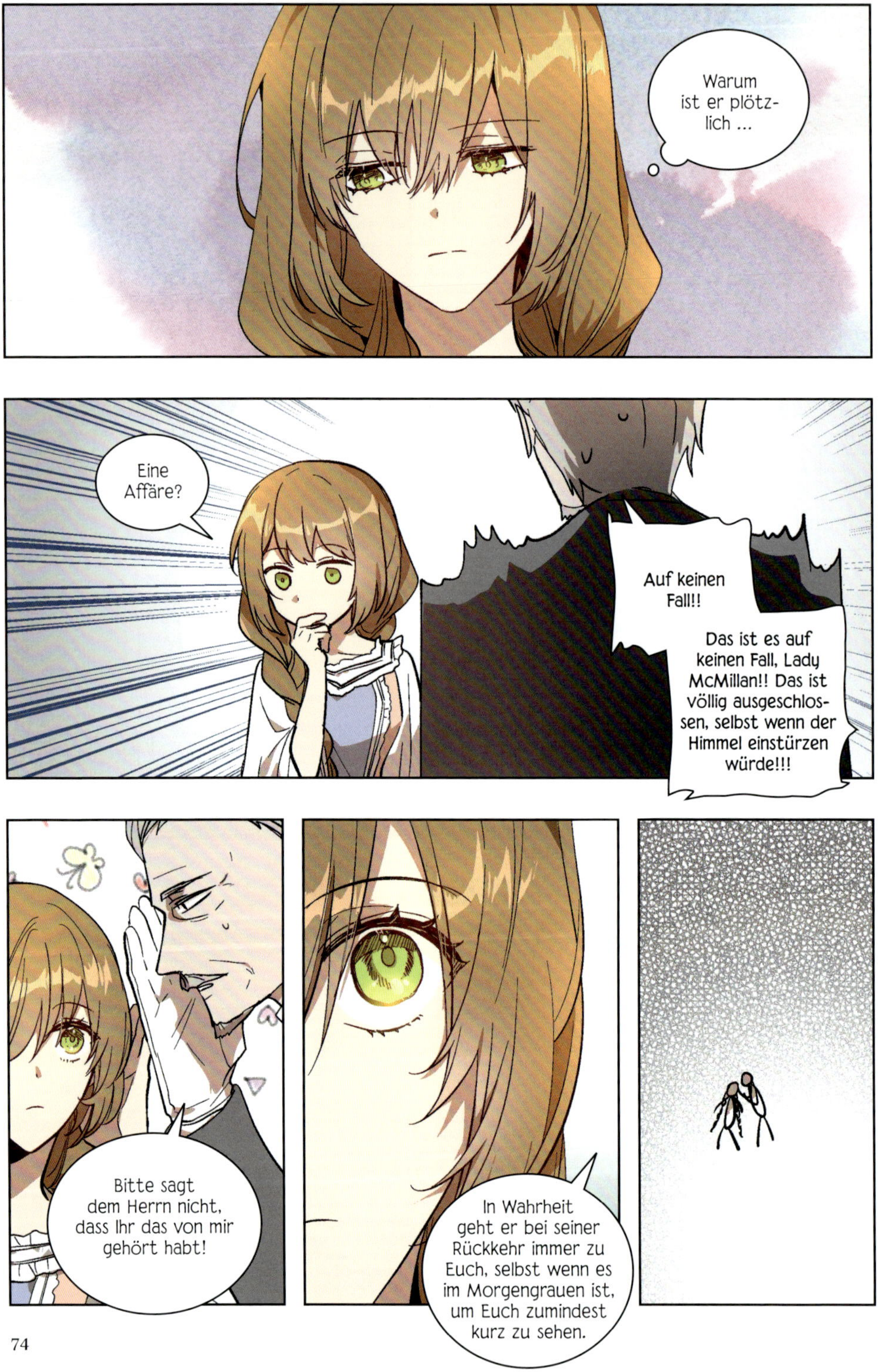
Warum ist er plötzlich ...
Eine Affäre?
Auf keinen Fall!!
Das ist es auf keinen Fall, Lady McMillan!! Das ist völlig ausgeschlossen, selbst wenn der Himmel einstürzen würde!!!
Bitte sagt dem Herrn nicht, dass Ihr das von mir gehört habt!
In Wahrheit geht er bei seiner Rückkehr immer zu Euch, selbst wenn es im Morgengrauen ist, um Euch zumindest kurz zu sehen.

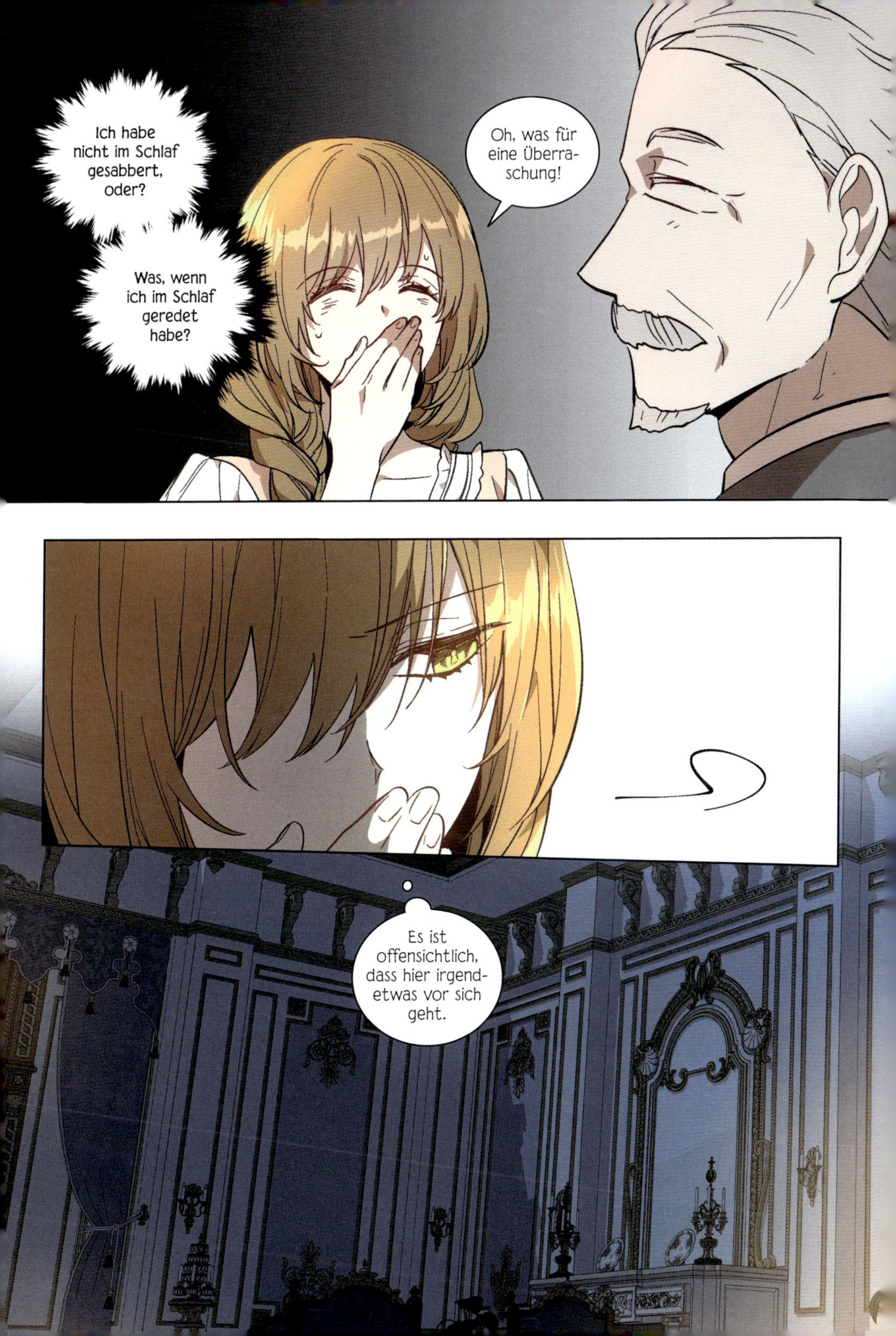
Ich habe nicht im Schlaf gesabbert, oder?
Was, wenn ich im Schlaf geredet habe?
Oh, was für eine Überraschung!
Es ist offensichtlich, dass hier irgendetwas vor sich geht.

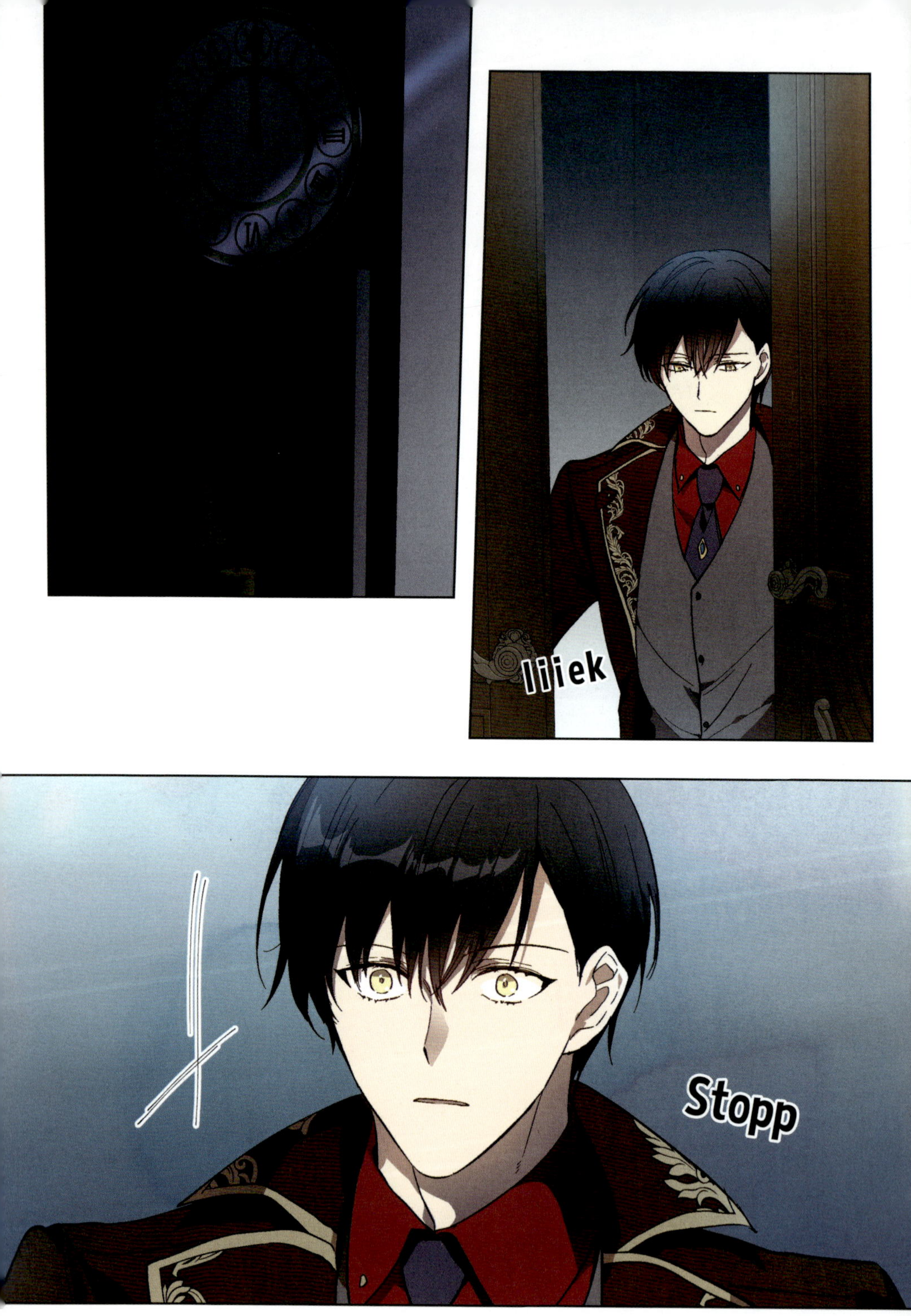
Iiiek
Stopp

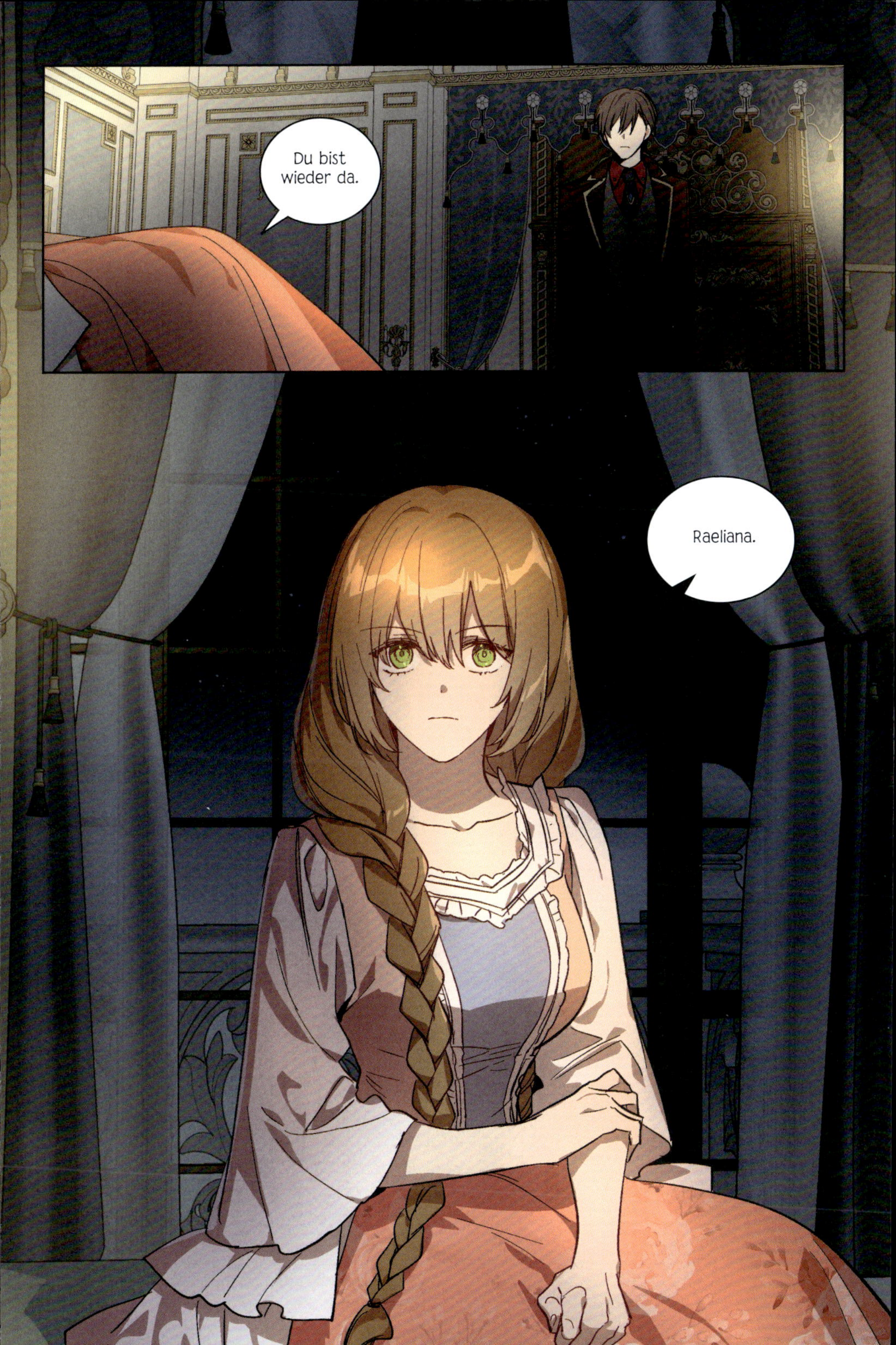
Du bist wieder da.
Raeliana.

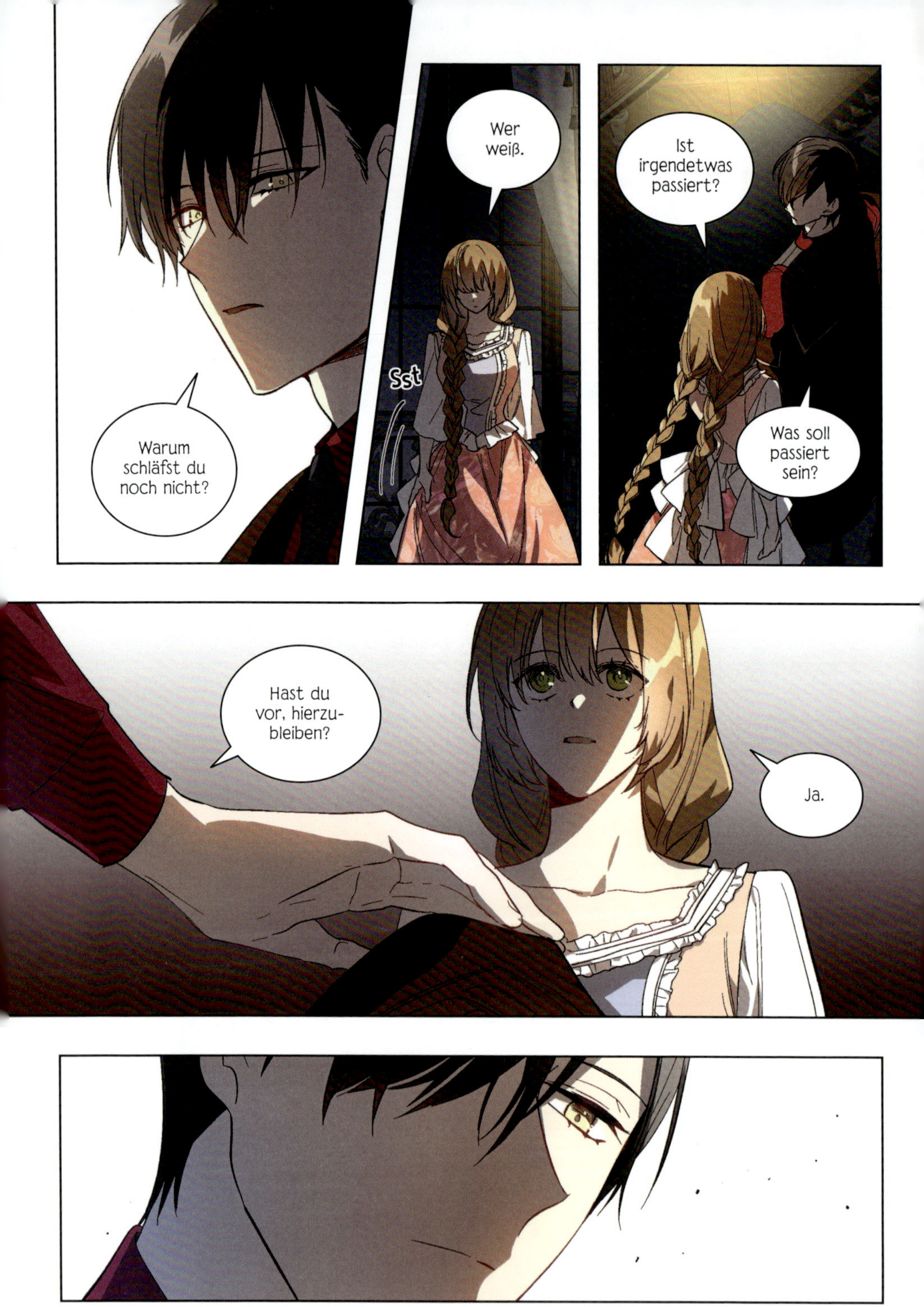
Warum schläfst du noch nicht?
Wer weiß.
Sst
Ist irgendetwas passiert?
Was soll passiert sein?
Hast du vor, hierzu-bleiben?
Ja.

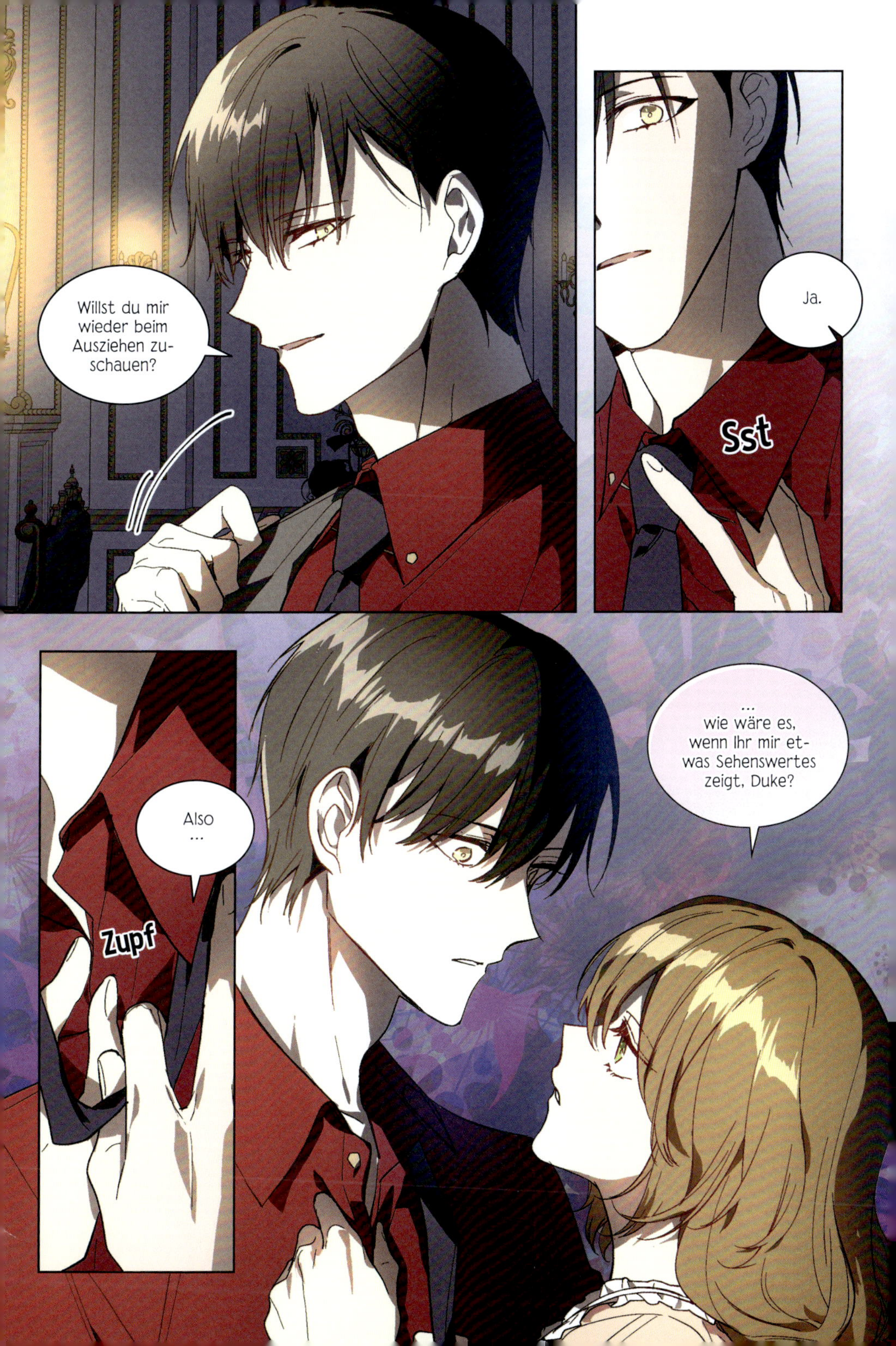
Willst du mir wieder beim Ausziehen zuschauen?
Ja.
Sst
Also ...
Zupf
... wie wäre es, wenn Ihr mir etwas Sehenswertes zeigt, Duke?

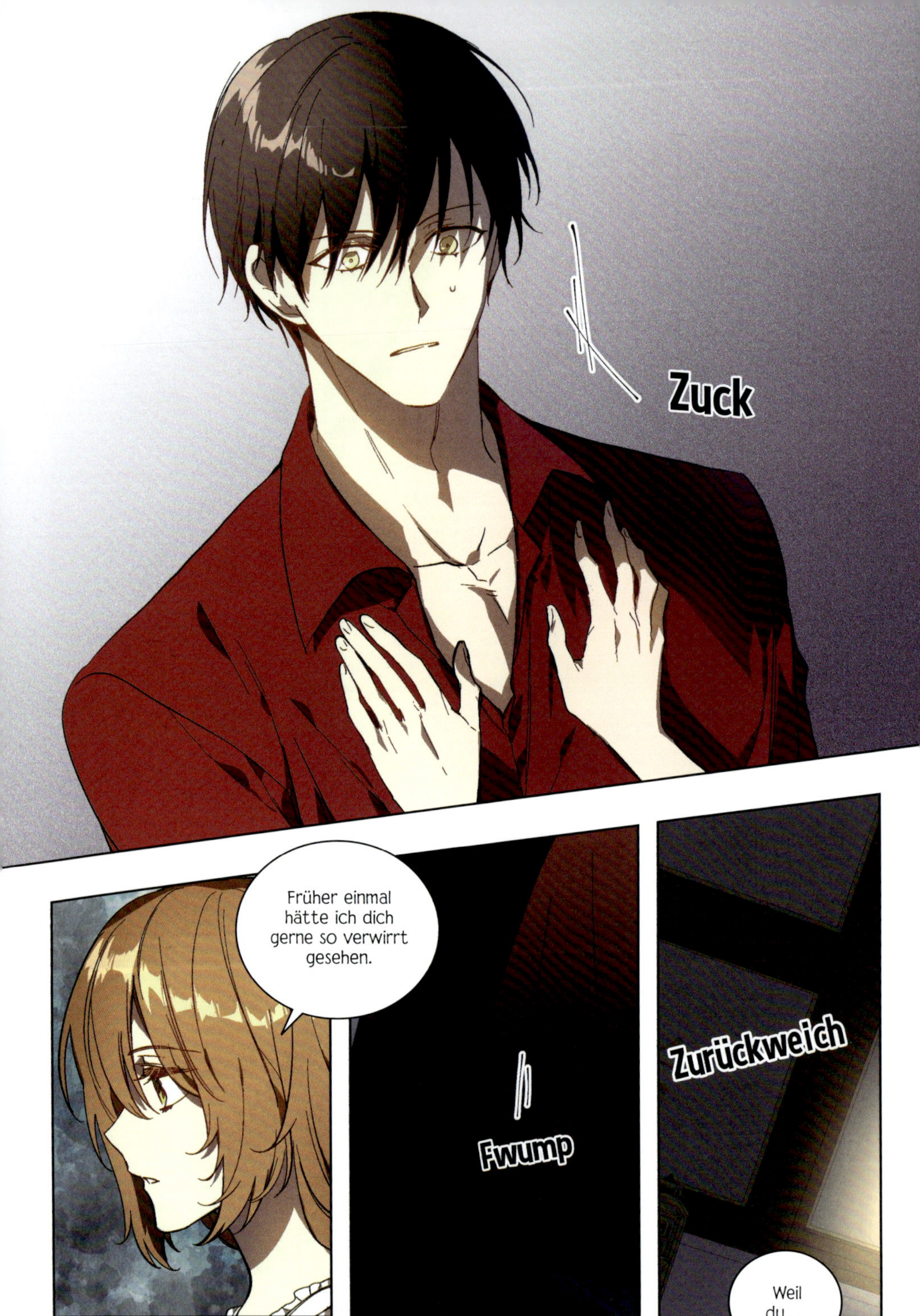
Zuck
Früher einmal hätte ich dich gerne so verwirrt gesehen.
Fwump
Zurückweich
Weil du ...

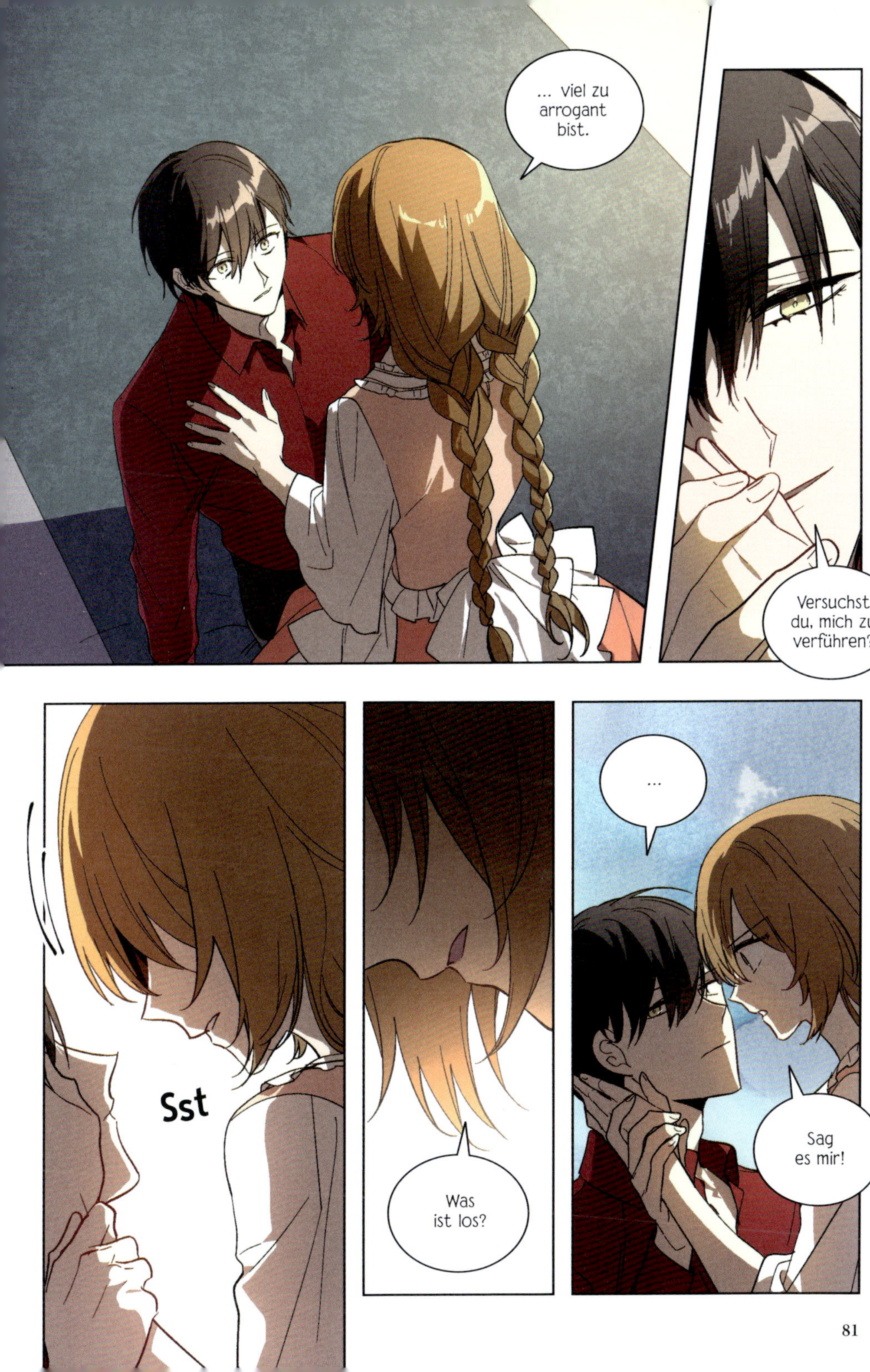

... viel zu arrogant bist.
Versuchst du, mich zu verführen?
Sst
Was ist los?
...
Sag es mir!

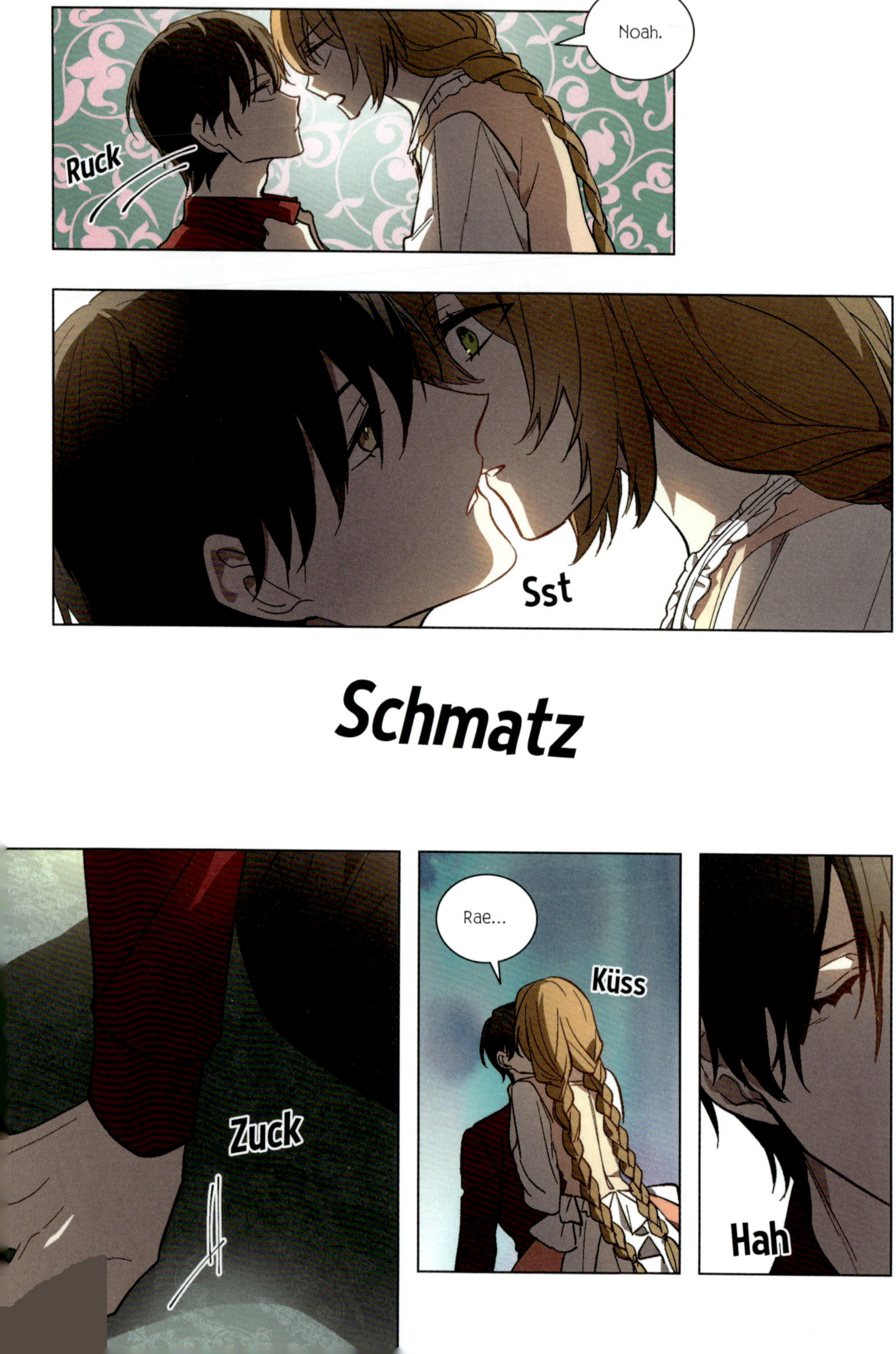
Noah.
Ruck
Sst
Schmatz
Zuck
Rae...
Küss
Hah

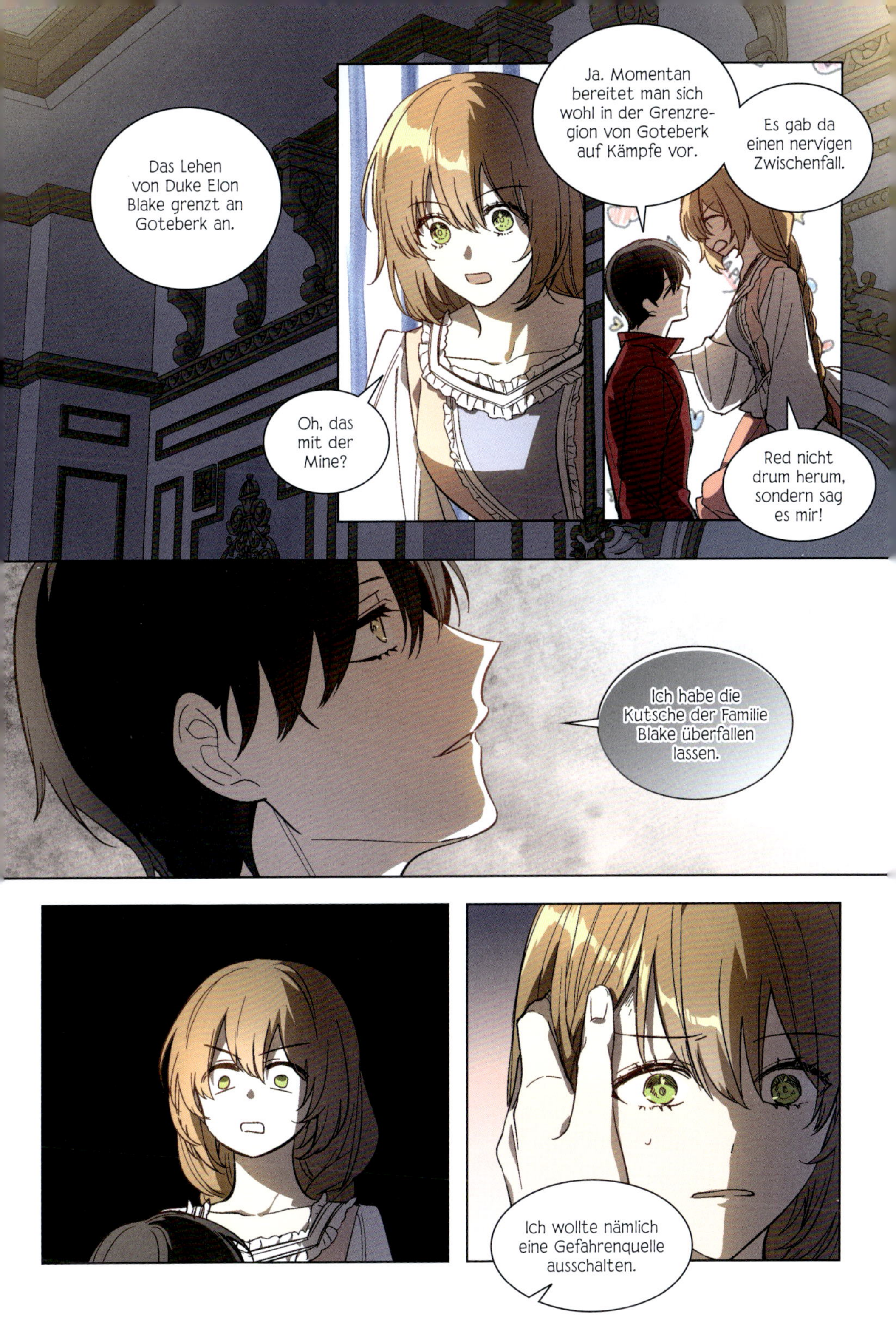
Das Lehen von Duke Elon Blake grenzt an Goteberk an.
Ja. Momentan bereitet man sich wohl in der Grenzregion von Goteberk auf Kämpfe vor.
Es gab da einen nervigen Zwischenfall.
Oh, das mit der Mine?
Red nicht drum herum, sondern sag es mir!
Ich habe die Kutsche der Familie Blake überfallen lassen.
Ich wollte nämlich eine Gefahrenquelle ausschalten.

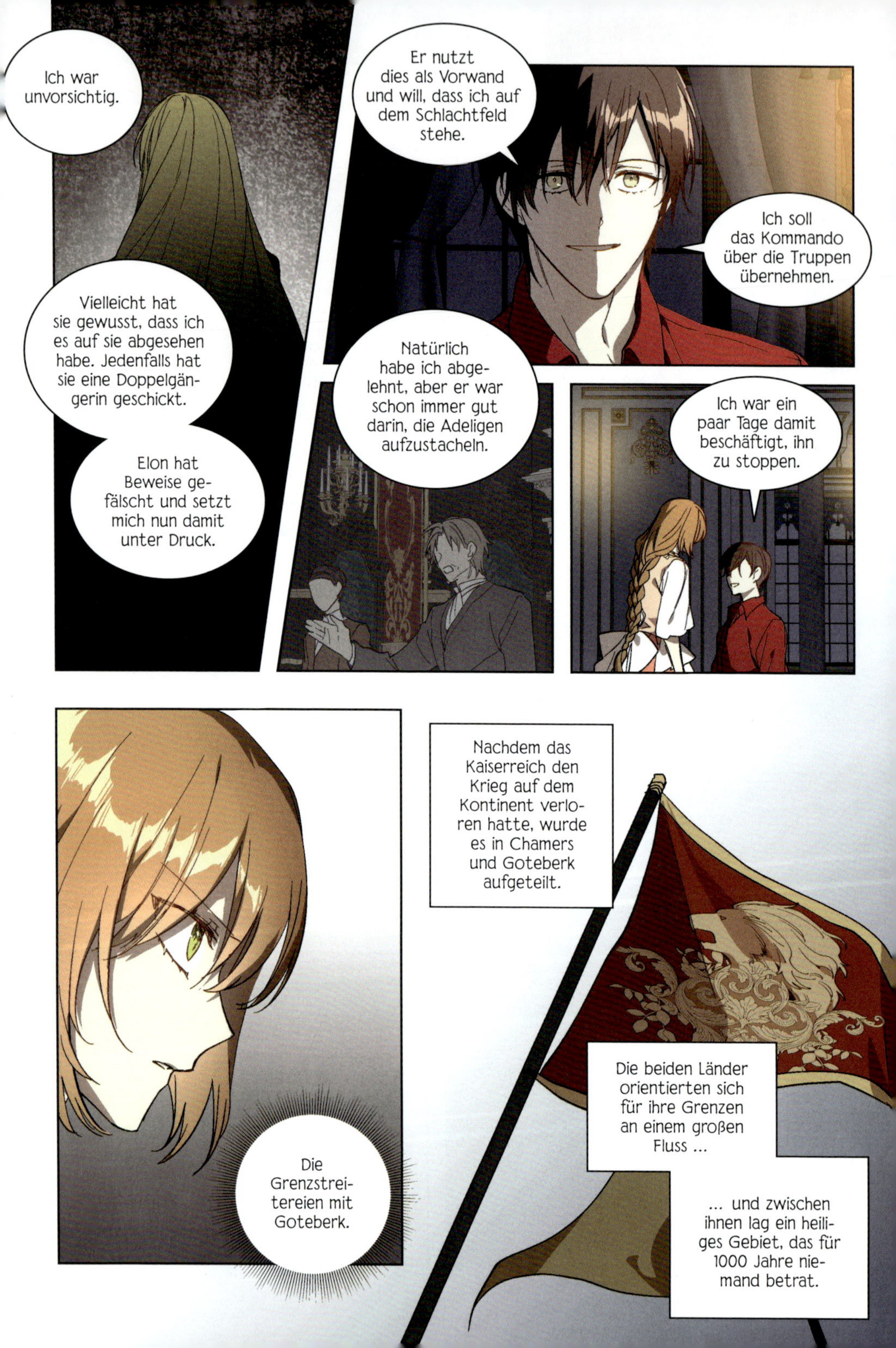
Ich war unvorsichtig.
Vielleicht hat sie gewusst, dass ich es auf sie abgesehen habe. Jedenfalls hat sie eine Doppelgängerin geschickt.
Elon hat Beweise gefälscht und setzt mich nun damit unter Druck.
Er nutzt dies als Vorwand und will, dass ich auf dem Schlachtfeld stehe.
Ich soll das Kommando über die Truppen übernehmen.
Natürlich habe ich abgelehnt, aber er war schon immer gut darin, die Adeligen aufzustacheln.
Ich war ein paar Tage damit beschäftigt, ihn zu stoppen.
Die Grenzstreitereien mit Goteberk.
Nachdem das Kaiserreich den Krieg auf dem Kontinent verloren hatte, wurde es in Chamers und Goteberk aufgeteilt.
Die beiden Länder orientierten sich für ihre Grenzen an einem großen Fluss ...
... und zwischen ihnen lag ein heiliges Gebiet, das für 1000 Jahre niemand betrat.

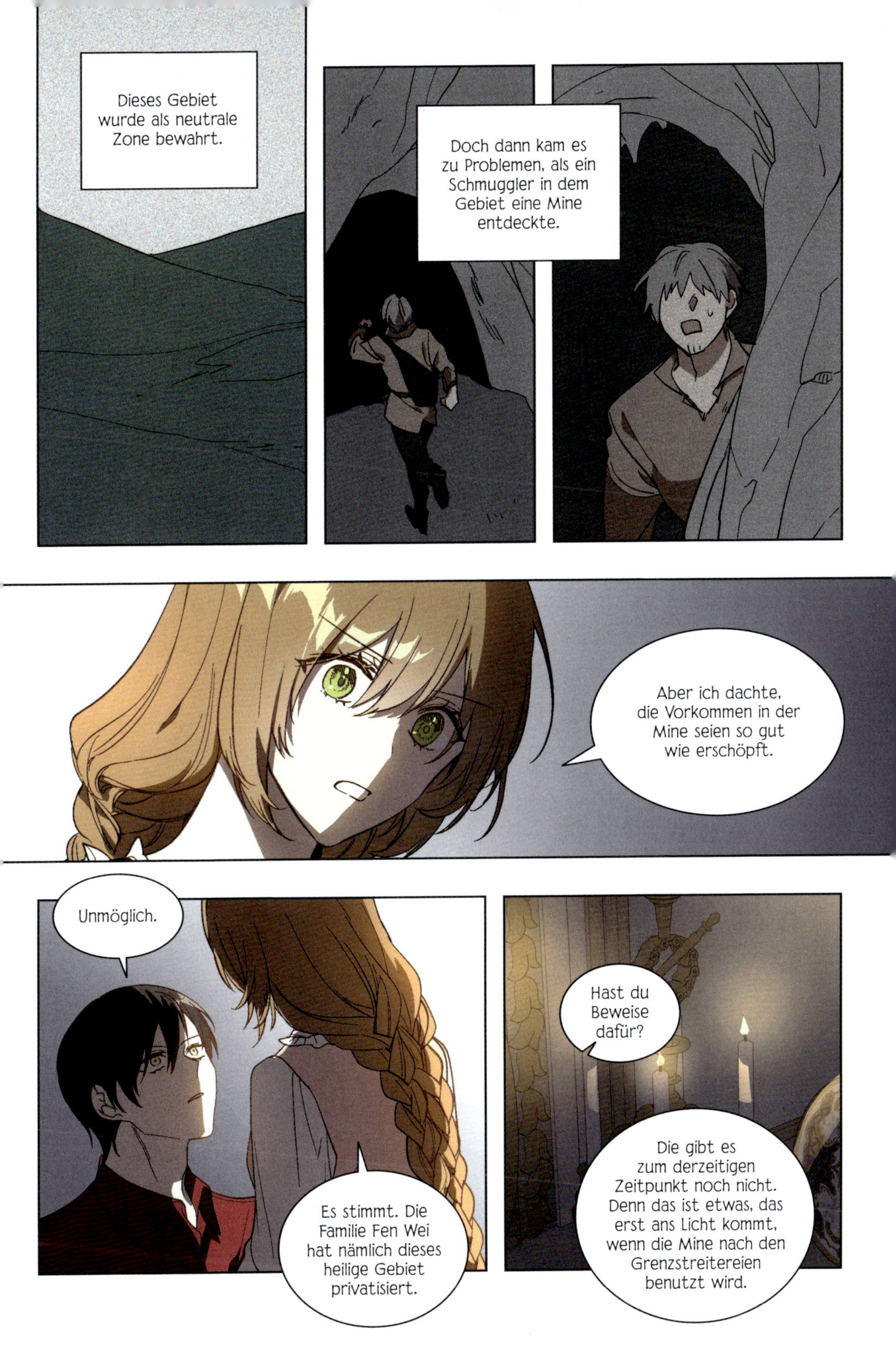
Dieses Gebiet wurde als neutrale Zone bewahrt.
Doch dann kam es zu Problemen, als ein Schmuggler in dem Gebiet eine Mine entdeckte.
Aber ich dachte, die Vorkommen in der Mine seien so gut wie erschöpft.
Unmöglich.
Es stimmt. Die Familie Fen Wei hat nämlich dieses heilige Gebiet privatisiert.
Hast du Beweise dafür?
Die gibt es zum derzeitigen Zeitpunkt noch nicht. Denn das ist etwas, das erst ans Licht kommt, wenn die Mine nach den Grenzstreitereien benutzt wird.

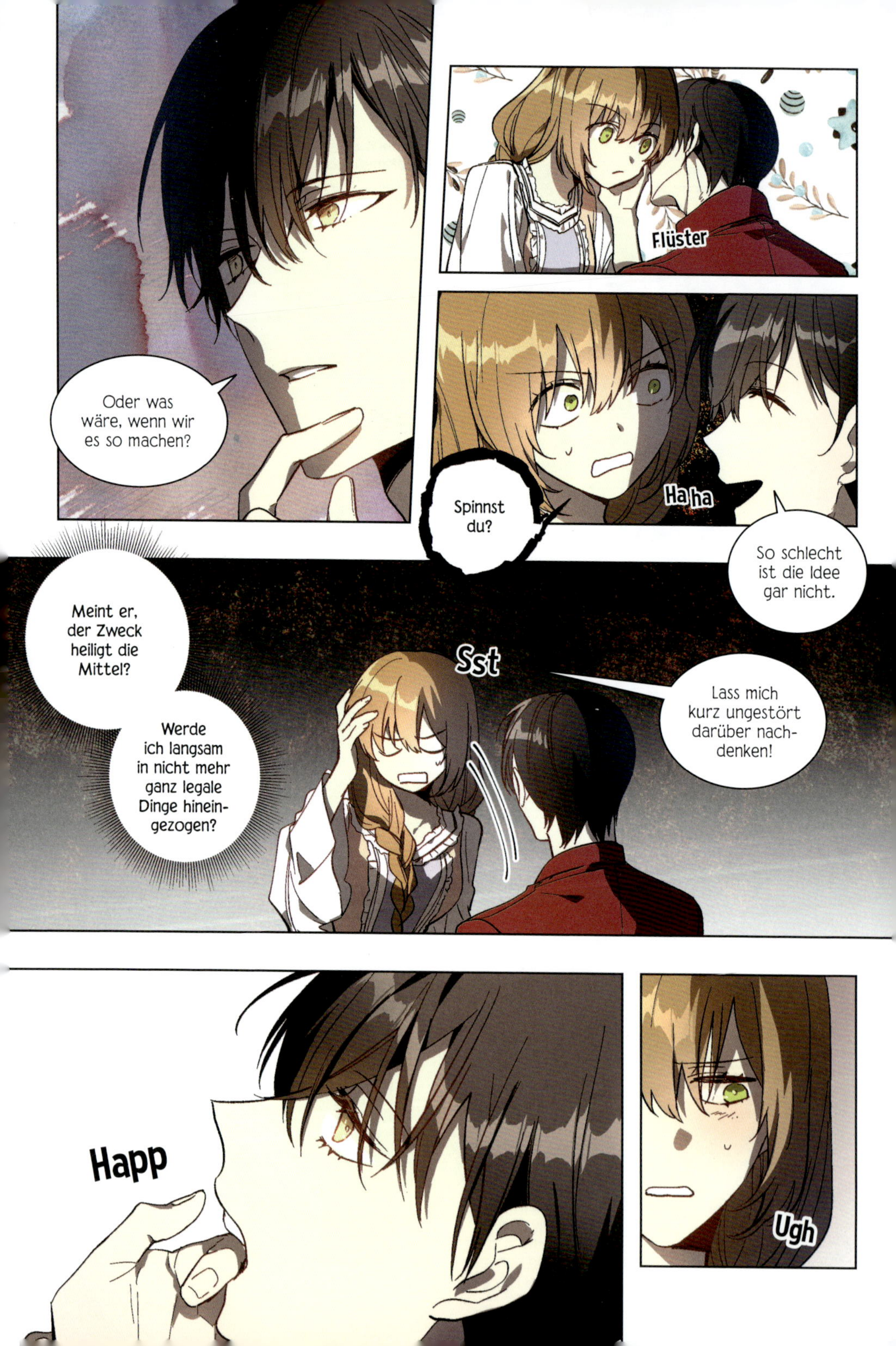
Oder was wäre, wenn wir es so machen?
Flüster
Spinnst du?
Ha ha
So schlecht ist die Idee gar nicht.
Meint er, der Zweck heiligt die Mittel?
Werde ich langsam in nicht mehr ganz legale Dinge hineingezogen?
Sst
Lass mich kurz ungestört darüber nachdenken!
Happ
Ugh

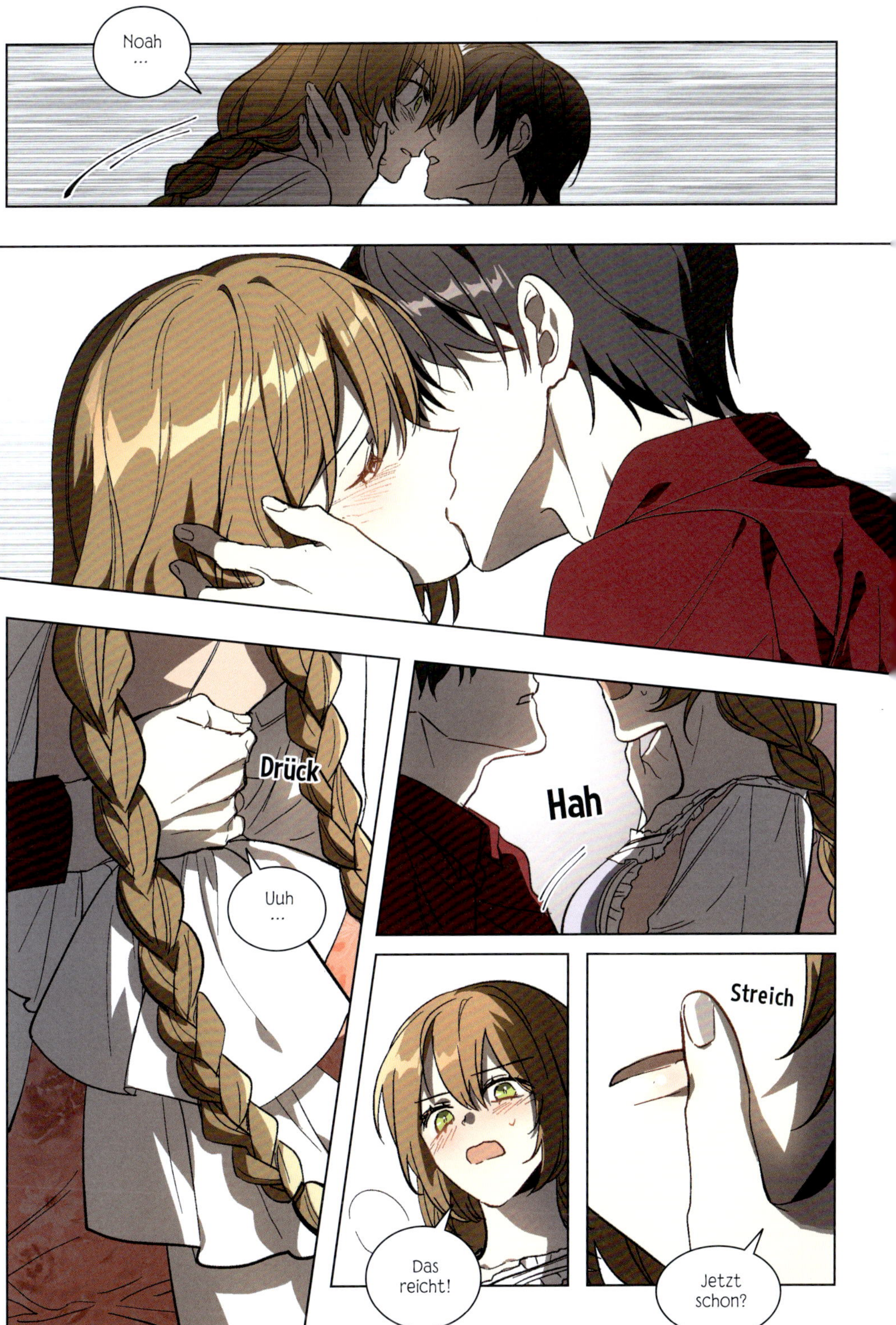
Noah
...
Drück
Uuh
...
Hah
Das reicht!
Streich
Jetzt schon?

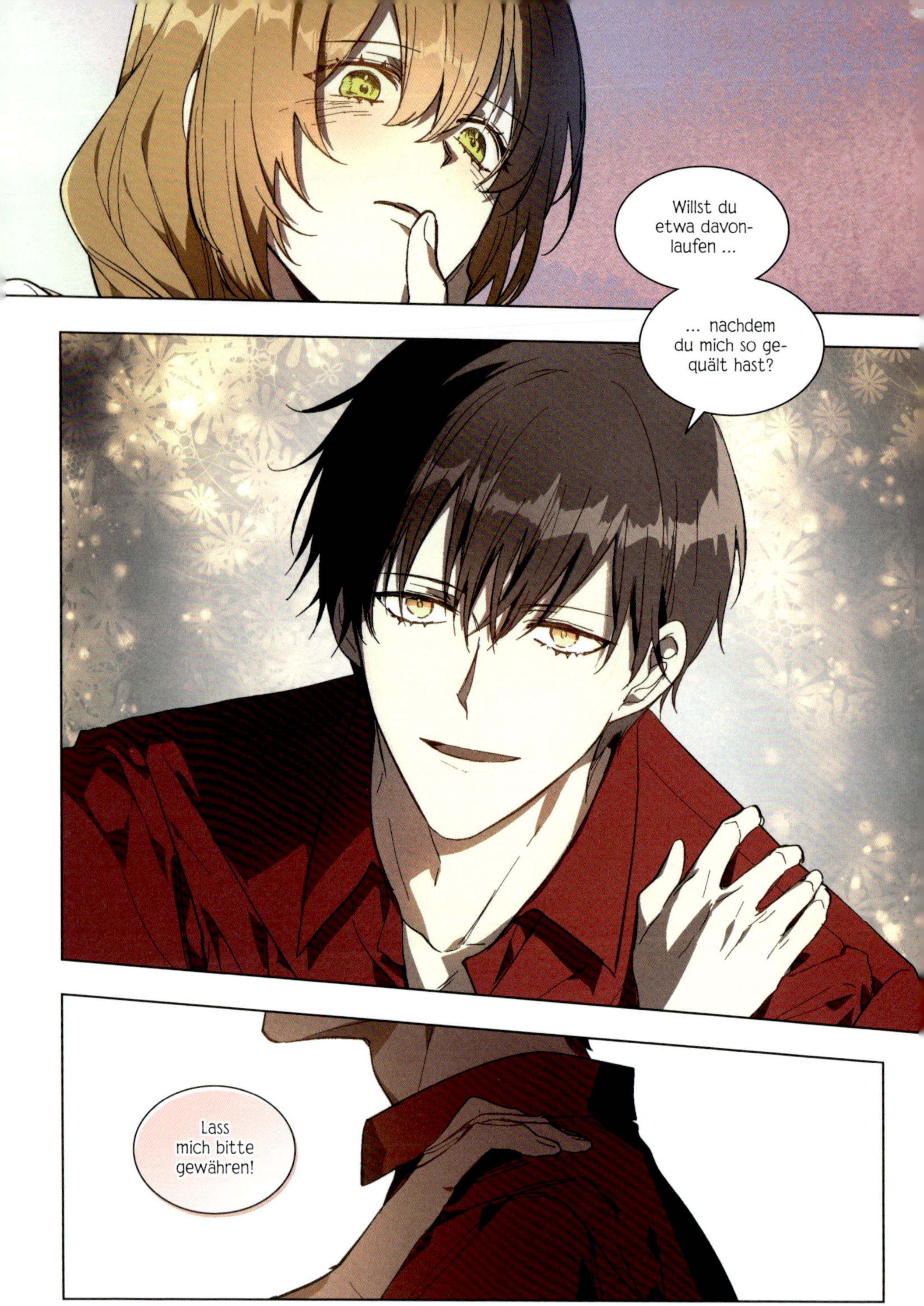
Willst du etwa davon- laufen ...
... nachdem du mich so ge- quält hast?
Lass mich bitte gewähren!

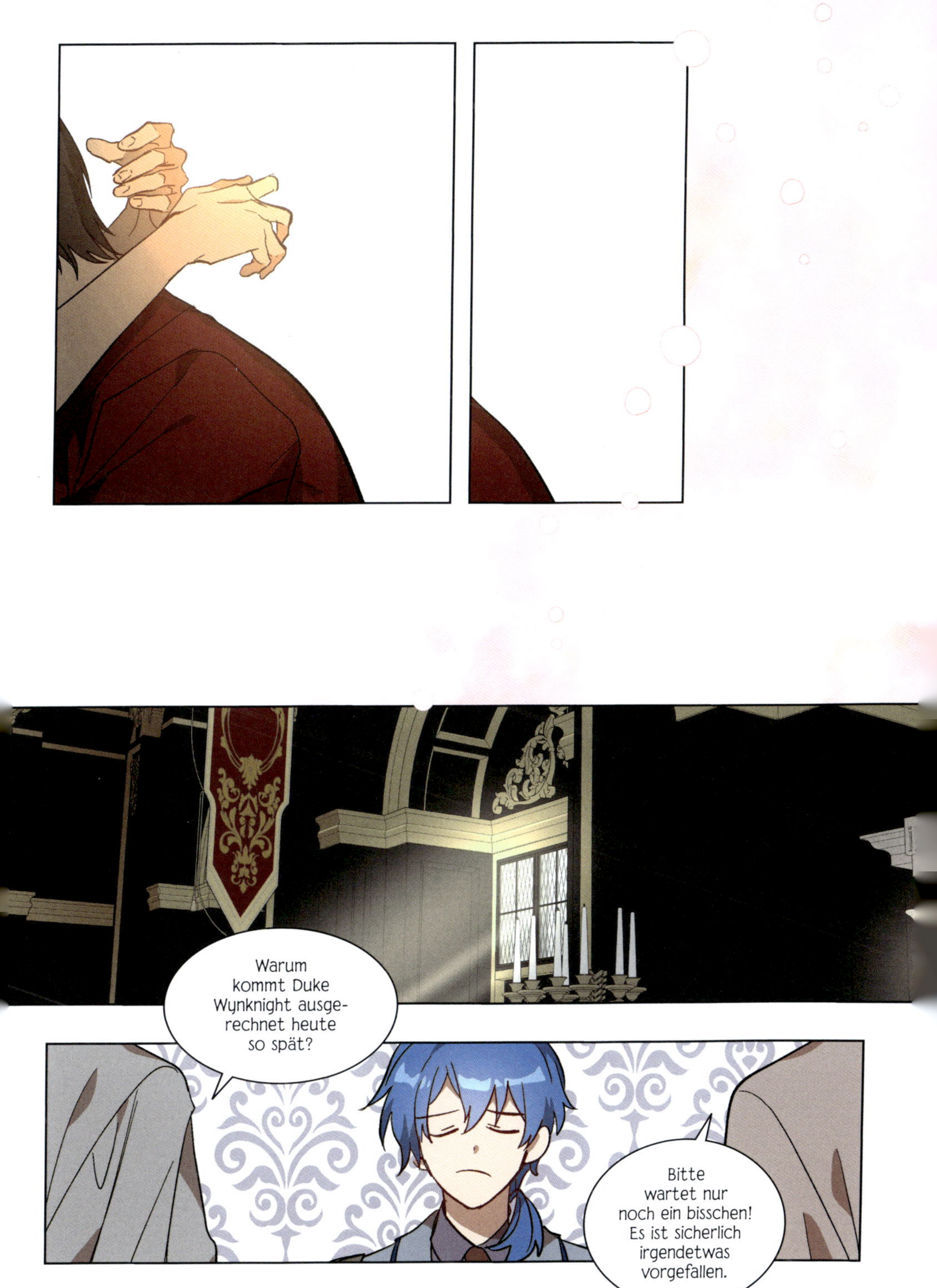
Warum kommt Duke Wynknight ausge-rechnet heute so spät?
Bitte wartet nur noch ein bisschen! Es ist sicherlich irgendetwas vorgefallen.

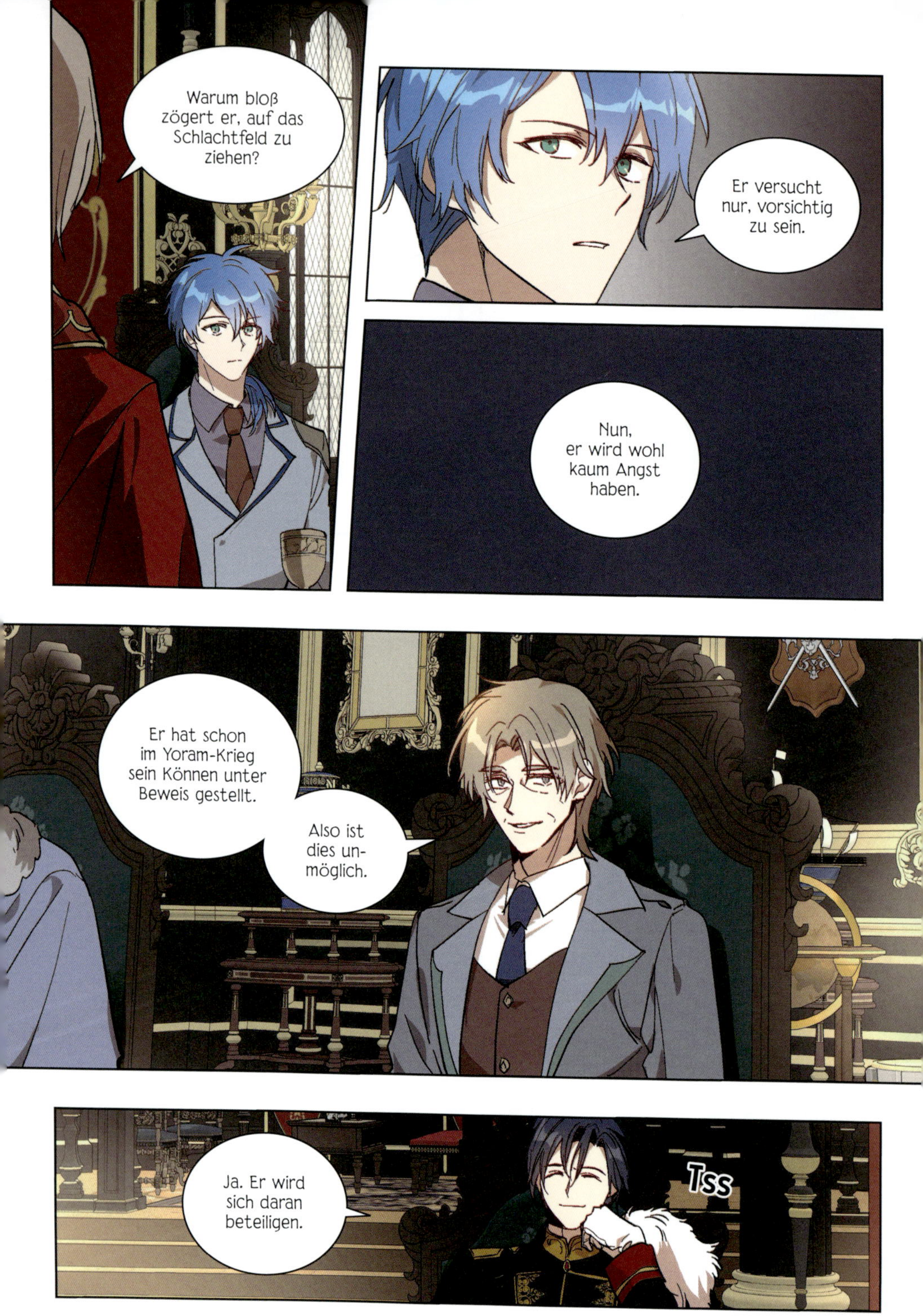

Warum bloß zögert er, auf das Schlachtfeld zu ziehen?
Er versucht nur, vorsichtig zu sein.
Nun, er wird wohl kaum Angst haben.
Er hat schon im Yoram-Krieg sein Können unter Beweis gestellt.
Also ist dies unmöglich.
Ja. Er wird sich daran beteiligen.
Tss

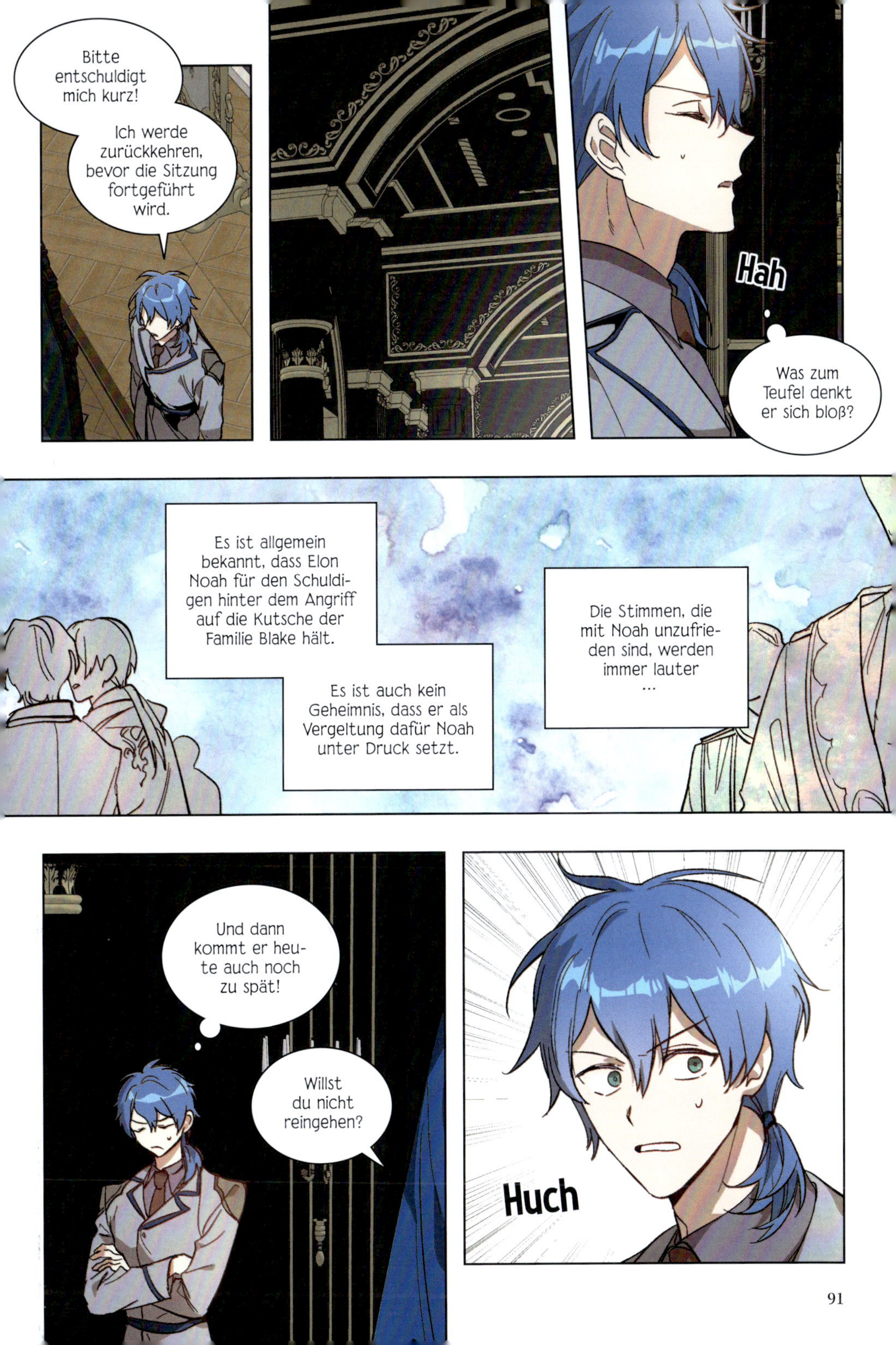

Bitte entschuldigt mich kurz!
Ich werde zurückkehren, bevor die Sitzung fortgeführt wird.
Hah
Was zum Teufel denkt er sich bloß?
Es ist allgemein bekannt, dass Elon Noah für den Schuldigen hinter dem Angriff auf die Kutsche der Familie Blake hält.
Es ist auch kein Geheimnis, dass er als Vergeltung dafür Noah unter Druck setzt.
Die Stimmen, die mit Noah unzufrieden sind, werden immer lauter ...
Und dann kommt er heute auch noch zu spät!
Willst du nicht reingehen?
Huch

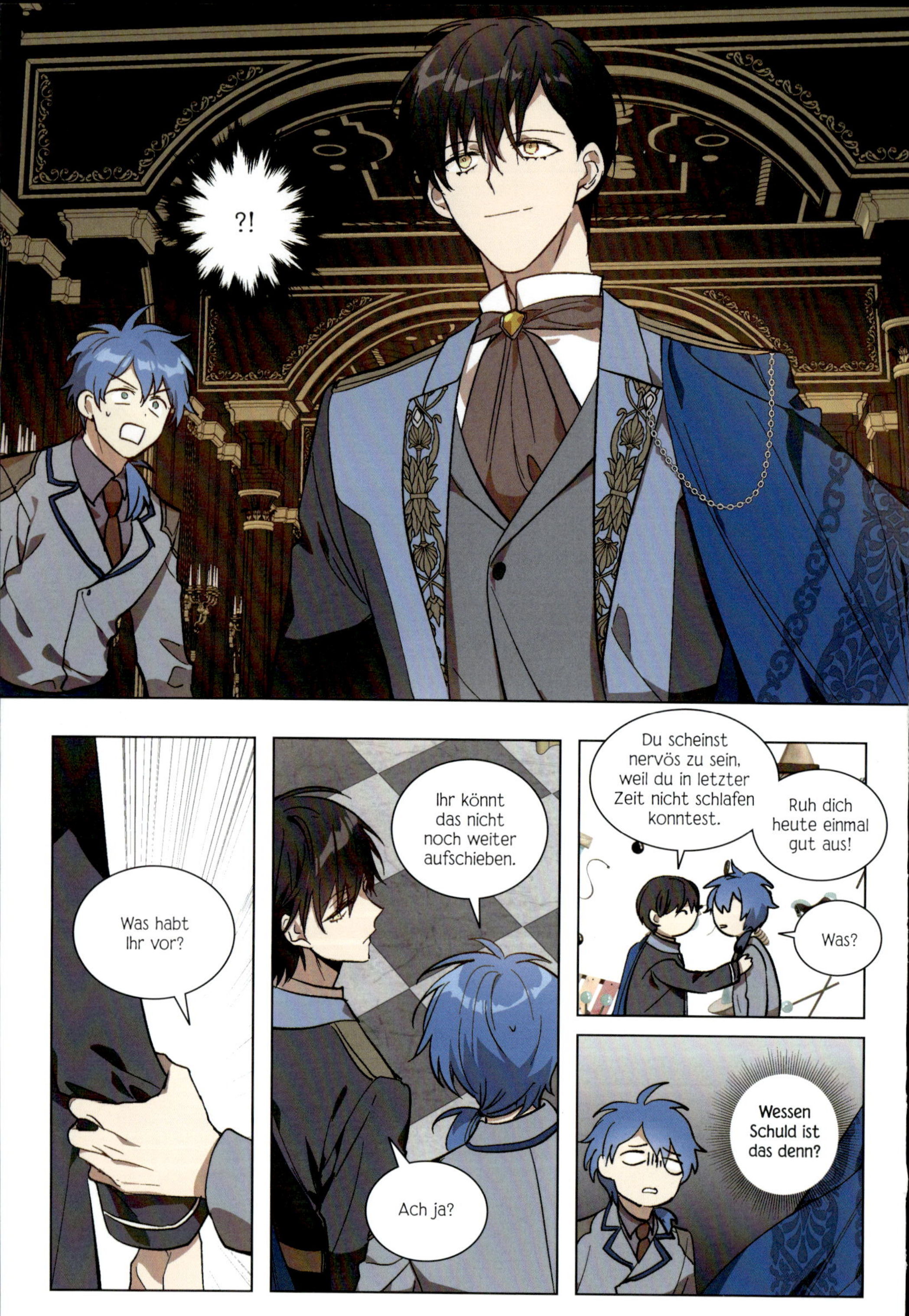
?!
Was habt Ihr vor?
Ihr könnt das nicht noch weiter aufschieben.
Ach ja?
Du scheinst nervös zu sein, weil du in letzter Zeit nicht schlafen konntest.
Ruh dich heute einmal gut aus!
Was?
Wessen Schuld ist das denn?

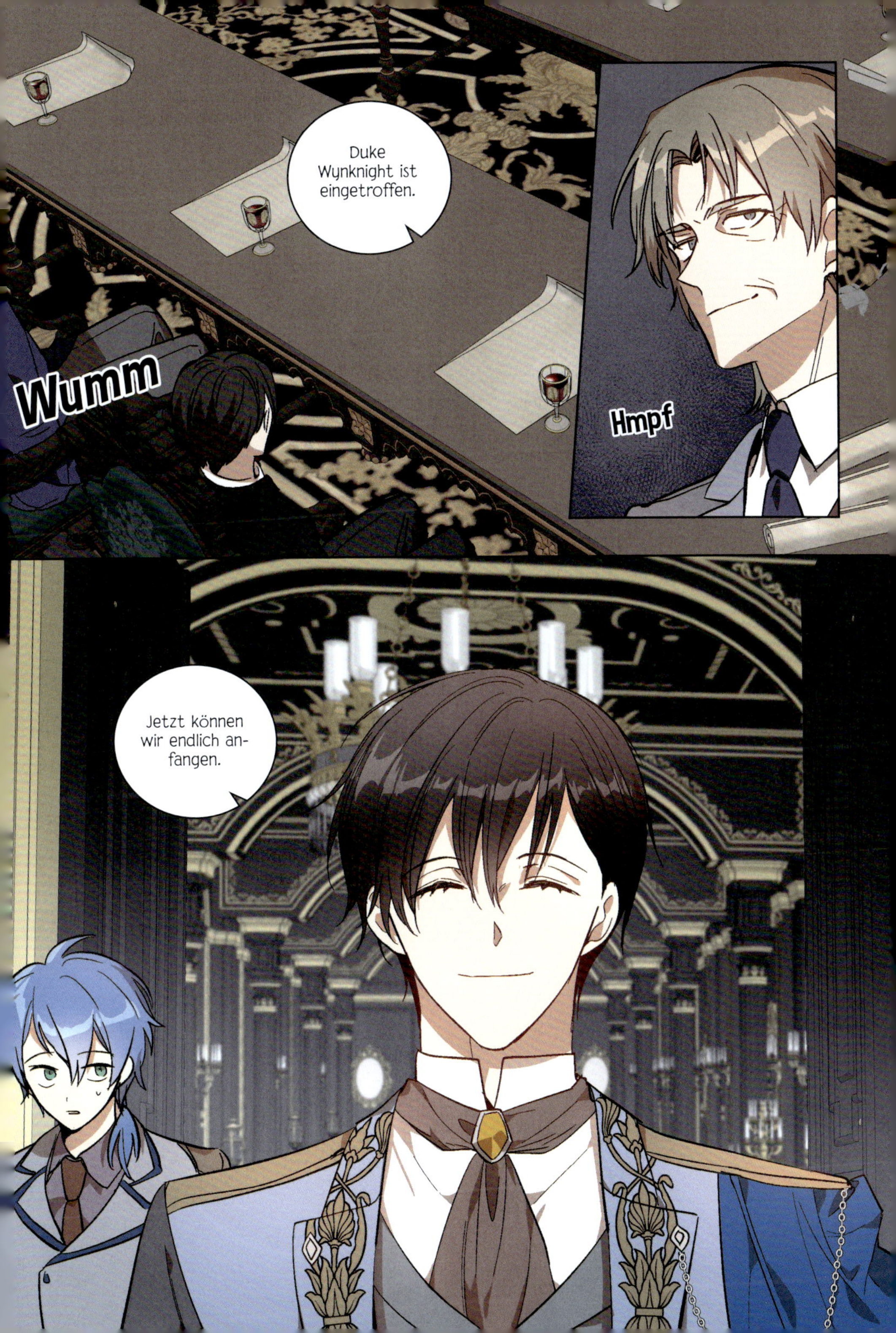
Duke Wynknight ist eingetroffen.
Wumm
Hmpf
Jetzt können wir endlich an-fangen.

Kapitel 22

Die Falle

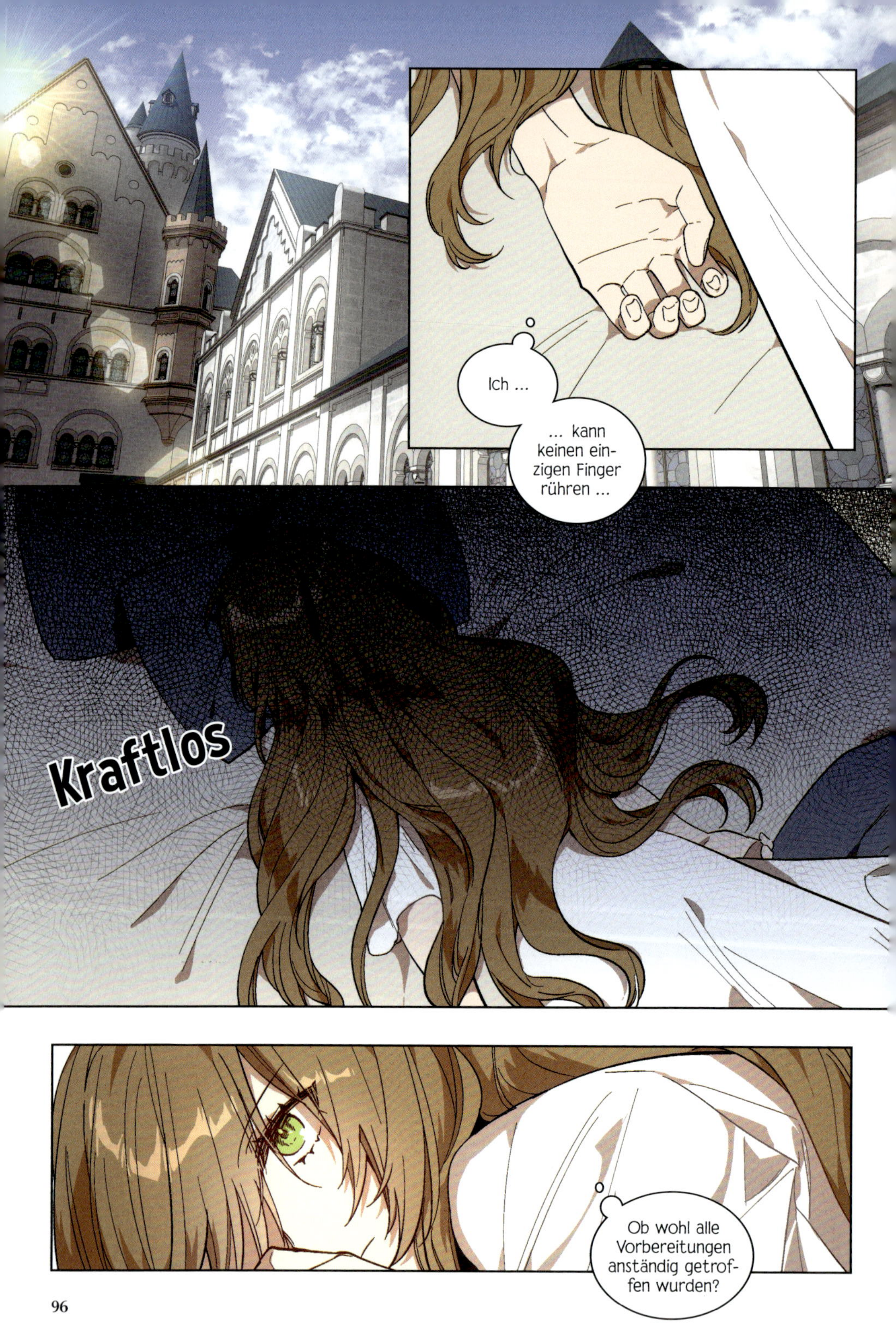
Ich ...
... kann keinen ein- zigen Finger rühren ...
Kraftlos
Ob wohl alle Vorbereitungen anständig getrof- fen wurden?

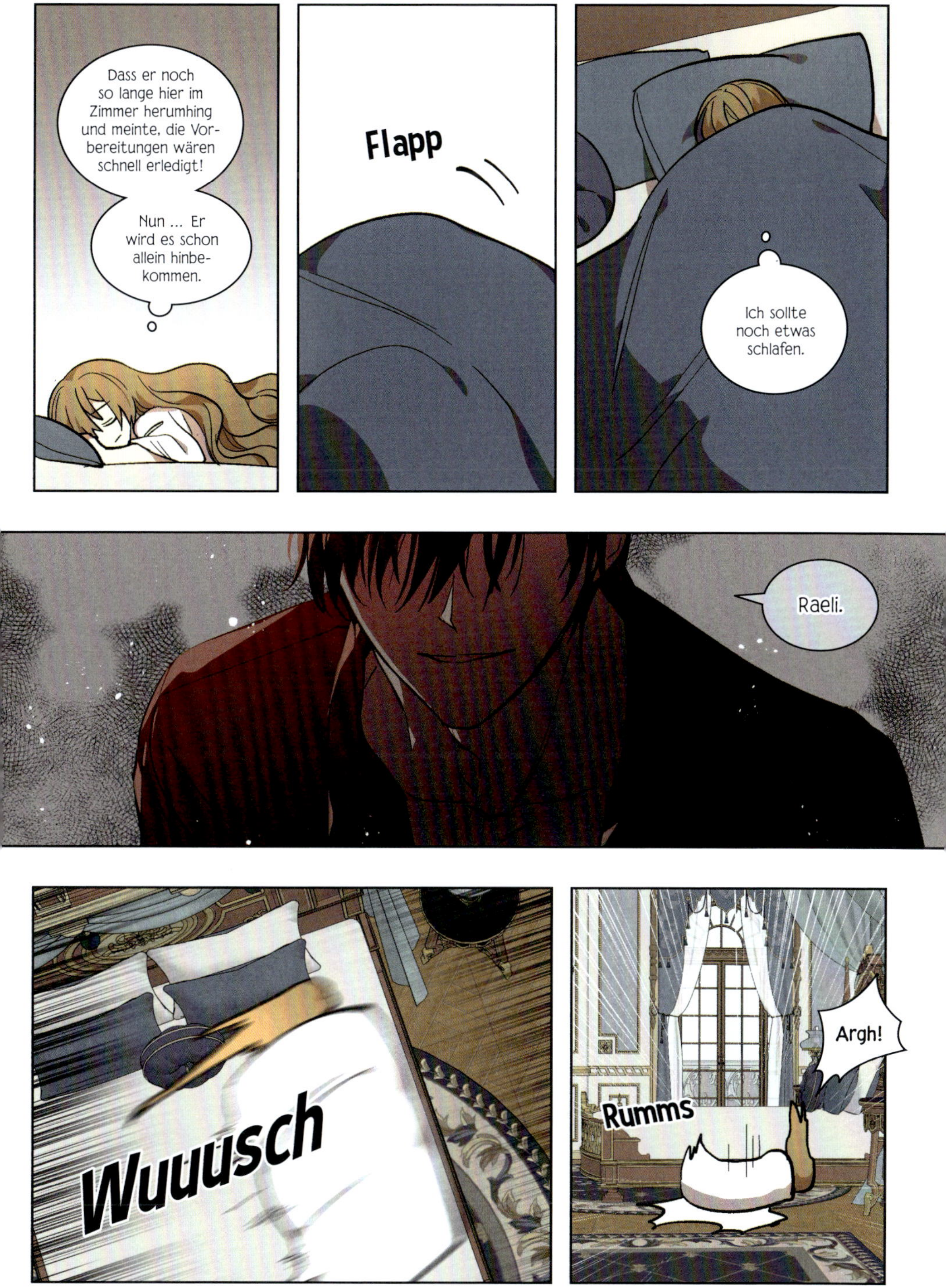
Dass er noch so lange hier im Zimmer herumhing und meinte, die Vorbereitungen wären schnell erledigt!
Nun ... Er wird es schon allein hinbekommen.
Flapp
Ich sollte noch etwas schlafen.
Raeli.
Wuuusch
Argh!
Rumms

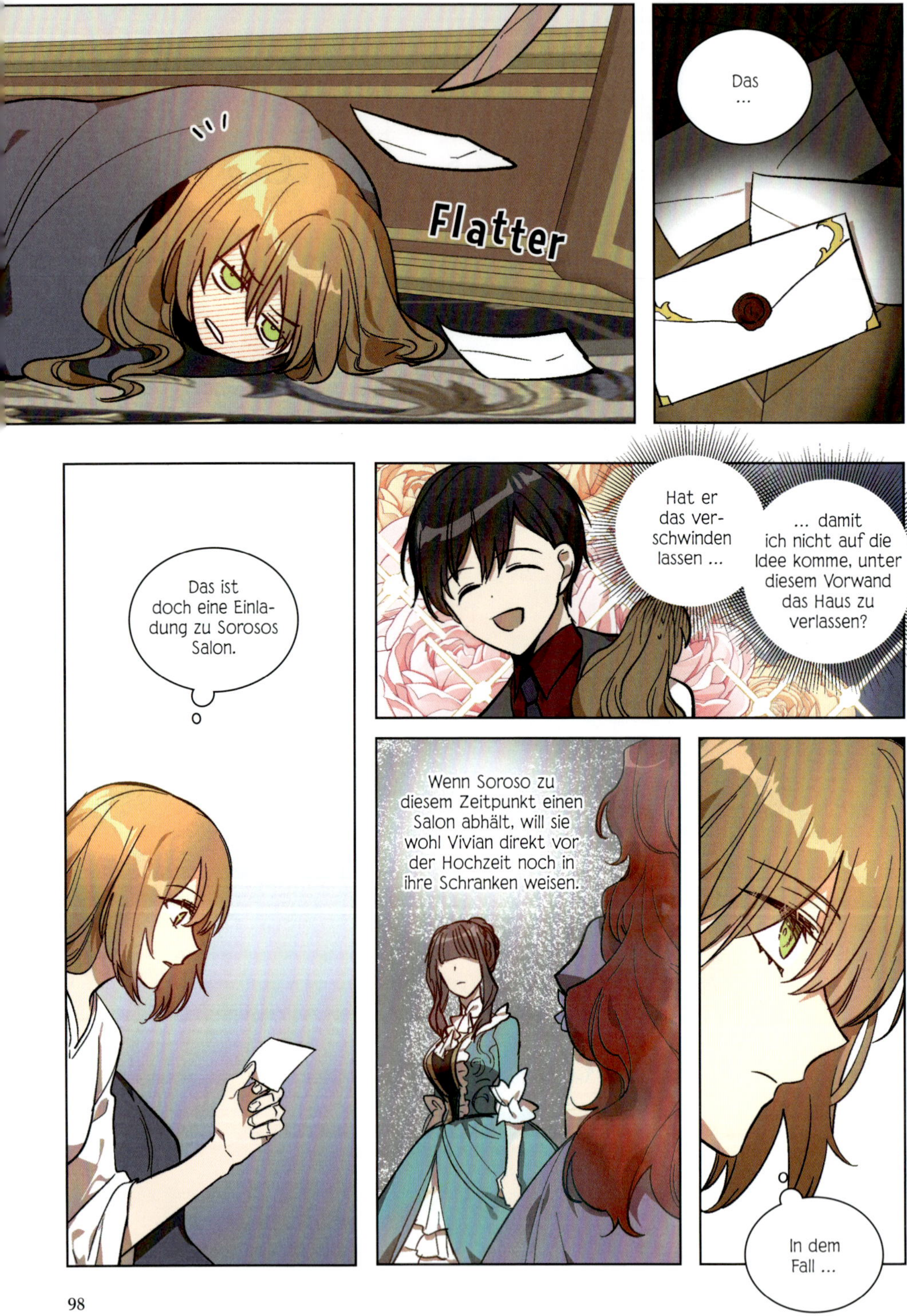

Flatter
Das ...
Das ist doch eine Einladung zu Sorosos Salon.
Hat er das verschwinden lassen ...
... damit ich nicht auf die Idee komme, unter diesem Vorwand das Haus zu verlassen?
Wenn Soroso zu diesem Zeitpunkt einen Salon abhält, will sie wohl Vivian direkt vor der Hochzeit noch in ihre Schranken weisen.
In dem Fall ...

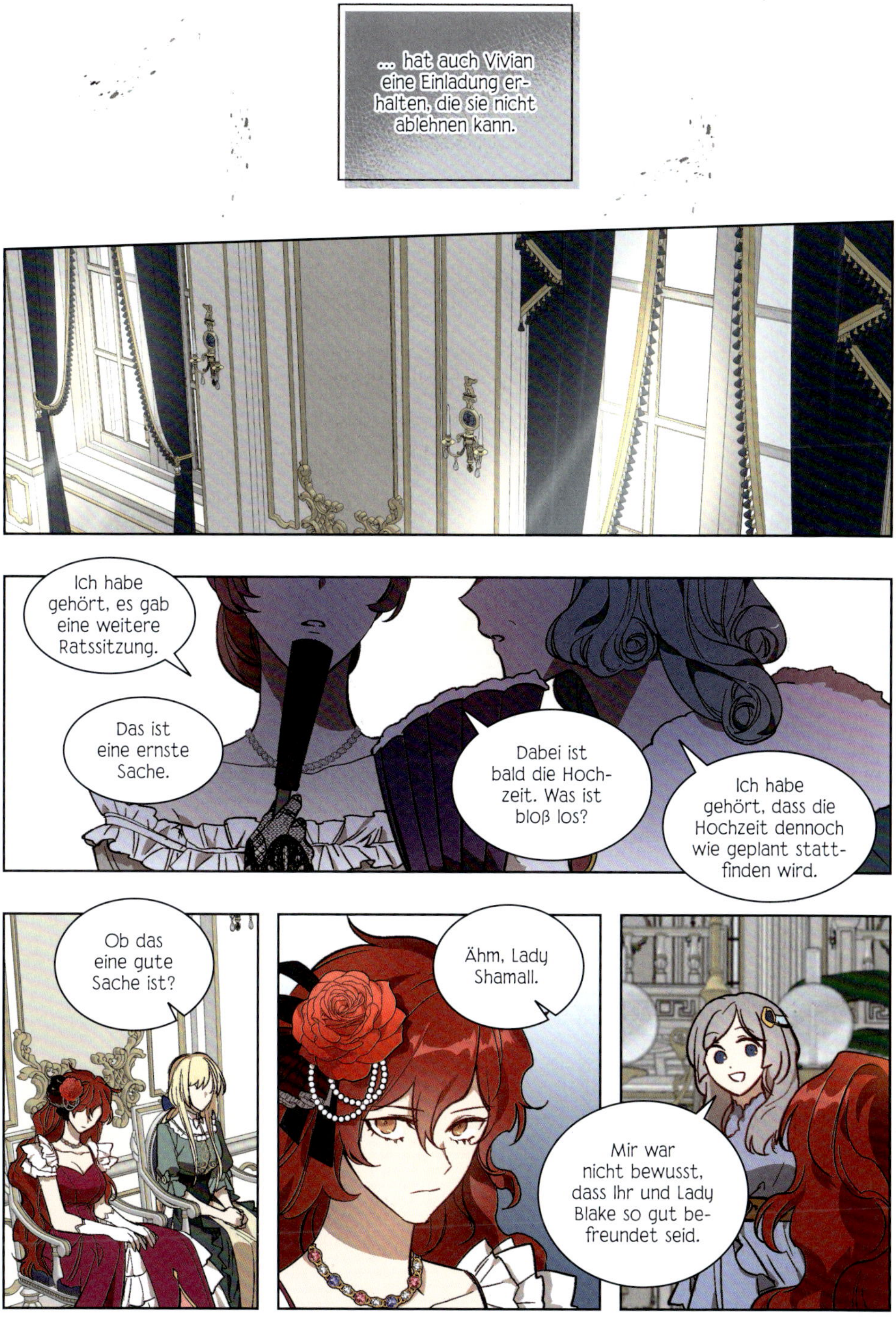
… hat auch Vivian eine Einladung erhalten, die sie nicht ablehnen kann.
Ich habe gehört, es gab eine weitere Ratssitzung.
Das ist eine ernste Sache.
Dabei ist bald die Hochzeit. Was ist bloß los?
Ich habe gehört, dass die Hochzeit dennoch wie geplant stattfinden wird.
Ob das eine gute Sache ist?
Ähm, Lady Shamall.
Mir war nicht bewusst, dass Ihr und Lady Blake so gut befreundet seid.

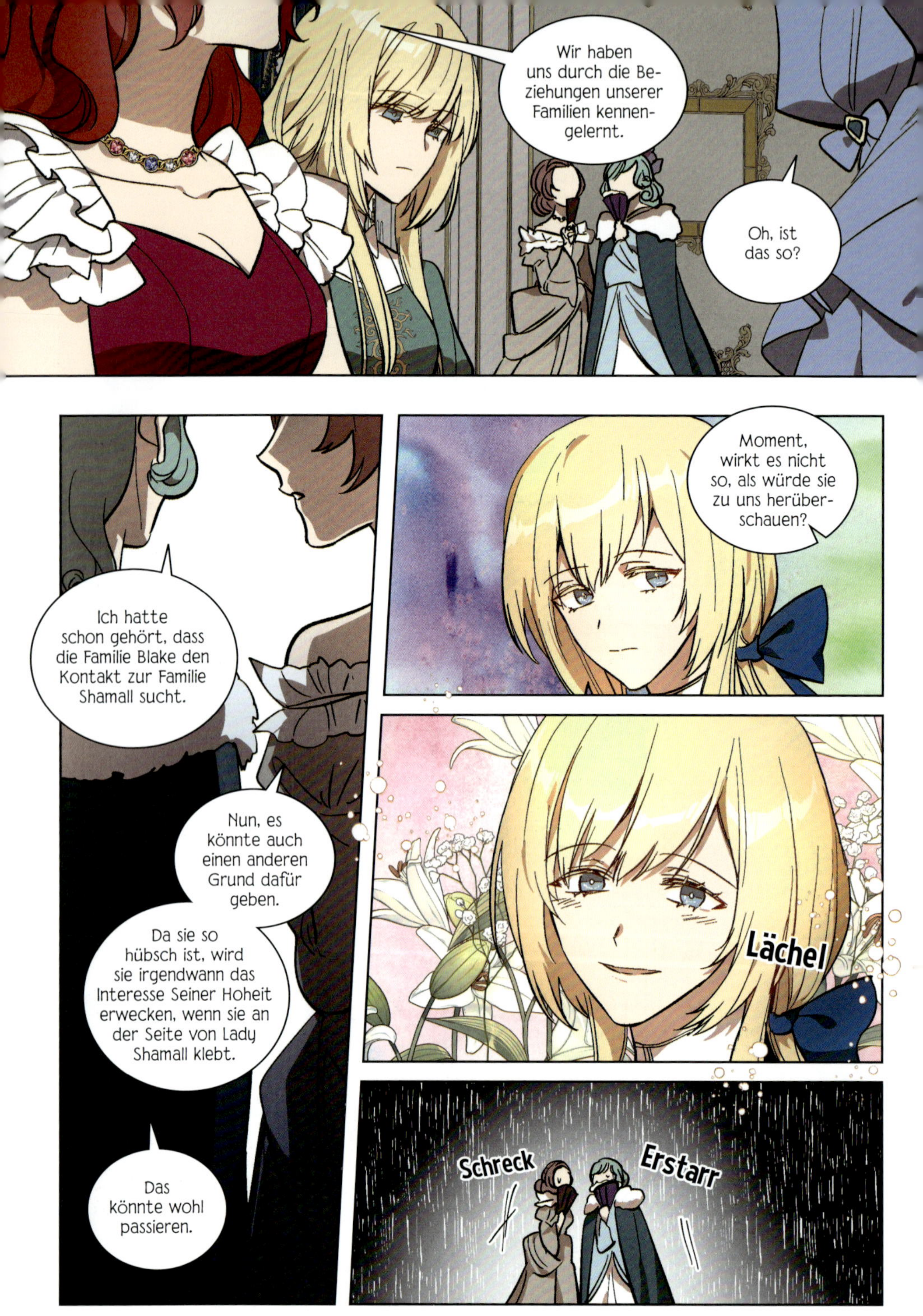

Wir haben uns durch die Beziehungen unserer Familien kennengelernt.
Oh, ist das so?
Ich hatte schon gehört, dass die Familie Blake den Kontakt zur Familie Shamall sucht.
Nun, es könnte auch einen anderen Grund dafür geben.
Da sie so hübsch ist, wird sie irgendwann das Interesse Seiner Hoheit erwecken, wenn sie an der Seite von Lady Shamall klebt.
Das könnte wohl passieren.
Moment, wirkt es nicht so, als würde sie zu uns herüberschauen?
Lächel
Schreck
Erstarr

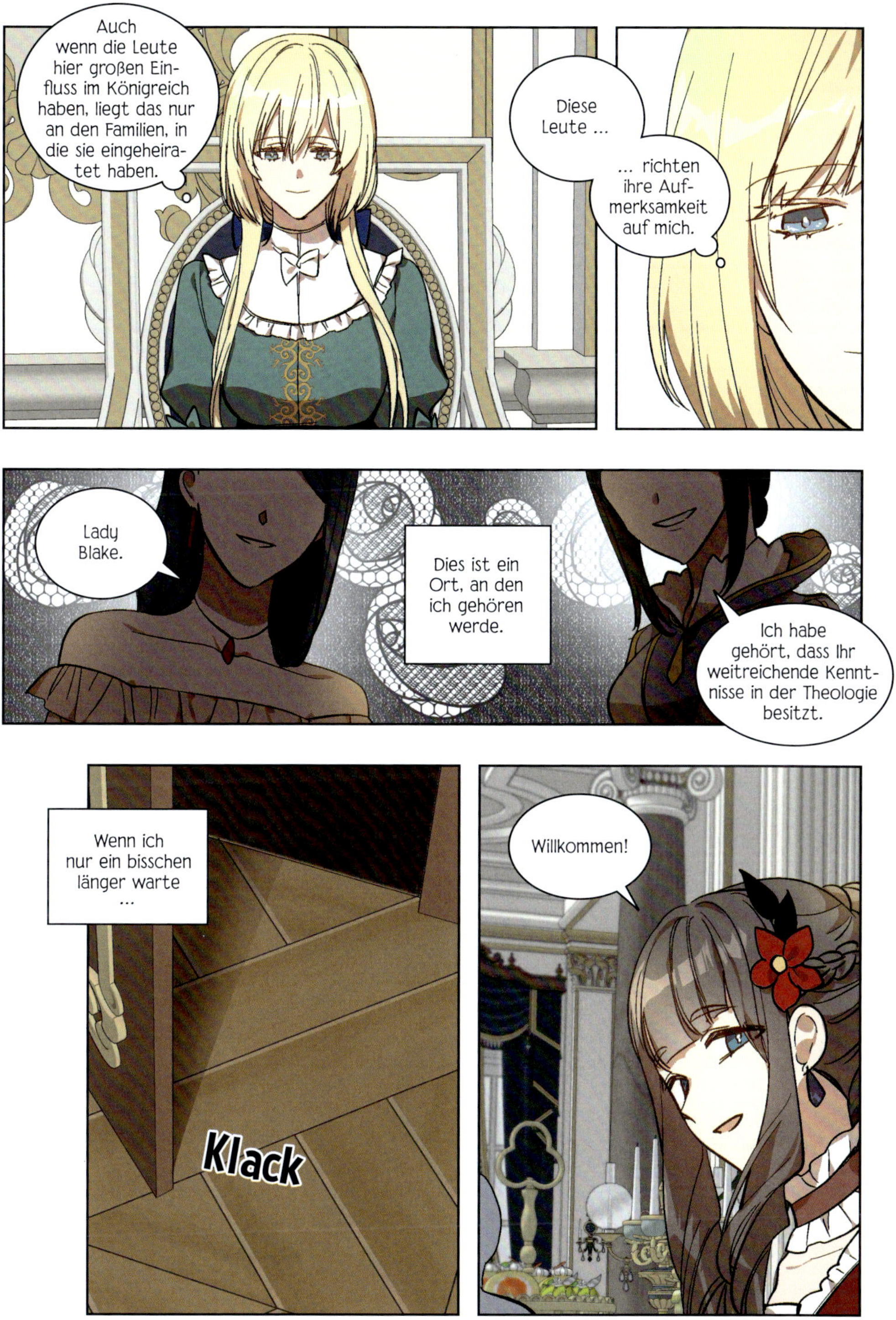
Auch wenn die Leute hier großen Einfluss im Königreich haben, liegt das nur an den Familien, in die sie eingeheiratet haben.
Diese Leute ...
... richten ihre Aufmerksamkeit auf mich.
Lady Blake.
Dies ist ein Ort, an den ich gehören werde.
Ich habe gehört, dass Ihr weitreichende Kenntnisse in der Theologie besitzt.
Wenn ich nur ein bisschen länger warte ...
Klack
Willkommen!

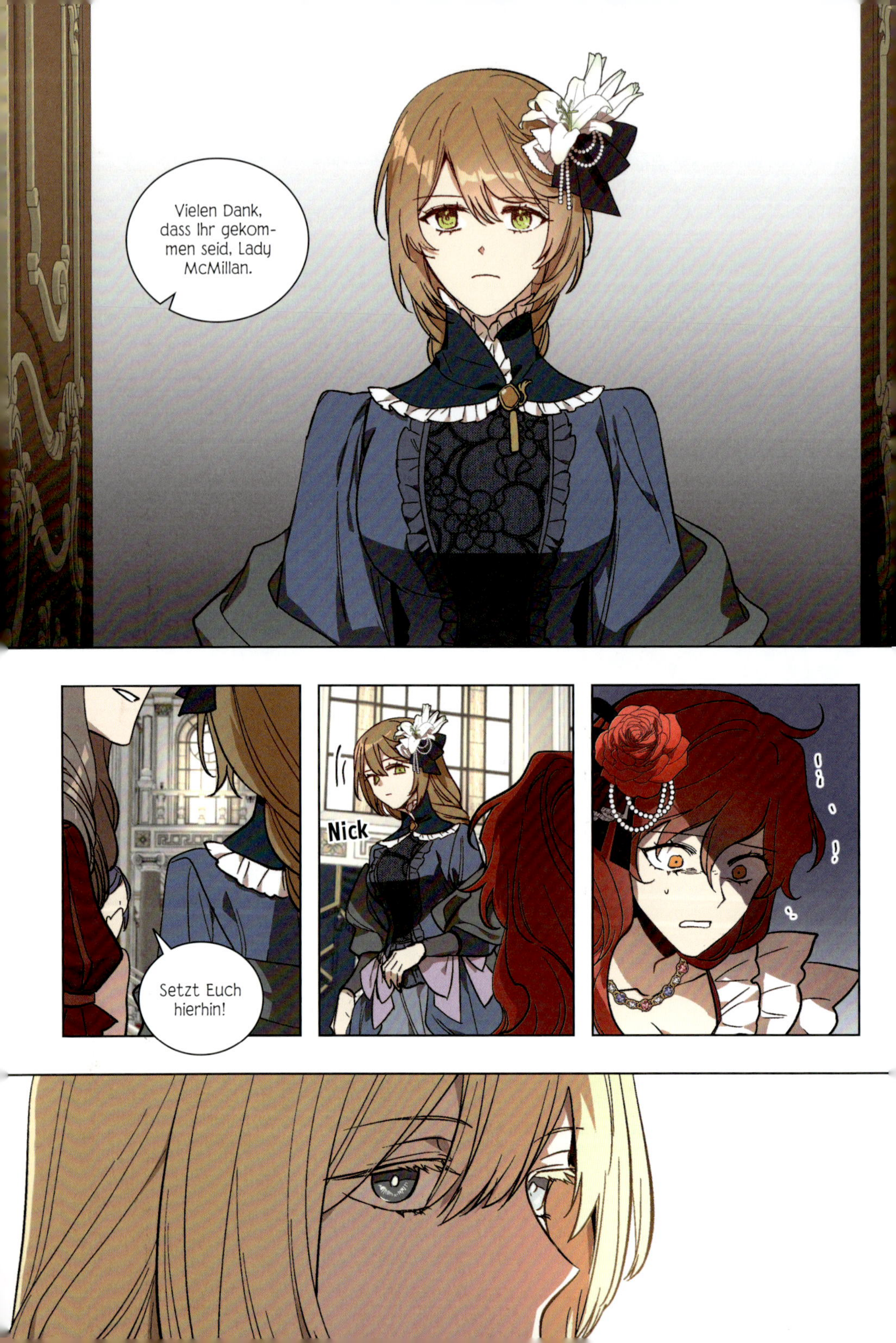
Vielen Dank, dass Ihr gekommen seid, Lady McMillan.
Setzt Euch hierhin!
Nick

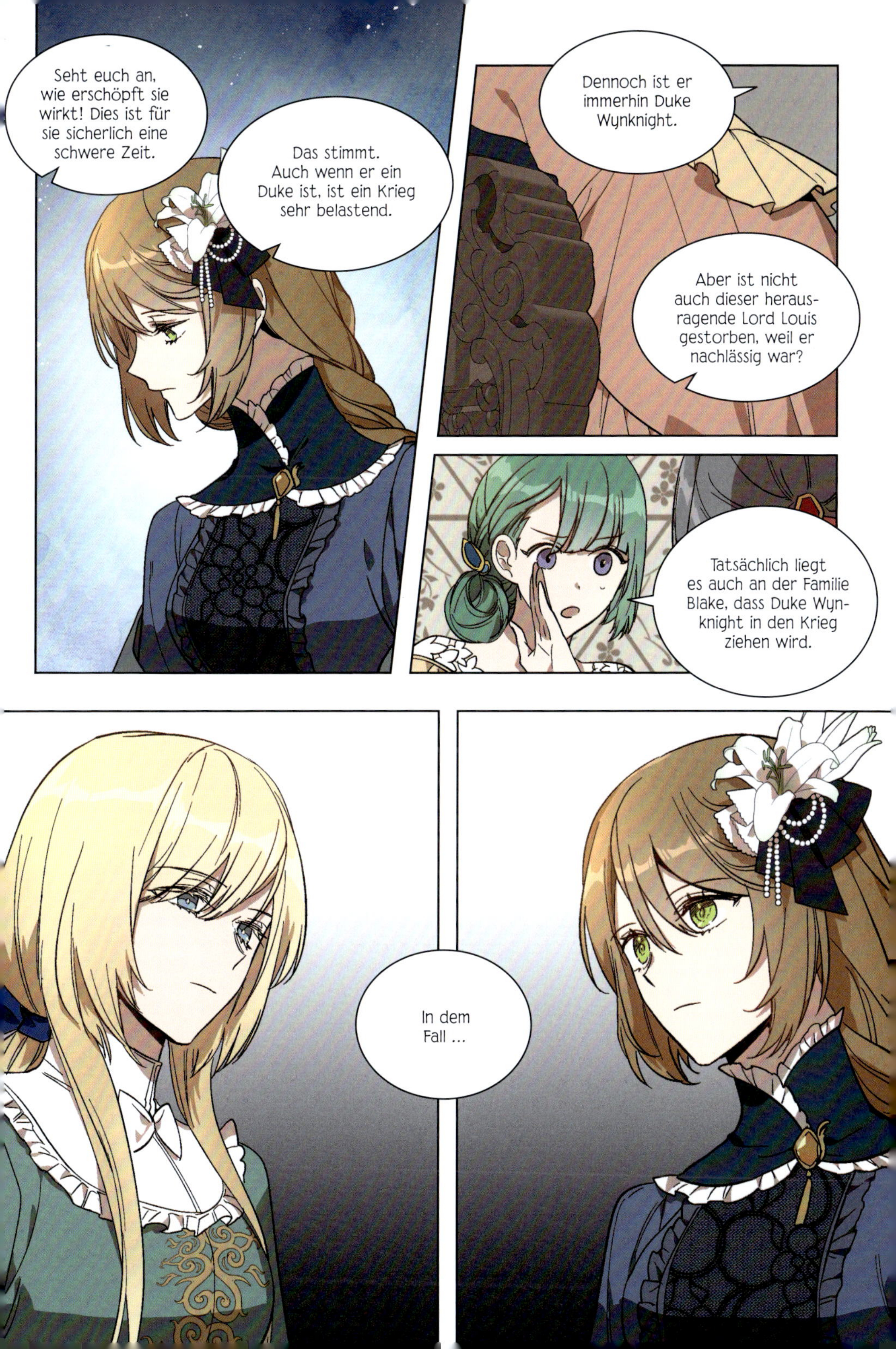
Seht euch an, wie erschöpft sie wirkt! Dies ist für sie sicherlich eine schwere Zeit.
Das stimmt. Auch wenn er ein Duke ist, ist ein Krieg sehr belastend.
Dennoch ist er immerhin Duke Wynknight.
Aber ist nicht auch dieser heraus-ragende Lord Louis gestorben, weil er nachlässig war?
Tatsächlich liegt es auch an der Familie Blake, dass Duke Wyn-knight in den Krieg ziehen wird.
In dem Fall ...

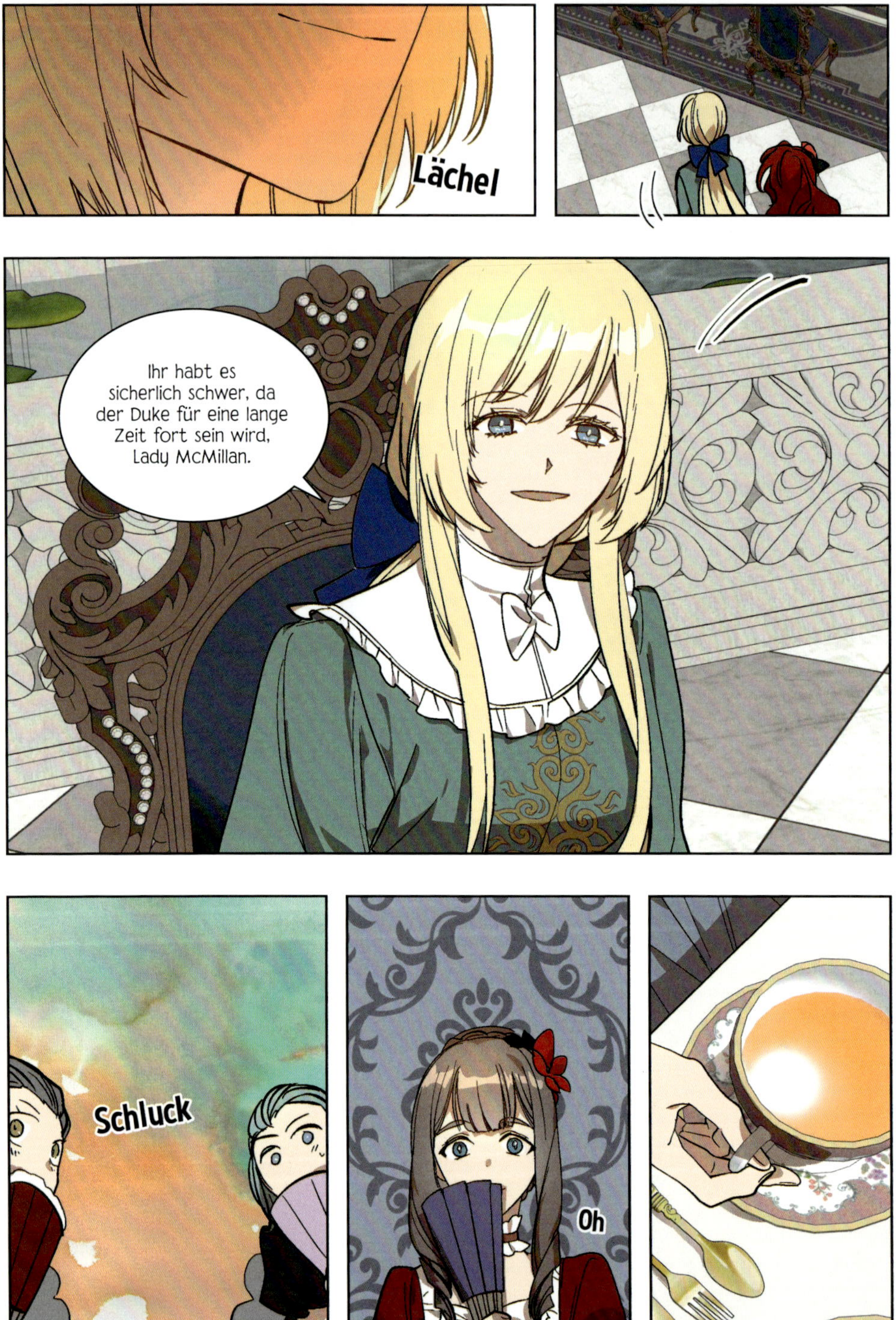
Lächel
Ihr habt es sicherlich schwer, da der Duke für eine lange Zeit fort sein wird, Lady McMillan.
Schluck
Oh

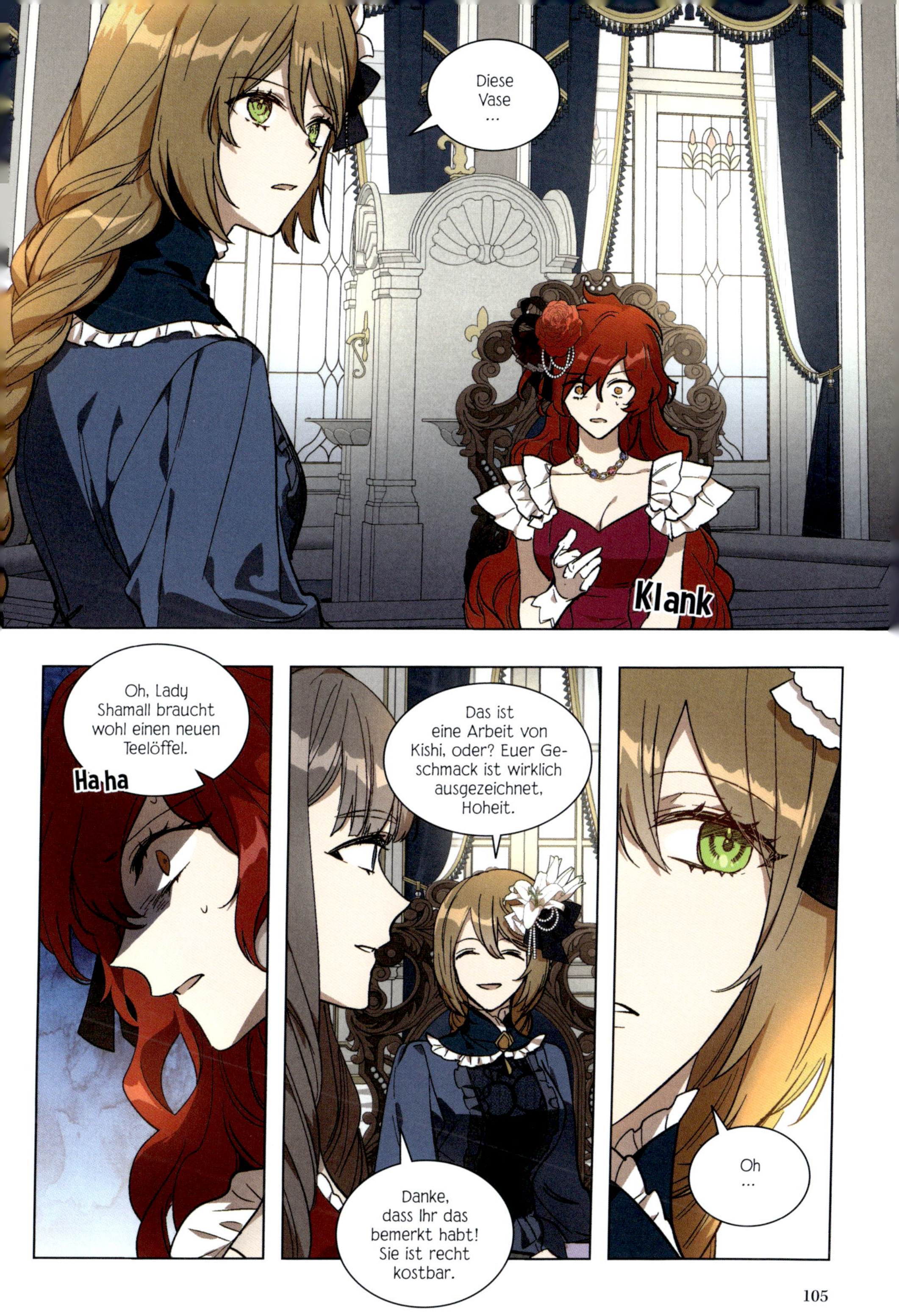
Diese Vase …
Klank
Oh, Lady Shamall braucht wohl einen neuen Teelöffel.
Ha ha
Das ist eine Arbeit von Kishi, oder? Euer Geschmack ist wirklich ausgezeichnet, Hoheit.
Danke, dass Ihr das bemerkt habt! Sie ist recht kostbar.
Oh …

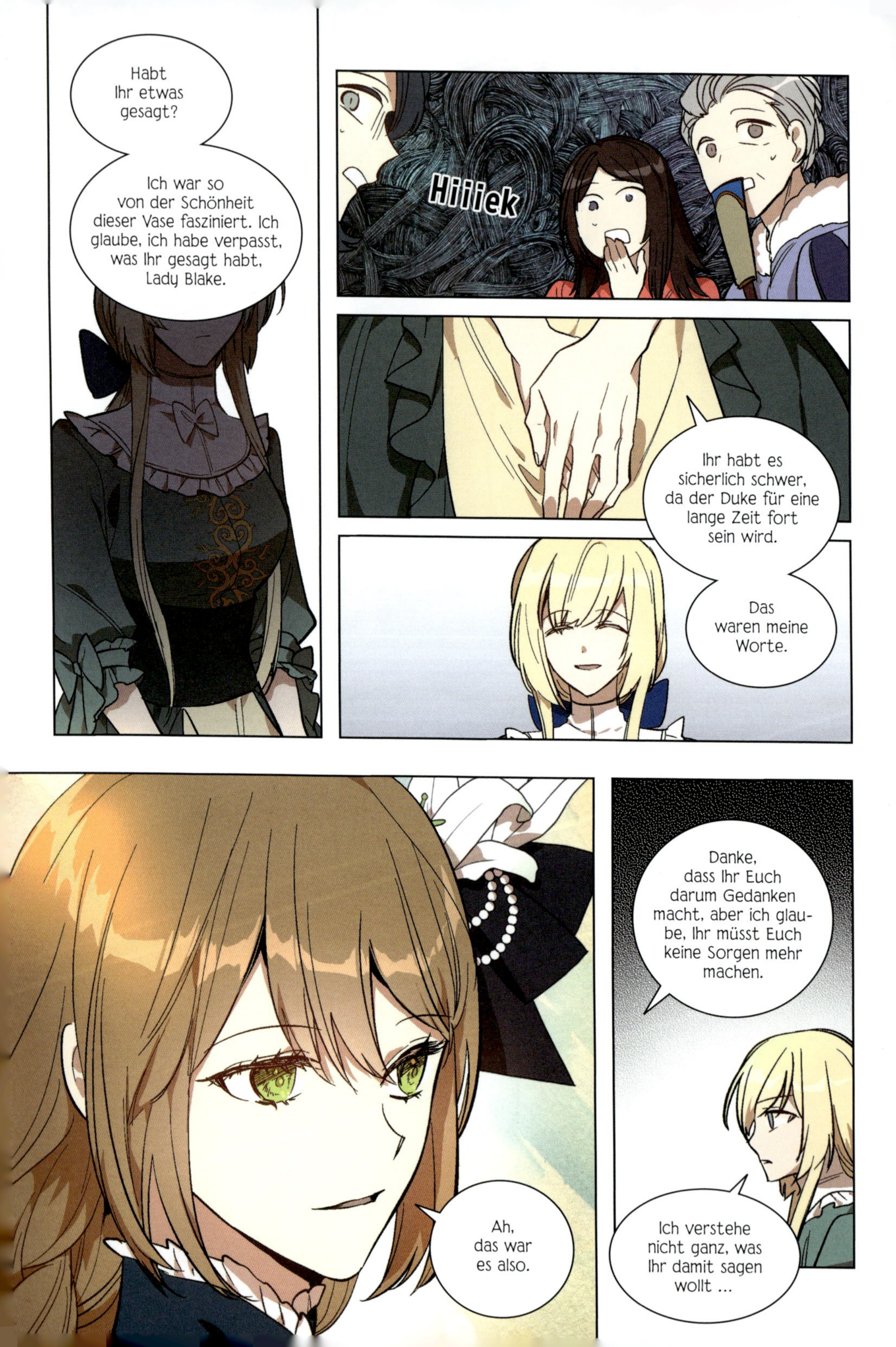

Habt Ihr etwas gesagt?
Ich war so von der Schönheit dieser Vase fasziniert. Ich glaube, ich habe verpasst, was Ihr gesagt habt, Lady Blake.
Hiiiek
Ihr habt es sicherlich schwer, da der Duke für eine lange Zeit fort sein wird.
Das waren meine Worte.
Danke, dass Ihr Euch darum Gedanken macht, aber ich glaube, Ihr müsst Euch keine Sorgen mehr machen.
Ah, das war es also.
Ich verstehe nicht ganz, was Ihr damit sagen wollt ...

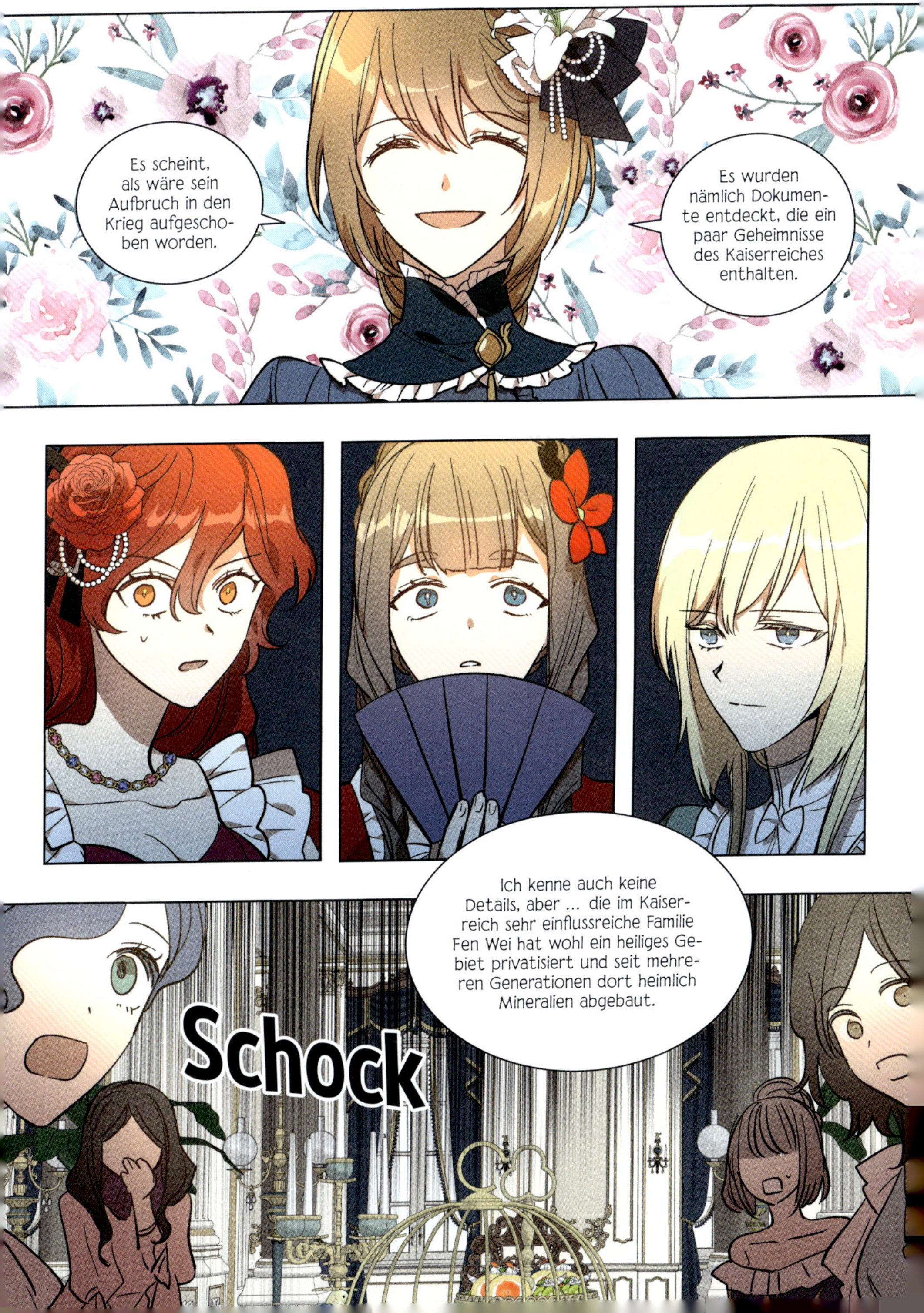
Es scheint, als wäre sein Aufbruch in den Krieg aufgeschoben worden.
Es wurden nämlich Dokumente entdeckt, die ein paar Geheimnisse des Kaiserreiches enthalten.
Ich kenne auch keine Details, aber ... die im Kaiserreich sehr einflussreiche Familie Fen Wei hat wohl ein heiliges Gebiet privatisiert und seit mehreren Generationen dort heimlich Mineralien abgebaut.
Schock

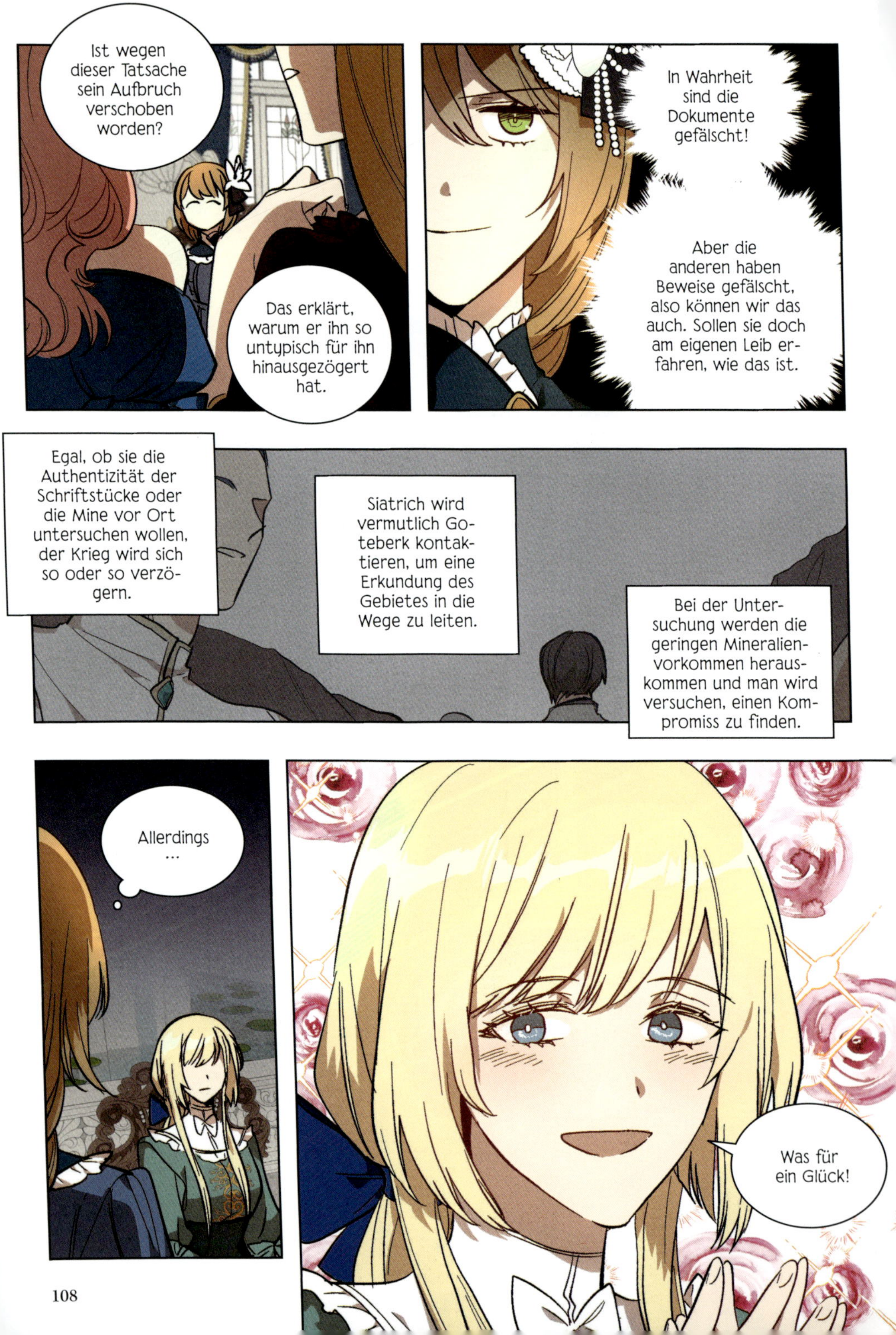

Ist wegen dieser Tatsache sein Aufbruch verschoben worden?
Das erklärt, warum er ihn so untypisch für ihn hinausgezögert hat.
In Wahrheit sind die Dokumente gefälscht!
Aber die anderen haben Beweise gefälscht, also können wir das auch. Sollen sie doch am eigenen Leib erfahren, wie das ist.
Egal, ob sie die Authentizität der Schriftstücke oder die Mine vor Ort untersuchen wollen, der Krieg wird sich so oder so verzögern.
Siatrich wird vermutlich Goteberk kontaktieren, um eine Erkundung des Gebietes in die Wege zu leiten.
Bei der Untersuchung werden die geringen Mineralienvorkommen herauskommen und man wird versuchen, einen Kompromiss zu finden.
Allerdings …
Was für ein Glück!

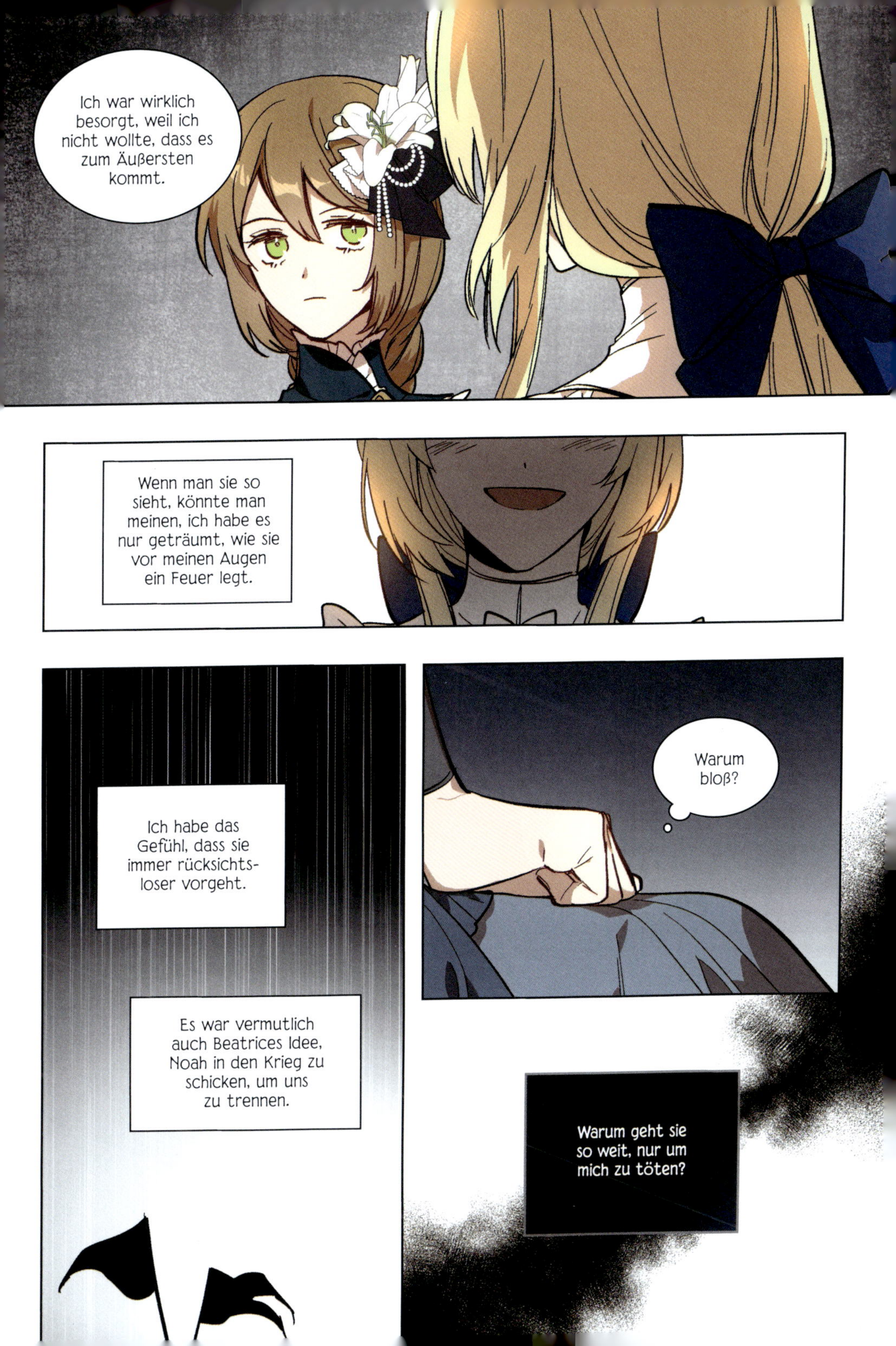
Ich war wirklich besorgt, weil ich nicht wollte, dass es zum Äußersten kommt.
Wenn man sie so sieht, könnte man meinen, ich habe es nur geträumt, wie sie vor meinen Augen ein Feuer legt.
Ich habe das Gefühl, dass sie immer rücksichtsloser vorgeht.
Es war vermutlich auch Beatrices Idee, Noah in den Krieg zu schicken, um uns zu trennen.
Warum bloß?
Warum geht sie so weit, nur um mich zu töten?

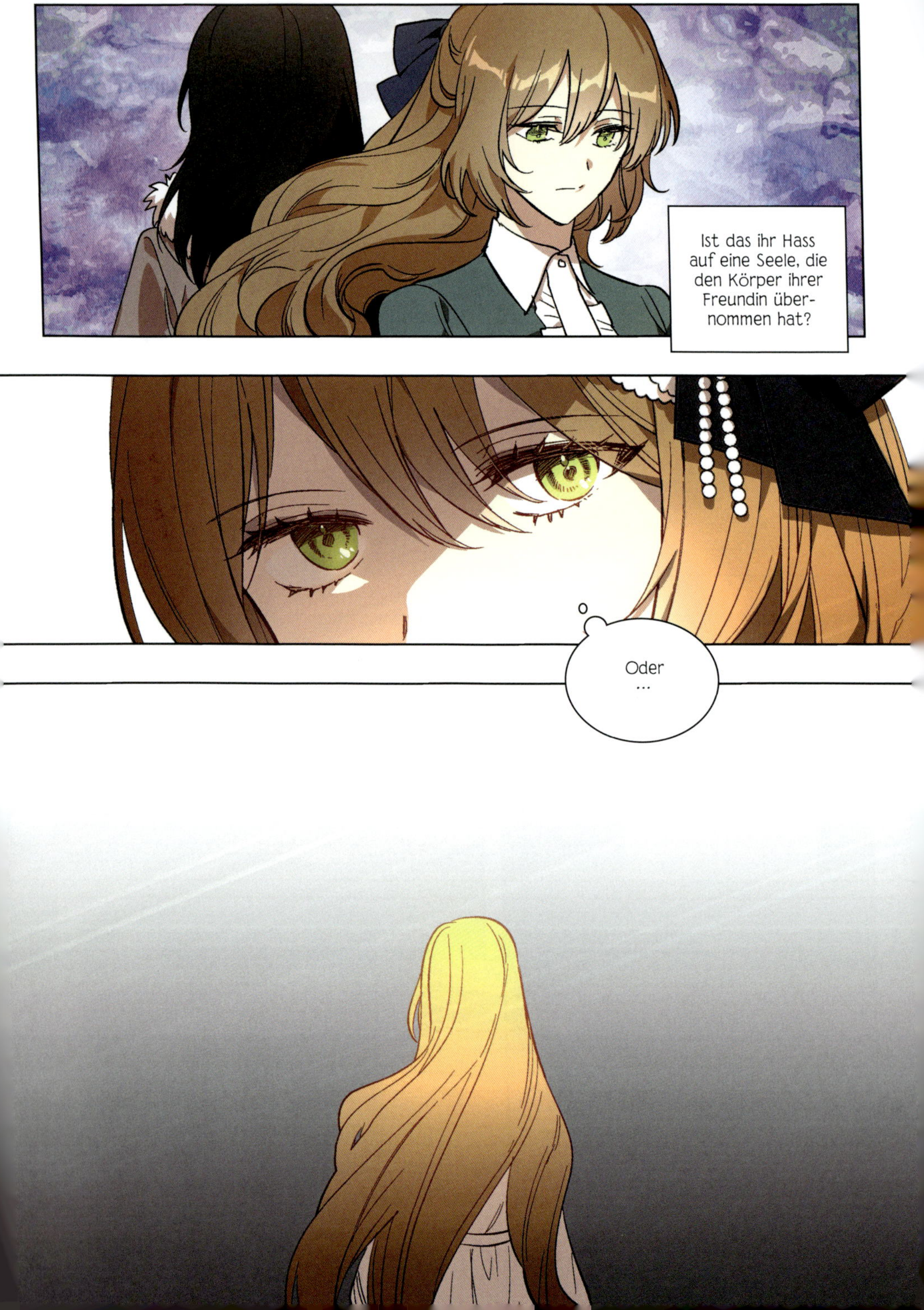
Ist das ihr Hass auf eine Seele, die den Körper ihrer Freundin über-nommen hat?
Oder ...

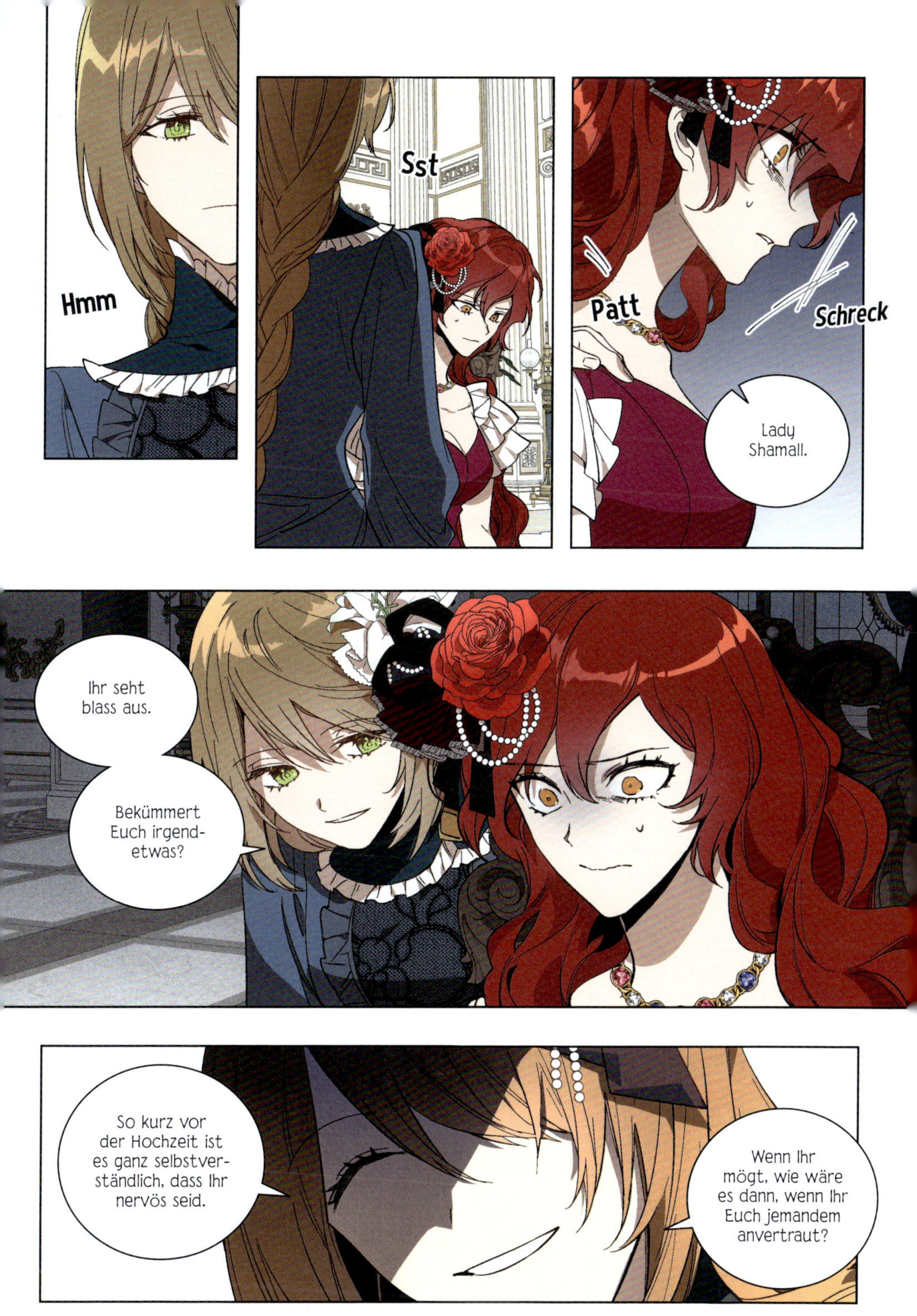
Hmm
Sst
Patt
Schreck
Lady Shamall.
Ihr seht blass aus.
Bekümmert Euch irgend-etwas?
So kurz vor der Hochzeit ist es ganz selbstver-ständlich, dass Ihr nervös seid.
Wenn Ihr mögt, wie wäre es dann, wenn Ihr Euch jemandem anvertraut?

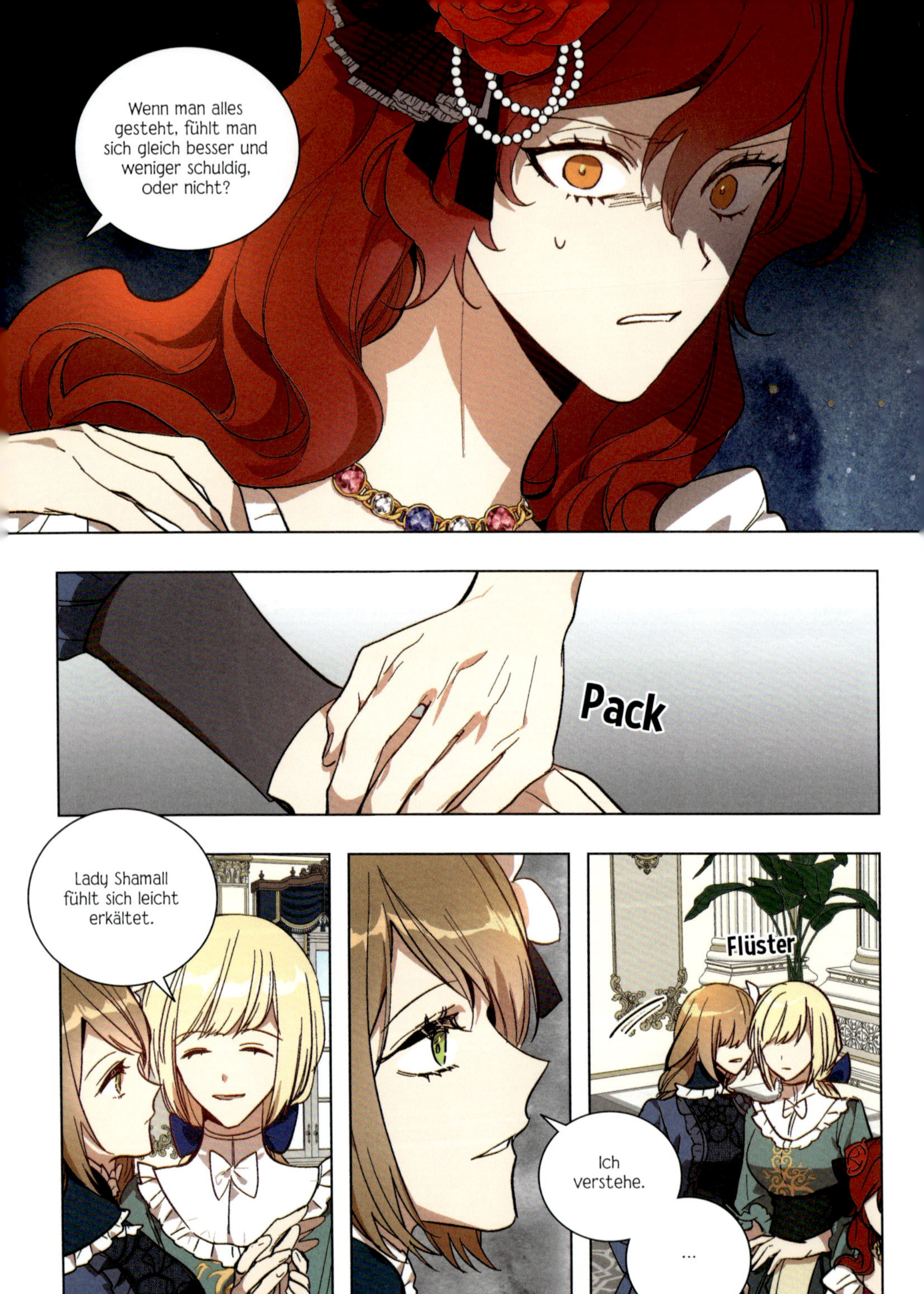
Wenn man alles gesteht, fühlt man sich gleich besser und weniger schuldig, oder nicht?
Pack
Lady Shamall fühlt sich leicht erkältet.
Ich verstehe.
Flüster
...

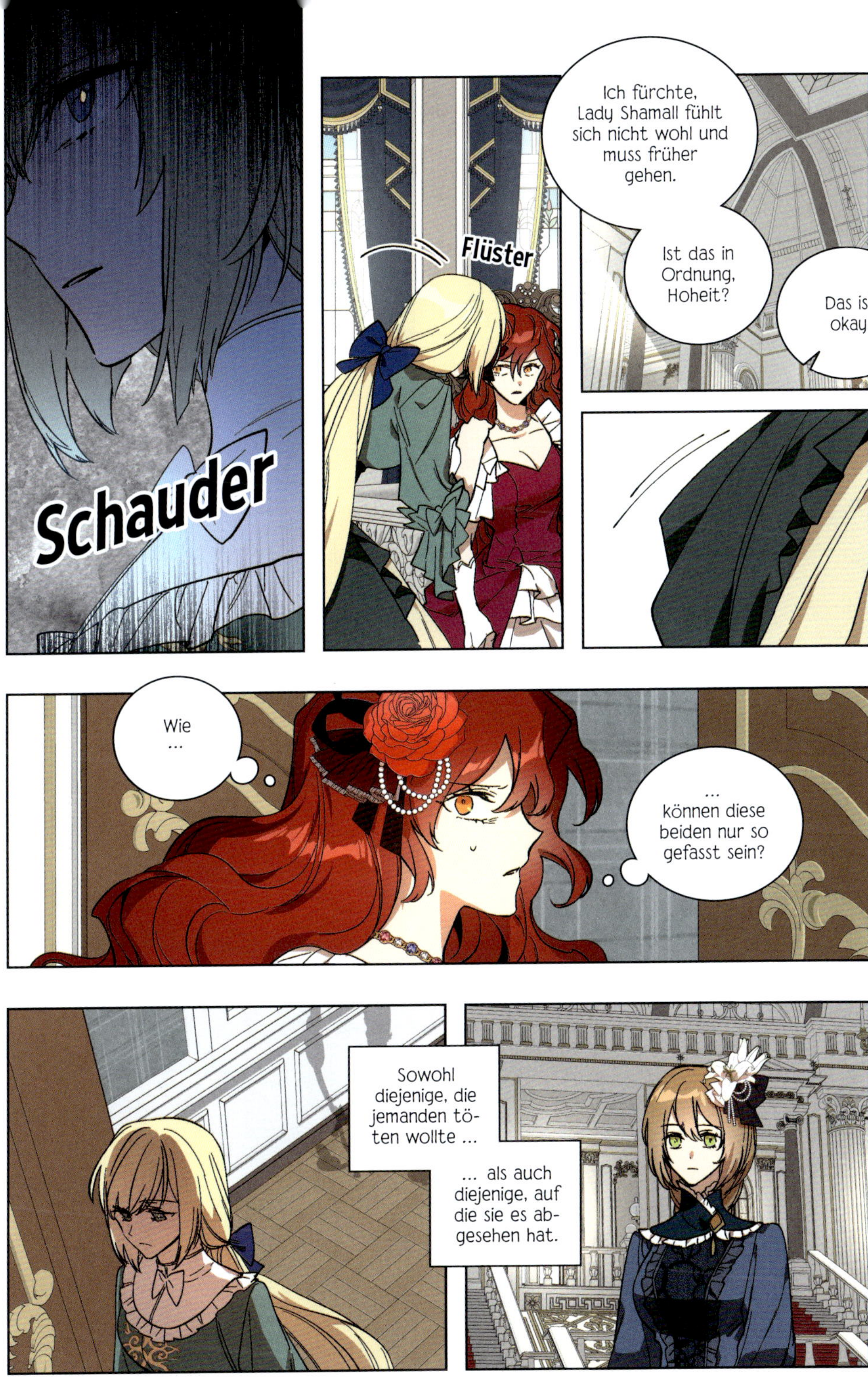
Schauder
Flüster
Ich fürchte, Lady Shamall fühlt sich nicht wohl und muss früher gehen.
Ist das in Ordnung, Hoheit?
Das ist okay.
Wie …
… können diese beiden nur so gefasst sein?
Sowohl diejenige, die jemanden tö-ten wollte …
… als auch diejenige, auf die sie es ab-gesehen hat.

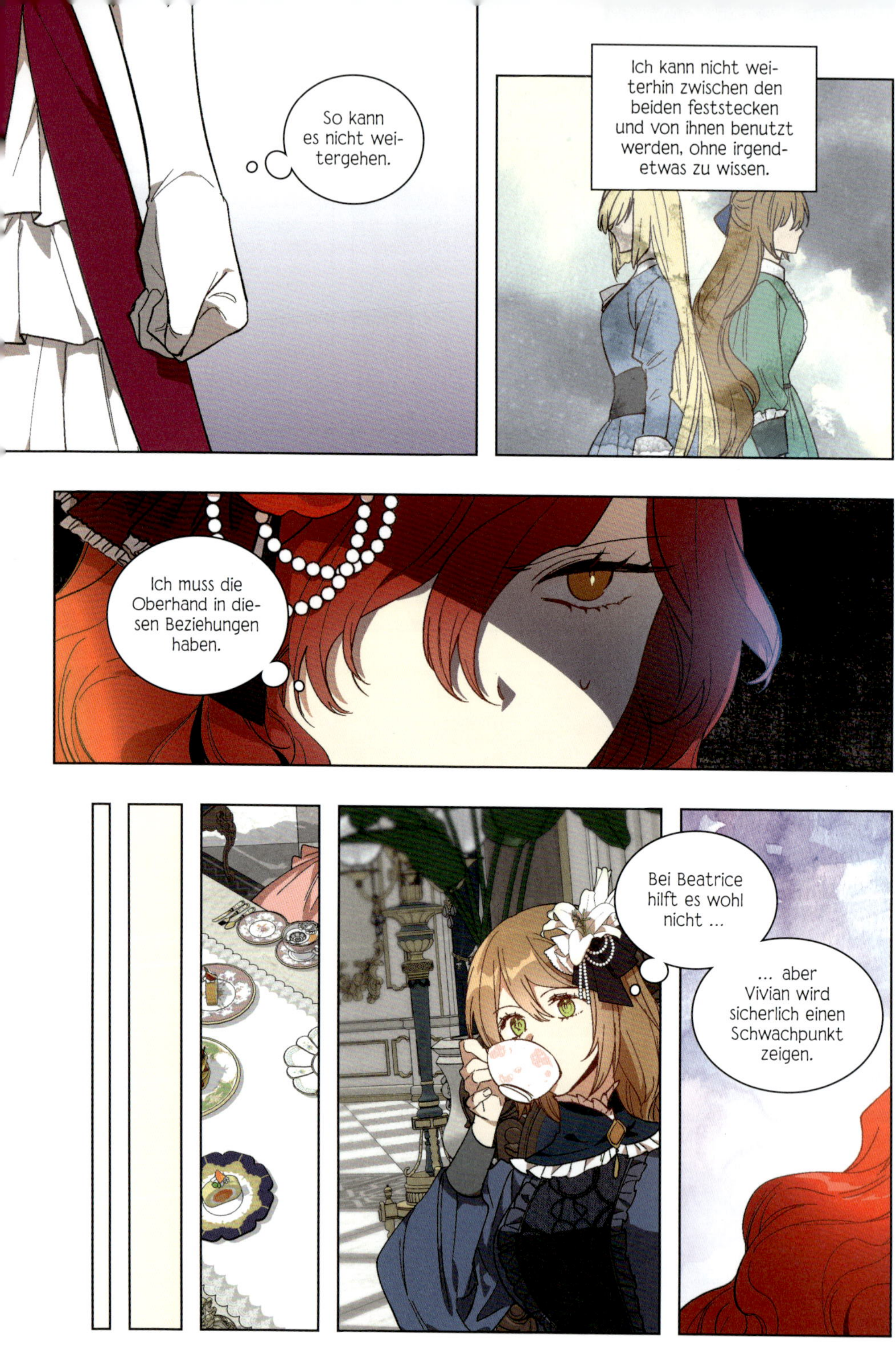
So kann es nicht weitergehen.
Ich kann nicht weiterhin zwischen den beiden feststecken und von ihnen benutzt werden, ohne irgendetwas zu wissen.
Ich muss die Oberhand in diesen Beziehungen haben.
Bei Beatrice hilft es wohl nicht ...
... aber Vivian wird sicherlich einen Schwachpunkt zeigen.

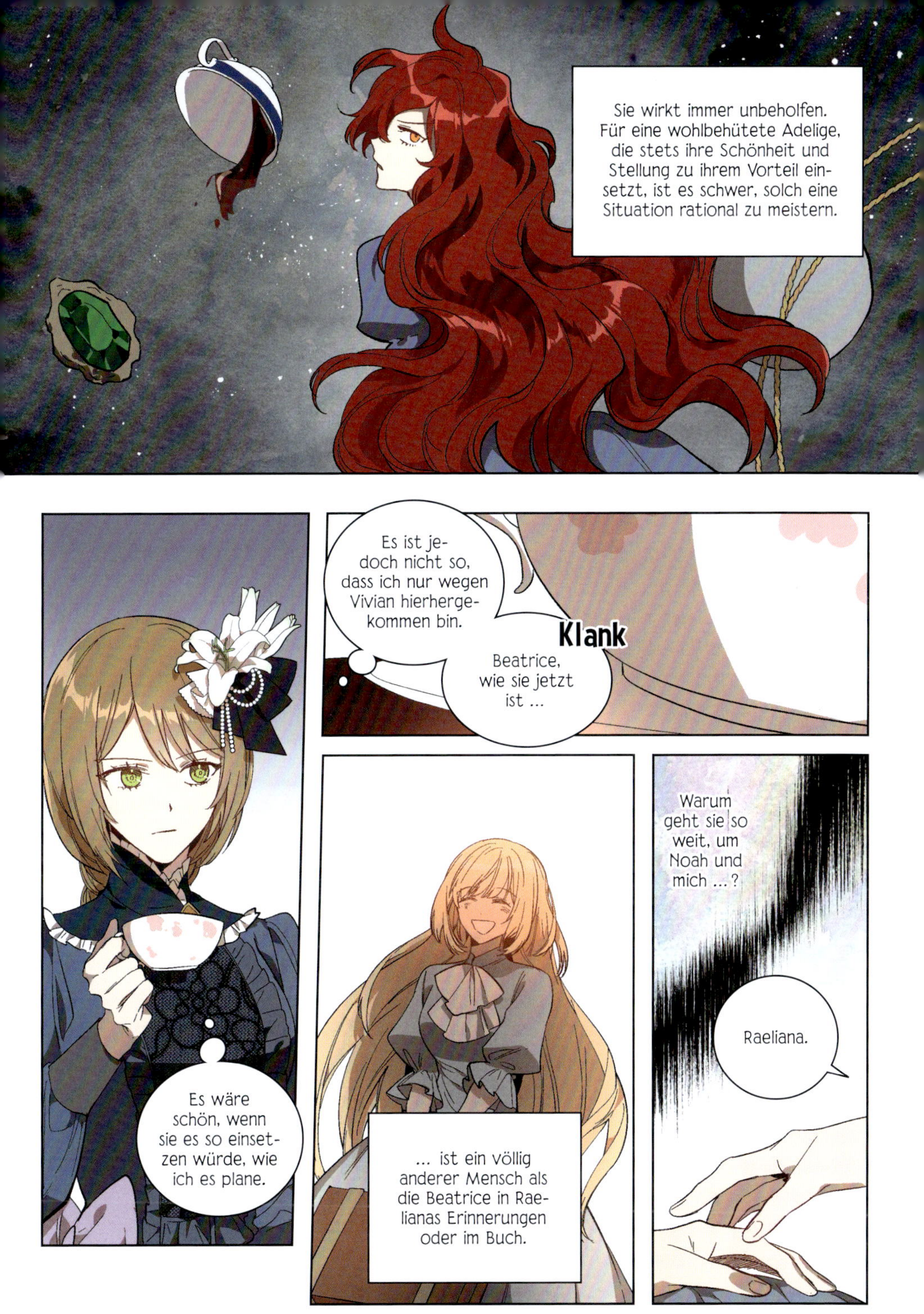
Sie wirkt immer unbeholfen. Für eine wohlbehütete Adelige, die stets ihre Schönheit und Stellung zu ihrem Vorteil einsetzt, ist es schwer, solch eine Situation rational zu meistern.
Es ist jedoch nicht so, dass ich nur wegen Vivian hierhergekommen bin.
Klank
Beatrice, wie sie jetzt ist ...
Es wäre schön, wenn sie es so einsetzen würde, wie ich es plane.
... ist ein völlig anderer Mensch als die Beatrice in Raelianas Erinnerungen oder im Buch.
Warum geht sie so weit, um Noah und mich ...?
Raeliana.

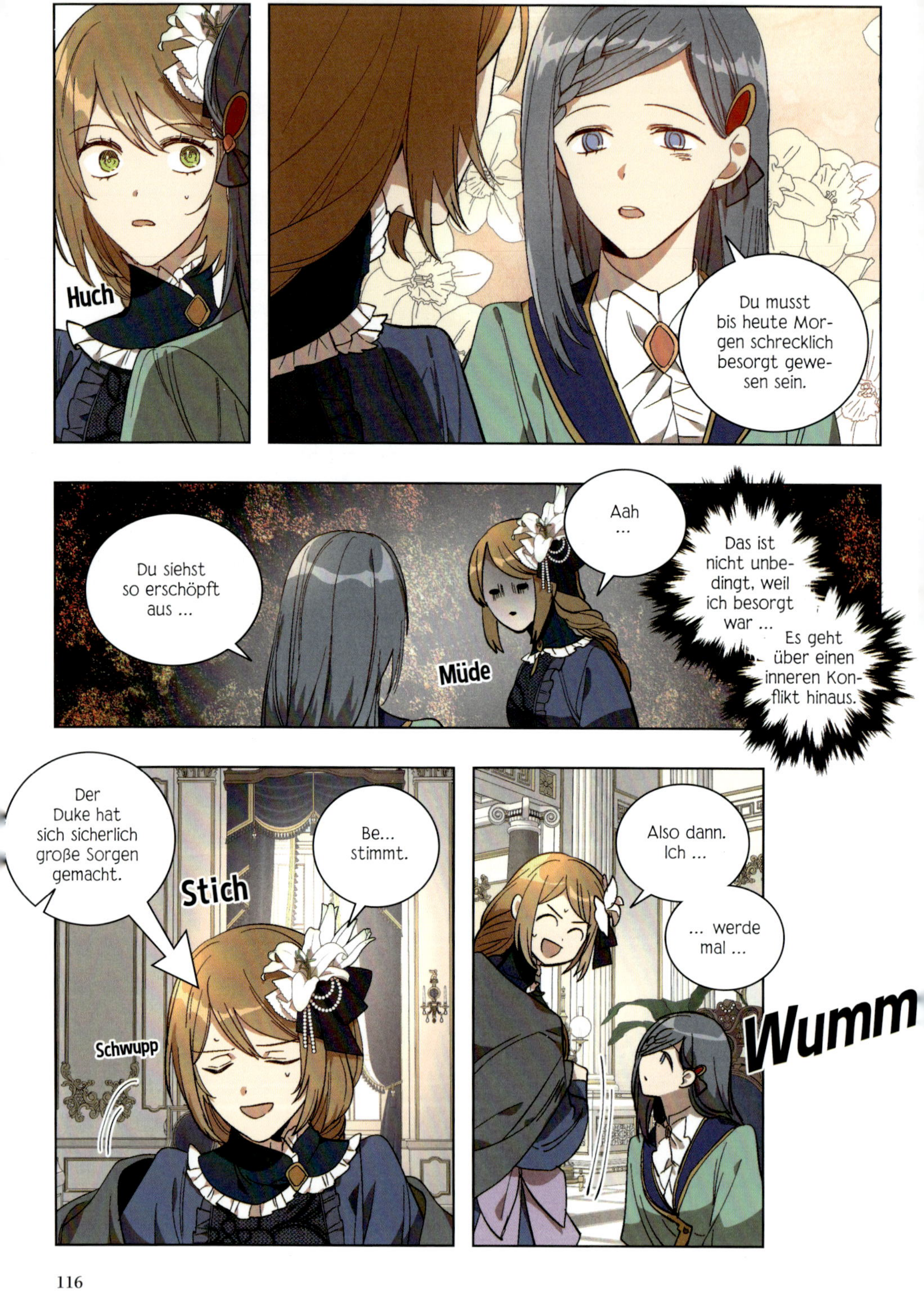
Huch
Du musst bis heute Morgen schrecklich besorgt gewesen sein.
Du siehst so erschöpft aus ...
Müde
Aah ...
Das ist nicht unbedingt, weil ich besorgt war ...
Es geht über einen inneren Konflikt hinaus.
Der Duke hat sich sicherlich große Sorgen gemacht.
Stich
Be... stimmt.
Schwupp
Also dann. Ich ...
... werde mal ...
Wumm

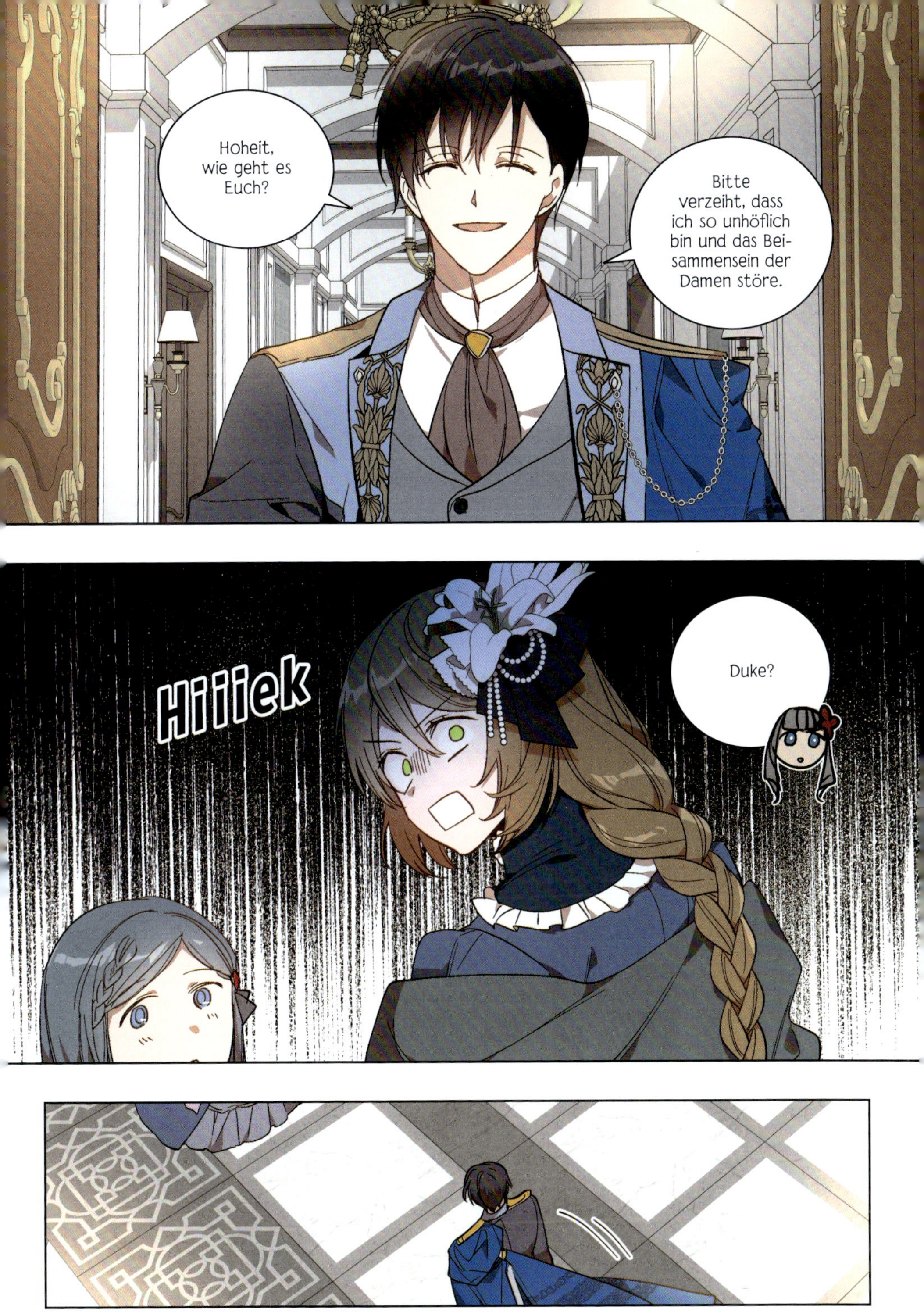
Hoheit, wie geht es Euch?
Bitte verzeiht, dass ich so unhöflich bin und das Beisammensein der Damen störe.
Hiiiek
Duke?

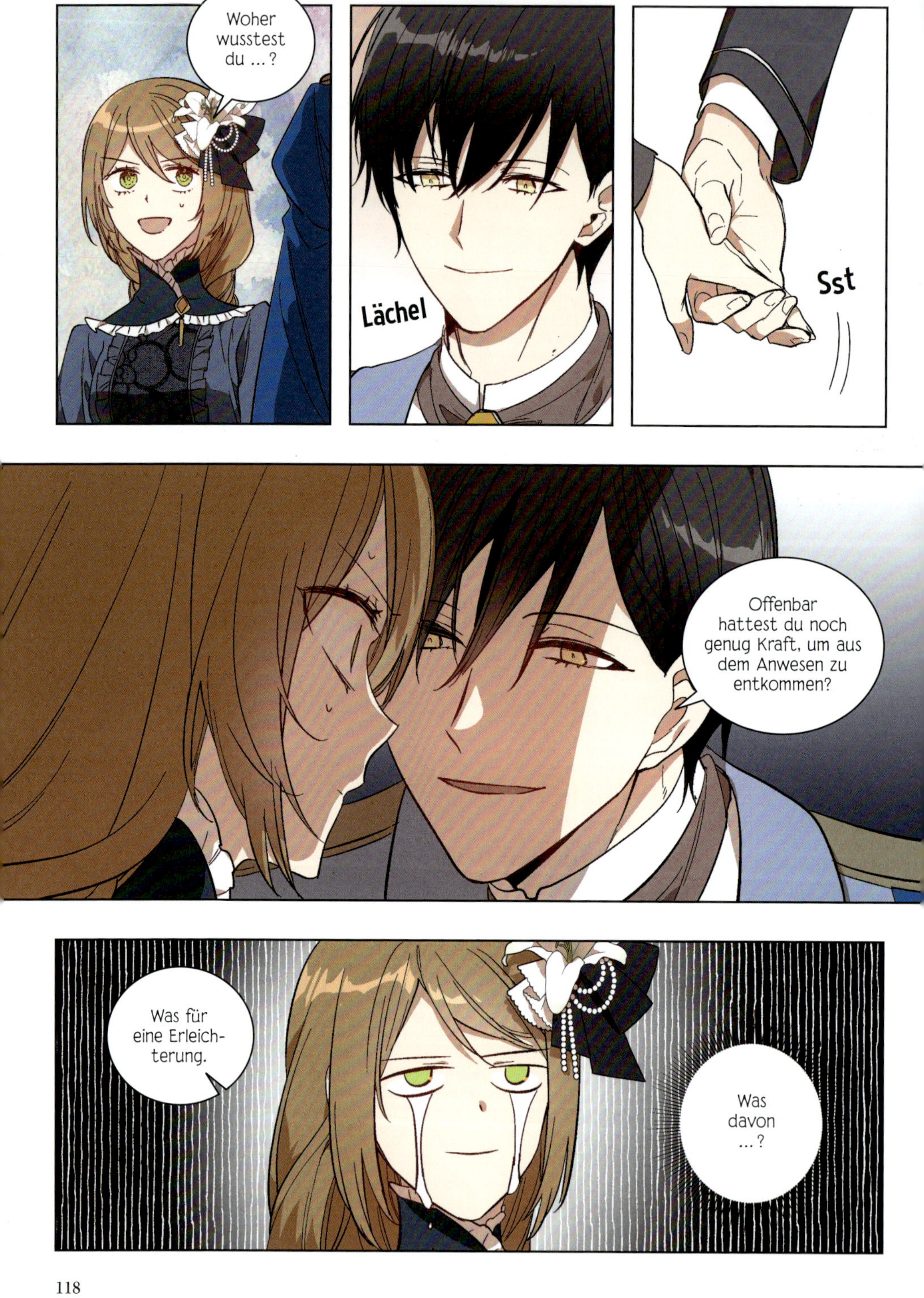
Woher wusstest du ...?
Lächel
Sst
Offenbar hattest du noch genug Kraft, um aus dem Anwesen zu entkommen?
Was für eine Erleich-terung.
Was davon ...?

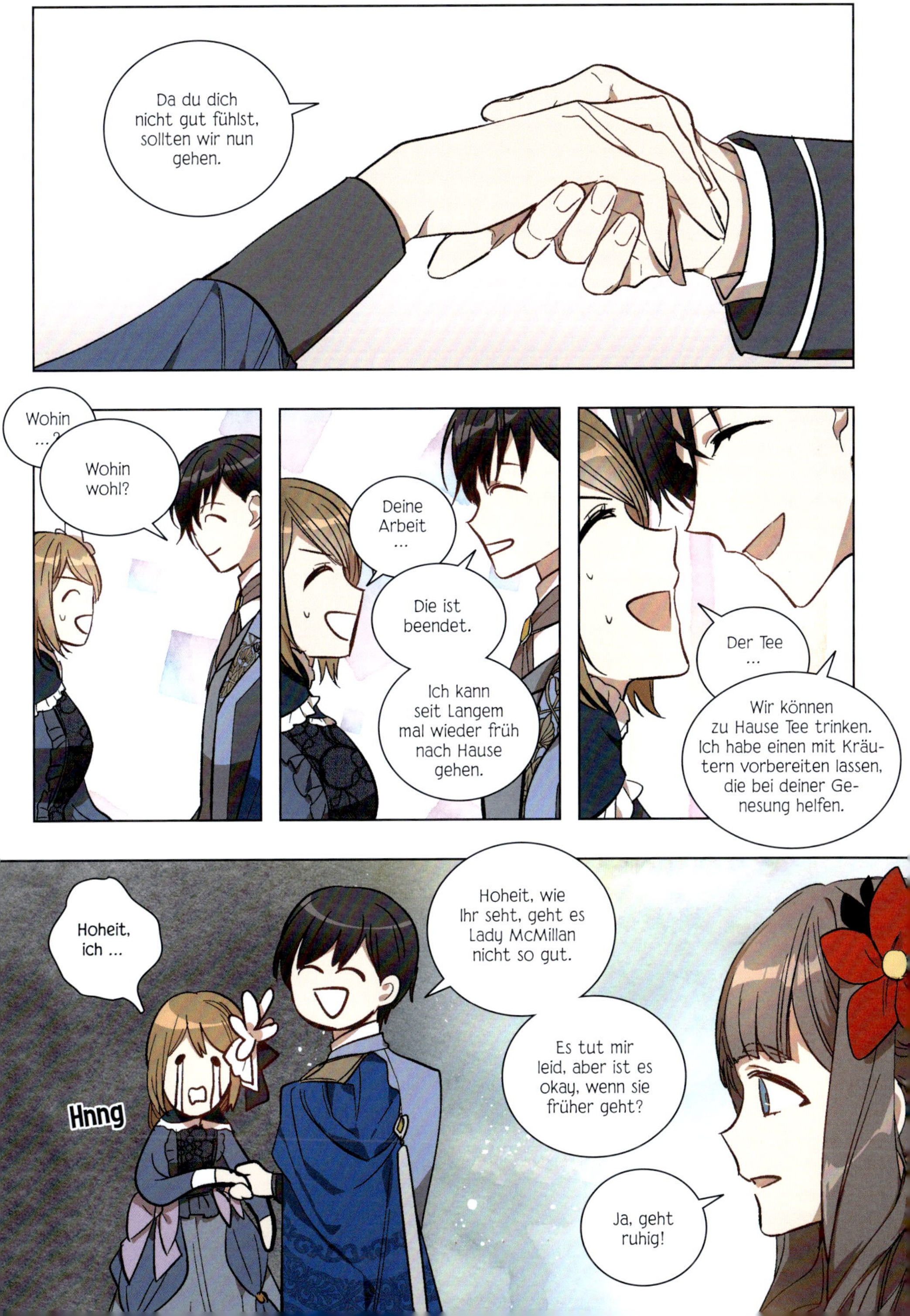
Da du dich nicht gut fühlst, sollten wir nun gehen.
Wohin ...
Wohin wohl?
Deine Arbeit ...
Die ist beendet.
Ich kann seit Langem mal wieder früh nach Hause gehen.
Der Tee ...
Wir können zu Hause Tee trinken. Ich habe einen mit Kräutern vorbereiten lassen, die bei deiner Genesung helfen.
Hoheit, ich ...
Hoheit, wie Ihr seht, geht es Lady McMillan nicht so gut.
Es tut mir leid, aber ist es okay, wenn sie früher geht?
Hnng
Ja, geht ruhig!

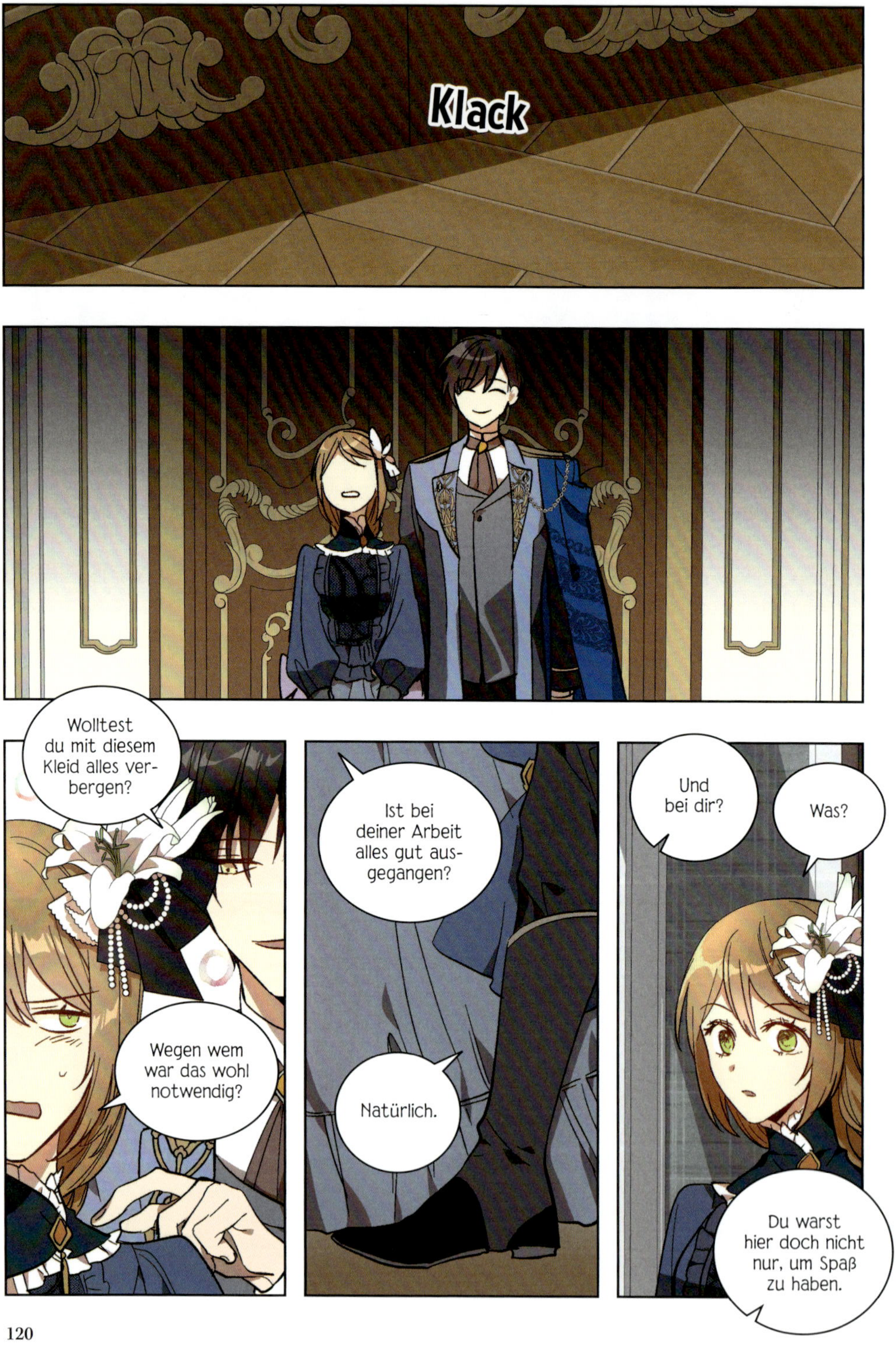
Klack
Wolltest du mit diesem Kleid alles verbergen?
Wegen wem war das wohl notwendig?
Ist bei deiner Arbeit alles gut ausgegangen?
Natürlich.
Und bei dir?
Was?
Du warst hier doch nicht nur, um Spaß zu haben.

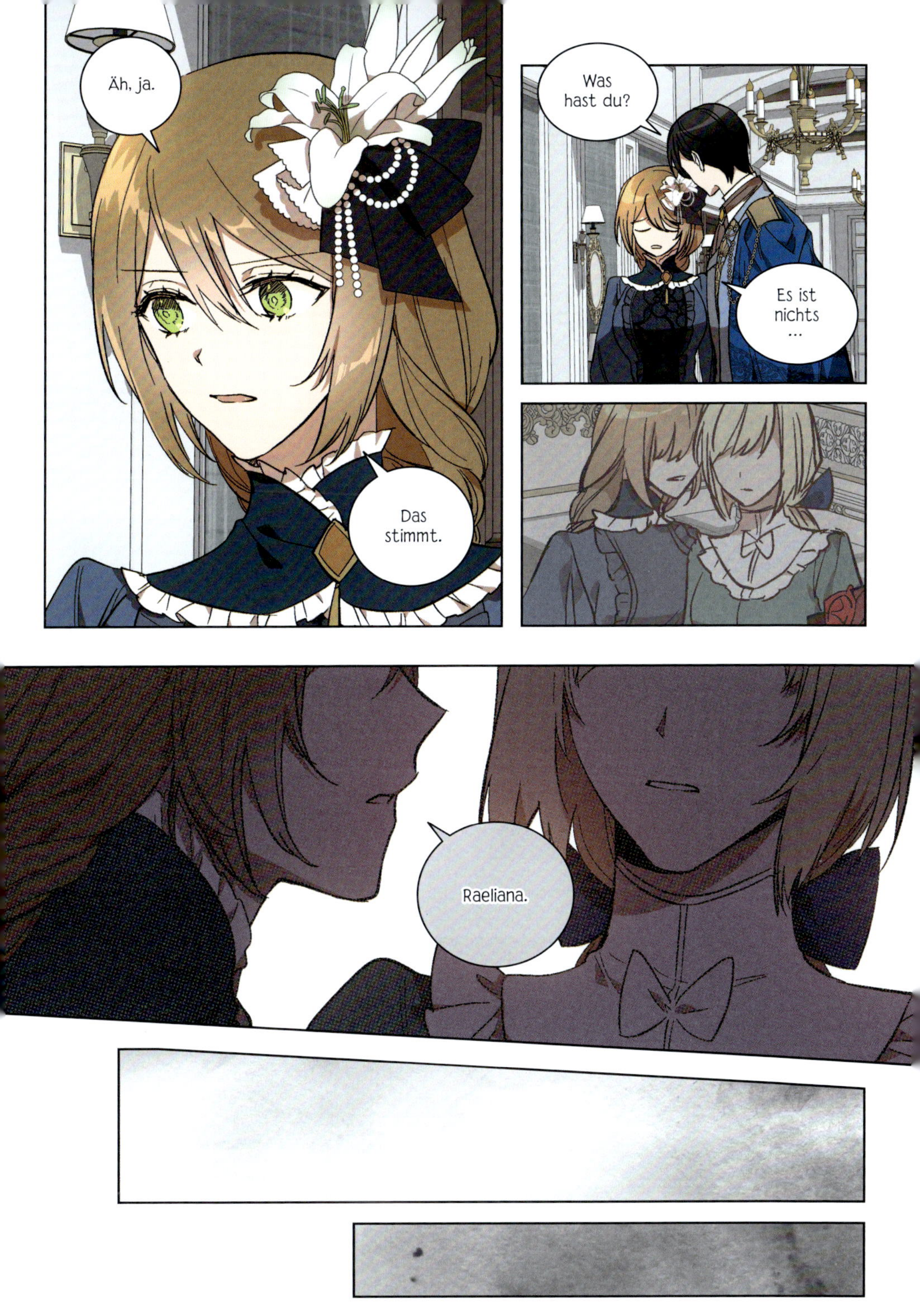
Äh, ja.
Das stimmt.
Was hast du?
Es ist nichts …
Raeliana.

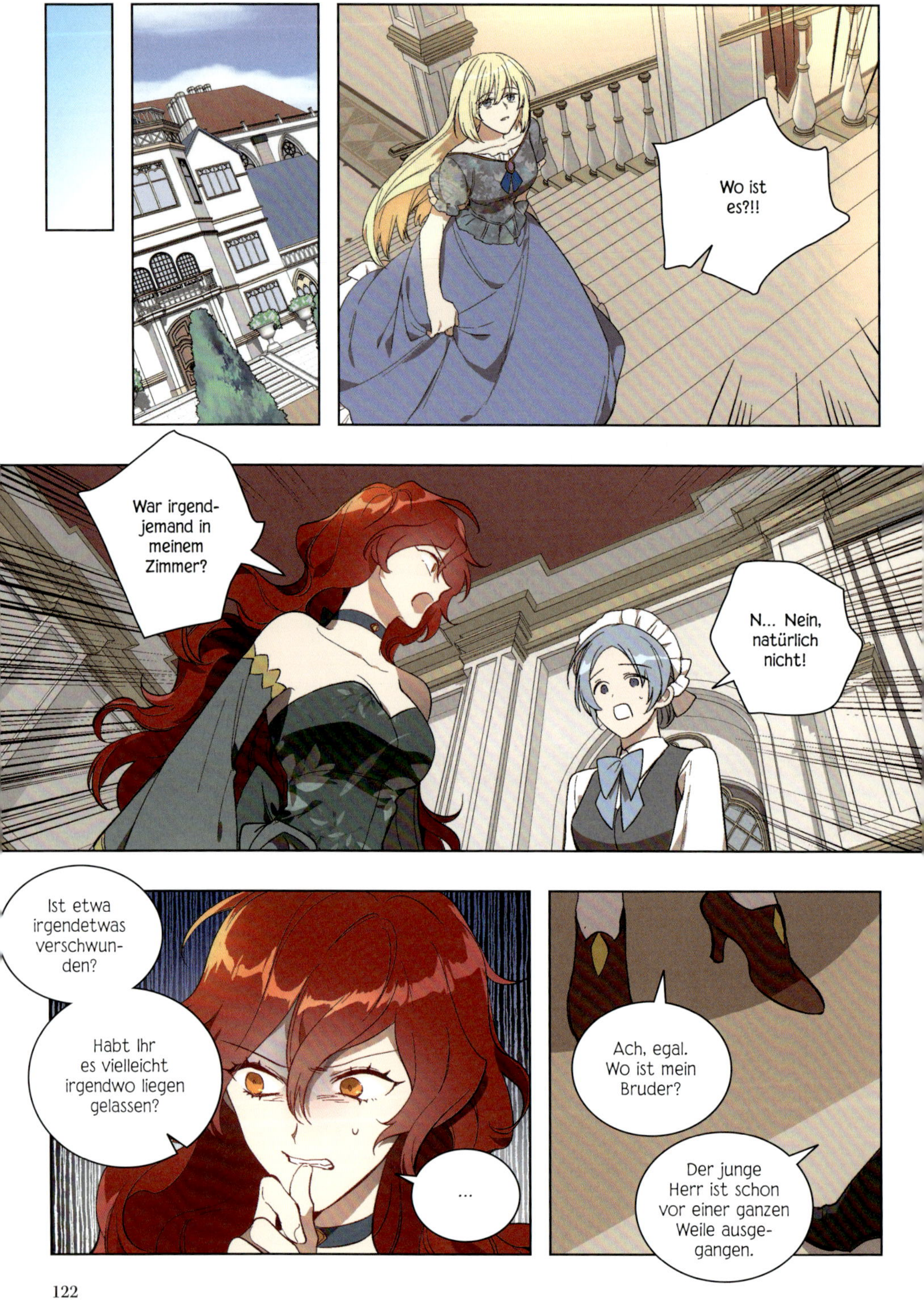
Wo ist es?!!
War irgendjemand in meinem Zimmer?
N... Nein, natürlich nicht!
Ist etwa irgendetwas verschwunden?
Habt Ihr es vielleicht irgendwo liegen gelassen?
...
Ach, egal. Wo ist mein Bruder?
Der junge Herr ist schon vor einer ganzen Weile ausgegangen.

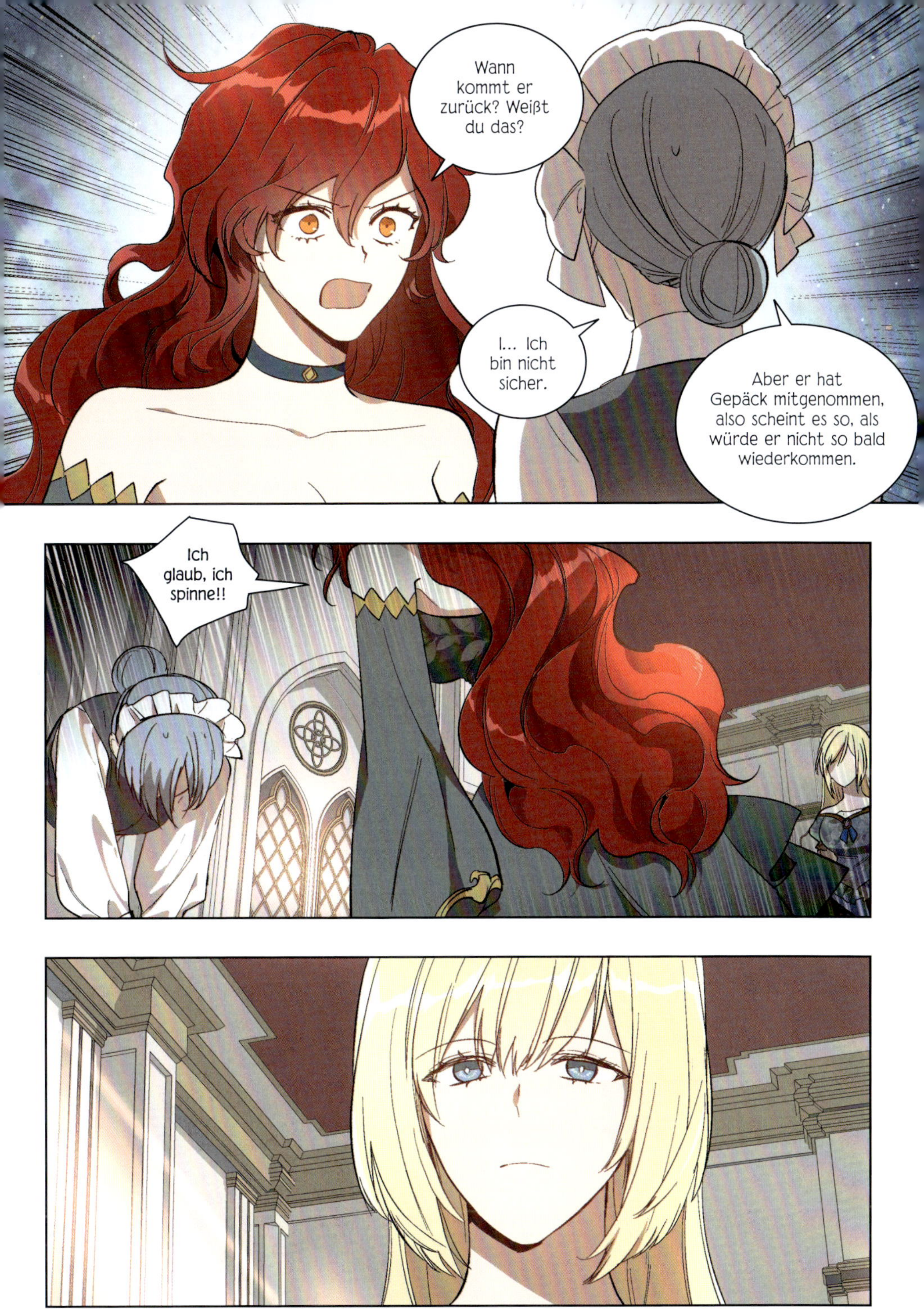

Wann kommt er zurück? Weißt du das?
I... Ich bin nicht sicher.
Aber er hat Gepäck mitgenommen, also scheint es so, als würde er nicht so bald wiederkommen.
Ich glaub, ich spinne!!

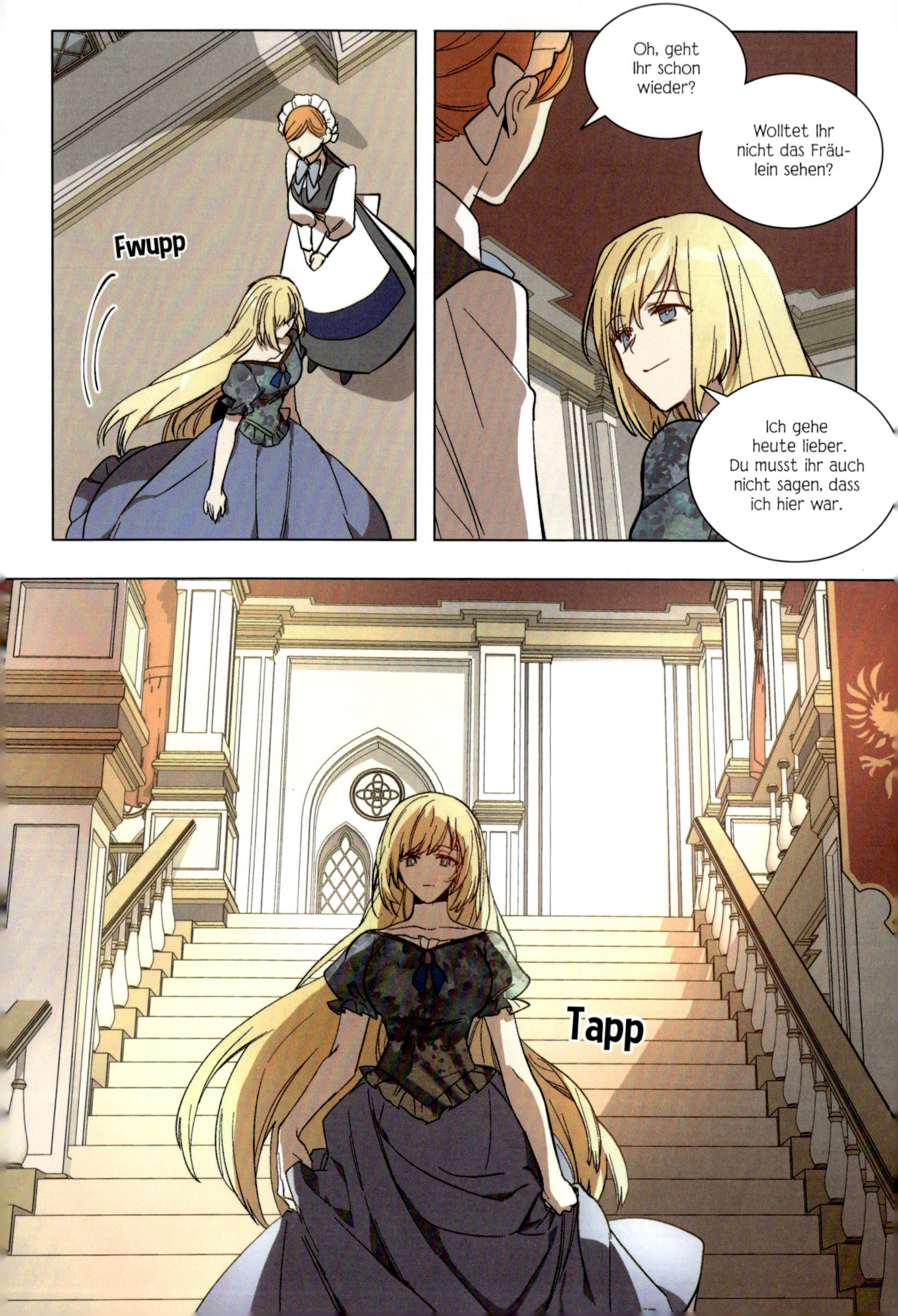
Fwupp
Oh, geht Ihr schon wieder?
Wolltet Ihr nicht das Fräu-lein sehen?
Ich gehe heute lieber. Du musst ihr auch nicht sagen, dass ich hier war.
Tapp

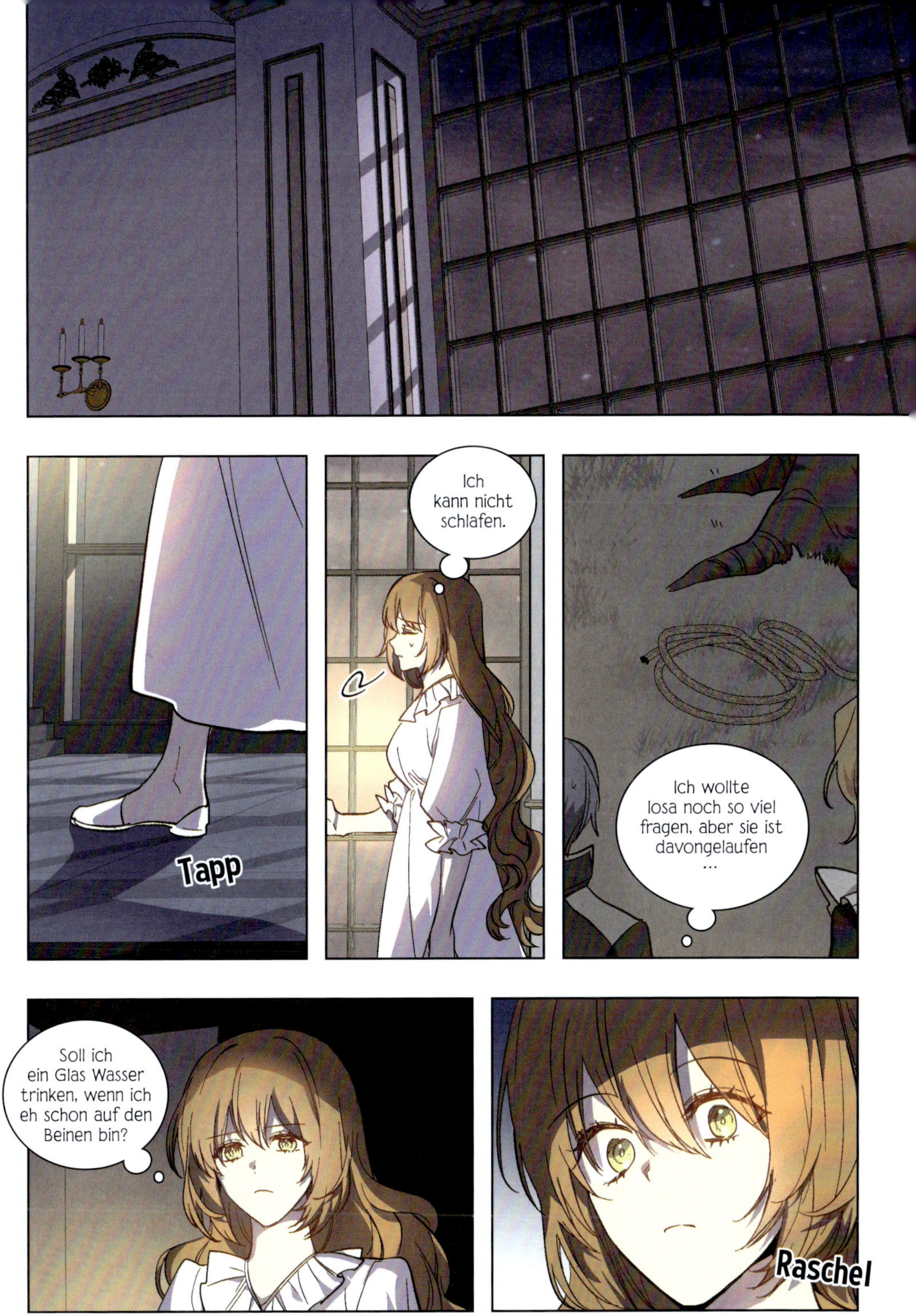
Tapp
Ich kann nicht schlafen.
Ich wollte Iosa noch so viel fragen, aber sie ist davongelaufen ...
Soll ich ein Glas Wasser trinken, wenn ich eh schon auf den Beinen bin?
Raschel

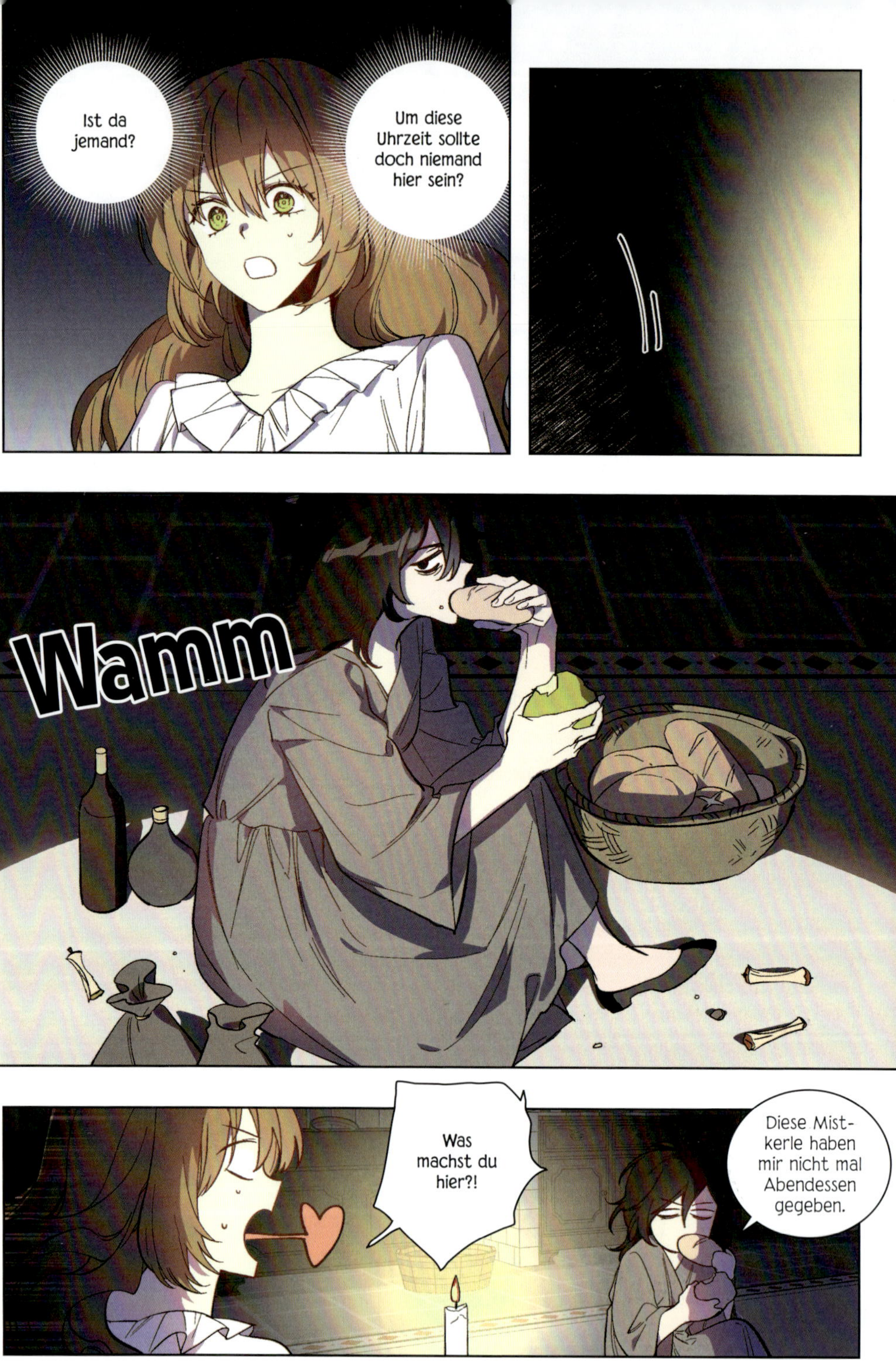
Ist da jemand?
Um diese Uhrzeit sollte doch niemand hier sein?
Wamm
Was machst du hier?!
Diese Mist-kerle haben mir nicht mal Abendessen gegeben.

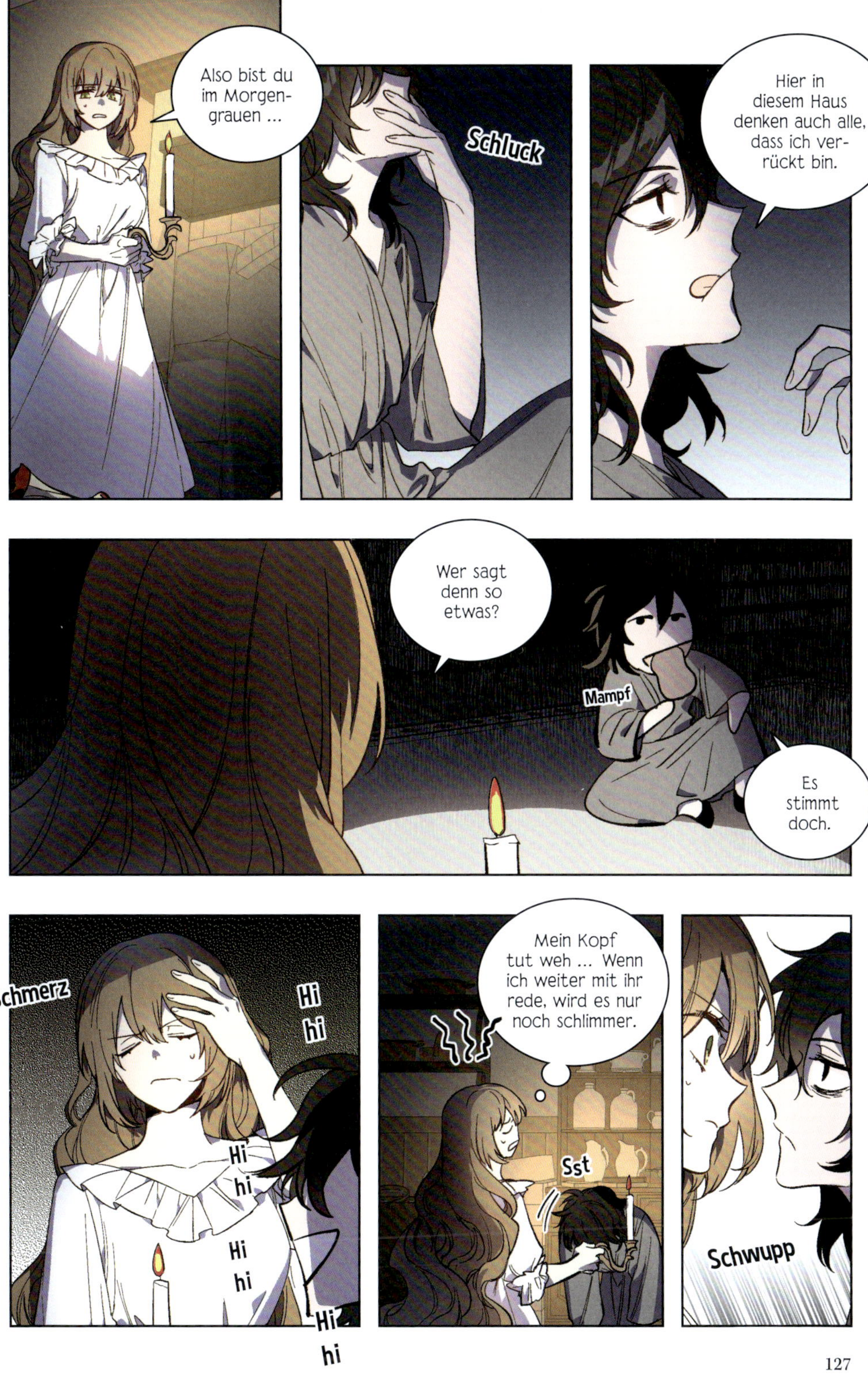
Also bist du im Morgengrauen ...
Schluck
Hier in diesem Haus denken auch alle, dass ich verrückt bin.
Wer sagt denn so etwas?
Mampf
Es stimmt doch.
Schmerz
Hi hi
Hi hi
Hi hi
Hi hi
Mein Kopf tut weh ... Wenn ich weiter mit ihr rede, wird es nur noch schlimmer.
Sst
Schwupp

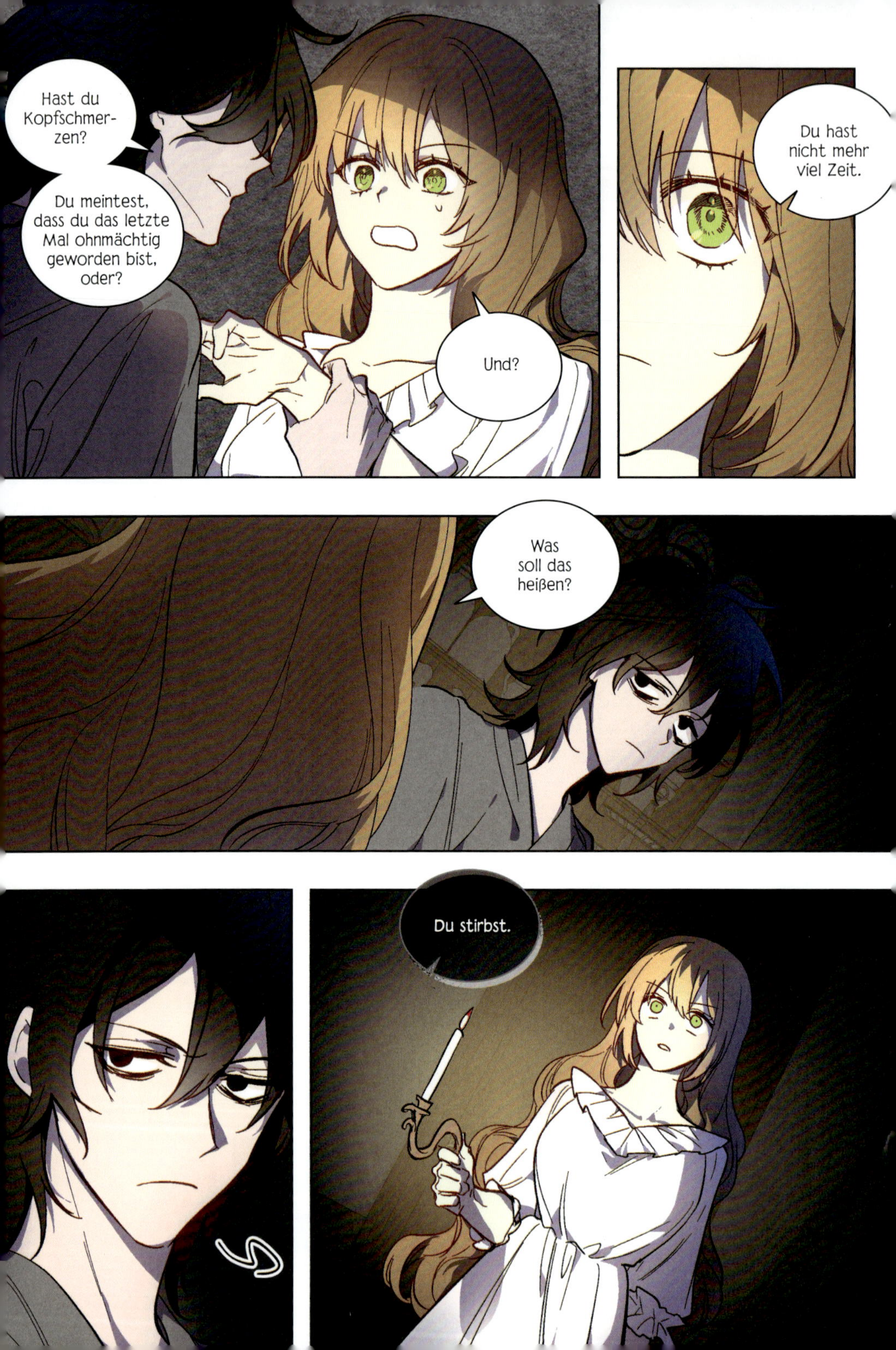
Hast du Kopfschmer-zen?
Du meintest, dass du das letzte Mal ohnmächtig geworden bist, oder?
Und?
Du hast nicht mehr viel Zeit.
Was soll das heißen?
Du stirbst.

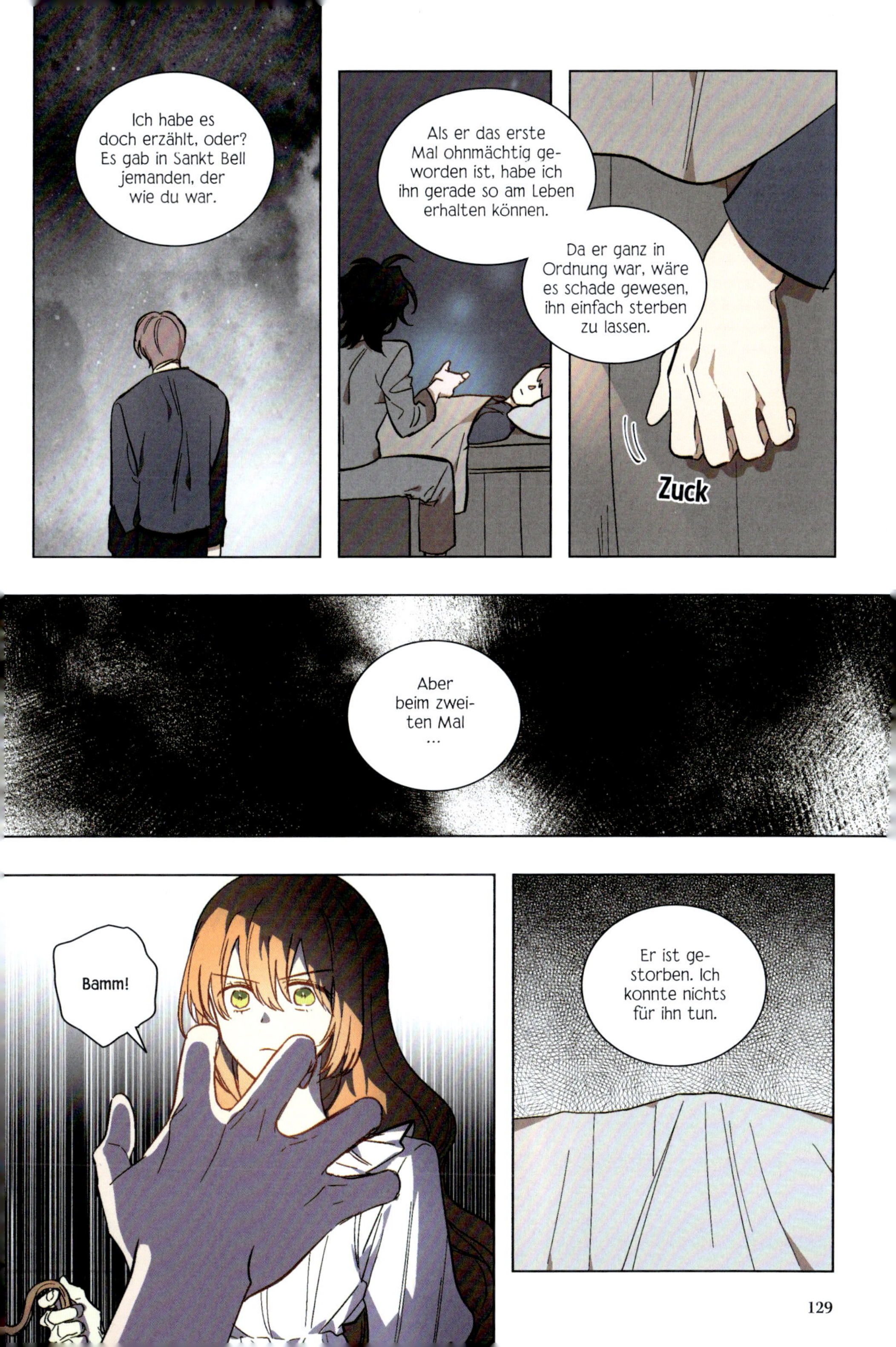
Ich habe es doch erzählt, oder? Es gab in Sankt Bell jemanden, der wie du war.
Als er das erste Mal ohnmächtig geworden ist, habe ich ihn gerade so am Leben erhalten können.
Da er ganz in Ordnung war, wäre es schade gewesen, ihn einfach sterben zu lassen.
Zuck
Aber beim zweiten Mal …
Bamm!
Er ist gestorben. Ich konnte nichts für ihn tun.

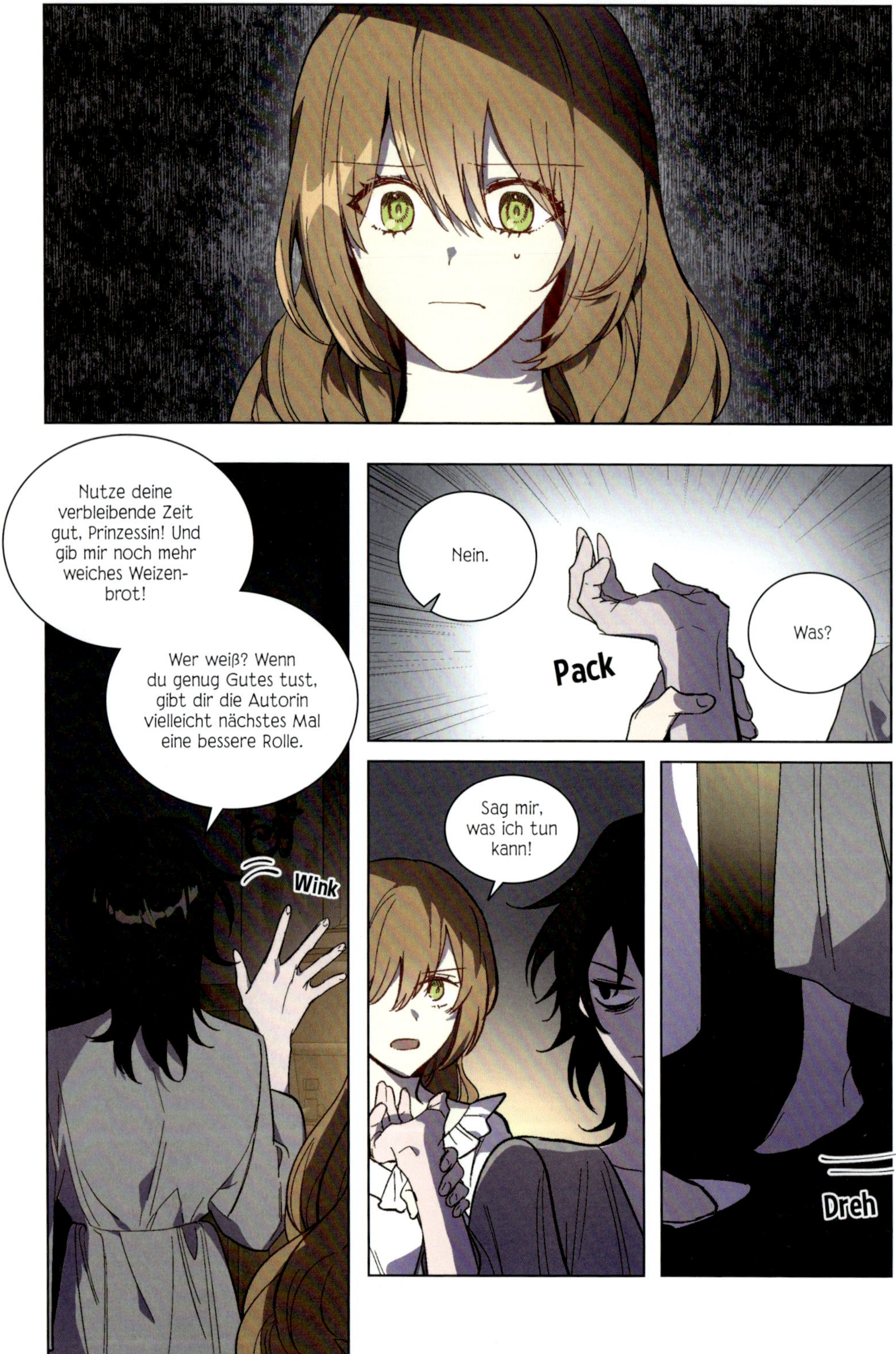
Nutze deine verbleibende Zeit gut, Prinzessin! Und gib mir noch mehr weiches Weizen-brot!
Wer weiß? Wenn du genug Gutes tust, gibt dir die Autorin vielleicht nächstes Mal eine bessere Rolle.
Wink
Nein.
Pack
Was?
Sag mir, was ich tun kann!
Dreh

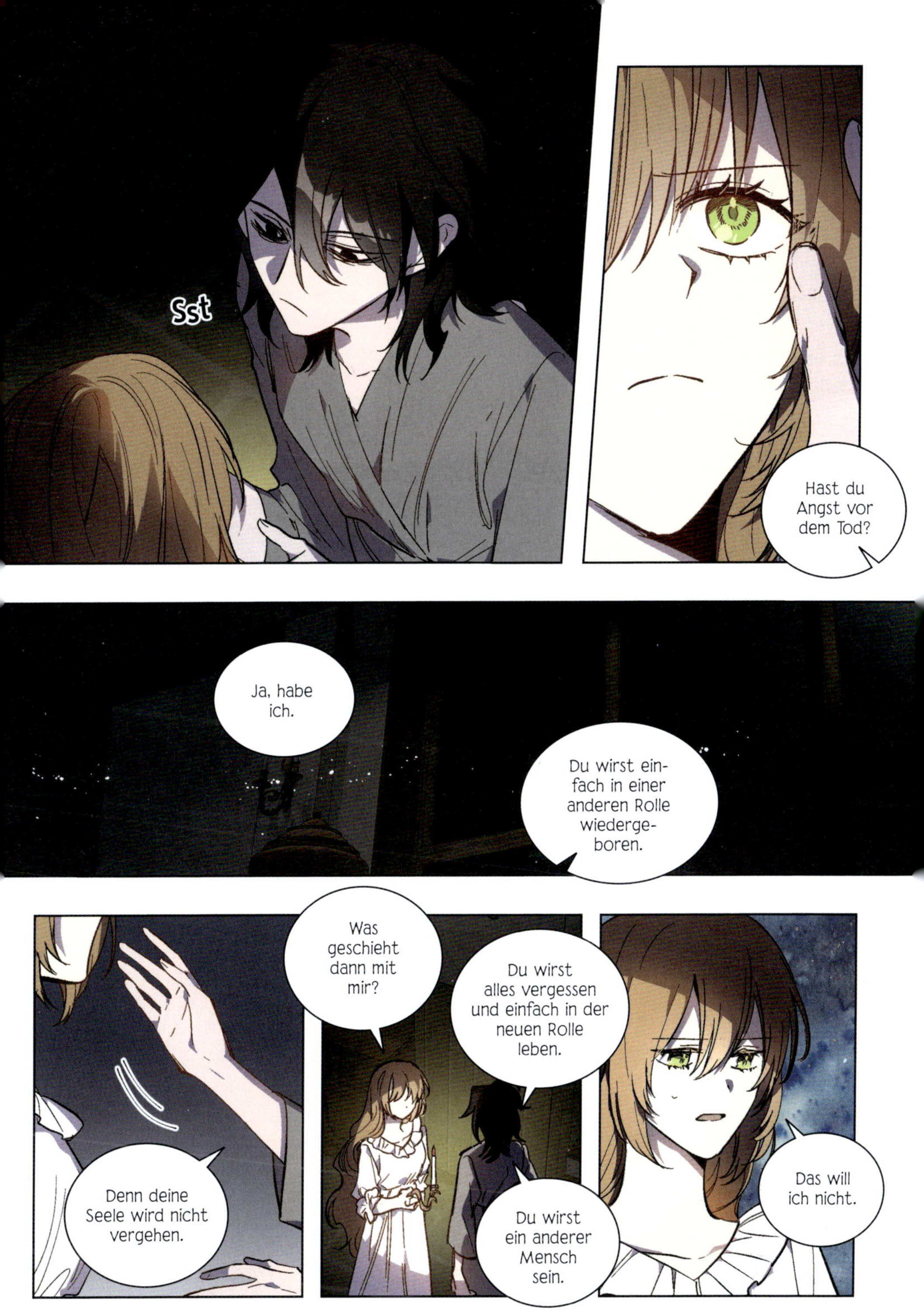
Sst
Hast du Angst vor dem Tod?
Ja, habe ich.
Du wirst einfach in einer anderen Rolle wiedergeboren.
Denn deine Seele wird nicht vergehen.
Was geschieht dann mit mir?
Du wirst alles vergessen und einfach in der neuen Rolle leben.
Du wirst ein anderer Mensch sein.
Das will ich nicht.

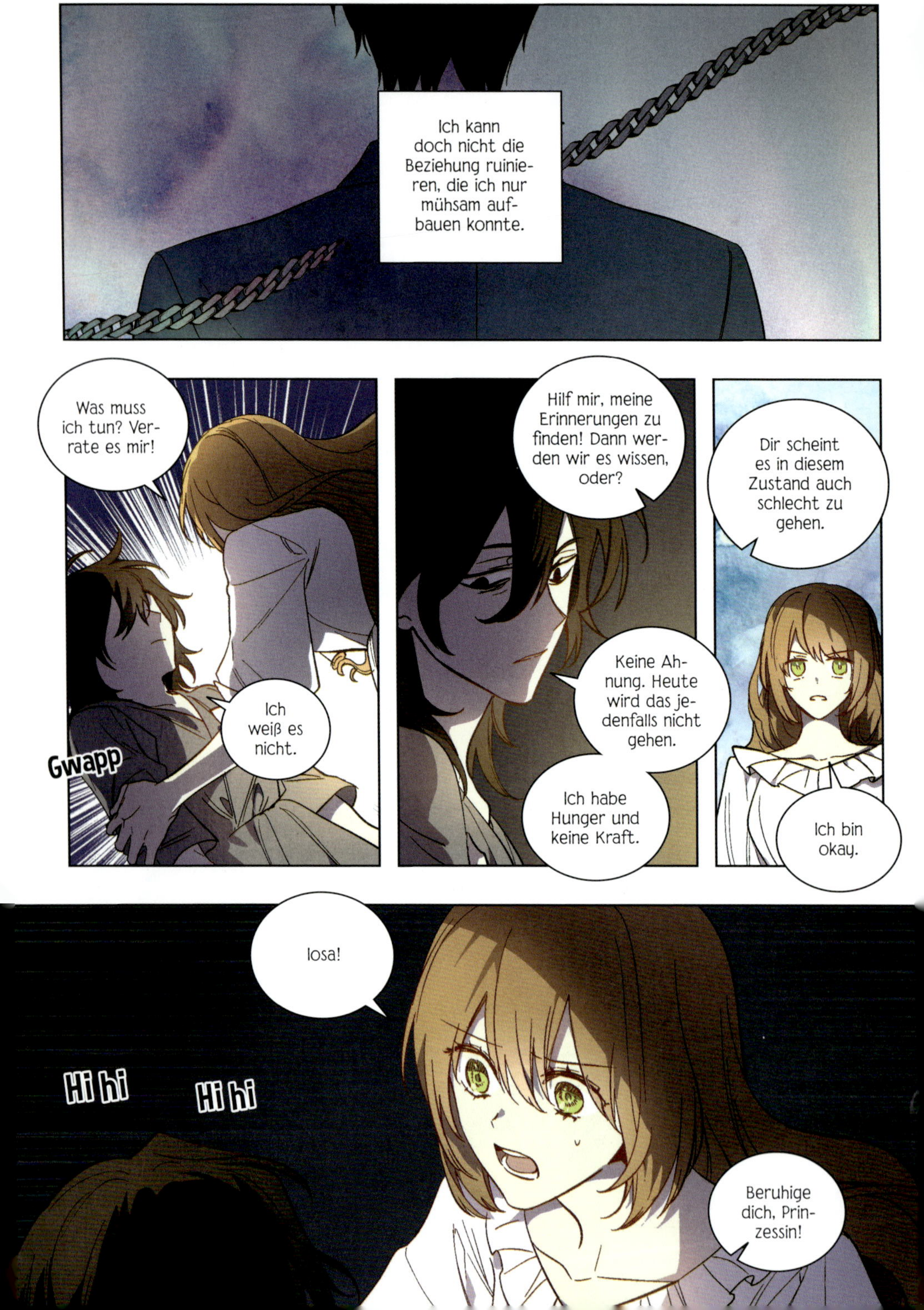

Ich kann doch nicht die Beziehung ruinieren, die ich nur mühsam aufbauen konnte.
Was muss ich tun? Verrate es mir!
Gwapp
Ich weiß es nicht.
Hilf mir, meine Erinnerungen zu finden! Dann werden wir es wissen, oder?
Keine Ahnung. Heute wird das jedenfalls nicht gehen.
Ich habe Hunger und keine Kraft.
Dir scheint es in diesem Zustand auch schlecht zu gehen.
Ich bin okay.
Iosa!
Hi hi
Hi hi
Beruhige dich, Prinzessin!

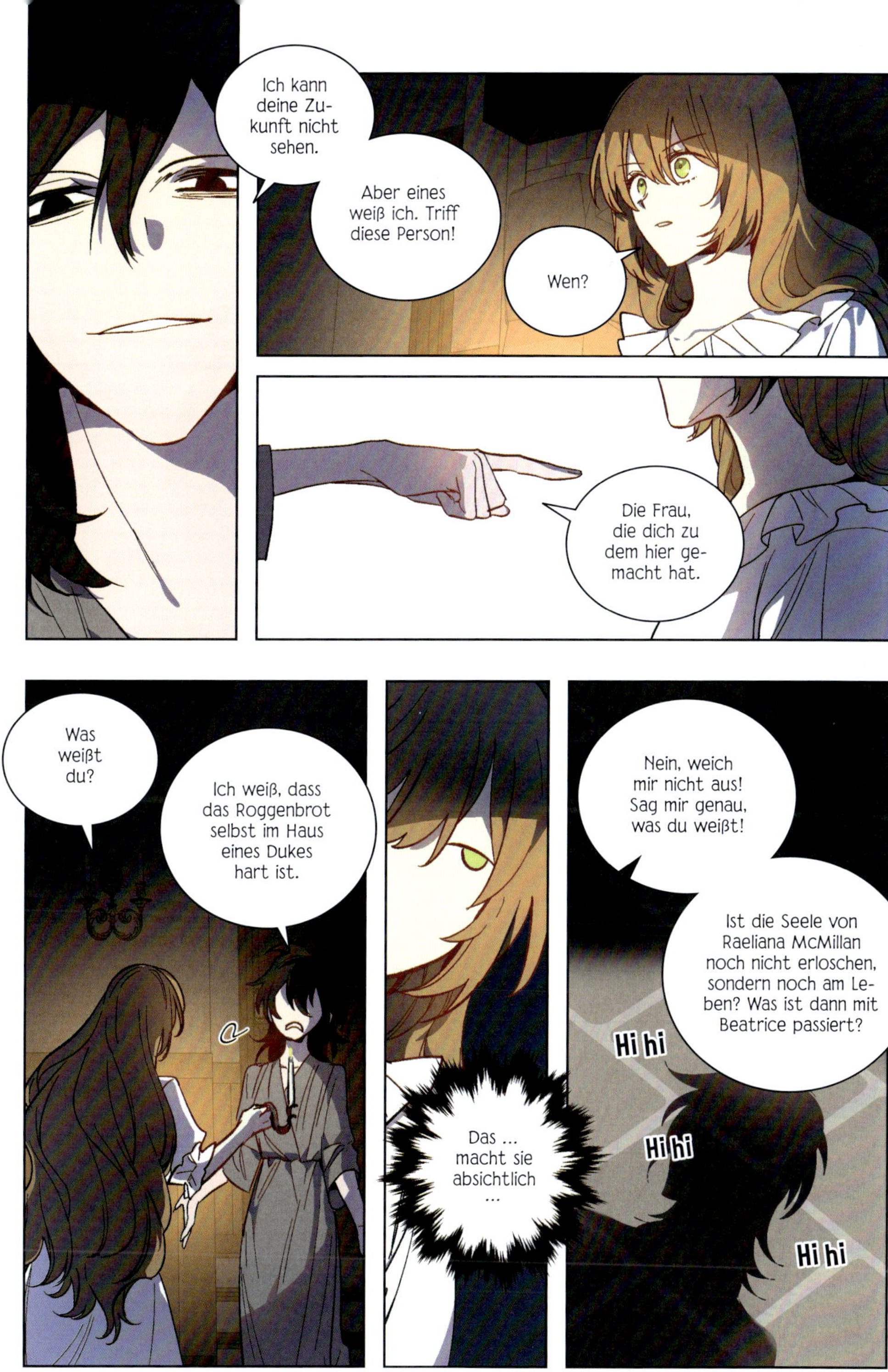
Ich kann deine Zukunft nicht sehen.
Aber eines weiß ich. Triff diese Person!
Wen?
Die Frau, die dich zu dem hier gemacht hat.
Was weißt du?
Ich weiß, dass das Roggenbrot selbst im Haus eines Dukes hart ist.
Das ... macht sie absichtlich ...
Nein, weich mir nicht aus! Sag mir genau, was du weißt!
Ist die Seele von Raeliana McMillan noch nicht erloschen, sondern noch am Leben? Was ist dann mit Beatrice passiert?
Hi hi
Hi hi
Hi hi

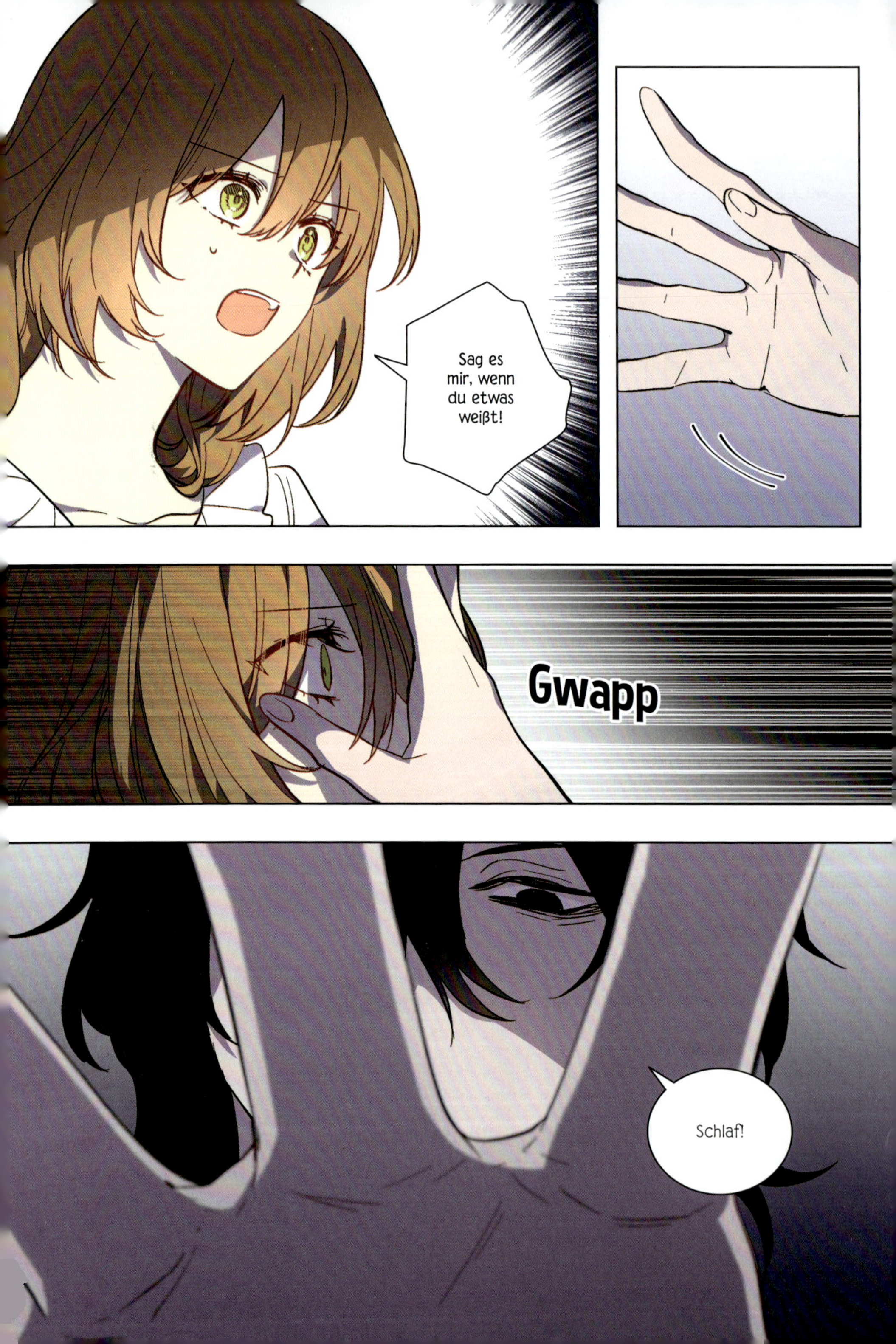
Sag es mir, wenn du etwas weißt!
Gwapp
Schlaf!

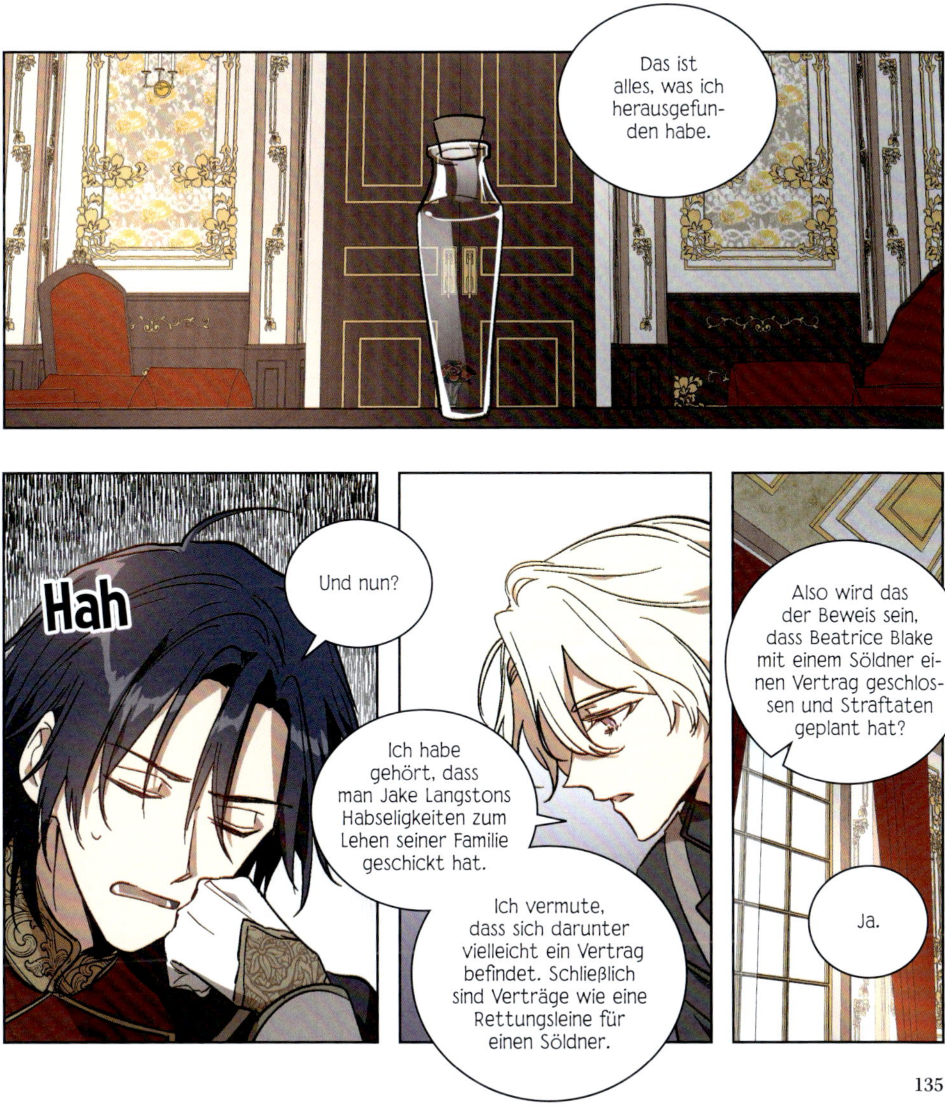
Das ist alles, was ich herausgefunden habe.
Hah
Und nun?
Ich habe gehört, dass man Jake Langstons Habseligkeiten zum Lehen seiner Familie geschickt hat.
Ich vermute, dass sich darunter vielleicht ein Vertrag befindet. Schließlich sind Verträge wie eine Rettungsleine für einen Söldner.
Also wird das der Beweis sein, dass Beatrice Blake mit einem Söldner einen Vertrag geschlossen und Straftaten geplant hat?
Ja.

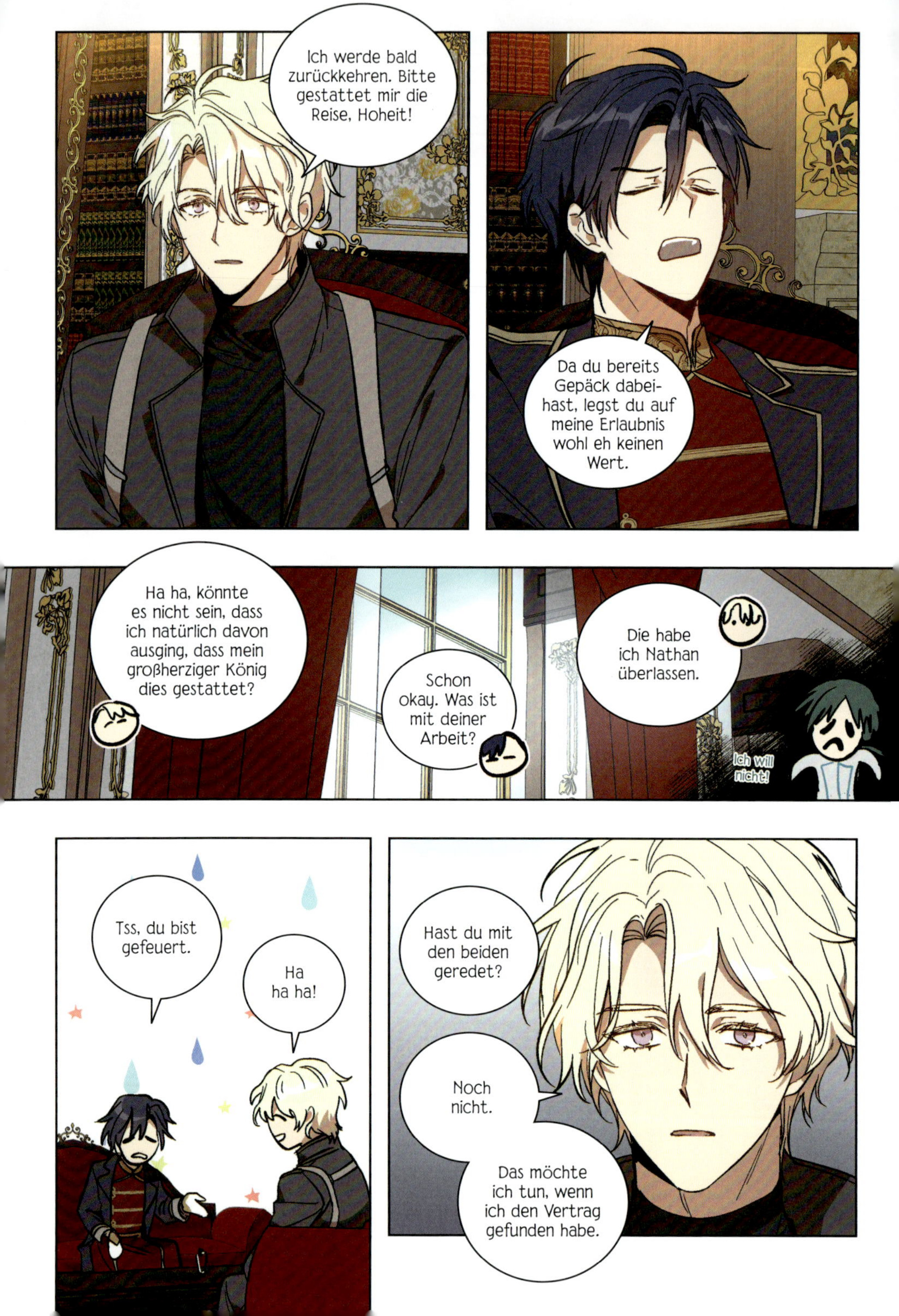

Ich werde bald zurückkehren. Bitte gestattet mir die Reise, Hoheit!
Da du bereits Gepäck dabeihast, legst du auf meine Erlaubnis wohl eh keinen Wert.
Ha ha, könnte es nicht sein, dass ich natürlich davon ausging, dass mein großherziger König dies gestattet?
Schon okay. Was ist mit deiner Arbeit?
Die habe ich Nathan überlassen.
Ich will nicht!
Tss, du bist gefeuert.
Ha ha ha!
Hast du mit den beiden geredet?
Noch nicht.
Das möchte ich tun, wenn ich den Vertrag gefunden habe.

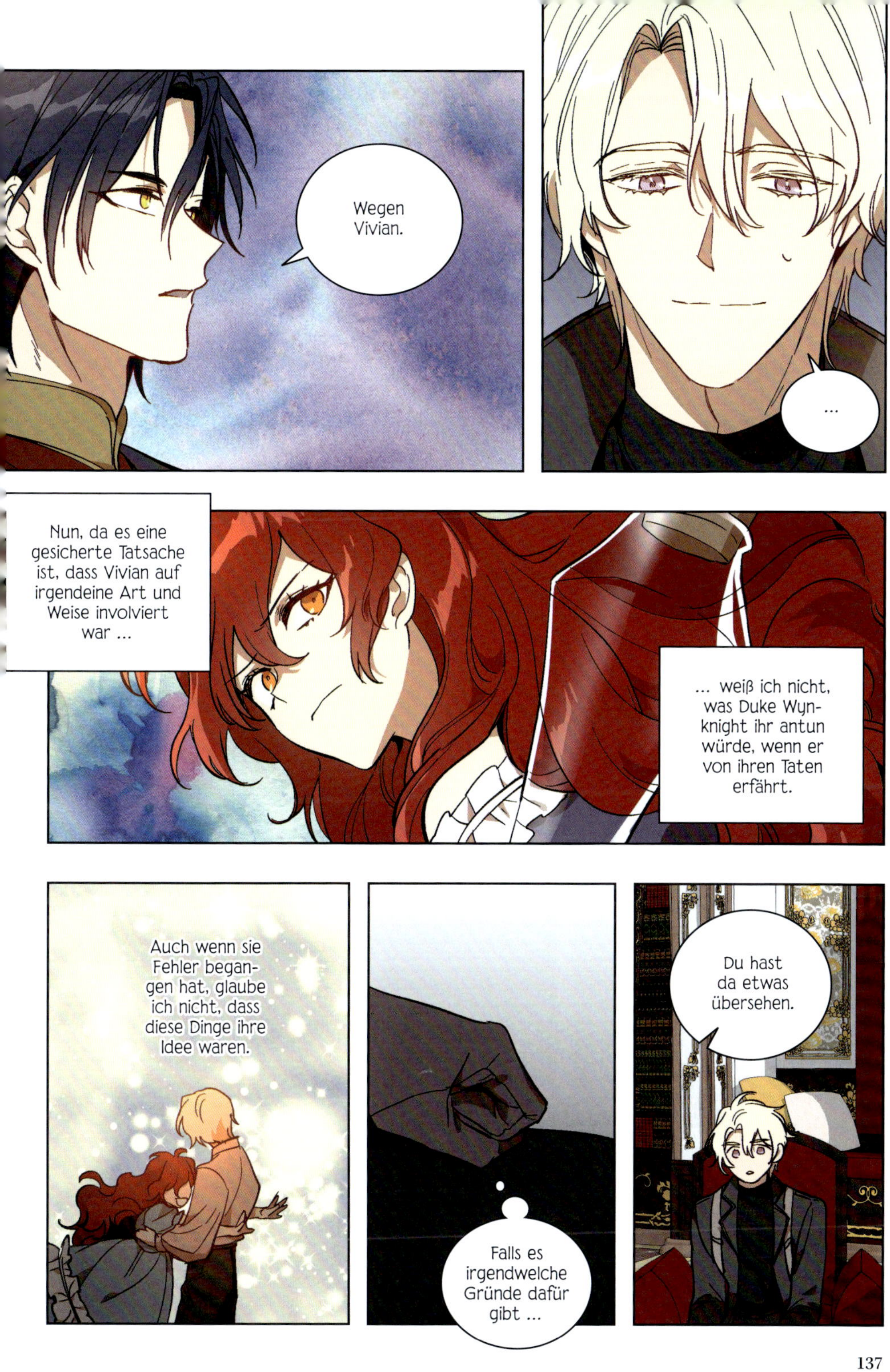
Wegen Vivian.
...
Nun, da es eine gesicherte Tatsache ist, dass Vivian auf irgendeine Art und Weise involviert war ...
... weiß ich nicht, was Duke Wyn-knight ihr antun würde, wenn er von ihren Taten erfährt.
Auch wenn sie Fehler began-gen hat, glaube ich nicht, dass diese Dinge ihre Idee waren.
Falls es irgendwelche Gründe dafür gibt ...
Du hast da etwas übersehen.

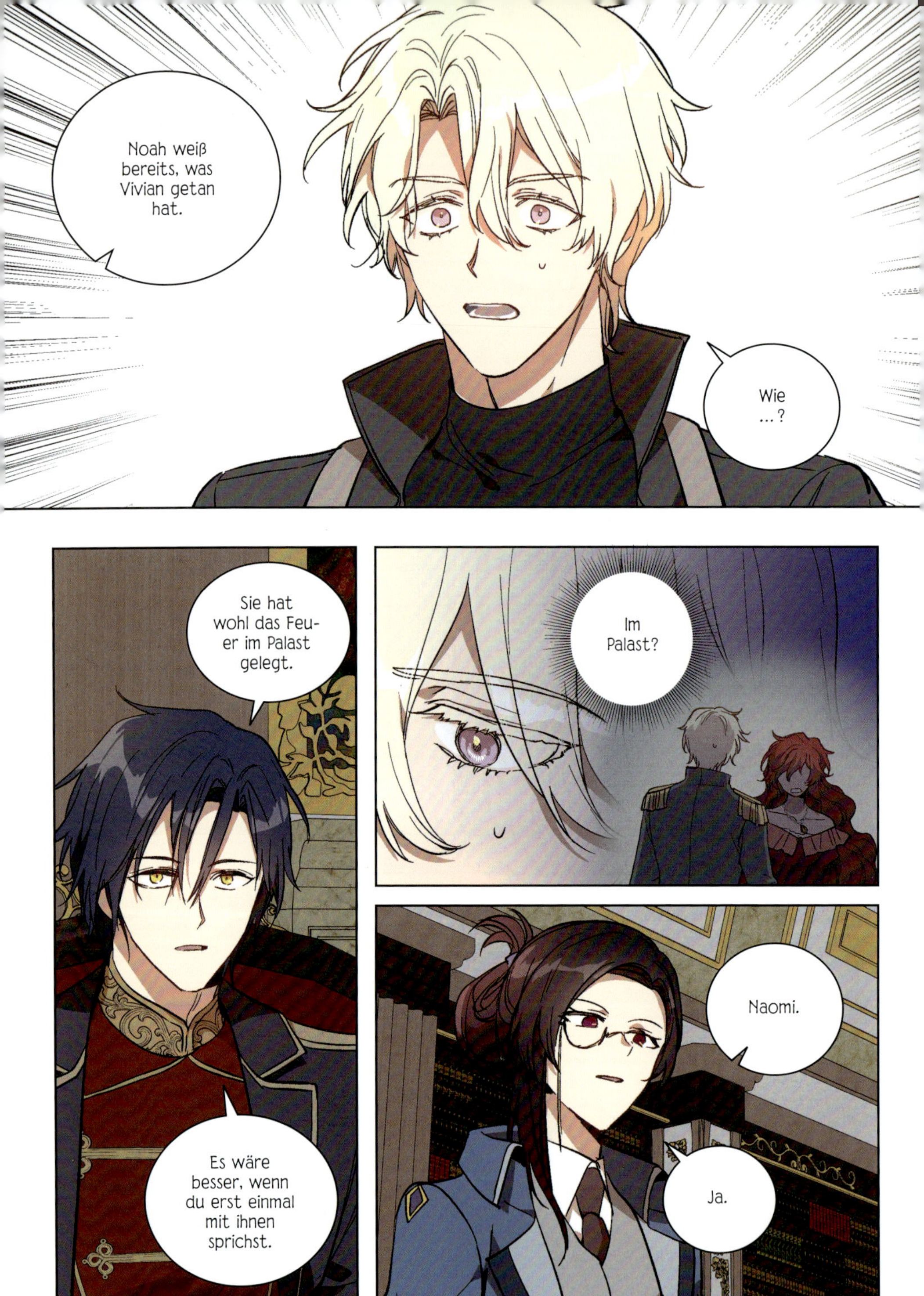

Noah weiß bereits, was Vivian getan hat.
Wie ...?
Sie hat wohl das Feuer im Palast gelegt.
Im Palast?
Es wäre besser, wenn du erst einmal mit ihnen sprichst.
Naomi.
Ja.

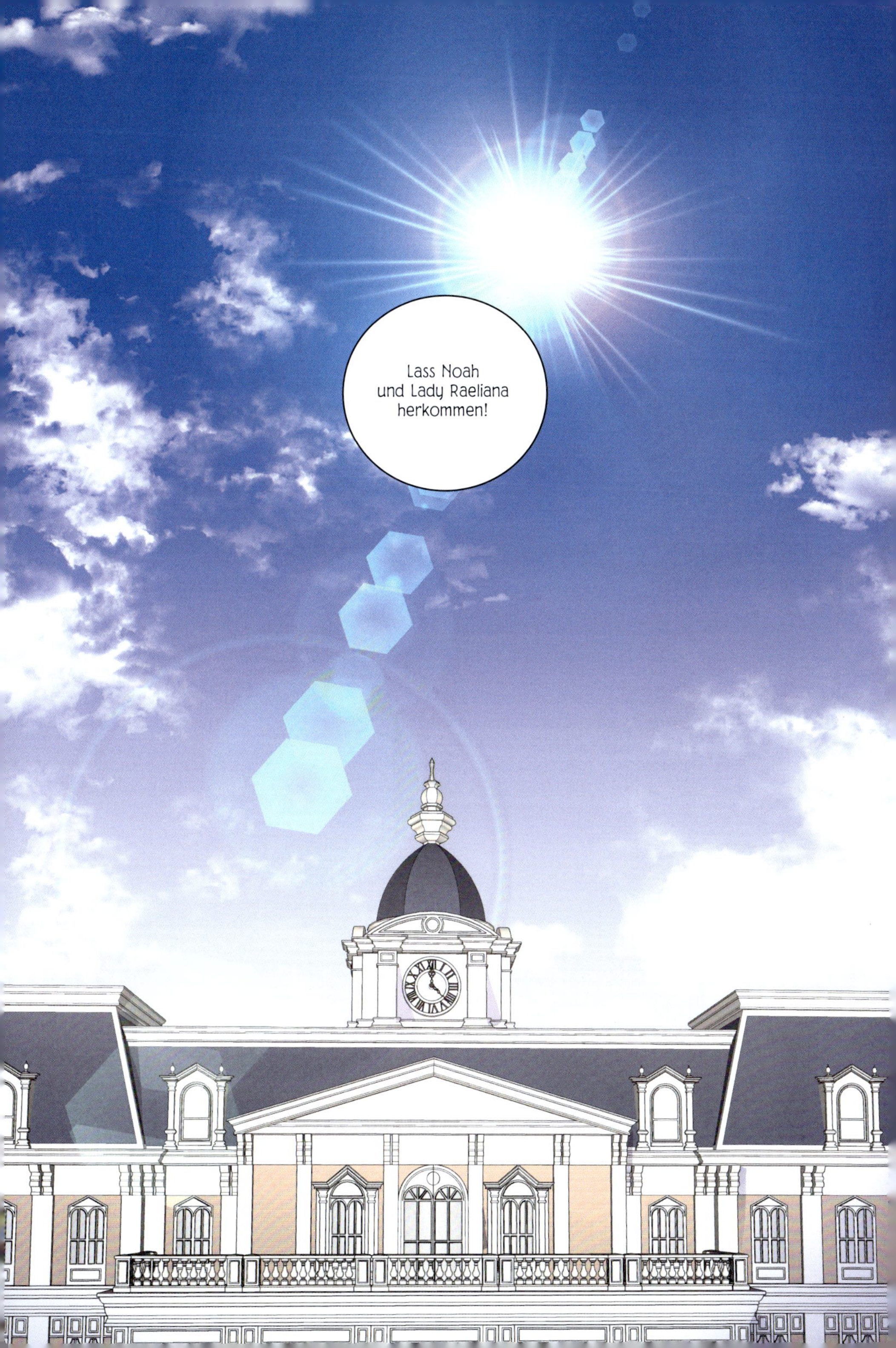
Lass Noah
und Lady Raeliana
herkommen!

RAELIANA

Warum sie die Verlobte des Dukes wurde

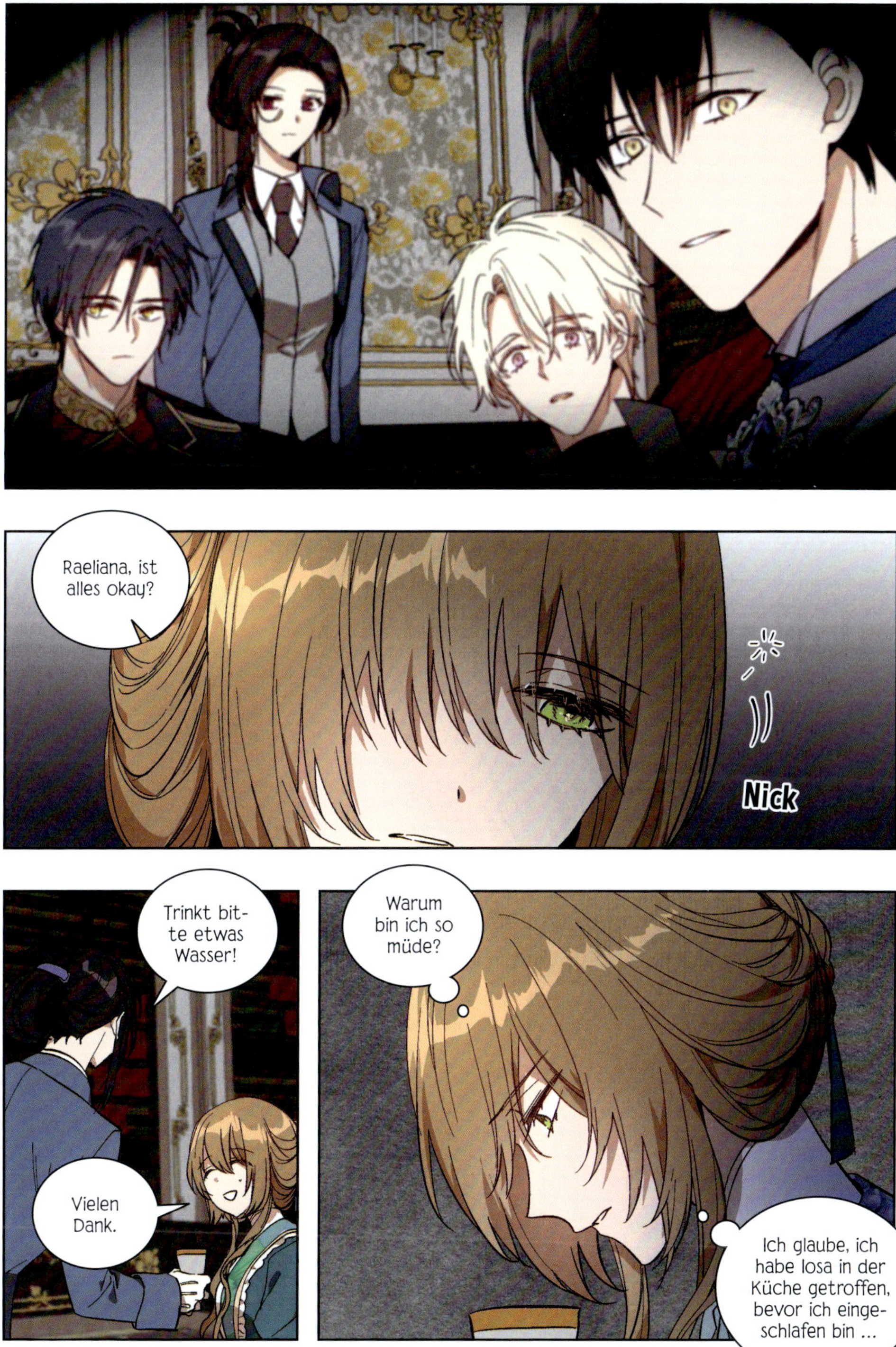
Raeliana, ist alles okay?
Nick
Trinkt bitte etwas Wasser!
Vielen Dank.
Warum bin ich so müde?
Ich glaube, ich habe Iosa in der Küche getroffen, bevor ich eingeschlafen bin ...

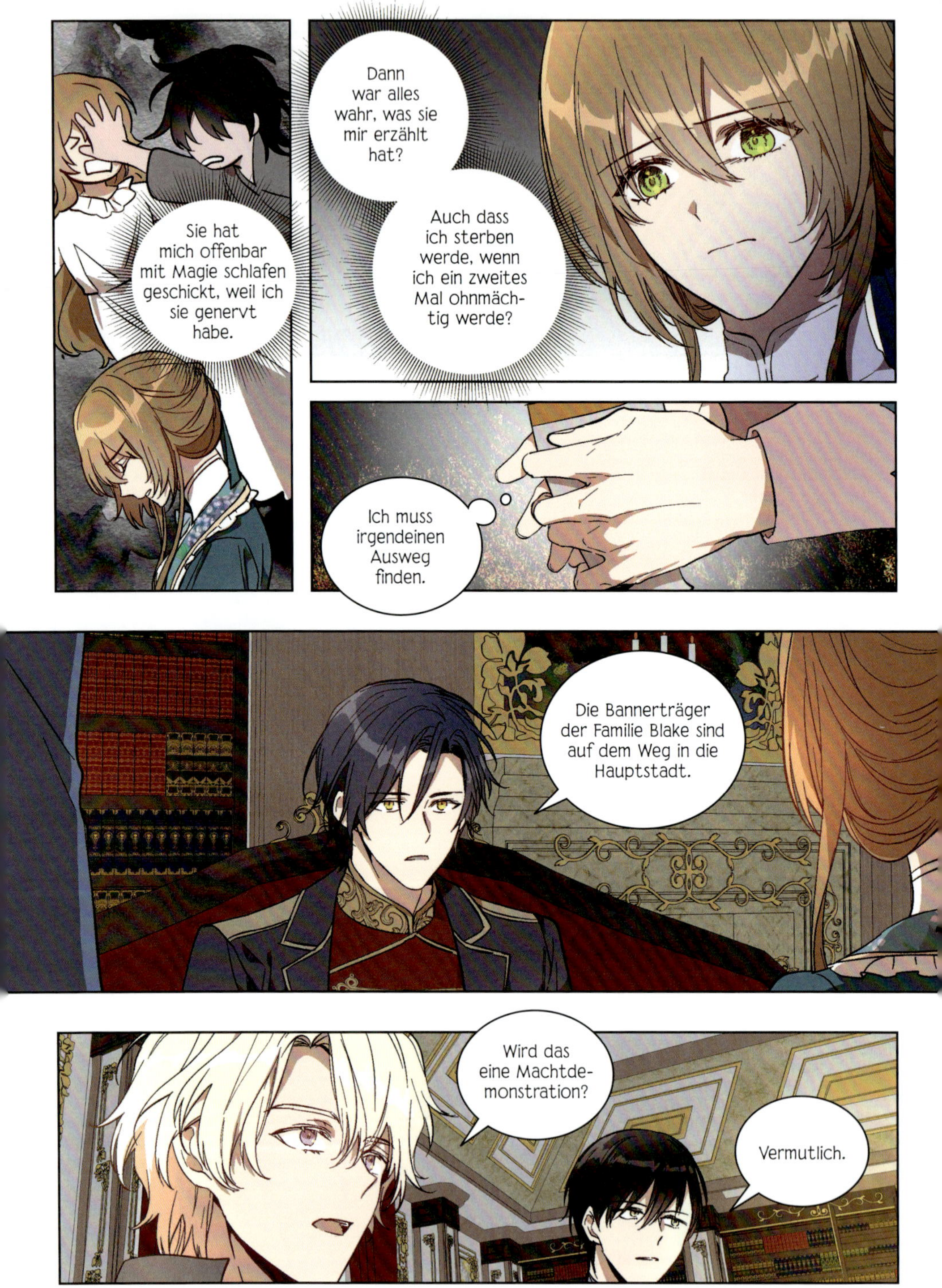
Sie hat mich offenbar mit Magie schlafen geschickt, weil ich sie genervt habe.
Dann war alles wahr, was sie mir erzählt hat?
Auch dass ich sterben werde, wenn ich ein zweites Mal ohnmäch-tig werde?
Ich muss irgendeinen Ausweg finden.
Die Bannerträger der Familie Blake sind auf dem Weg in die Hauptstadt.
Wird das eine Machtde-monstration?
Vermutlich.

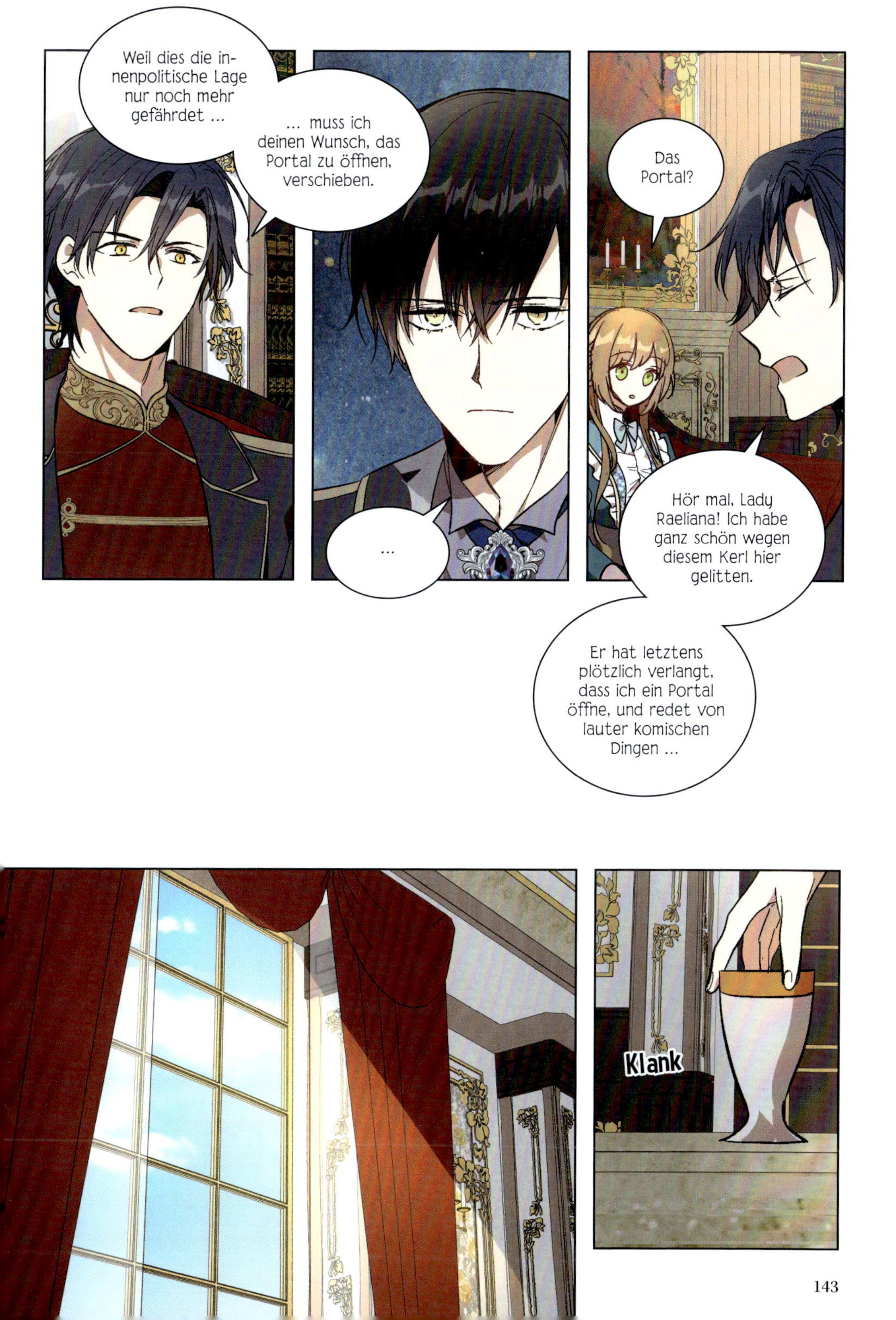
Weil dies die innenpolitische Lage nur noch mehr gefährdet ...
... muss ich deinen Wunsch, das Portal zu öffnen, verschieben.
...
Das Portal?
Hör mal, Lady Raeliana! Ich habe ganz schön wegen diesem Kerl hier gelitten.
Er hat letztens plötzlich verlangt, dass ich ein Portal öffne, und redet von lauter komischen Dingen ...
Klank

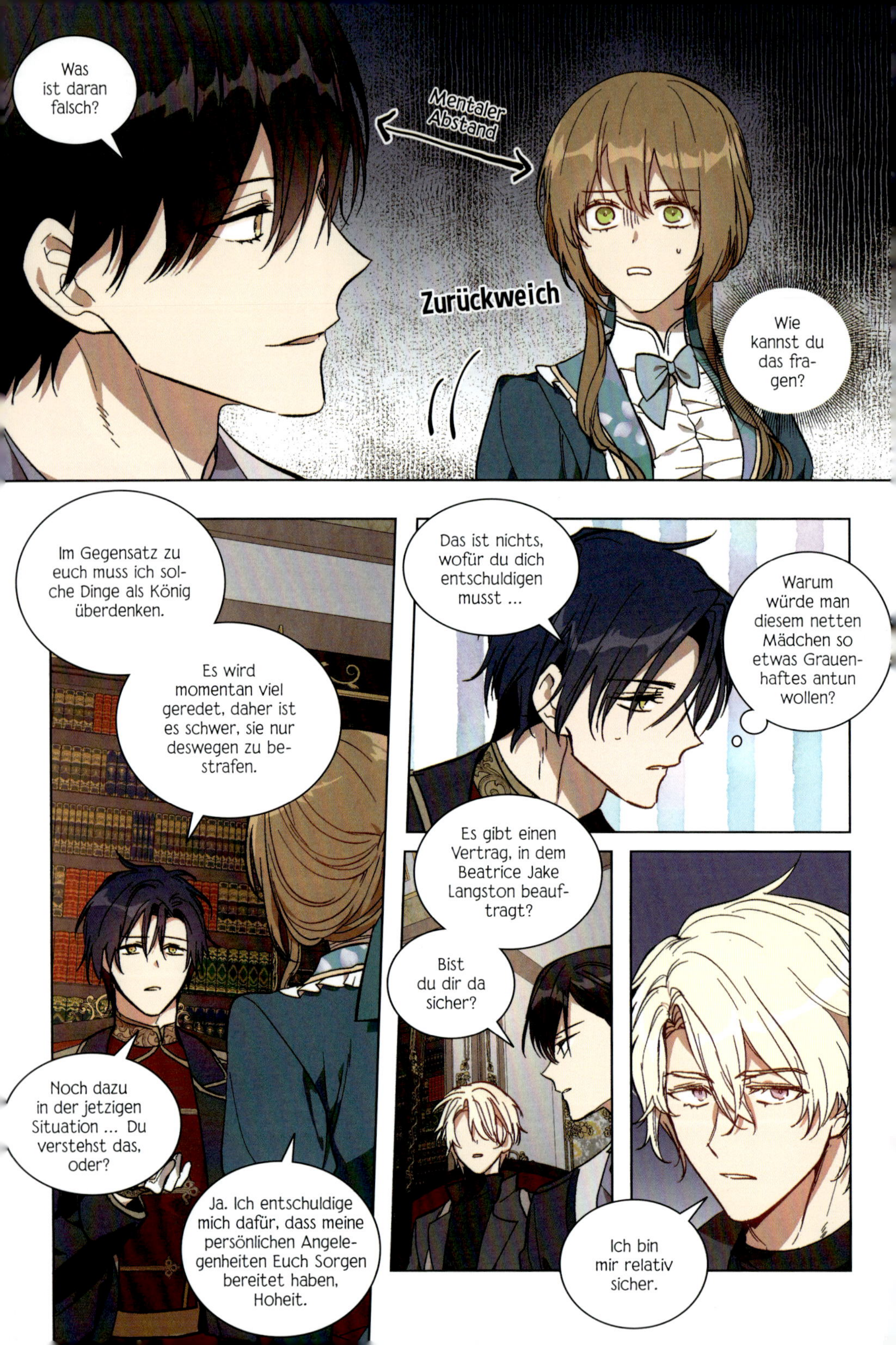
Was ist daran falsch?
Mentaler Abstand
Zurückweich
Wie kannst du das fragen?
Im Gegensatz zu euch muss ich solche Dinge als König überdenken.
Es wird momentan viel geredet, daher ist es schwer, sie nur deswegen zu bestrafen.
Noch dazu in der jetzigen Situation ... Du verstehst das, oder?
Ja. Ich entschuldige mich dafür, dass meine persönlichen Angelegenheiten Euch Sorgen bereitet haben, Hoheit.
Das ist nichts, wofür du dich entschuldigen musst ...
Warum würde man diesem netten Mädchen so etwas Grauenhaftes antun wollen?
Es gibt einen Vertrag, in dem Beatrice Jake Langston beauftragt?
Bist du dir da sicher?
Ich bin mir relativ sicher.

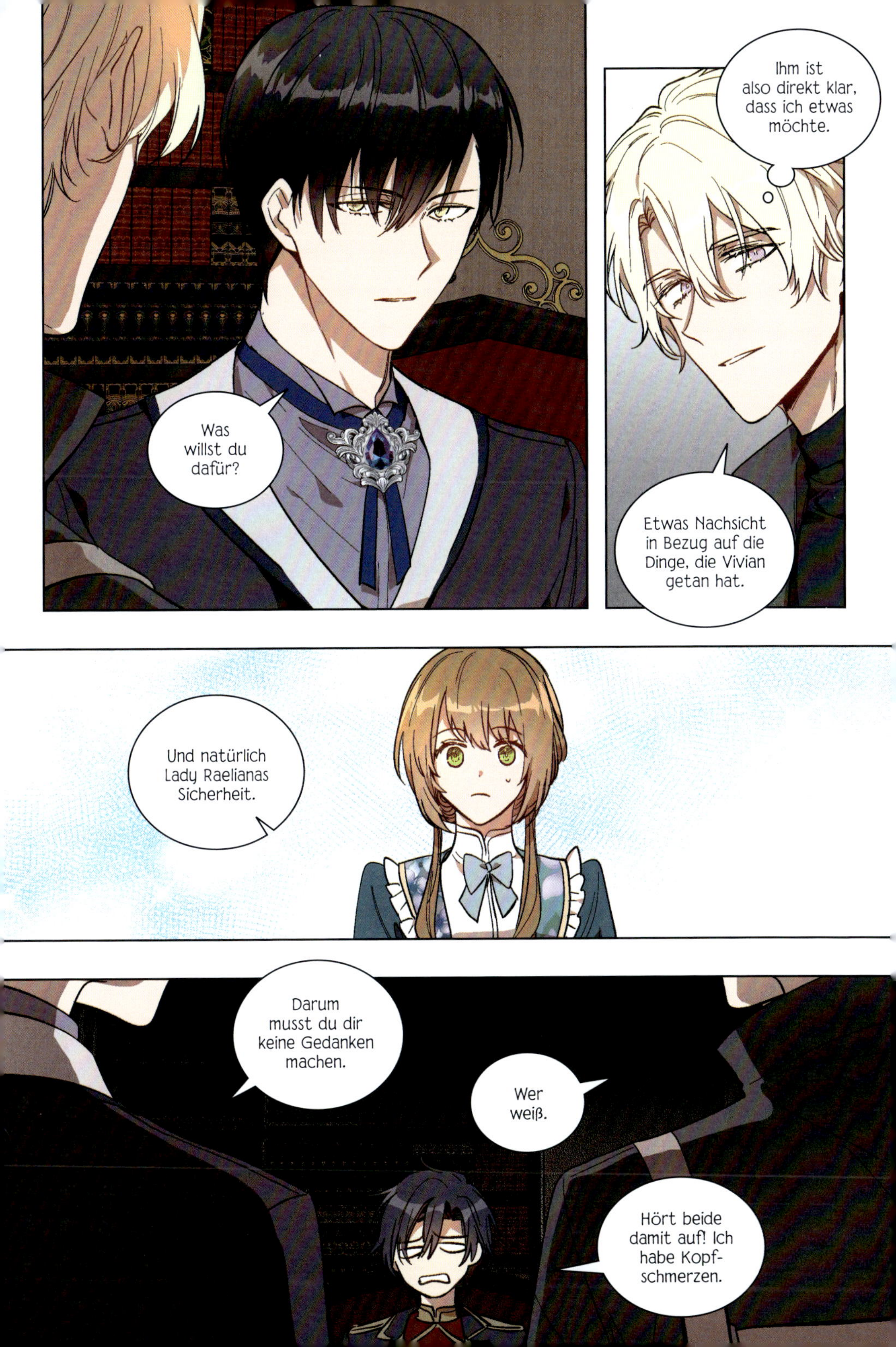

Was willst du dafür?
Ihm ist also direkt klar, dass ich etwas möchte.
Etwas Nachsicht in Bezug auf die Dinge, die Vivian getan hat.
Und natürlich Lady Raelianas Sicherheit.
Darum musst du dir keine Gedanken machen.
Wer weiß.
Hört beide damit auf! Ich habe Kopf-schmerzen.

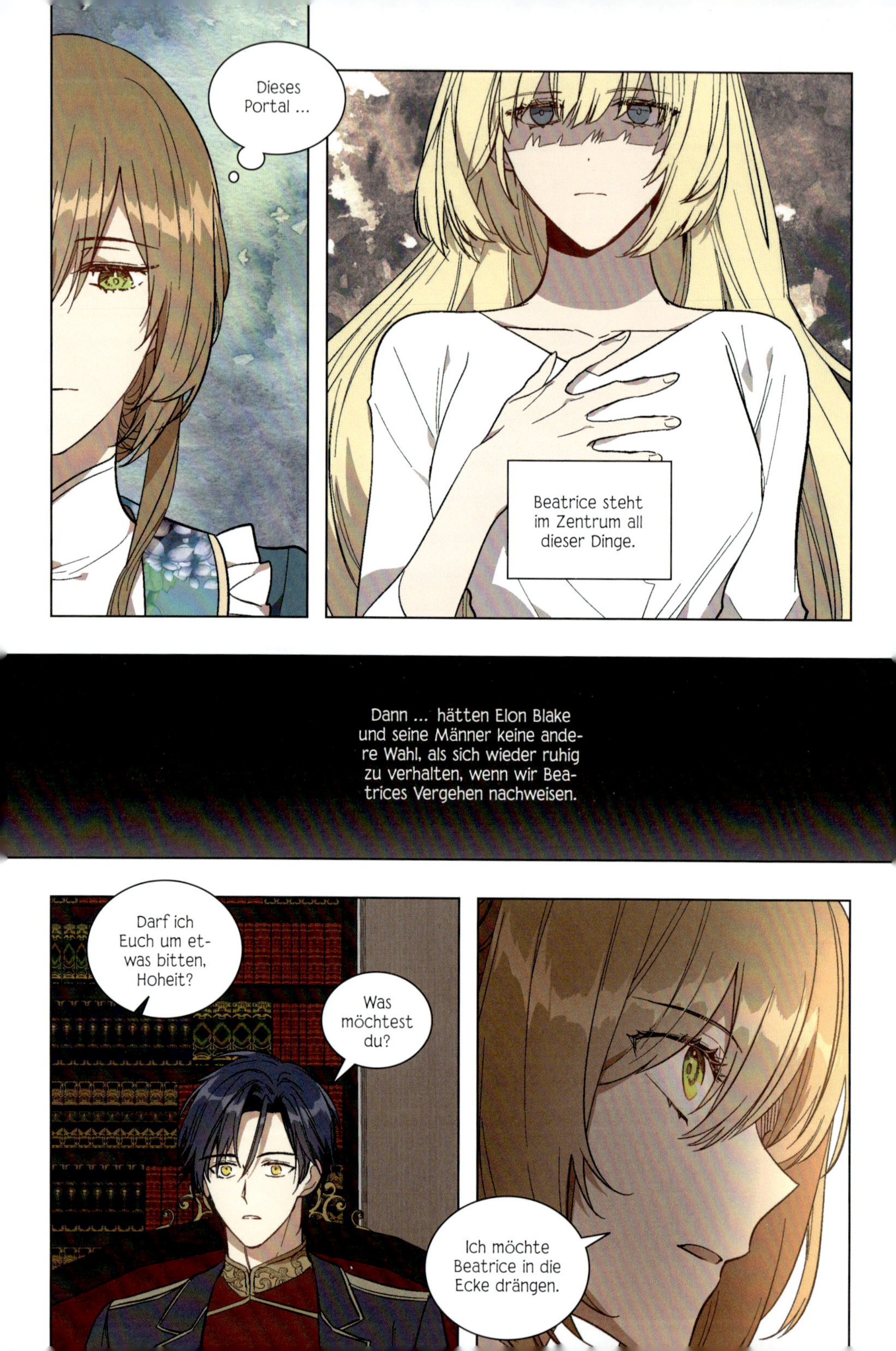
Dieses Portal ...
Beatrice steht im Zentrum all dieser Dinge.
Dann ... hätten Elon Blake und seine Männer keine andere Wahl, als sich wieder ruhig zu verhalten, wenn wir Beatrices Vergehen nachweisen.
Darf ich Euch um etwas bitten, Hoheit?
Was möchtest du?
Ich möchte Beatrice in die Ecke drängen.

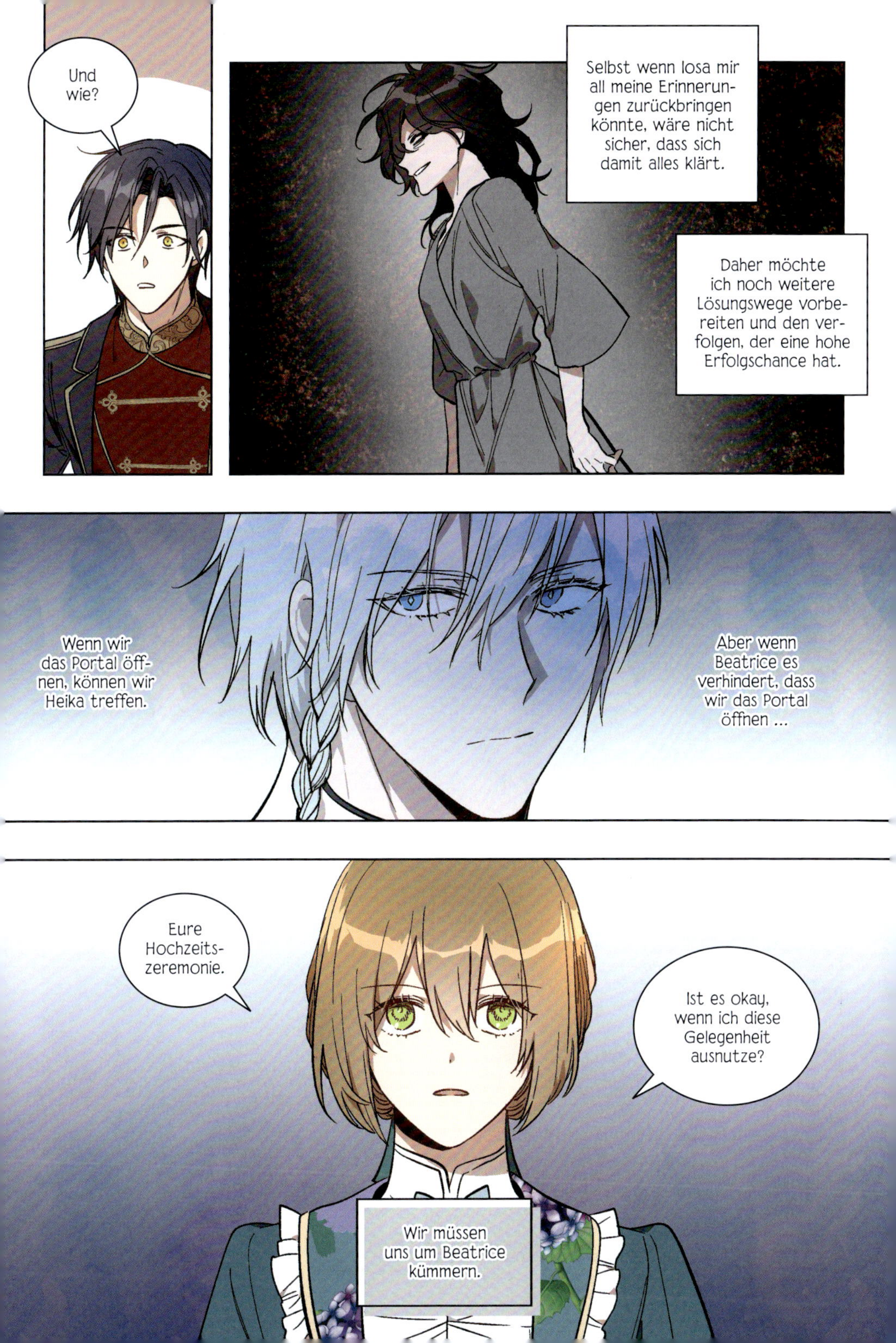

Und wie?
Selbst wenn losa mir all meine Erinnerungen zurückbringen könnte, wäre nicht sicher, dass sich damit alles klärt.
Daher möchte ich noch weitere Lösungswege vorbereiten und den verfolgen, der eine hohe Erfolgschance hat.
Wenn wir das Portal öffnen, können wir Heika treffen.
Aber wenn Beatrice es verhindert, dass wir das Portal öffnen ...
Eure Hochzeitszeremonie.
Ist es okay, wenn ich diese Gelegenheit ausnutze?
Wir müssen uns um Beatrice kümmern.

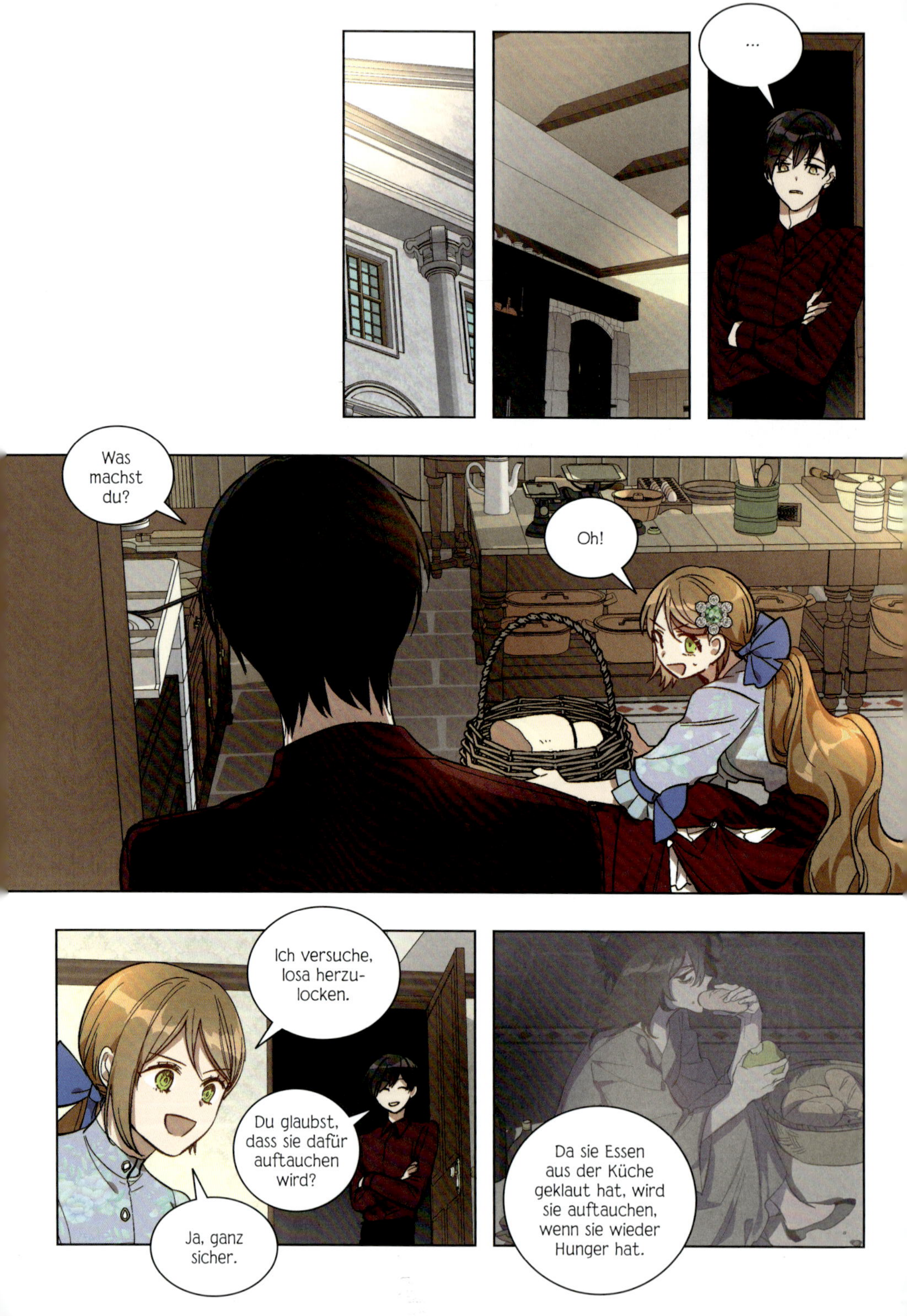
...
Was machst du?
Oh!
Ich versuche, Iosa herzulocken.
Du glaubst, dass sie dafür auftauchen wird?
Ja, ganz sicher.
Da sie Essen aus der Küche geklaut hat, wird sie auftauchen, wenn sie wieder Hunger hat.

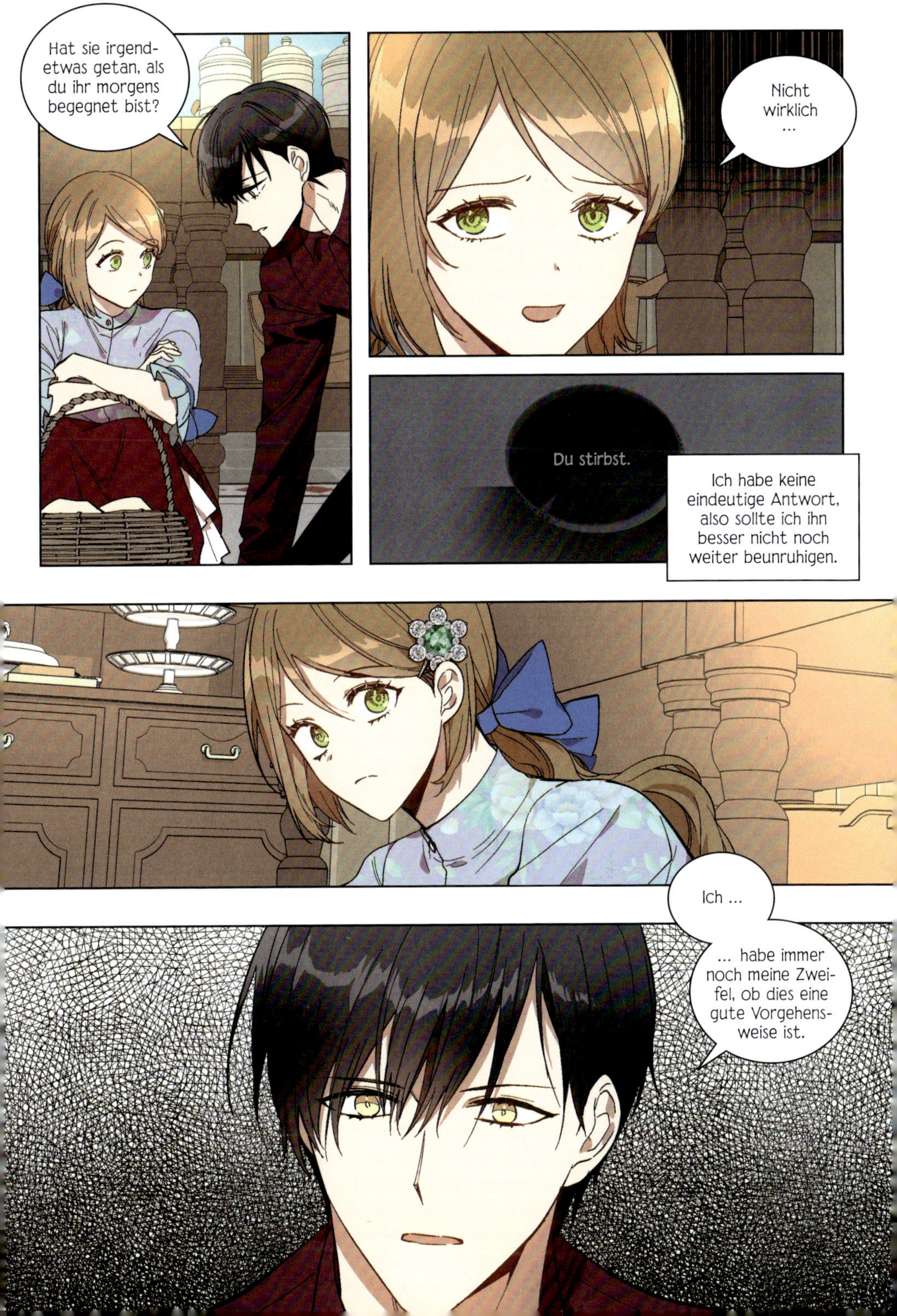
Hat sie irgend-
etwas getan, als
du ihr morgens
begegnet bist?
Nicht
wirklich
...
Du stirbst.
Ich habe keine
eindeutige Antwort,
also sollte ich ihn
besser nicht noch
weiter beunruhigen.
Ich ...
... habe immer
noch meine Zwei-
fel, ob dies eine
gute Vorgehens-
weise ist.

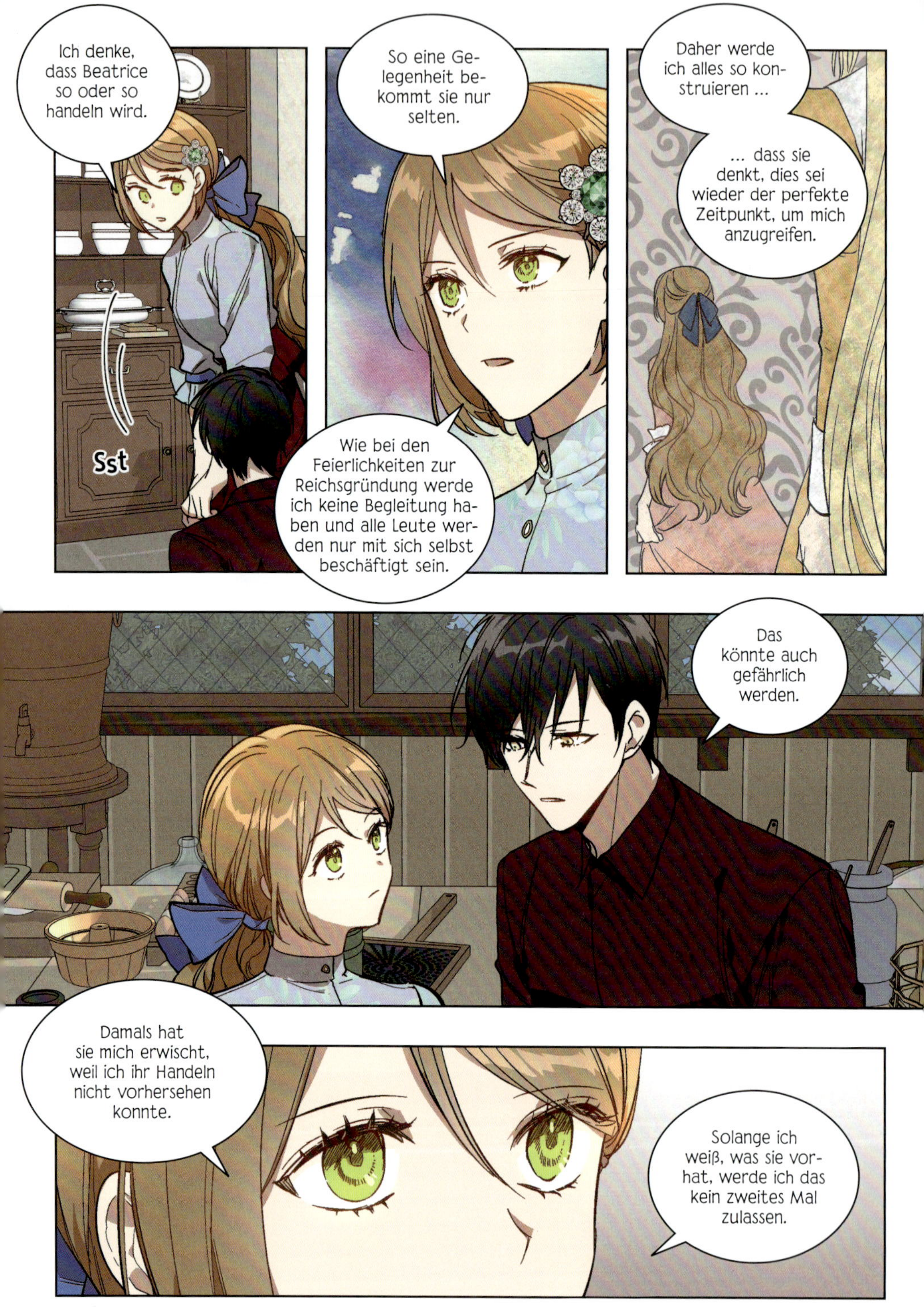
Ich denke, dass Beatrice so oder so handeln wird.
Sst
So eine Gelegenheit bekommt sie nur selten.
Wie bei den Feierlichkeiten zur Reichsgründung werde ich keine Begleitung haben und alle Leute werden nur mit sich selbst beschäftigt sein.
Daher werde ich alles so konstruieren ...
... dass sie denkt, dies sei wieder der perfekte Zeitpunkt, um mich anzugreifen.
Das könnte auch gefährlich werden.
Damals hat sie mich erwischt, weil ich ihr Handeln nicht vorhersehen konnte.
Solange ich weiß, was sie vorhat, werde ich das kein zweites Mal zulassen.

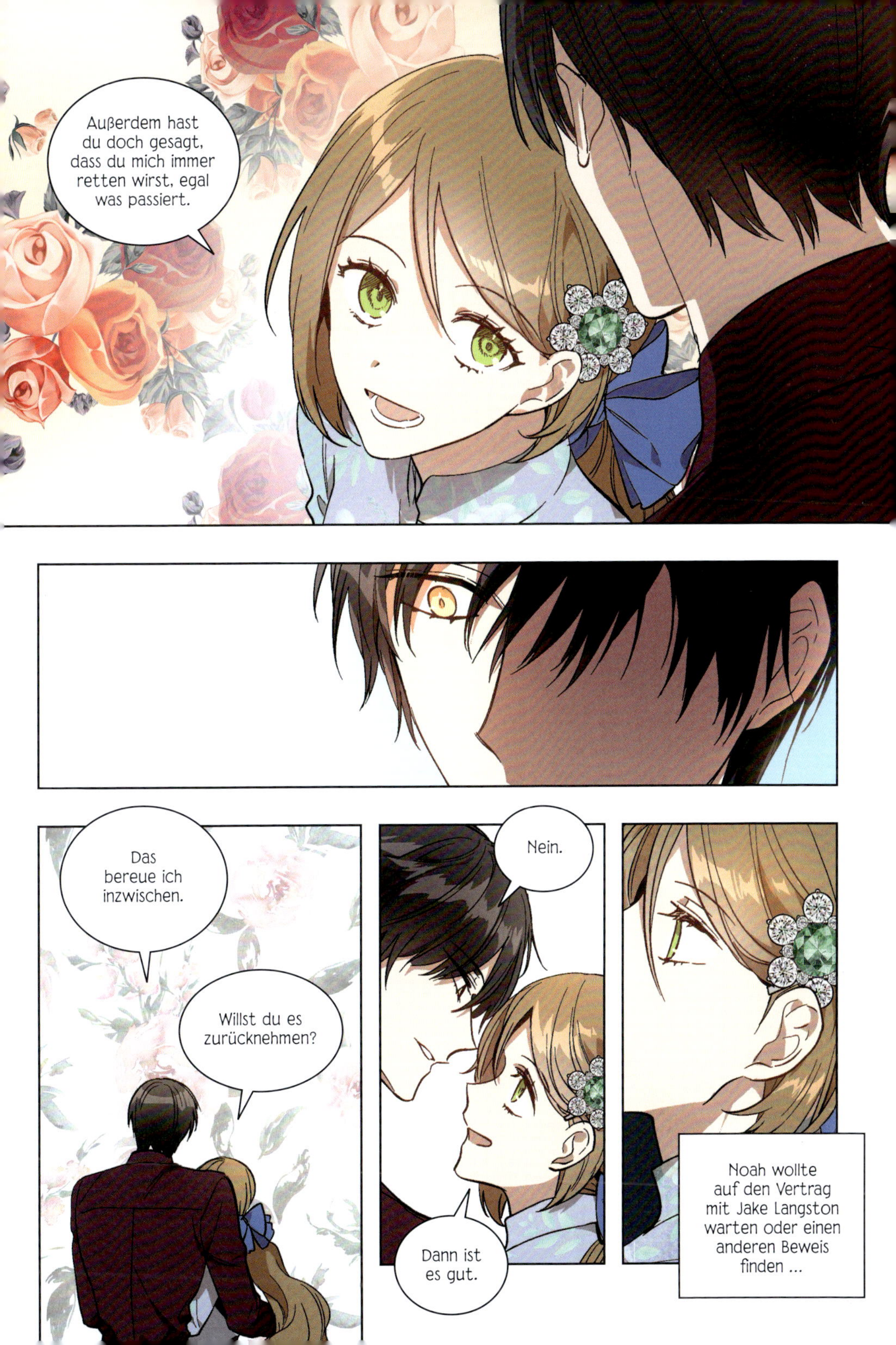

Außerdem hast du doch gesagt, dass du mich immer retten wirst, egal was passiert.
Das bereue ich inzwischen.
Willst du es zurücknehmen?
Nein.
Dann ist es gut.
Noah wollte auf den Vertrag mit Jake Langston warten oder einen anderen Beweis finden ...

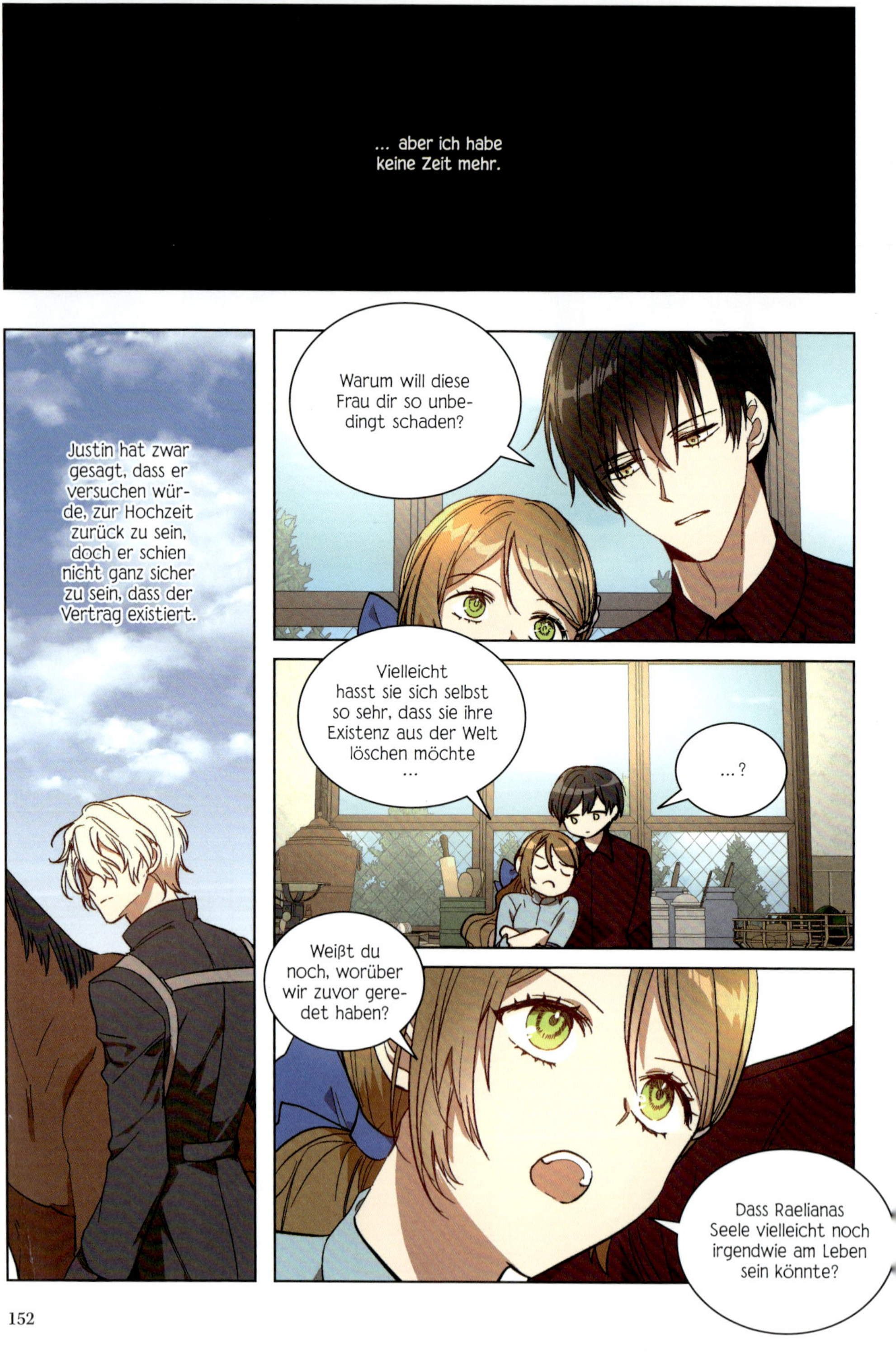
... aber ich habe keine Zeit mehr.
Justin hat zwar gesagt, dass er versuchen würde, zur Hochzeit zurück zu sein, doch er schien nicht ganz sicher zu sein, dass der Vertrag existiert.
Warum will diese Frau dir so unbedingt schaden?
Vielleicht hasst sie sich selbst so sehr, dass sie ihre Existenz aus der Welt löschen möchte ...
...?
Weißt du noch, worüber wir zuvor geredet haben?
Dass Raelianas Seele vielleicht noch irgendwie am Leben sein könnte?

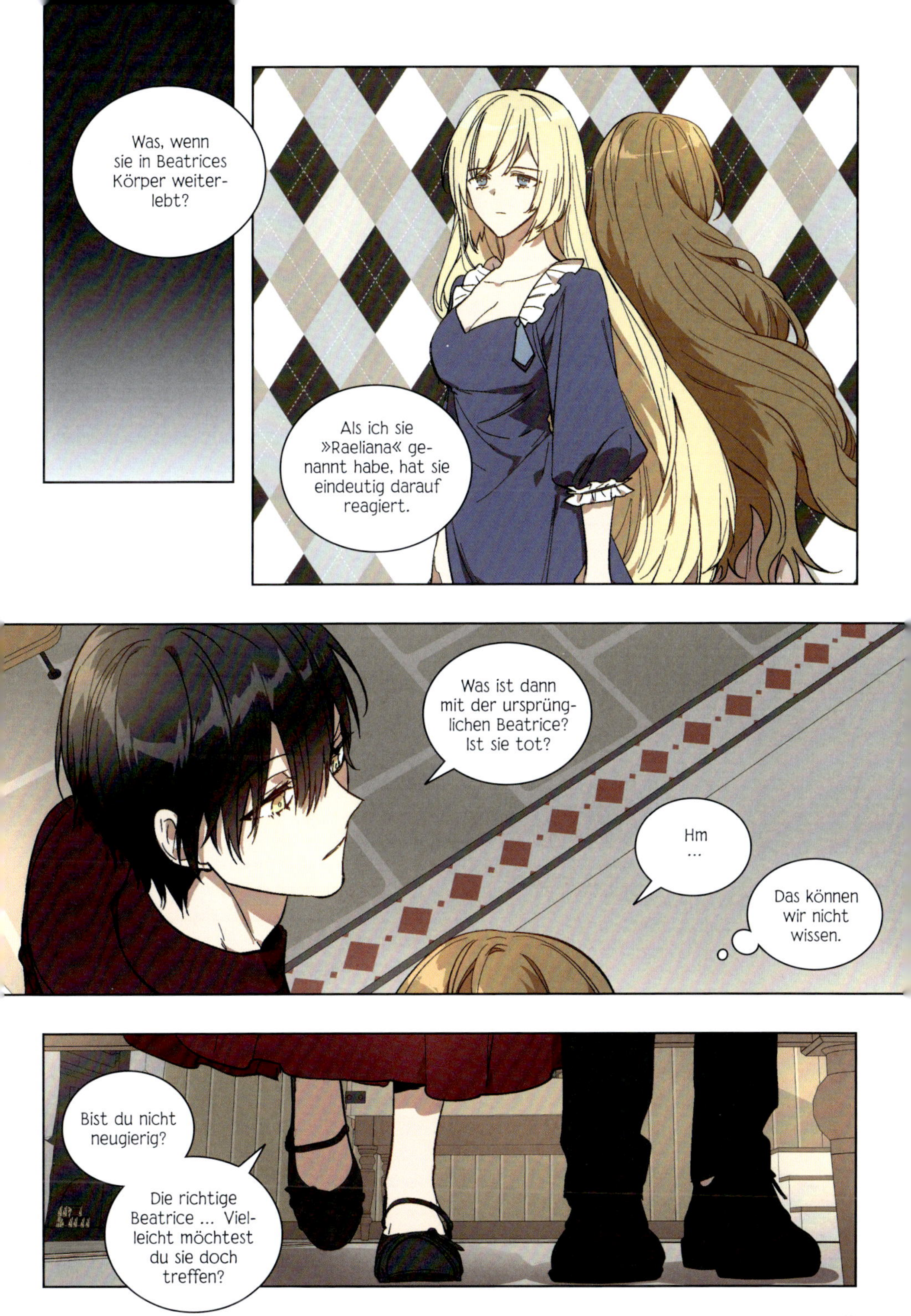
Was, wenn sie in Beatrices Körper weiter-lebt?
Als ich sie »Raeliana« ge-nannt habe, hat sie eindeutig darauf reagiert.
Was ist dann mit der ursprüng-lichen Beatrice? Ist sie tot?
Hm …
Das können wir nicht wissen.
Bist du nicht neugierig?
Die richtige Beatrice … Viel-leicht möchtest du sie doch treffen?

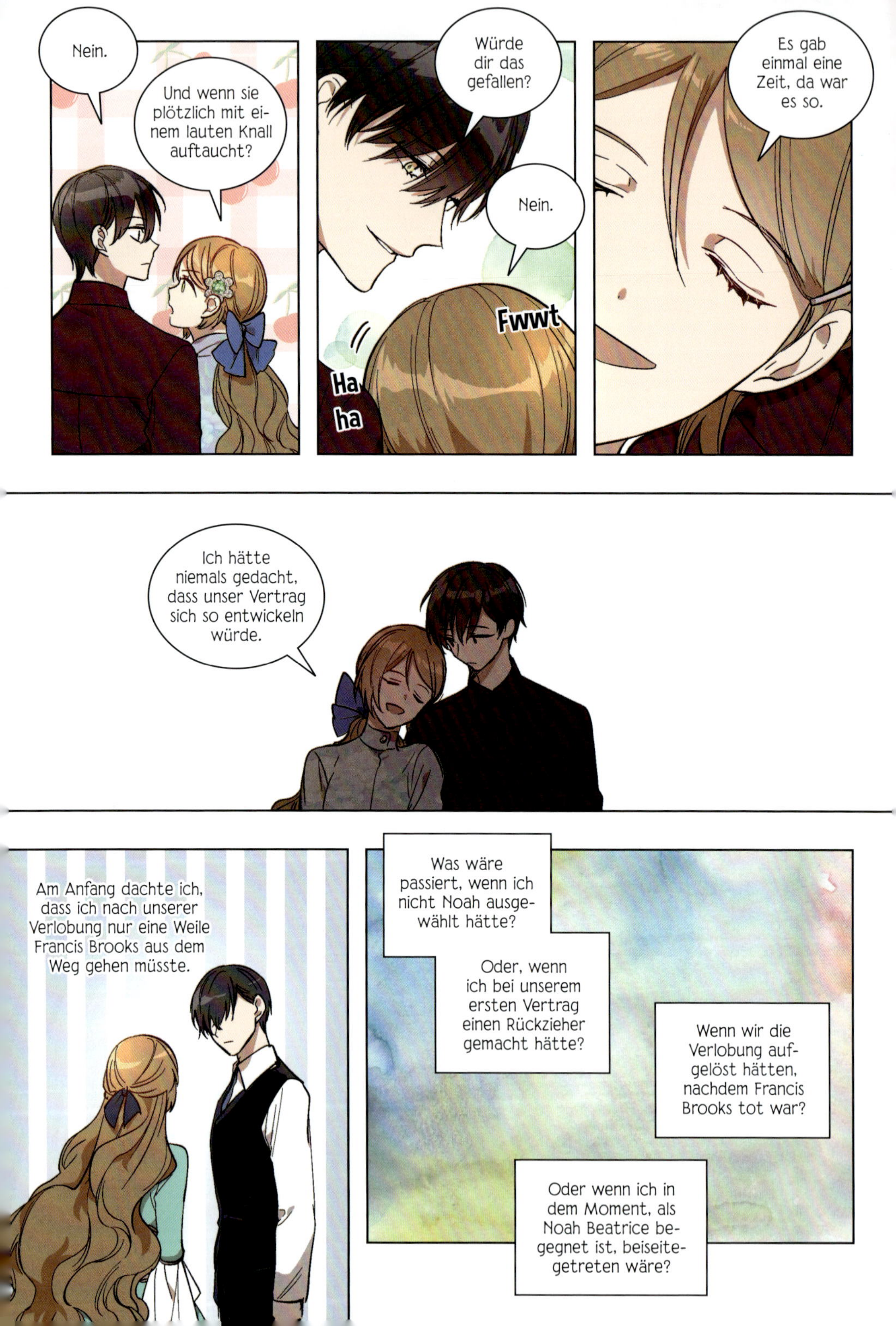
Nein.
Und wenn sie plötzlich mit einem lauten Knall auftaucht?
Würde dir das gefallen?
Nein.
Ha ha
Fwwt
Es gab einmal eine Zeit, da war es so.
Ich hätte niemals gedacht, dass unser Vertrag sich so entwickeln würde.
Am Anfang dachte ich, dass ich nach unserer Verlobung nur eine Weile Francis Brooks aus dem Weg gehen müsste.
Was wäre passiert, wenn ich nicht Noah ausgewählt hätte?
Oder, wenn ich bei unserem ersten Vertrag einen Rückzieher gemacht hätte?
Wenn wir die Verlobung aufgelöst hätten, nachdem Francis Brooks tot war?
Oder wenn ich in dem Moment, als Noah Beatrice begegnet ist, beiseitegetreten wäre?

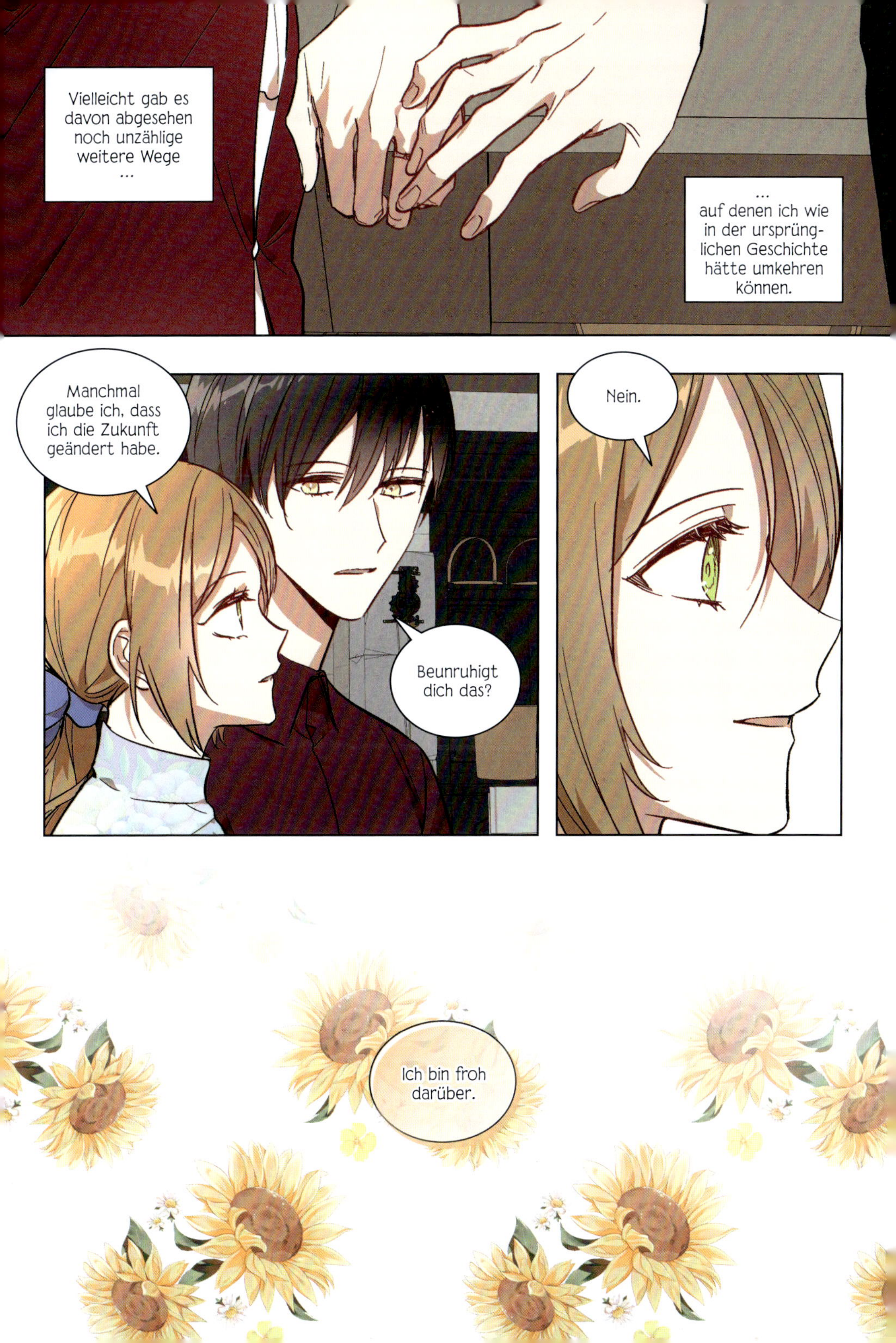
Vielleicht gab es davon abgesehen noch unzählige weitere Wege ...
... auf denen ich wie in der ursprünglichen Geschichte hätte umkehren können.
Manchmal glaube ich, dass ich die Zukunft geändert habe.
Beunruhigt dich das?
Nein.
Ich bin froh darüber.

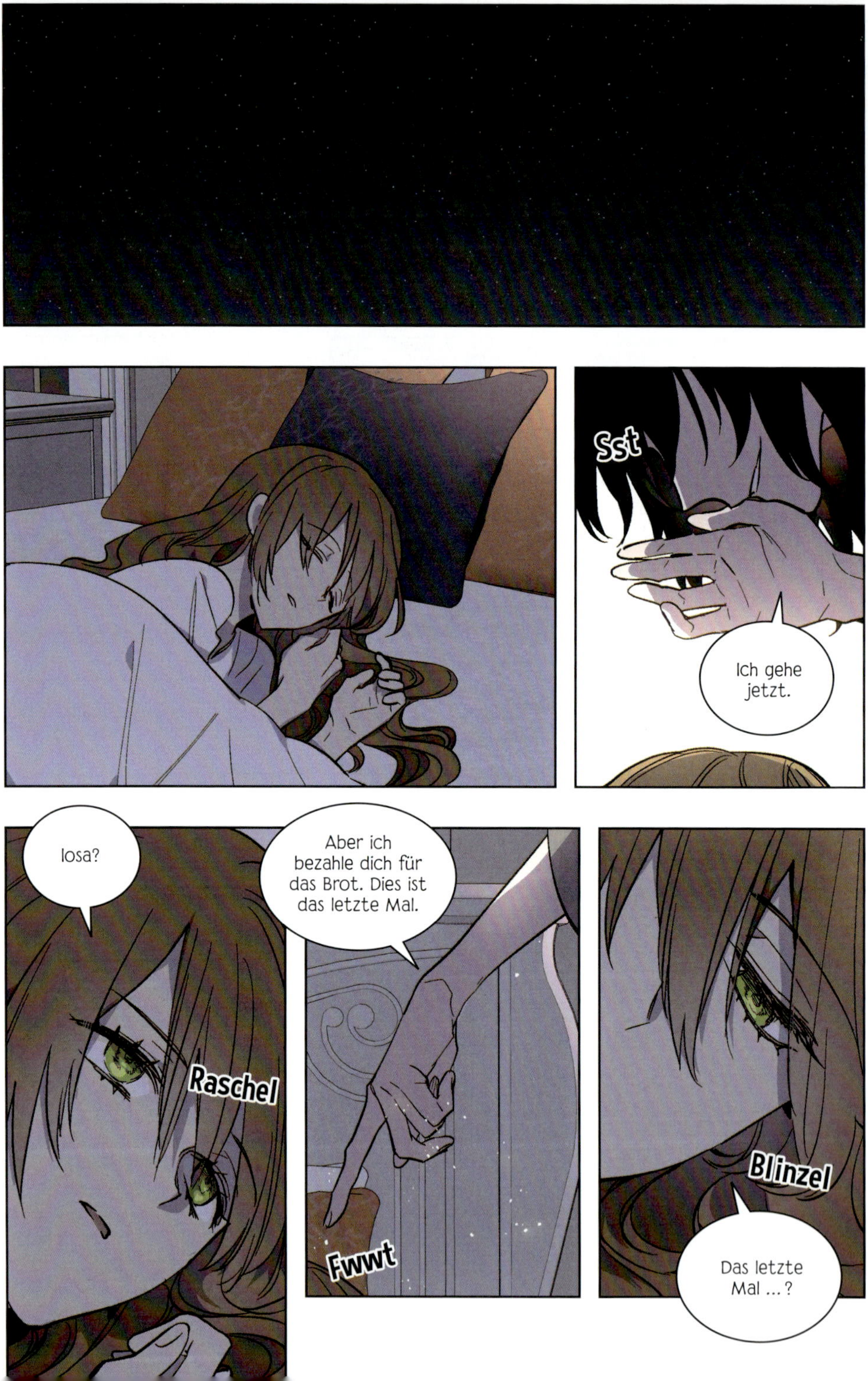
Sst
Ich gehe jetzt.
Iosa?
Raschel
Aber ich bezahle dich für das Brot. Dies ist das letzte Mal.
Fwwt
Blinzel
Das letzte Mal ...?

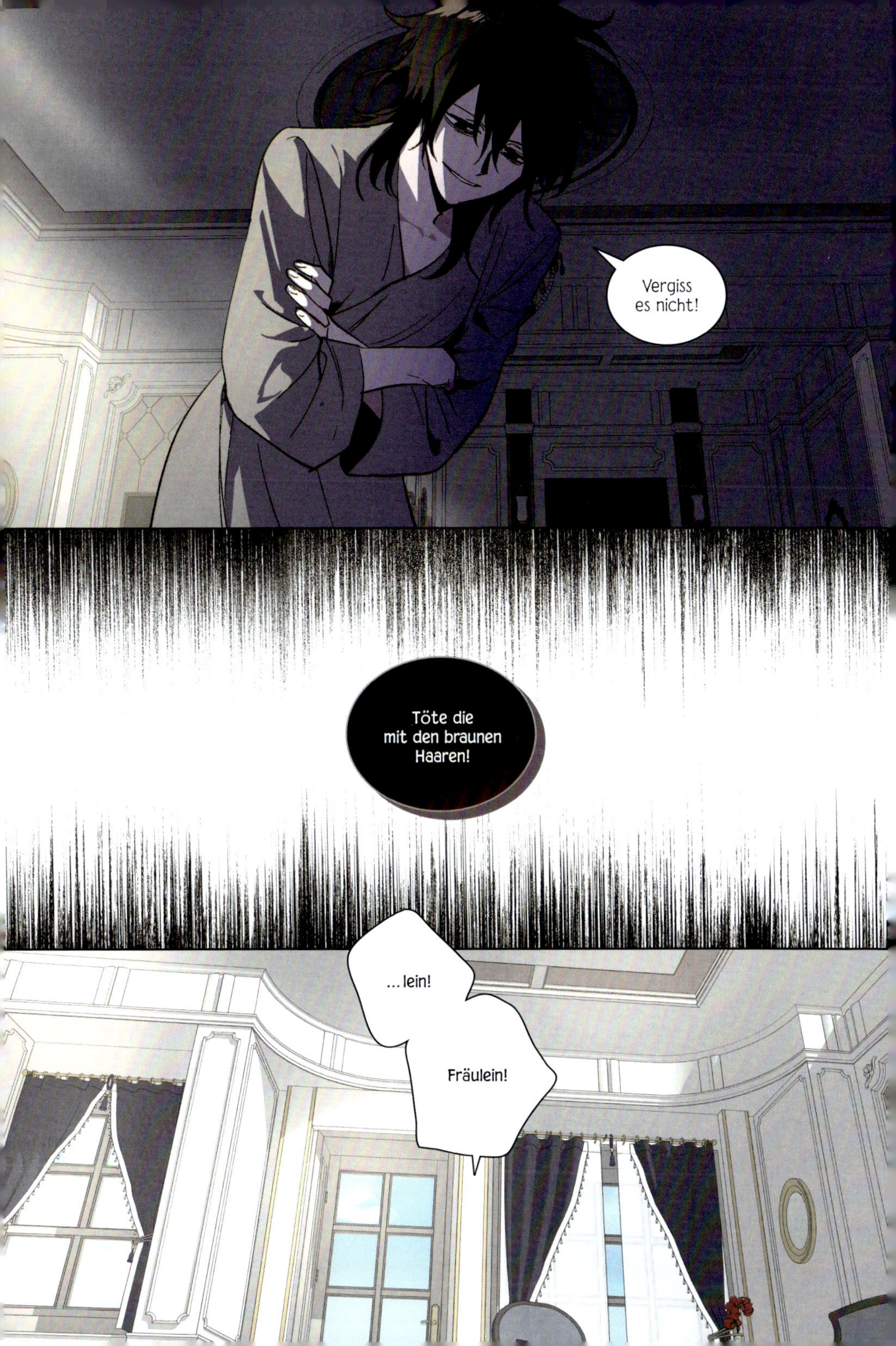
Vergiss es nicht!
Töte die mit den braunen Haaren!
... lein!
Fräulein!

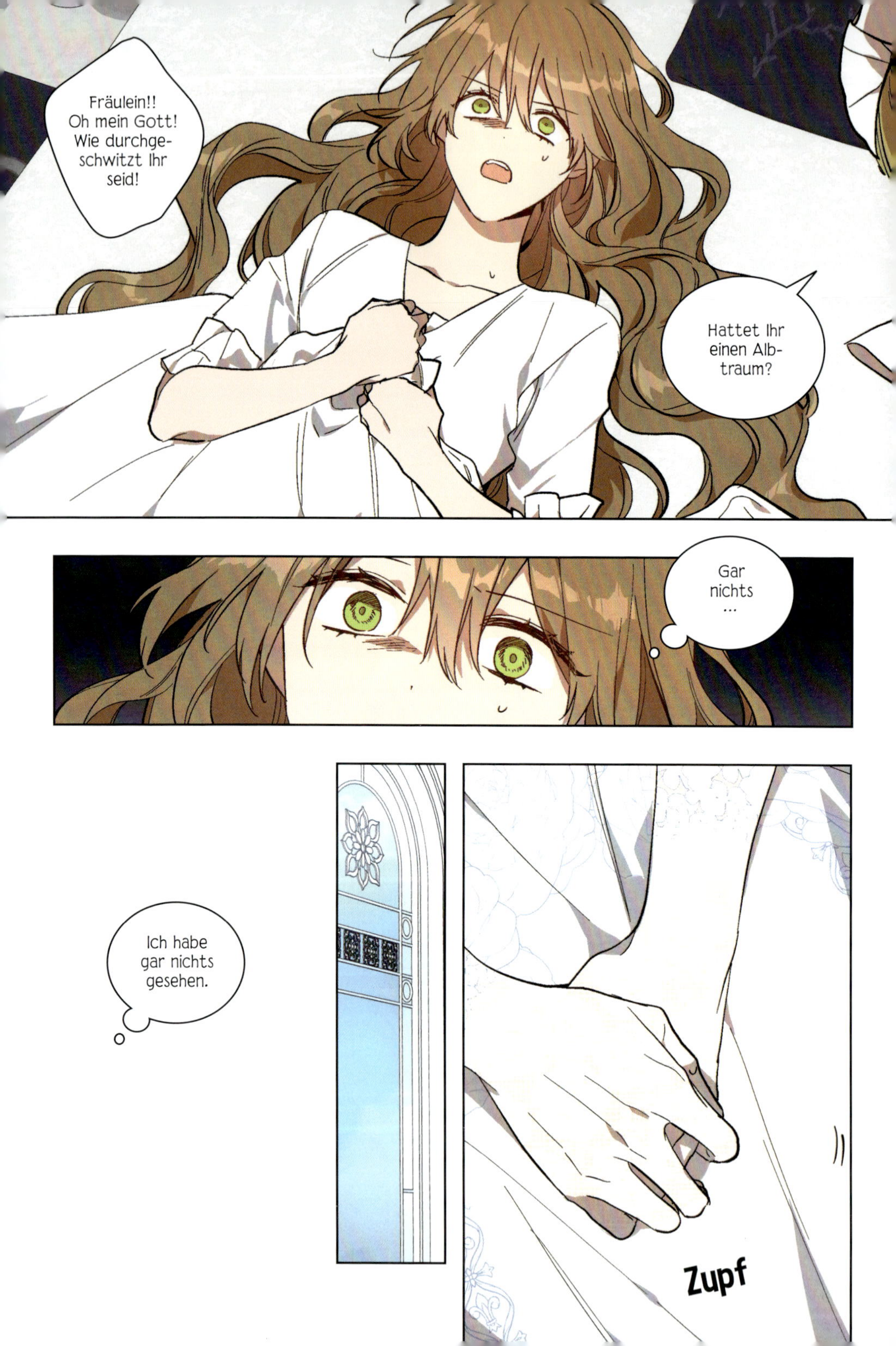
Fräulein!! Oh mein Gott! Wie durchgeschwitzt Ihr seid!
Hattet Ihr einen Albtraum?
Gar nichts …
Ich habe gar nichts gesehen.
Zupf

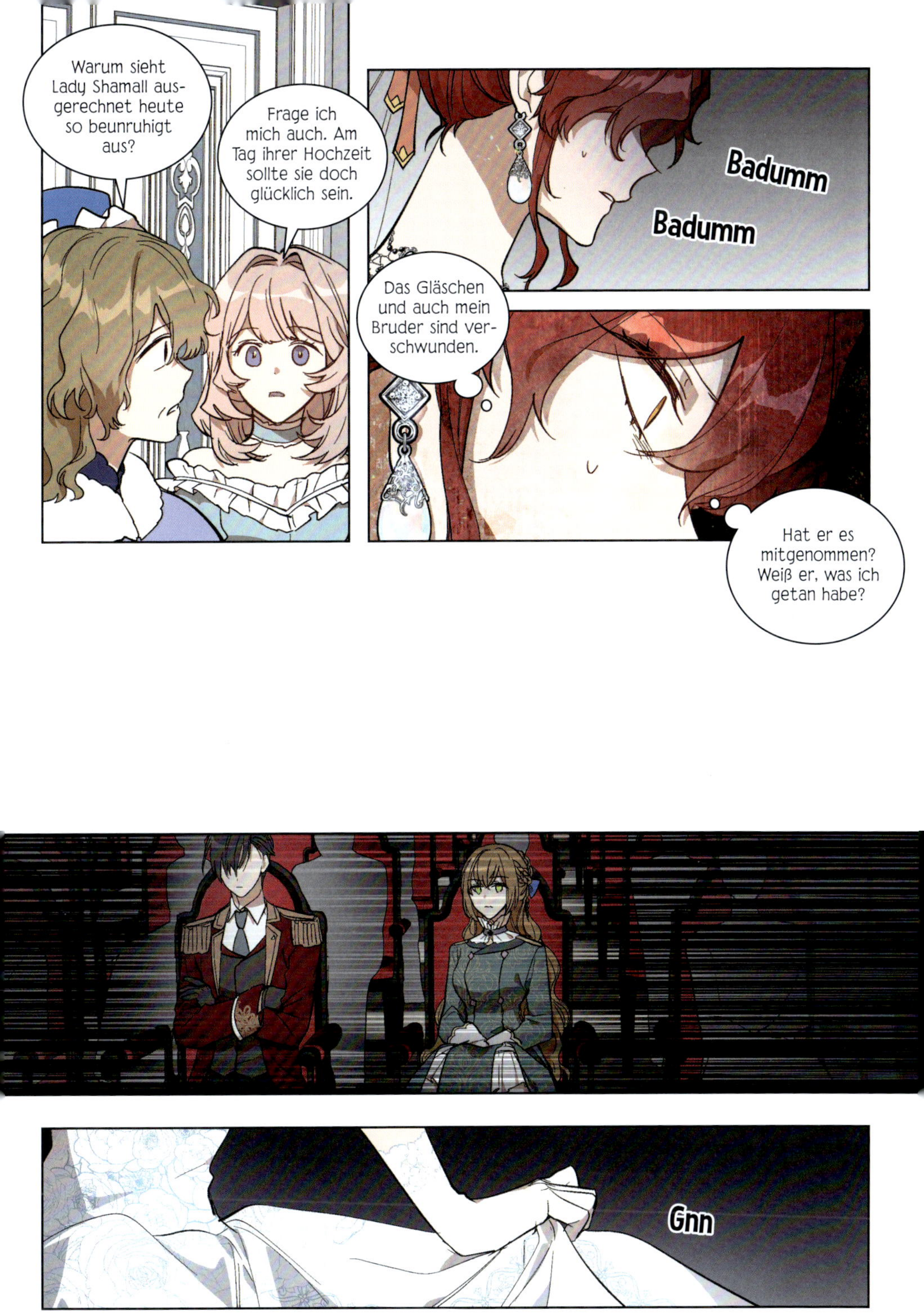
Warum sieht Lady Shamall ausgerechnet heute so beunruhigt aus?
Frage ich mich auch. Am Tag ihrer Hochzeit sollte sie doch glücklich sein.
Badumm
Badumm
Das Gläschen und auch mein Bruder sind verschwunden.
Hat er es mitgenommen? Weiß er, was ich getan habe?
Gnn

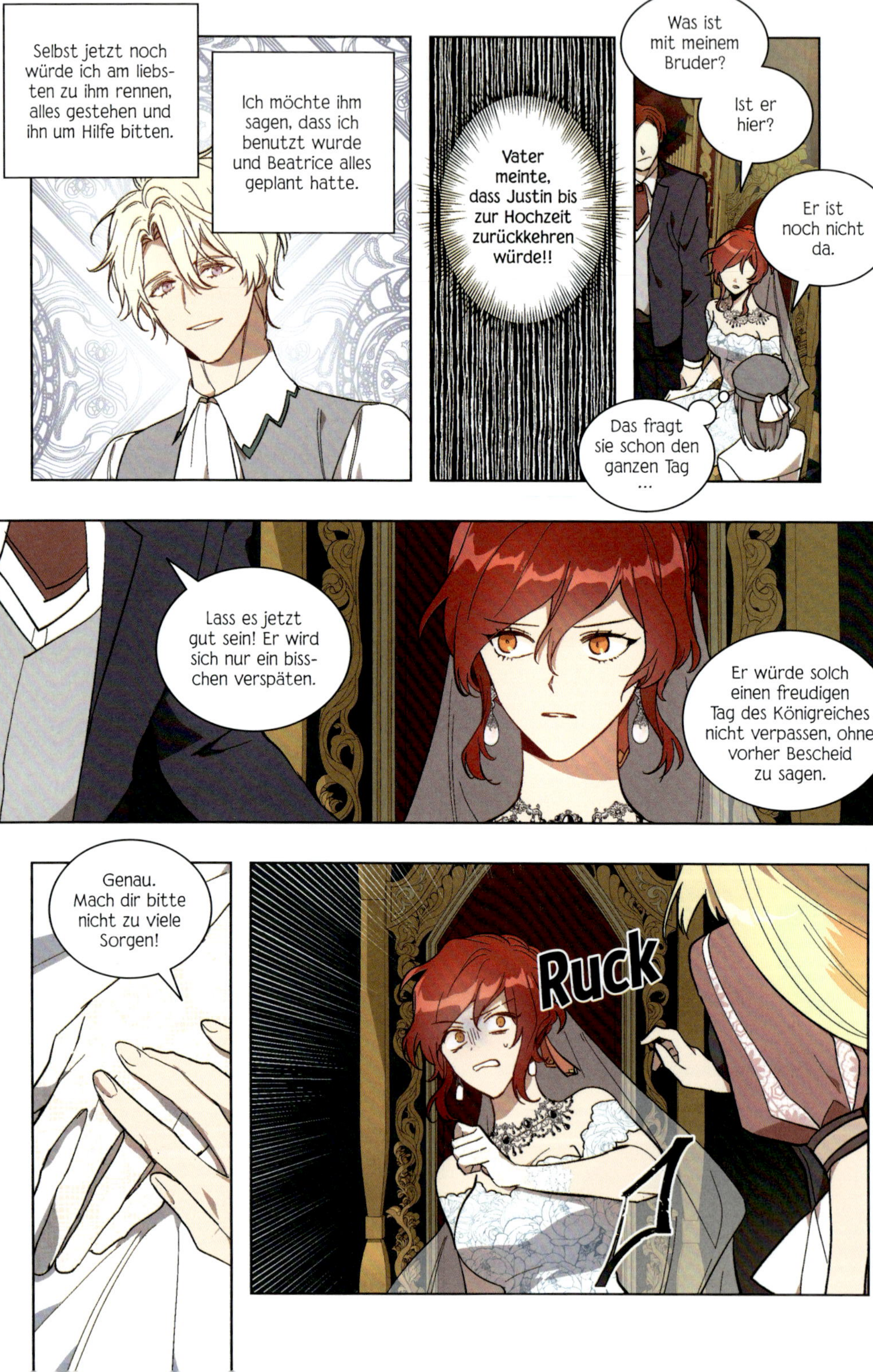
Selbst jetzt noch würde ich am liebsten zu ihm rennen, alles gestehen und ihn um Hilfe bitten.
Ich möchte ihm sagen, dass ich benutzt wurde und Beatrice alles geplant hatte.
Vater meinte, dass Justin bis zur Hochzeit zurückkehren würde!!
Was ist mit meinem Bruder?
Ist er hier?
Er ist noch nicht da.
Das fragt sie schon den ganzen Tag …
Lass es jetzt gut sein! Er wird sich nur ein bisschen verspäten.
Er würde solch einen freudigen Tag des Königreiches nicht verpassen, ohne vorher Bescheid zu sagen.
Genau. Mach dir bitte nicht zu viele Sorgen!
Ruck

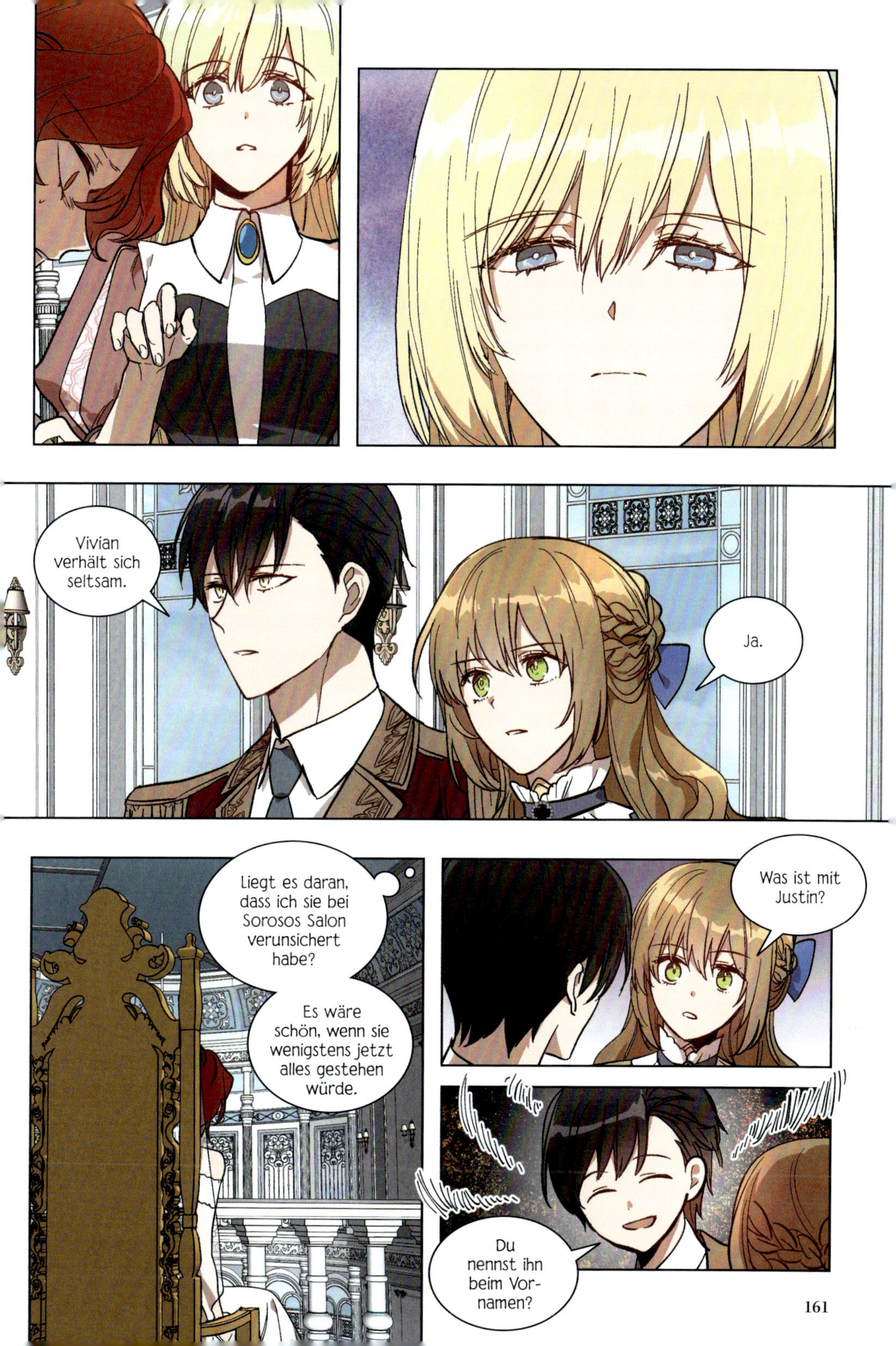
Vivian verhält sich seltsam.
Ja.
Liegt es daran, dass ich sie bei Sorosos Salon verunsichert habe?
Es wäre schön, wenn sie wenigstens jetzt alles gestehen würde.
Was ist mit Justin?
Du nennst ihn beim Vornamen?

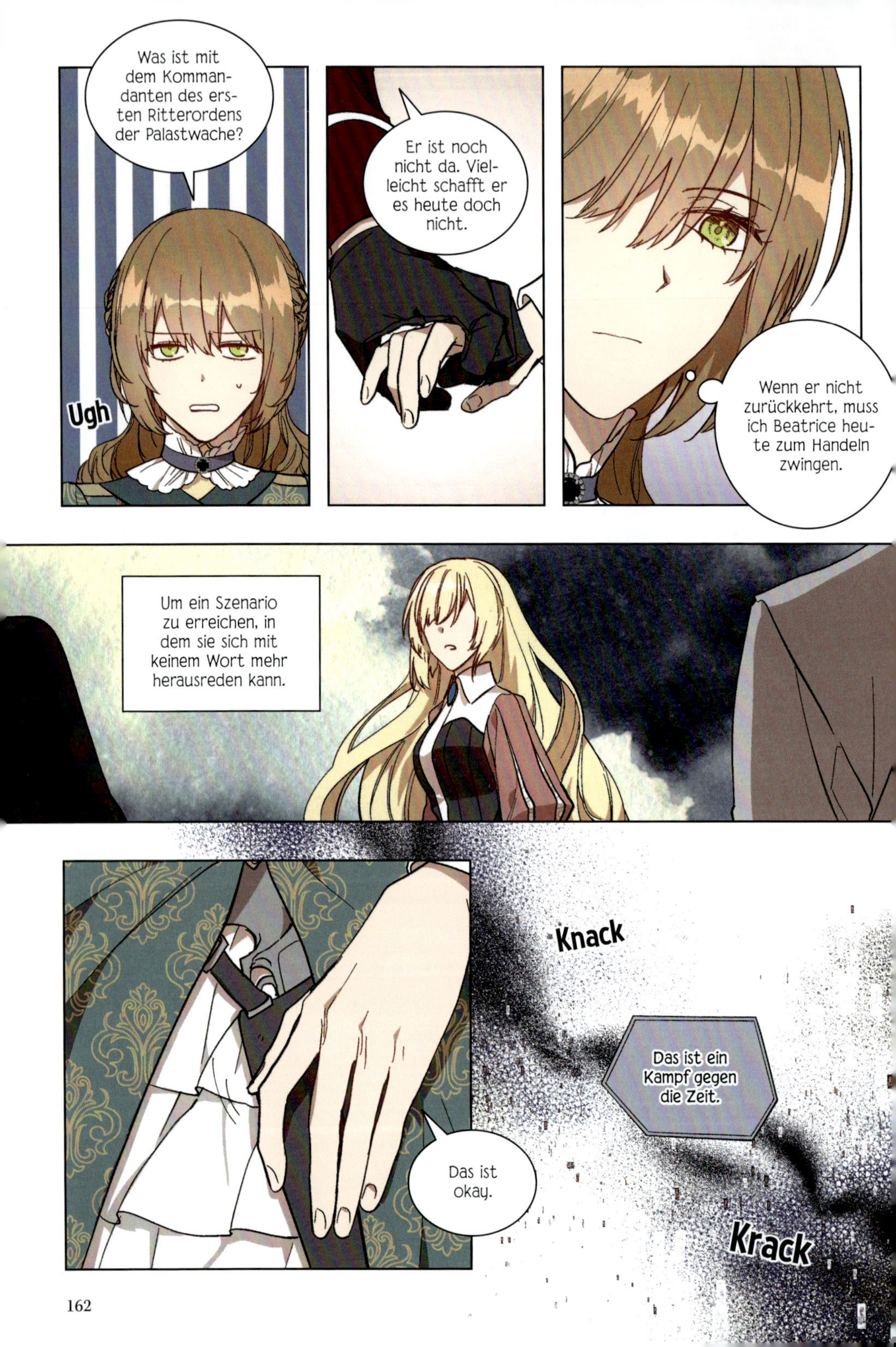
Was ist mit dem Kommandanten des ersten Ritterordens der Palastwache?
Ugh
Er ist noch nicht da. Vielleicht schafft er es heute doch nicht.
Wenn er nicht zurückkehrt, muss ich Beatrice heute zum Handeln zwingen.
Um ein Szenario zu erreichen, in dem sie sich mit keinem Wort mehr herausreden kann.
Knack
Das ist ein Kampf gegen die Zeit.
Das ist okay.
Krack

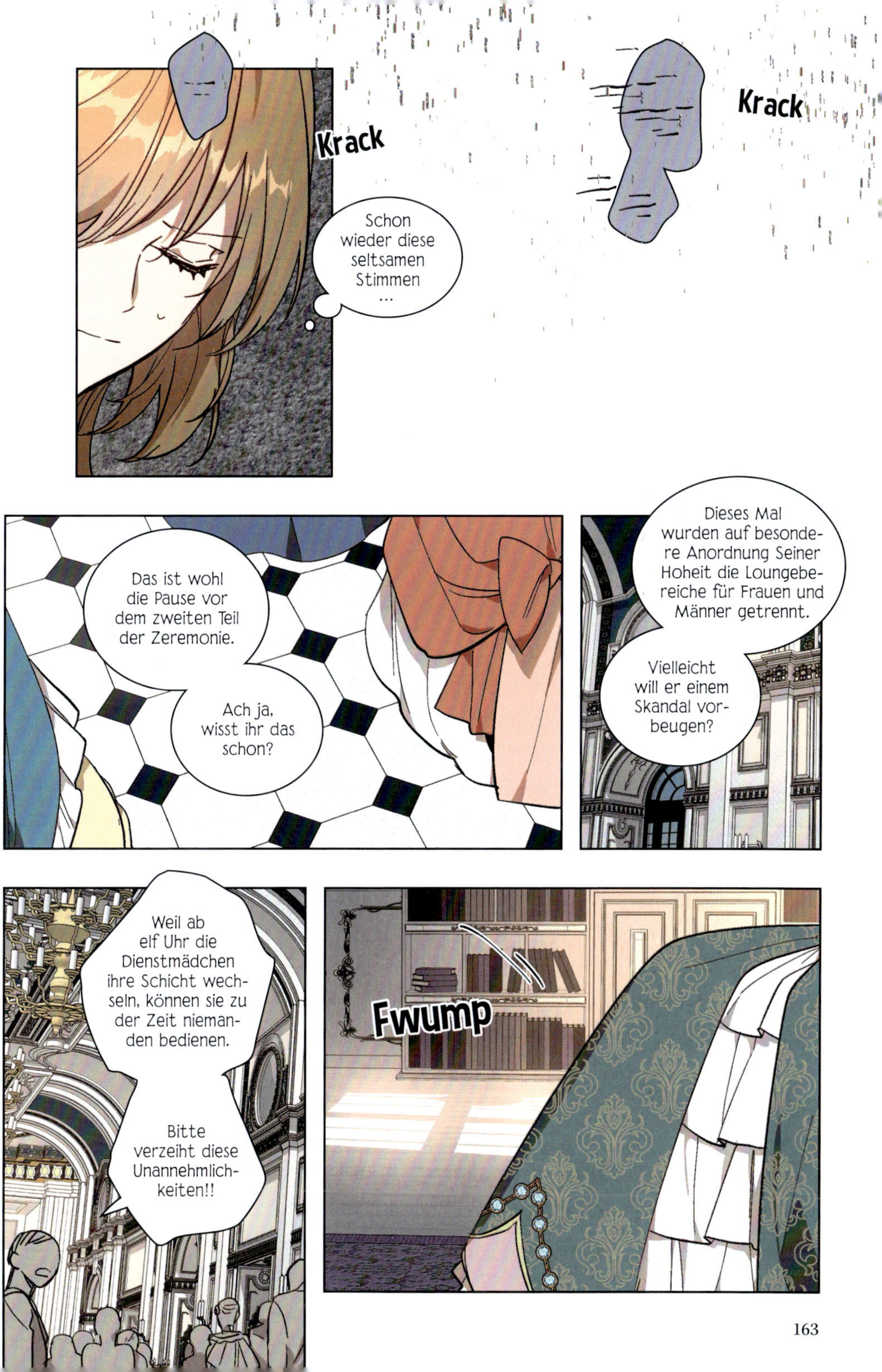

Krack
Krack
Schon wieder diese seltsamen Stimmen …
Das ist wohl die Pause vor dem zweiten Teil der Zeremonie.
Ach ja, wisst ihr das schon?
Dieses Mal wurden auf besondere Anordnung Seiner Hoheit die Loungebereiche für Frauen und Männer getrennt.
Vielleicht will er einem Skandal vorbeugen?
Weil ab elf Uhr die Dienstmädchen ihre Schicht wechseln, können sie zu der Zeit niemanden bedienen.
Bitte verzeiht diese Unannehmlichkeiten!!
Fwump

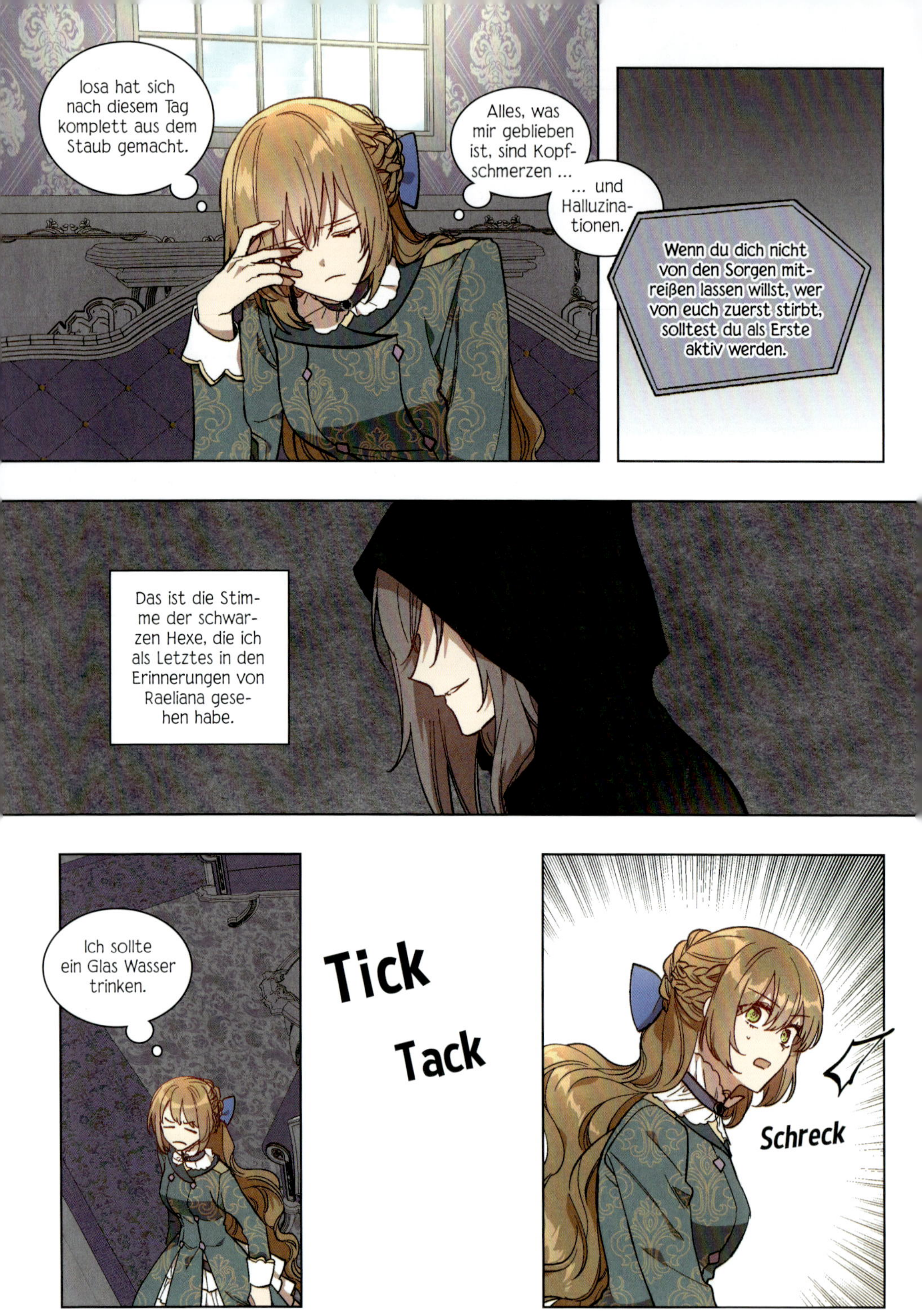
Iosa hat sich nach diesem Tag komplett aus dem Staub gemacht.
Alles, was mir geblieben ist, sind Kopfschmerzen ...
... und Halluzinationen.
Wenn du dich nicht von den Sorgen mitreißen lassen willst, wer von euch zuerst stirbt, solltest du als Erste aktiv werden.
Das ist die Stimme der schwarzen Hexe, die ich als Letztes in den Erinnerungen von Raeliana gesehen habe.
Ich sollte ein Glas Wasser trinken.
Tick
Tack
Schreck

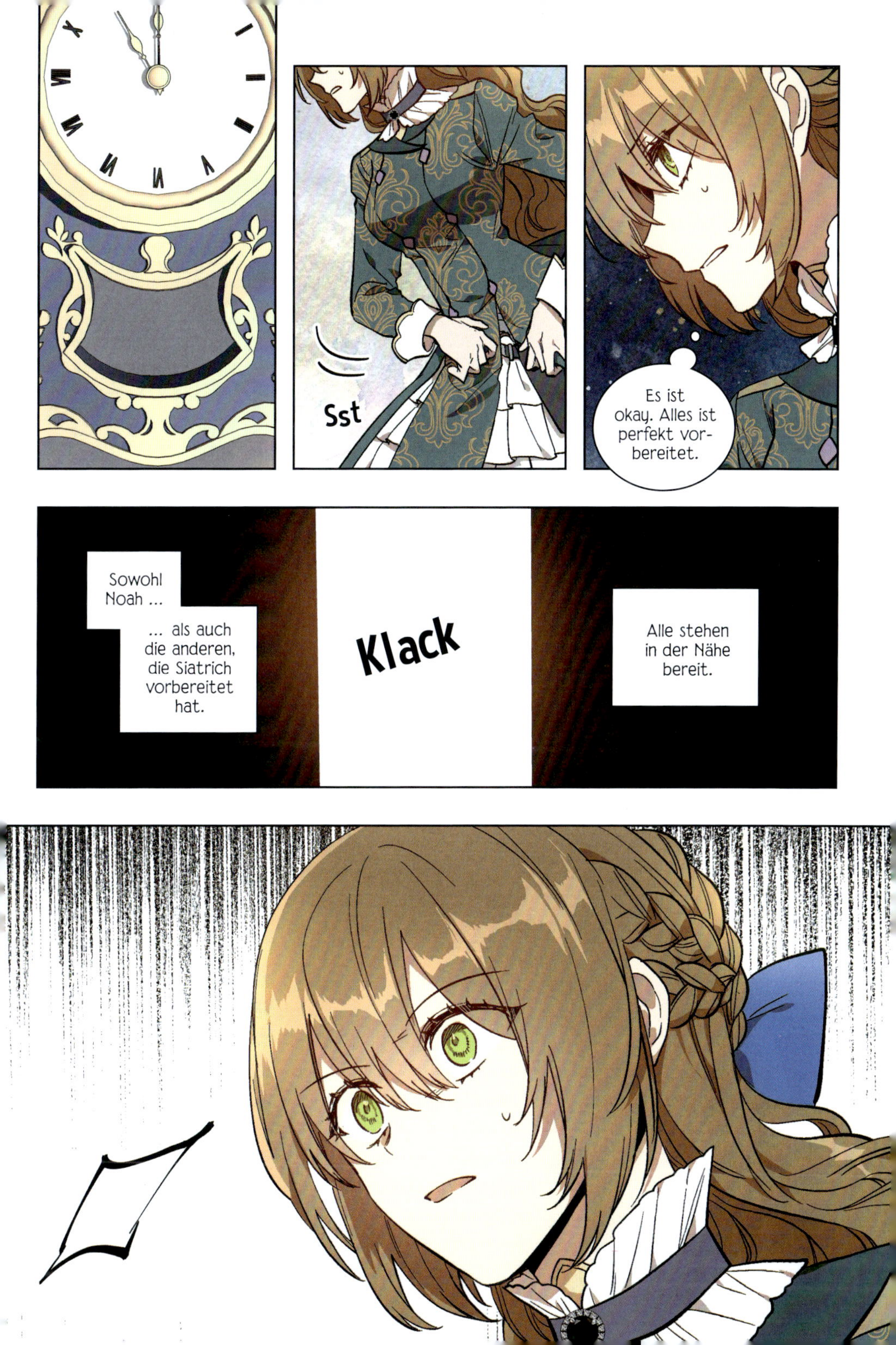
Sst
Es ist okay. Alles ist perfekt vorbereitet.
Sowohl Noah ...
... als auch die anderen, die Siatrich vorbereitet hat.
Klack
Alle stehen in der Nähe bereit.

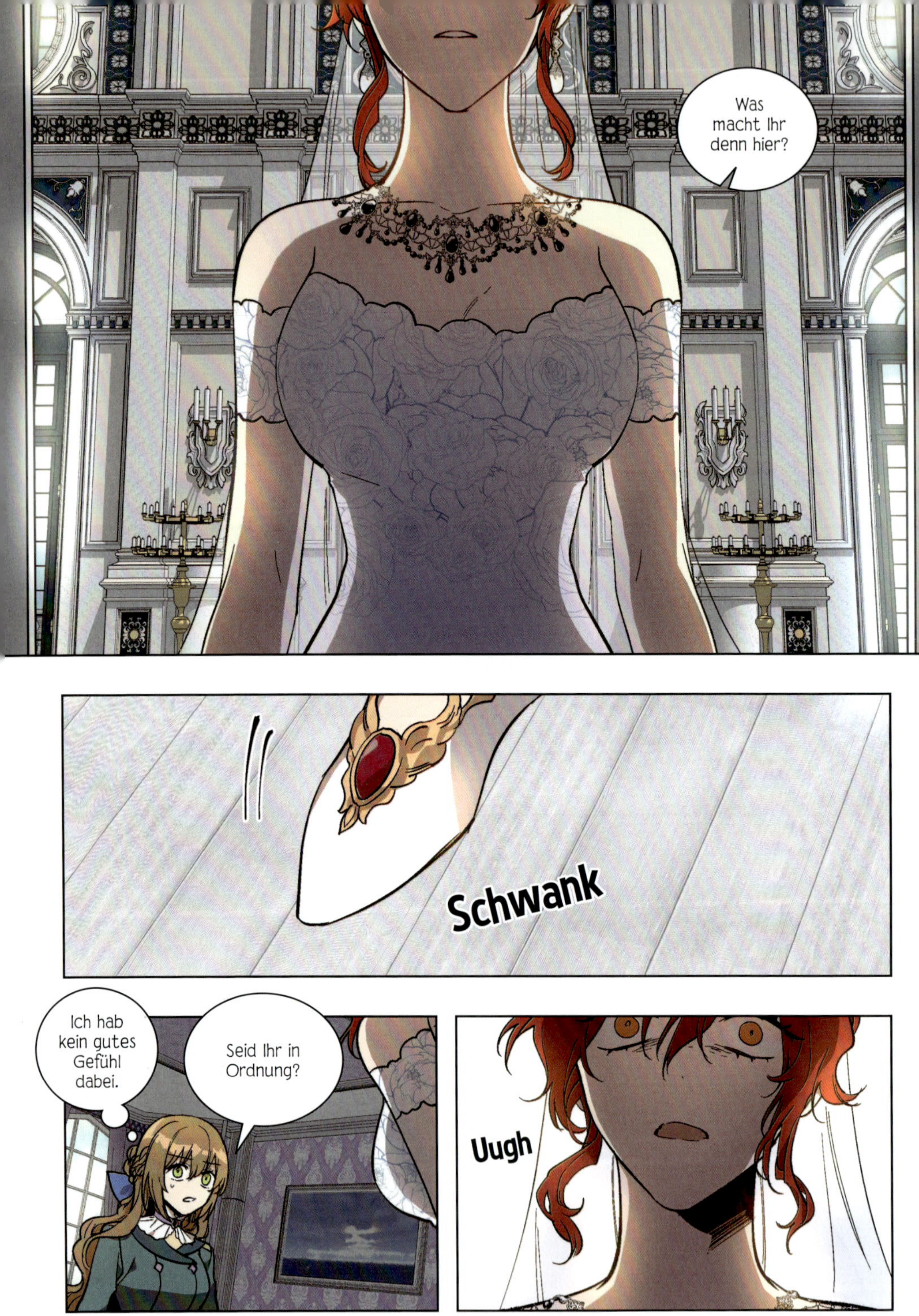
Was macht Ihr denn hier?
Schwank
Ich hab kein gutes Gefühl dabei.
Seid Ihr in Ordnung?
Uugh

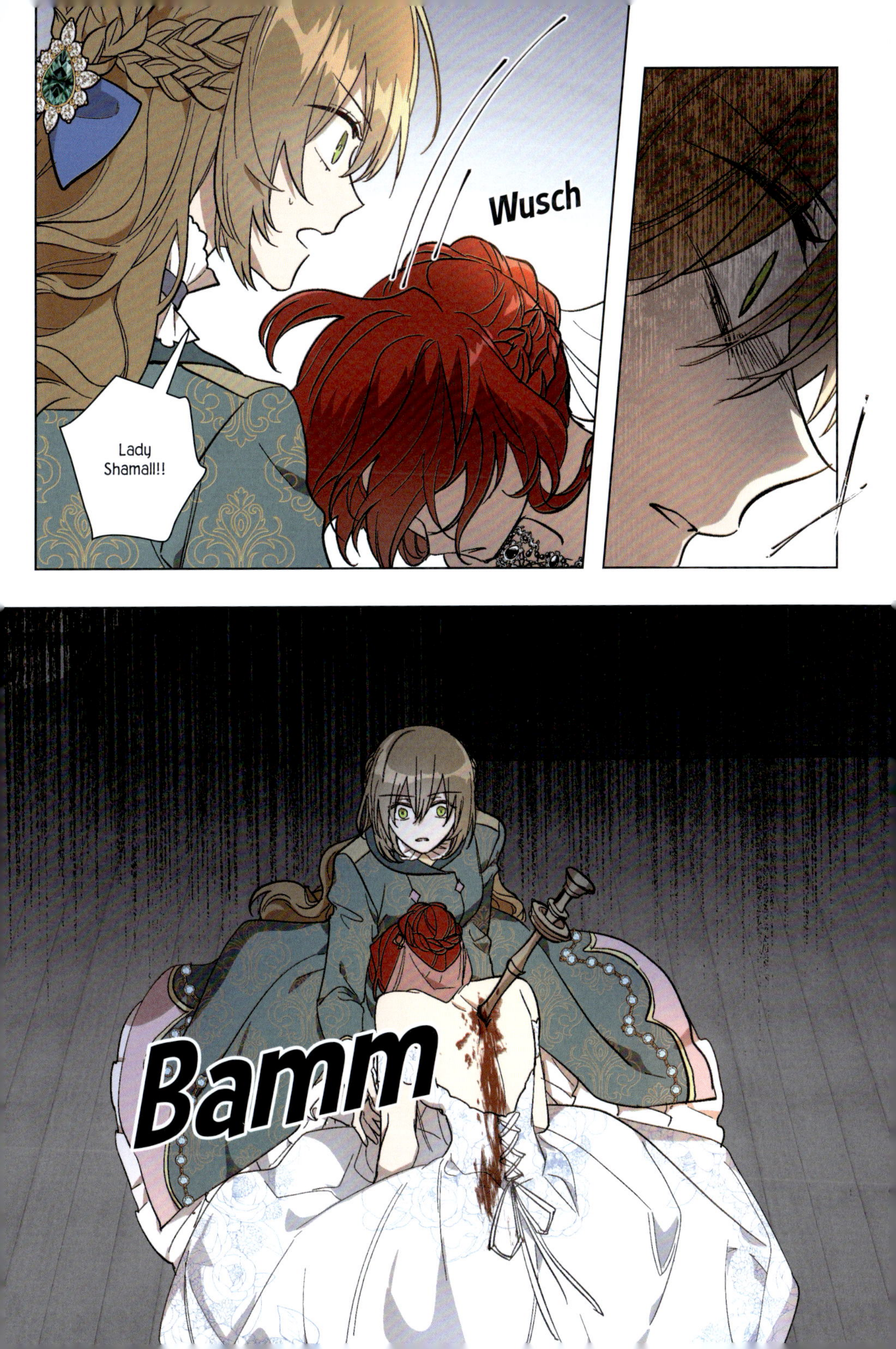
Wusch
Lady Shamall!!
Bamm

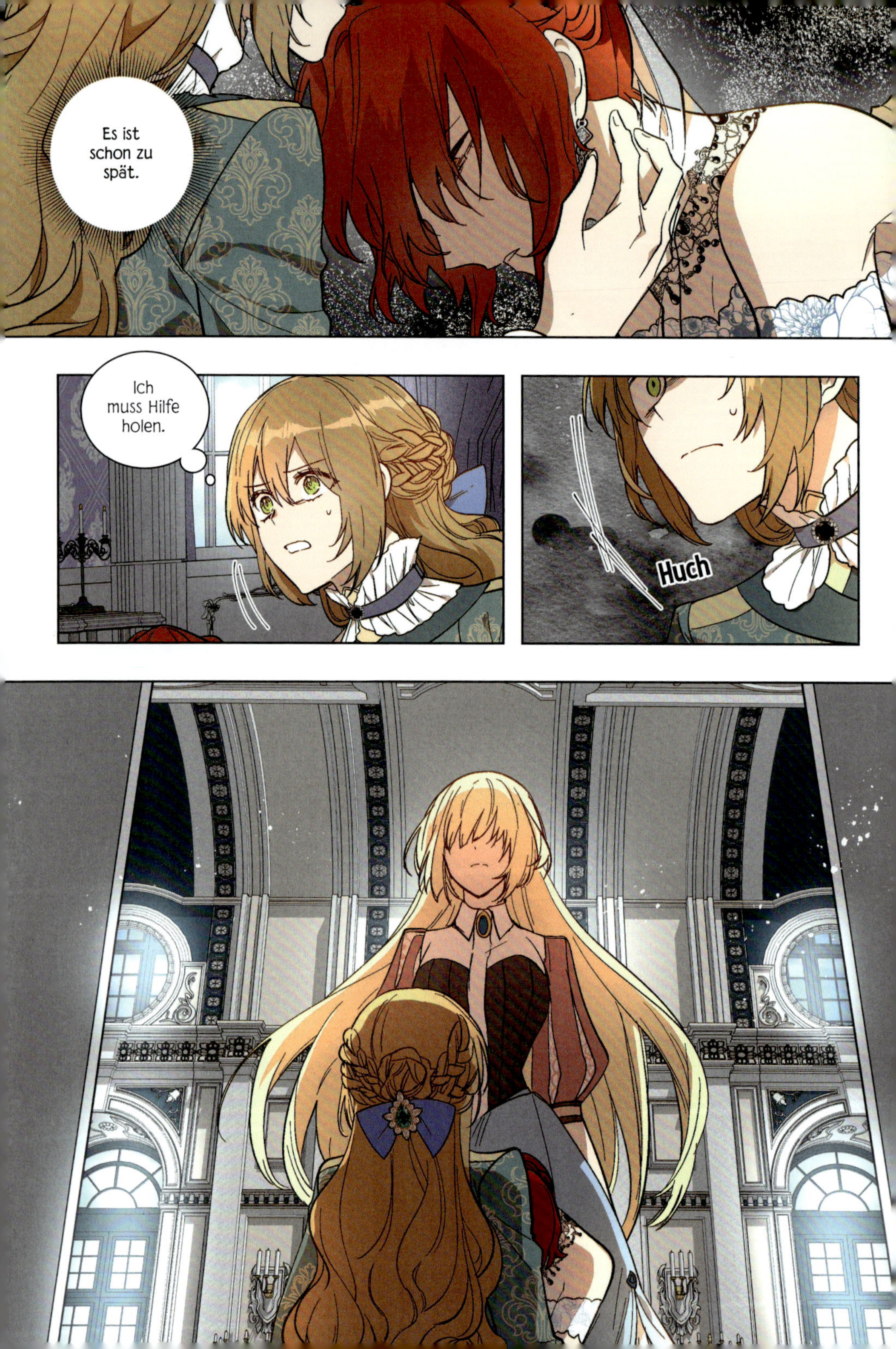

Es ist schon zu spät.
Ich muss Hilfe holen.
Huch

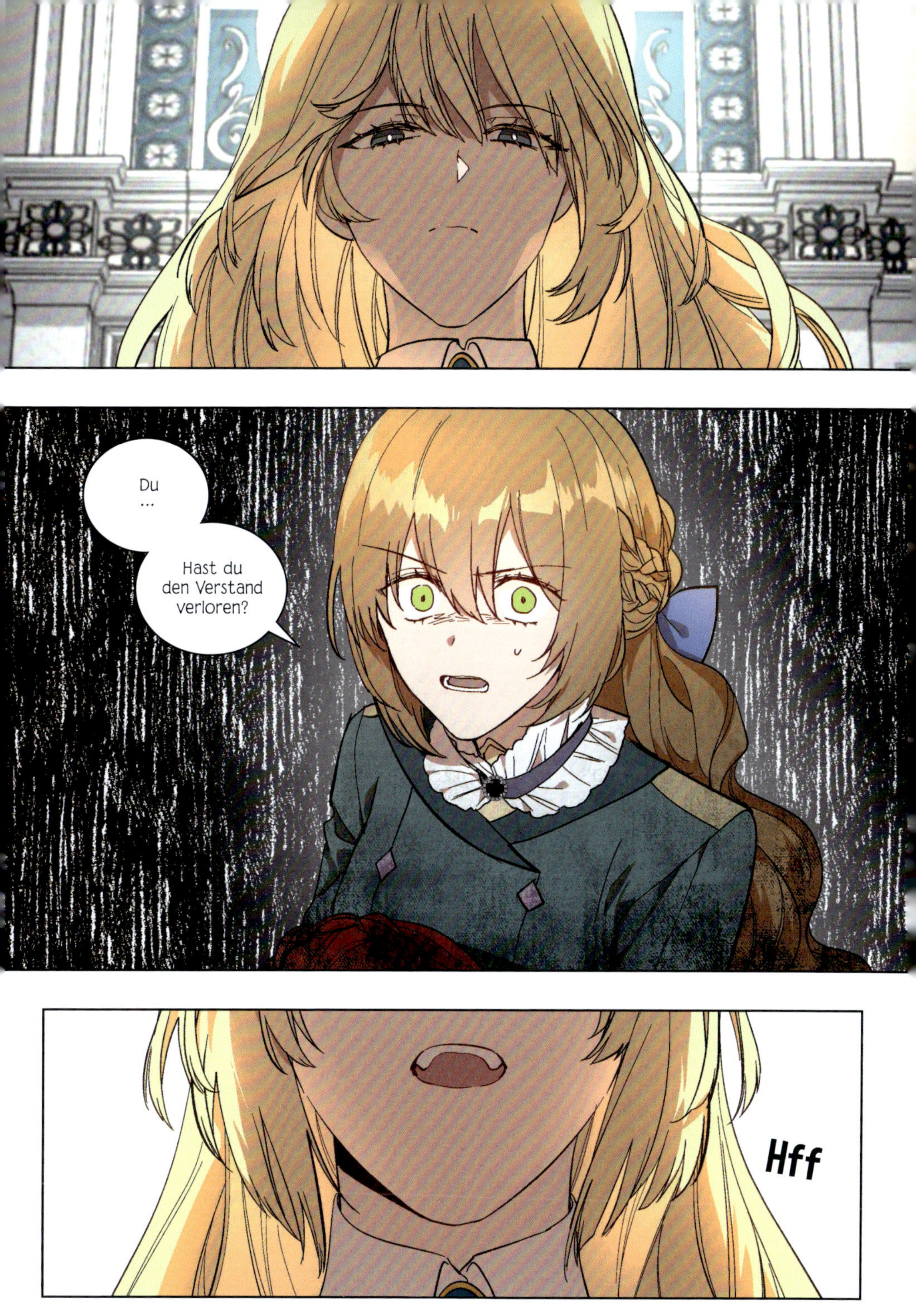
Du
...
Hast du den Verstand verloren?
Hff

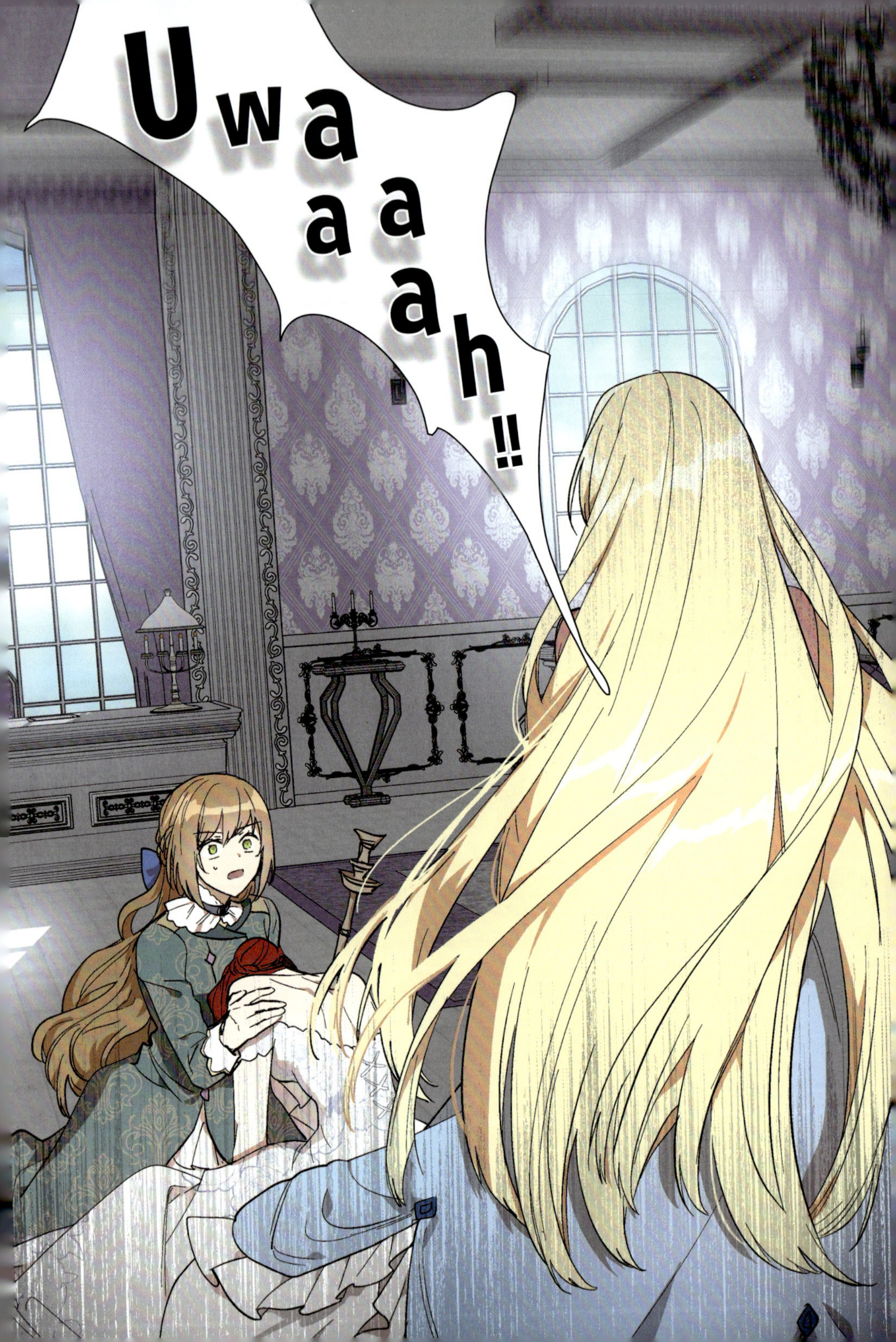
Uwaaaah!!

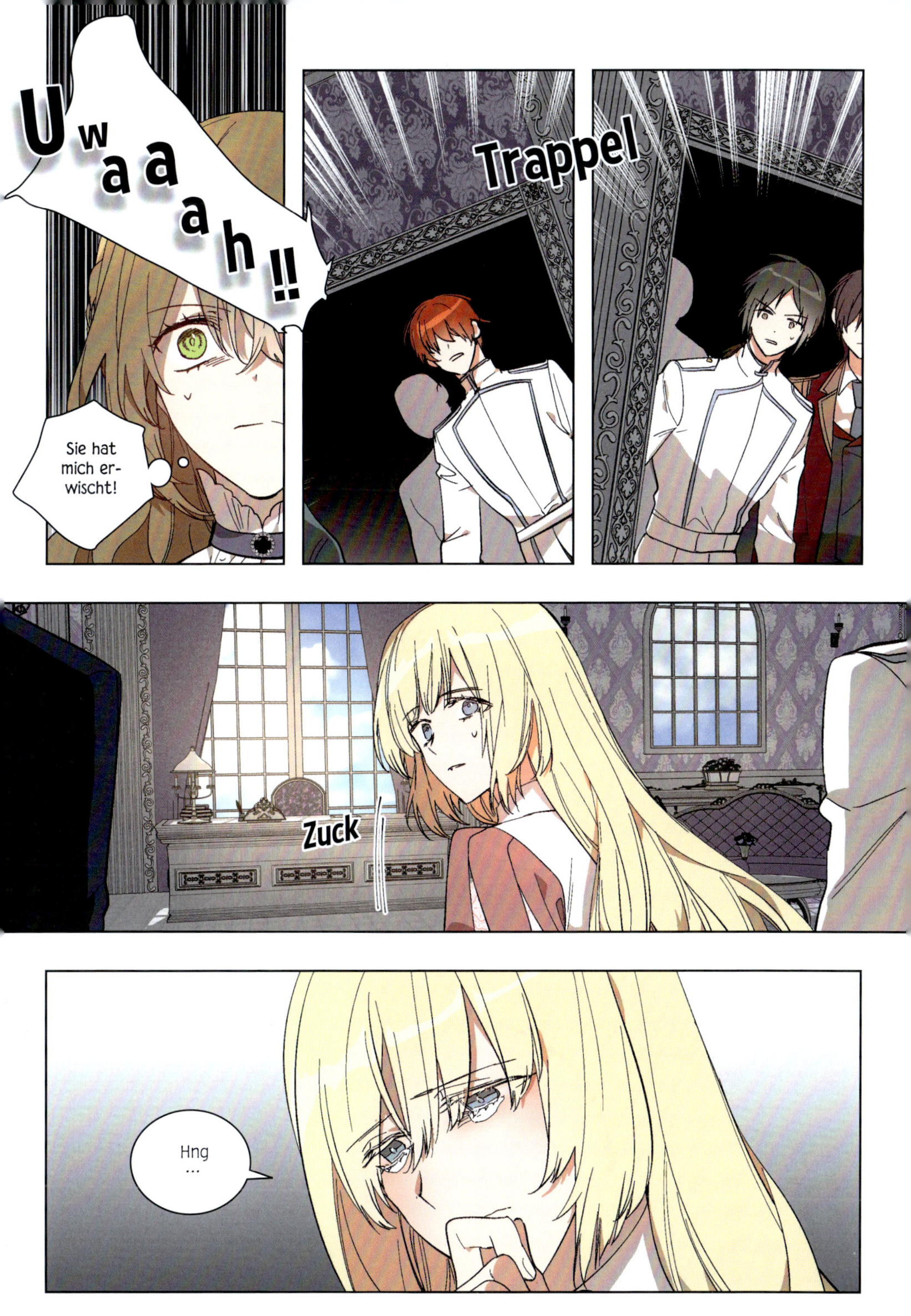
Uwaaaah!!
Sie hat mich erwischt!
Trappel
Zuck
Hng …

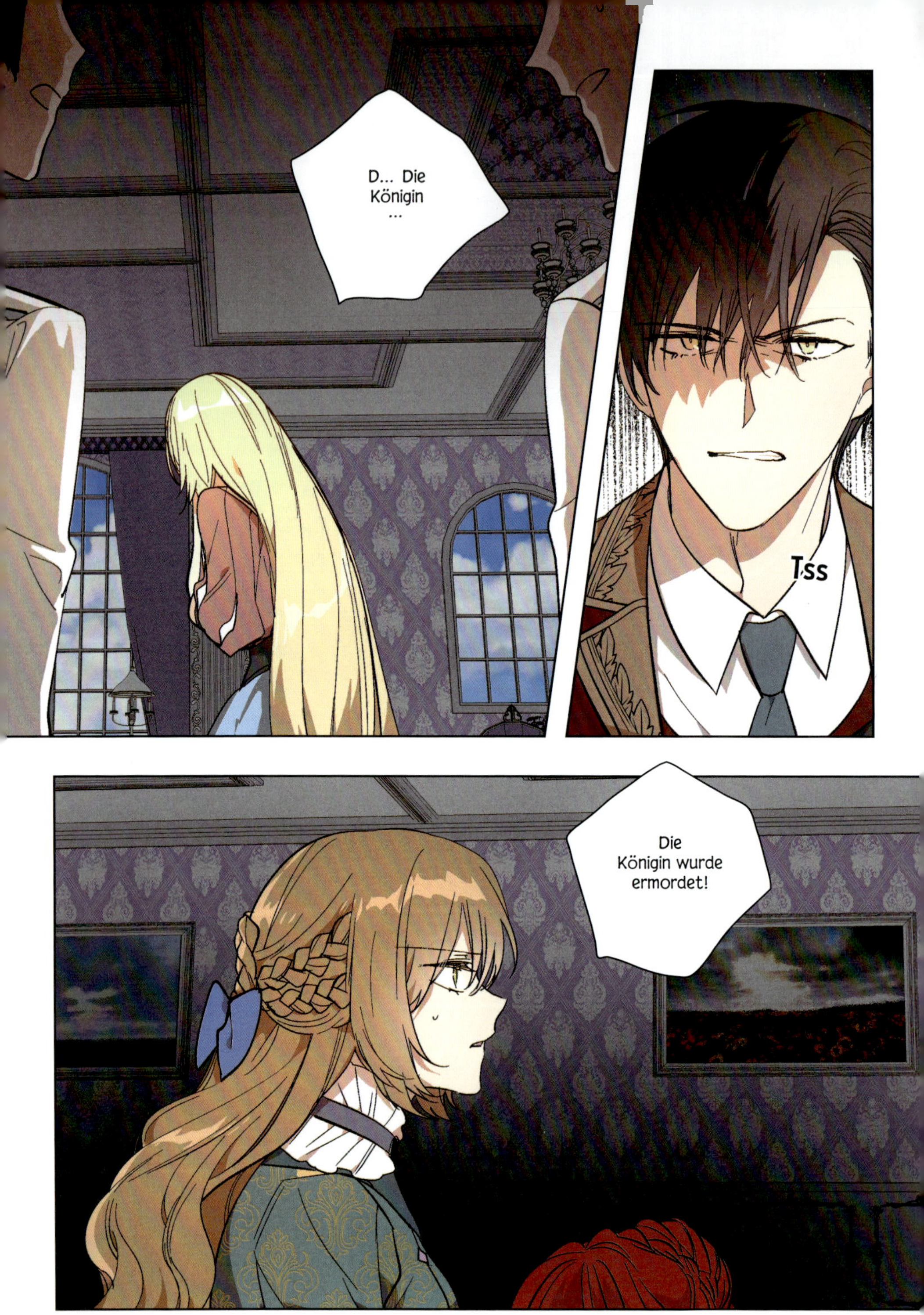
D... Die Königin ...
Tss
Die Königin wurde ermordet!

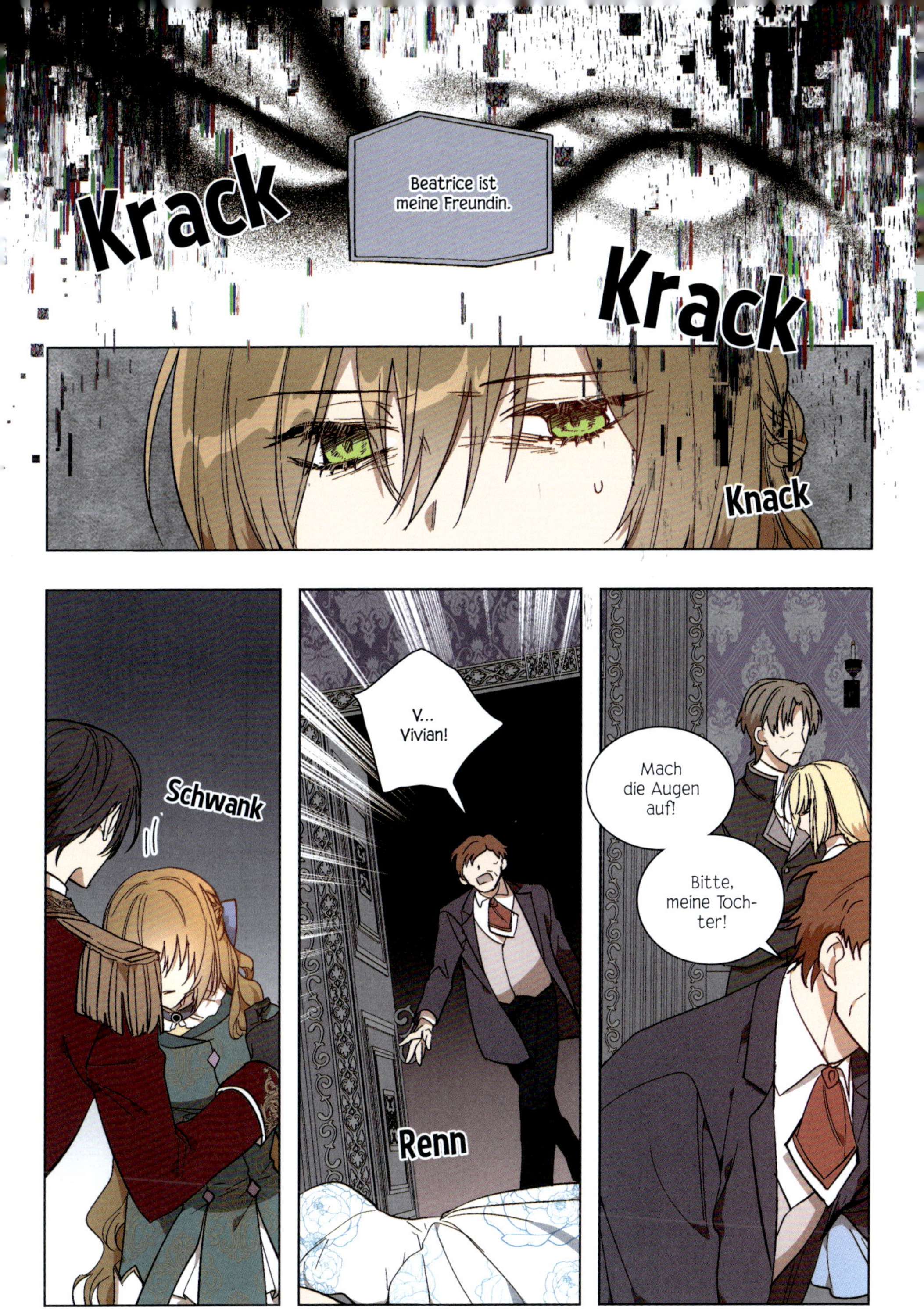

Krack
Beatrice ist meine Freundin.
Krack
Knack
Schwank
V... Vivian!
Renn
Mach die Augen auf!
Bitte, meine Tochter!

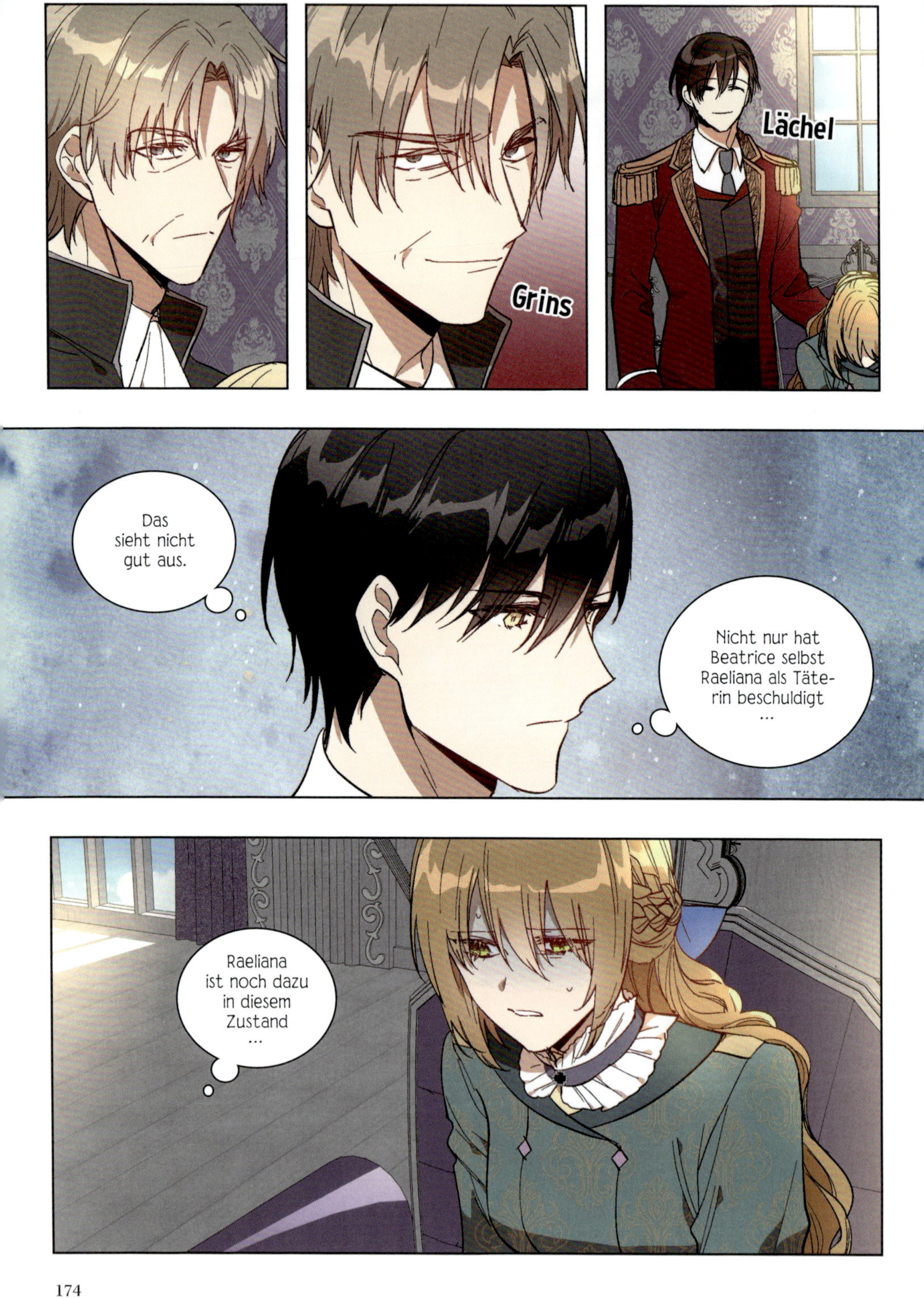
Grins
Lächel
Das sieht nicht gut aus.
Nicht nur hat Beatrice selbst Raeliana als Täterin beschuldigt …
Raeliana ist noch dazu in diesem Zustand …

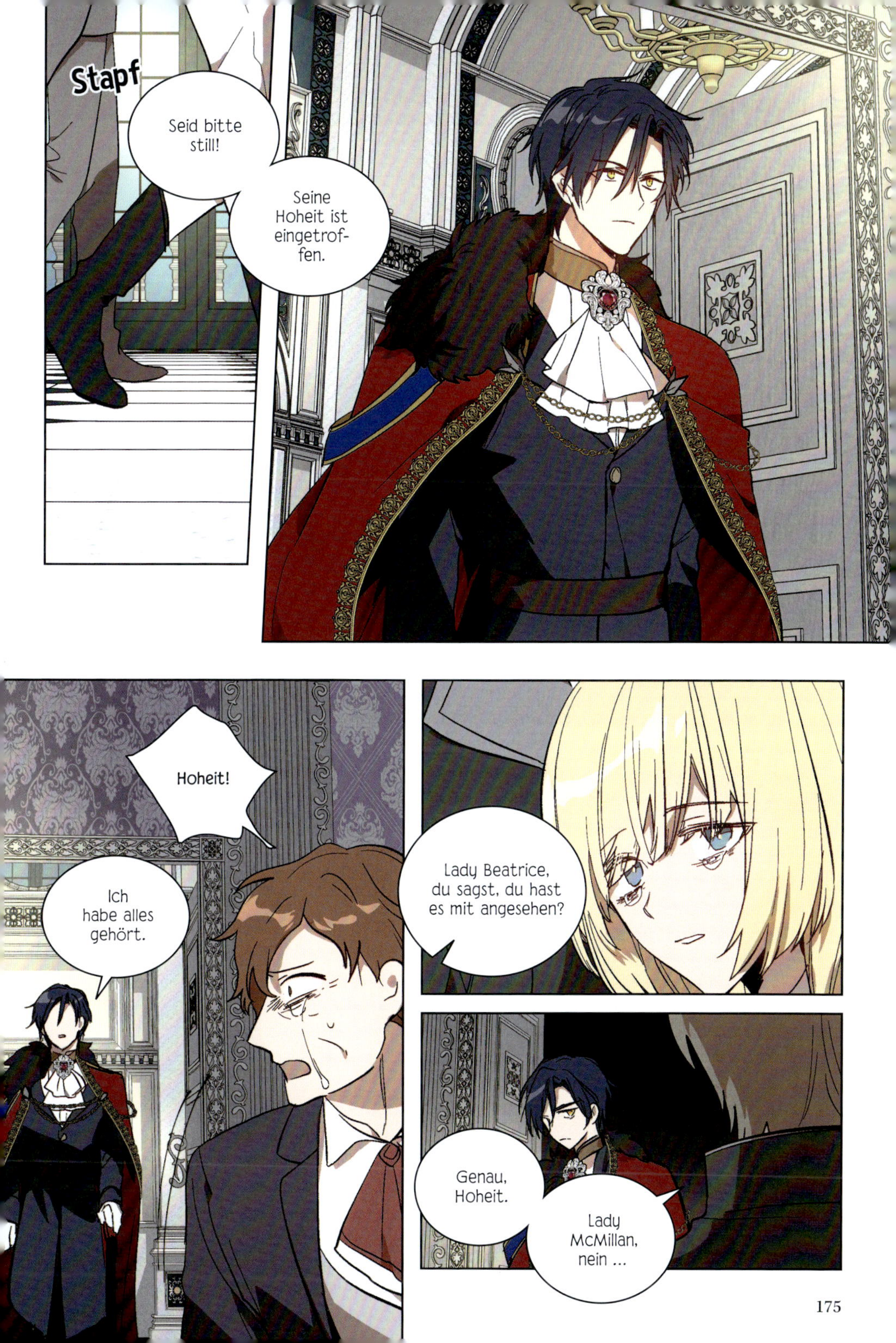
Stapf
Seid bitte still!
Seine Hoheit ist eingetroffen.
Hoheit!
Ich habe alles gehört.
Lady Beatrice, du sagst, du hast es mit angesehen?
Genau, Hoheit.
Lady McMillan, nein ...

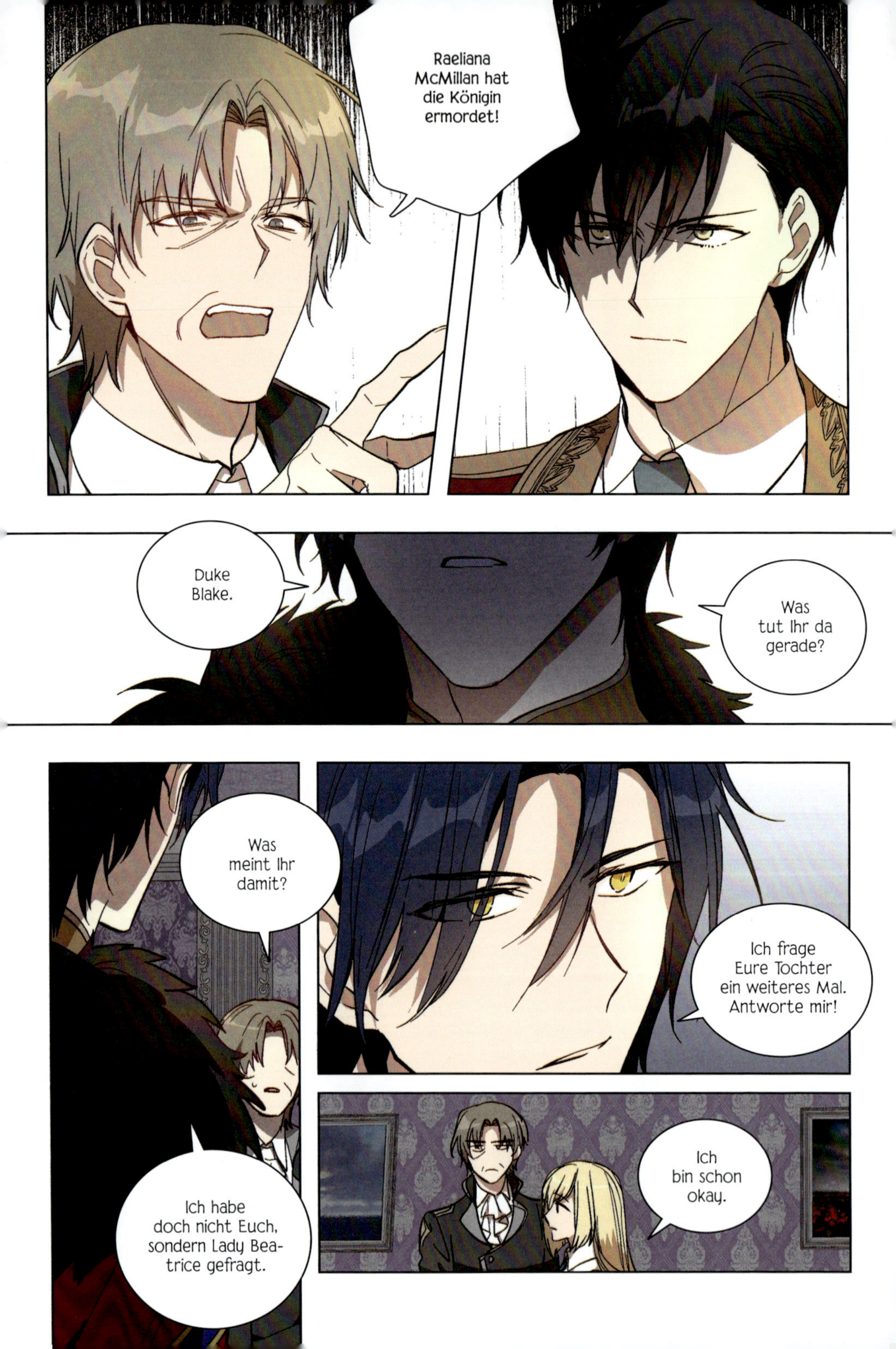
Raeliana McMillan hat die Königin ermordet!
Duke Blake.
Was tut Ihr da gerade?
Was meint Ihr damit?
Ich habe doch nicht Euch, sondern Lady Bea-trice gefragt.
Ich frage Eure Tochter ein weiteres Mal. Antworte mir!
Ich bin schon okay.

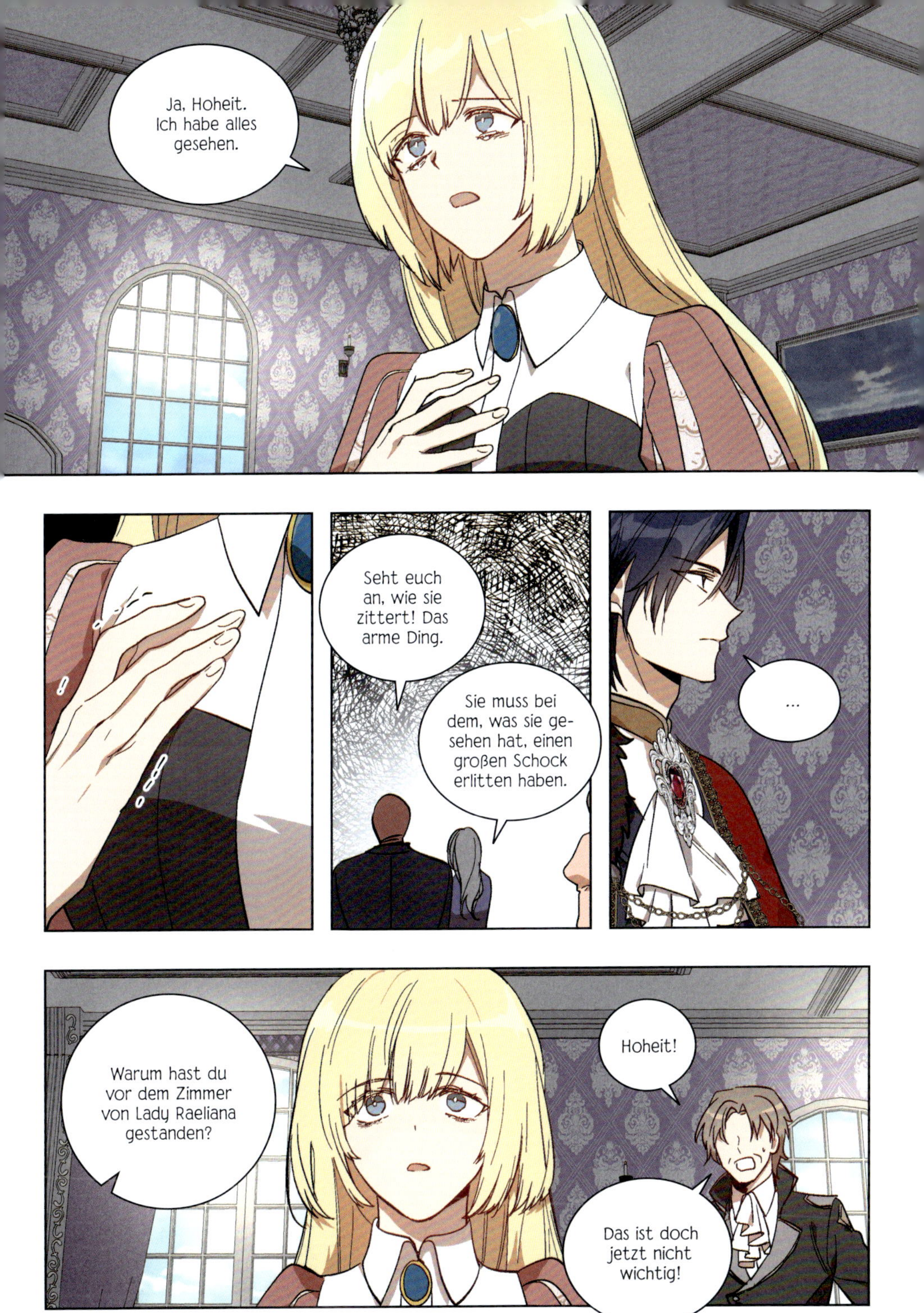

Ja, Hoheit. Ich habe alles gesehen.
Seht euch an, wie sie zittert! Das arme Ding.
Sie muss bei dem, was sie gesehen hat, einen großen Schock erlitten haben.
...
Warum hast du vor dem Zimmer von Lady Raeliana gestanden?
Hoheit!
Das ist doch jetzt nicht wichtig!

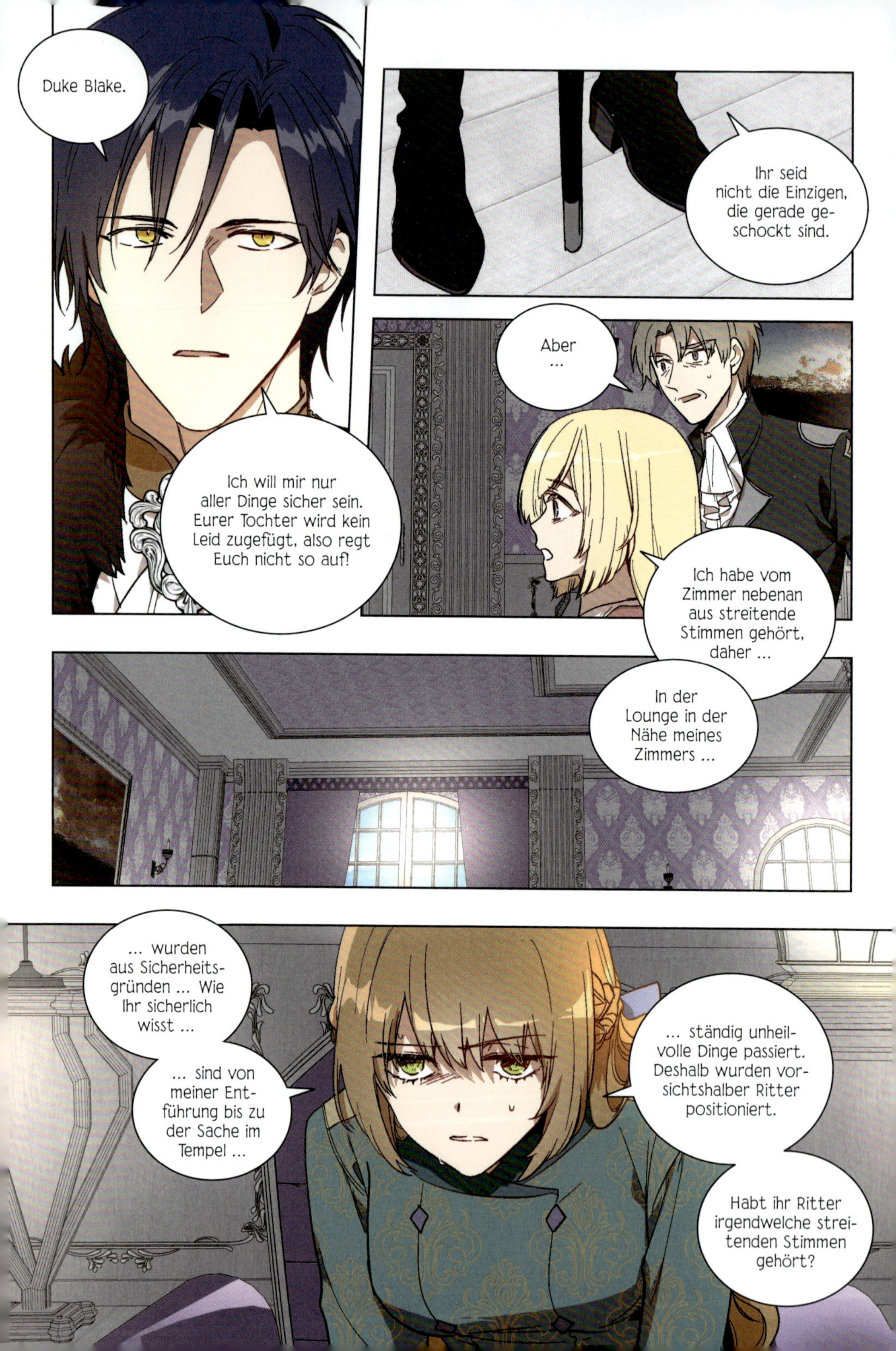
Duke Blake.
Ich will mir nur aller Dinge sicher sein. Eurer Tochter wird kein Leid zugefügt, also regt Euch nicht so auf!
Ihr seid nicht die Einzigen, die gerade geschockt sind.
Aber ...
Ich habe vom Zimmer nebenan aus streitende Stimmen gehört, daher ...
In der Lounge in der Nähe meines Zimmers ...
... wurden aus Sicherheitsgründen ... Wie Ihr sicherlich wisst ...
... sind von meiner Entführung bis zu der Sache im Tempel ...
... ständig unheilvolle Dinge passiert. Deshalb wurden vorsichtshalber Ritter positioniert.
Habt ihr Ritter irgendwelche streitenden Stimmen gehört?

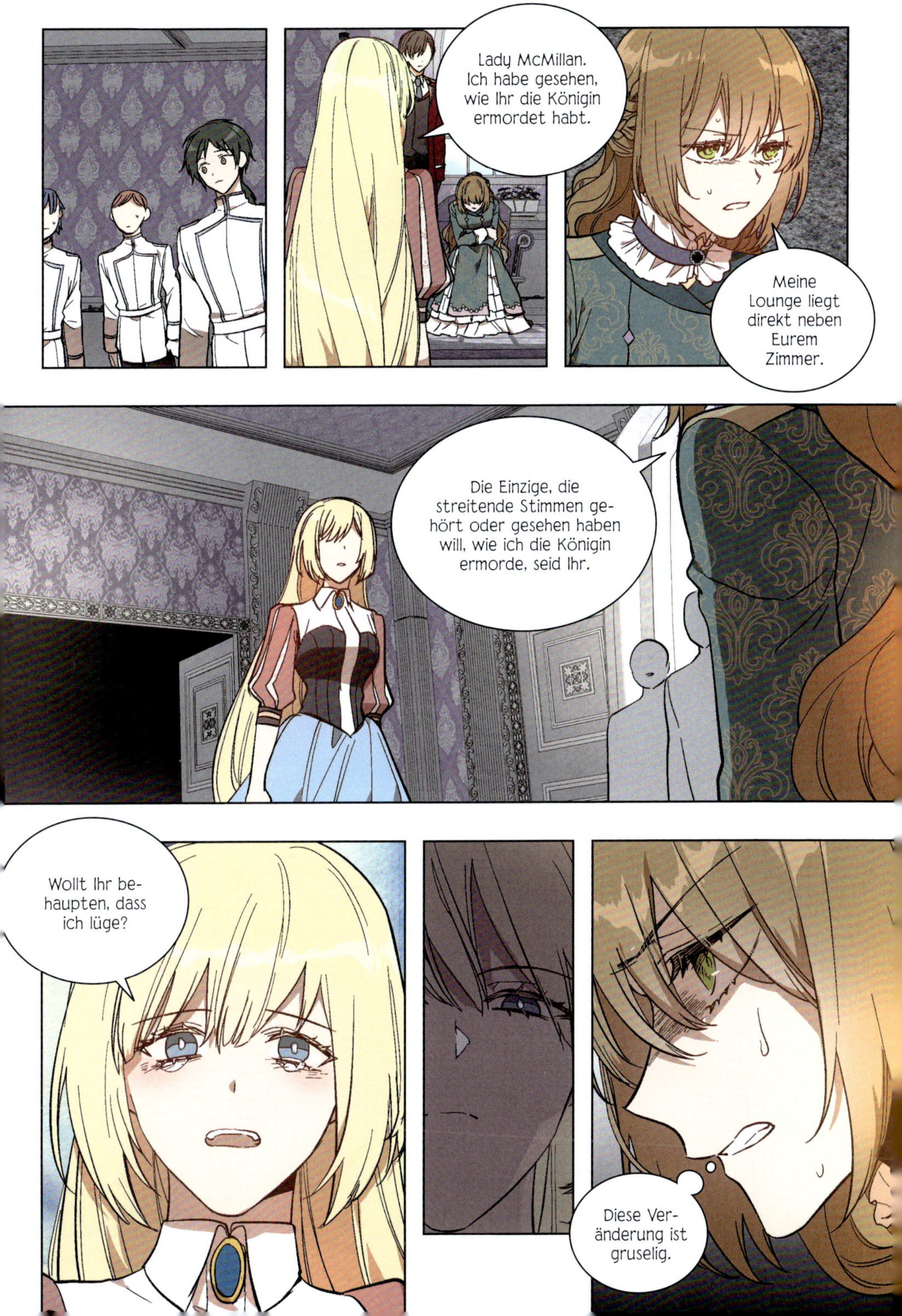
Lady McMillan.
Ich habe gesehen, wie Ihr die Königin ermordet habt.
Meine Lounge liegt direkt neben Eurem Zimmer.
Die Einzige, die streitende Stimmen gehört oder gesehen haben will, wie ich die Königin ermorde, seid Ihr.
Wollt Ihr behaupten, dass ich lüge?
Diese Veränderung ist gruselig.

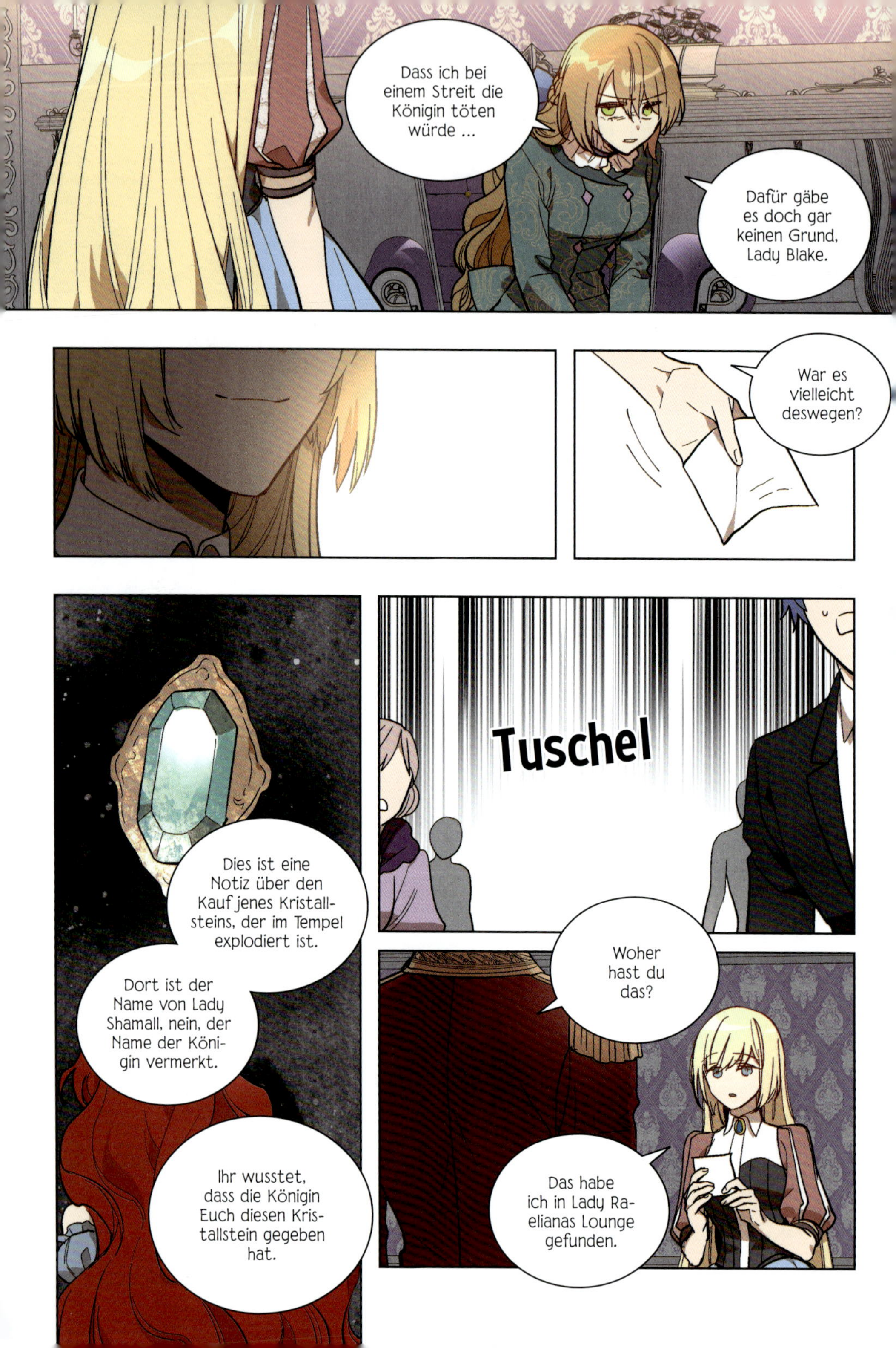
Dass ich bei einem Streit die Königin töten würde ...
Dafür gäbe es doch gar keinen Grund, Lady Blake.
War es vielleicht deswegen?
Dies ist eine Notiz über den Kauf jenes Kristallsteins, der im Tempel explodiert ist.
Dort ist der Name von Lady Shamall, nein, der Name der Königin vermerkt.
Ihr wusstet, dass die Königin Euch diesen Kristallstein gegeben hat.
Tuschel
Woher hast du das?
Das habe ich in Lady Ralianas Lounge gefunden.

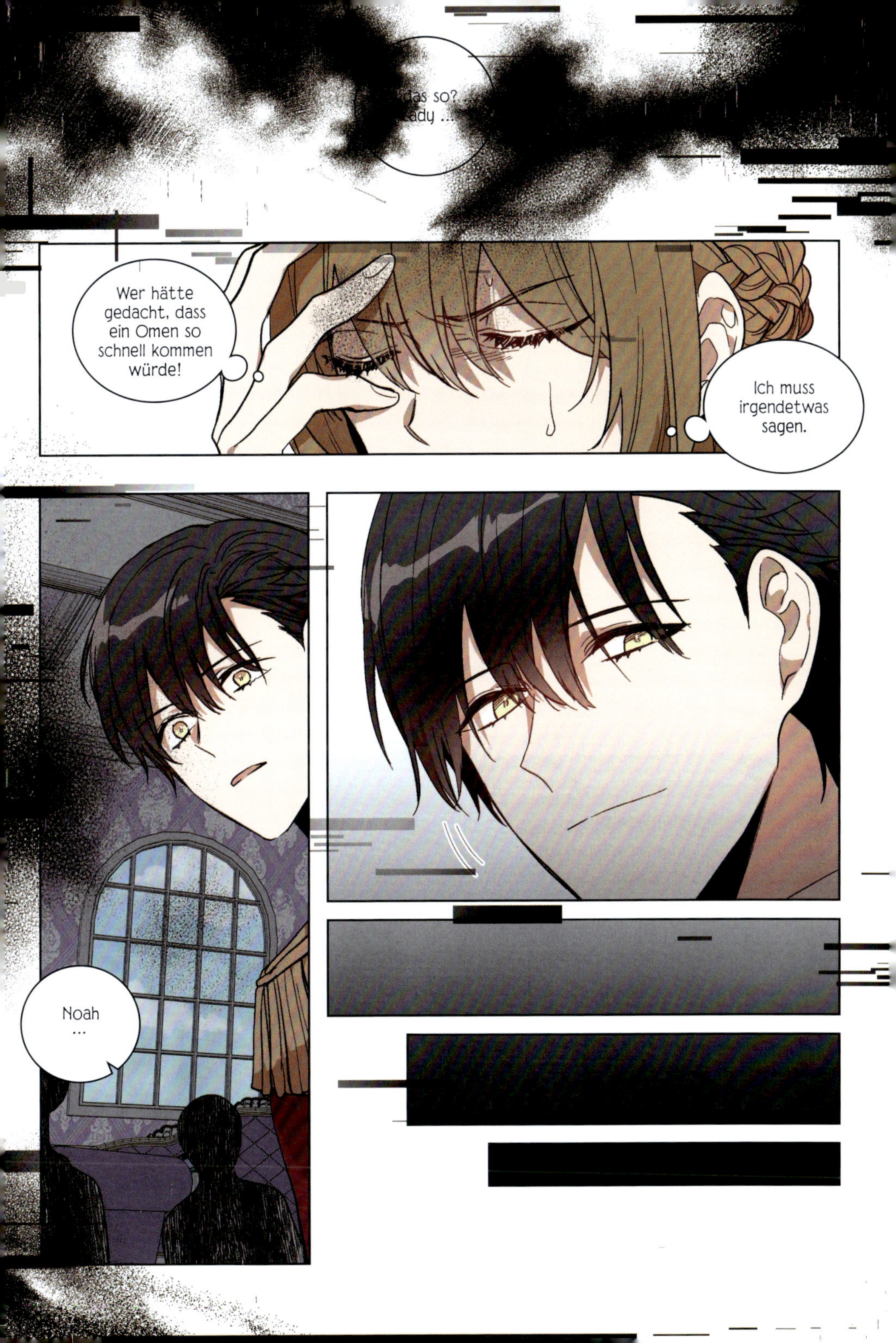
das so?
ady …
Wer hätte gedacht, dass ein Omen so schnell kommen würde!
Ich muss irgendetwas sagen.
Noah …

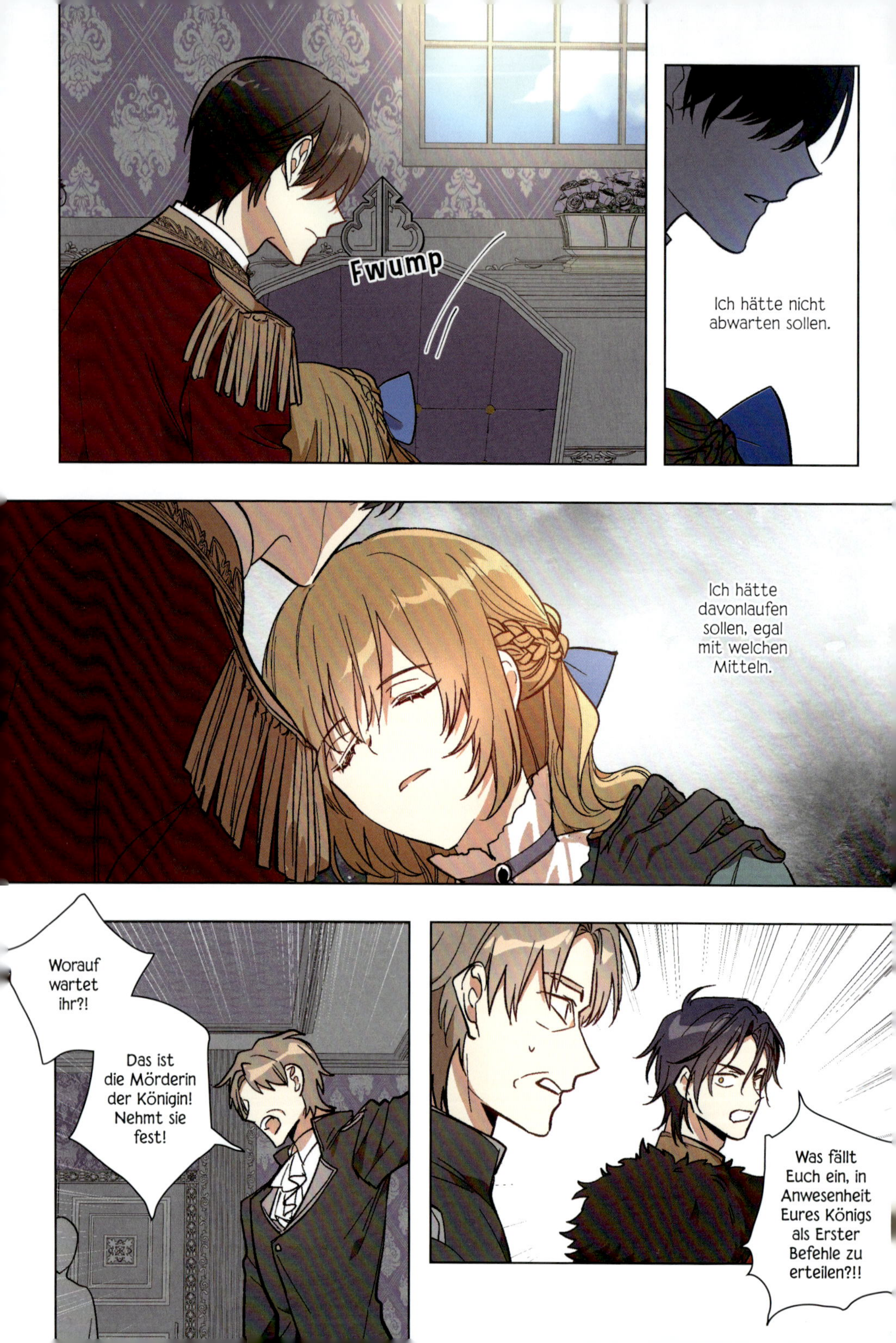
Fwump
Ich hätte nicht abwarten sollen.
Ich hätte davonlaufen sollen, egal mit welchen Mitteln.
Worauf wartet ihr?!
Das ist die Mörderin der Königin! Nehmt sie fest!
Was fällt Euch ein, in Anwesenheit Eures Königs als Erster Befehle zu erteilen?!!

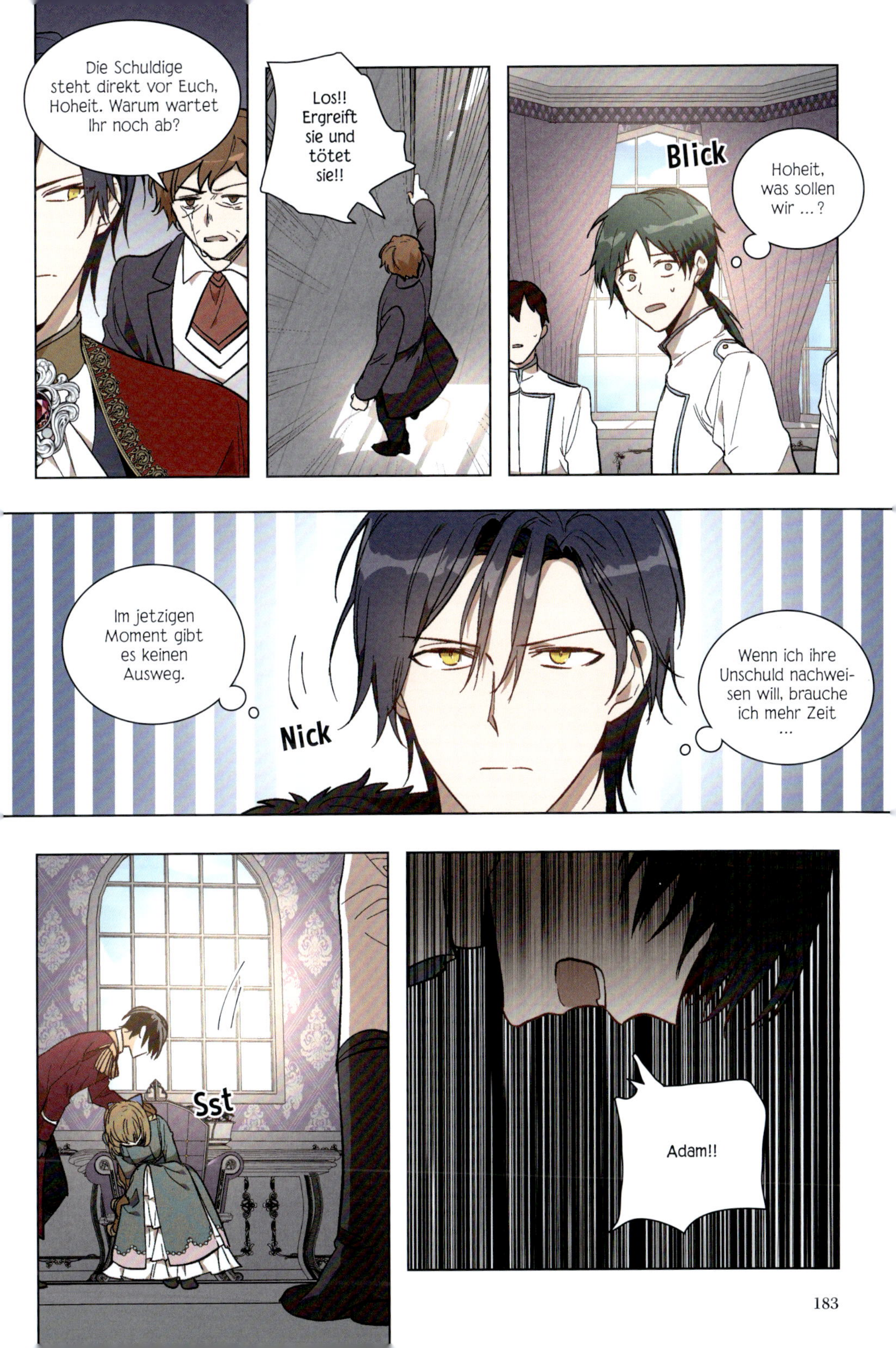
Die Schuldige steht direkt vor Euch, Hoheit. Warum wartet Ihr noch ab?
Los!! Ergreift sie und tötet sie!!
Blick
Hoheit, was sollen wir ...?
Im jetzigen Moment gibt es keinen Ausweg.
Nick
Wenn ich ihre Unschuld nachweisen will, brauche ich mehr Zeit ...
Sst
Adam!!

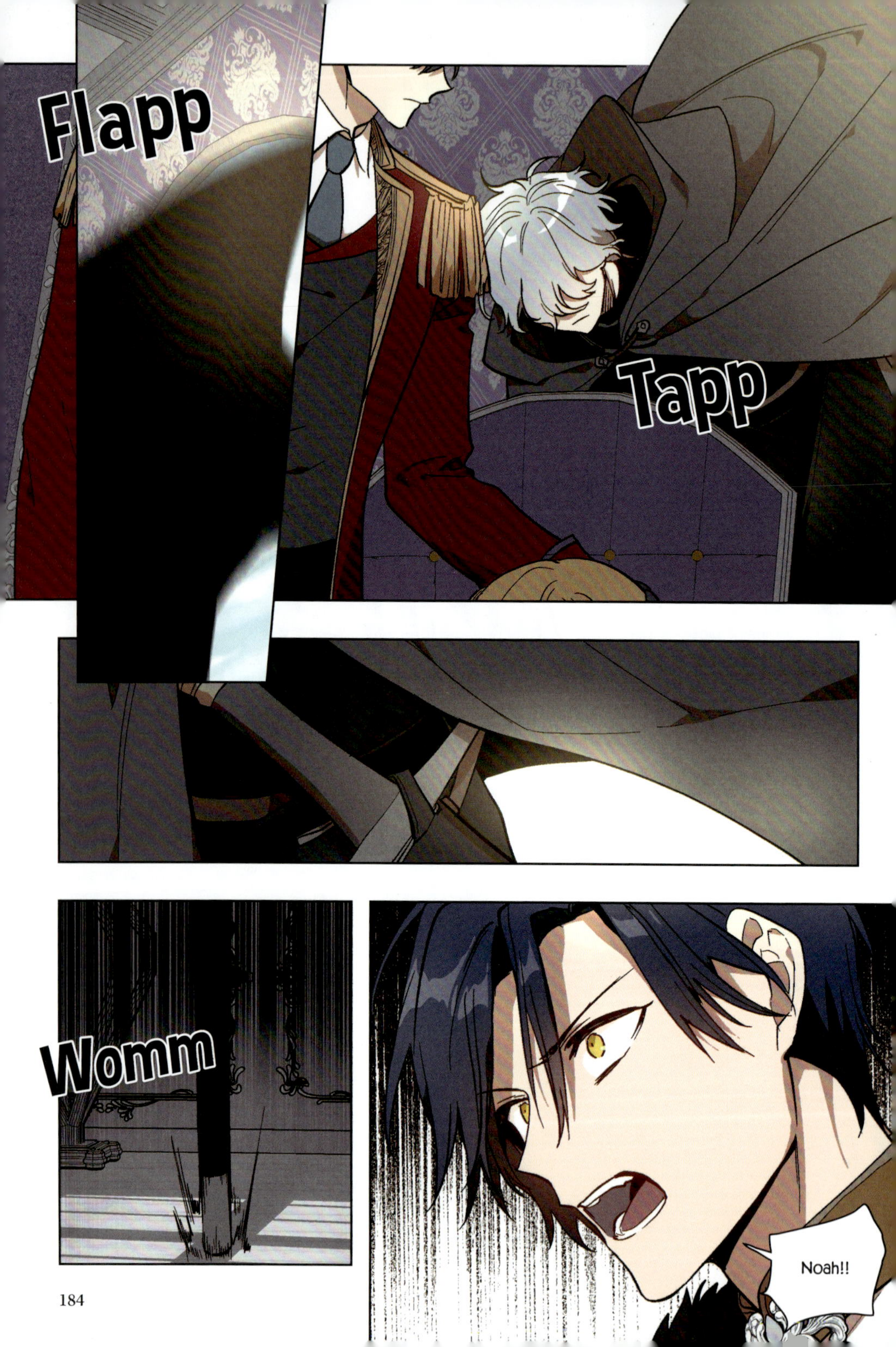
Flapp
Tapp
Womm
Noah!!

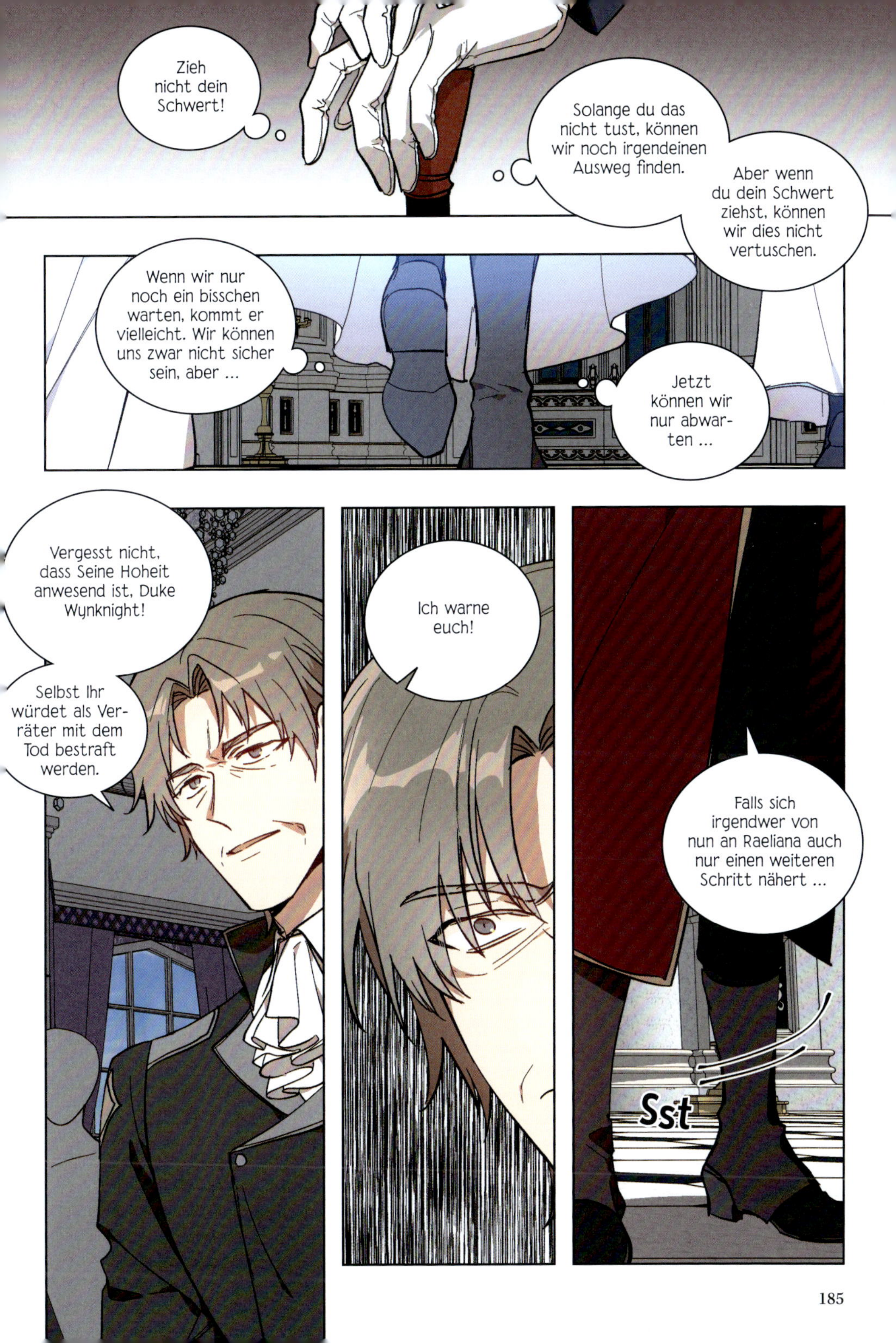
Zieh nicht dein Schwert!
Solange du das nicht tust, können wir noch irgendeinen Ausweg finden.
Aber wenn du dein Schwert ziehst, können wir dies nicht vertuschen.
Wenn wir nur noch ein bisschen warten, kommt er vielleicht. Wir können uns zwar nicht sicher sein, aber ...
Jetzt können wir nur abwarten ...
Vergesst nicht, dass Seine Hoheit anwesend ist, Duke Wynknight!
Selbst Ihr würdet als Verräter mit dem Tod bestraft werden.
Ich warne euch!
Falls sich irgendwer von nun an Raeliana auch nur einen weiteren Schritt nähert ...
Sst

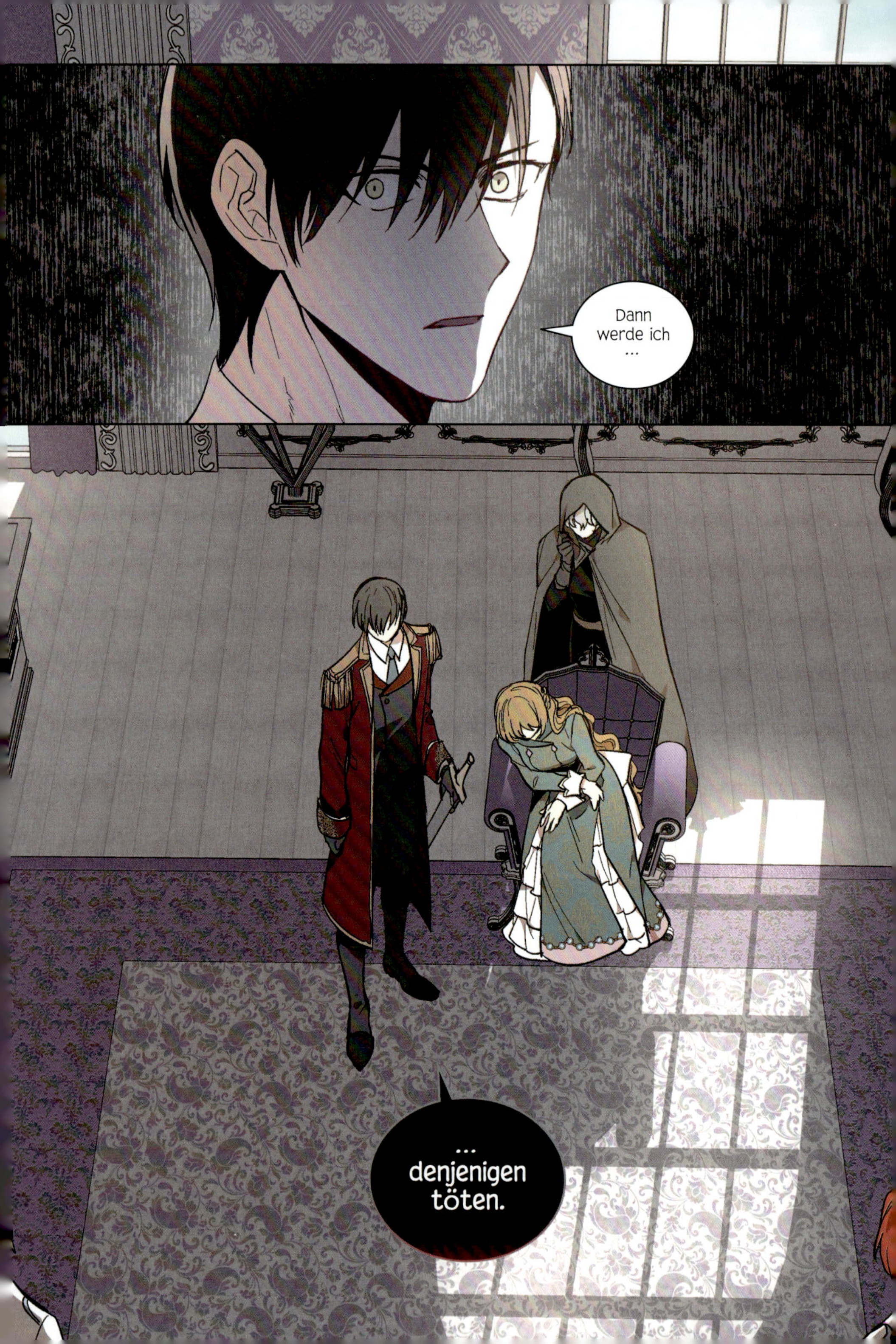
Dann werde ich …
… denjenigen töten.

RAELIANA

Warum sie die Verlobte des Dukes wurde

Kapitel 23

Ein Kampf gegen die Zeit

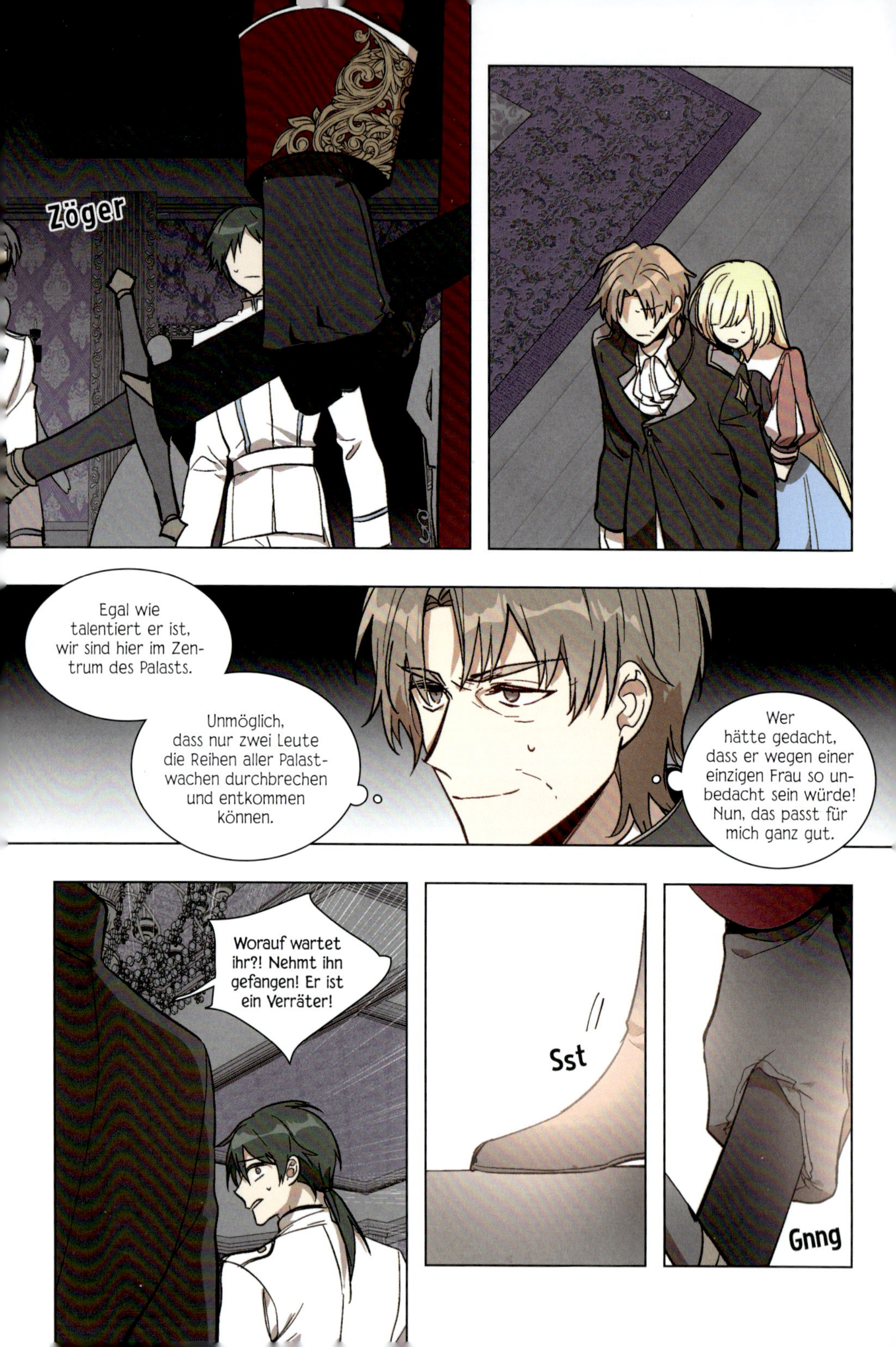
Zöger
Egal wie talentiert er ist, wir sind hier im Zentrum des Palasts.
Unmöglich, dass nur zwei Leute die Reihen aller Palastwachen durchbrechen und entkommen können.
Wer hätte gedacht, dass er wegen einer einzigen Frau so unbedacht sein würde! Nun, das passt für mich ganz gut.
Worauf wartet ihr?! Nehmt ihn gefangen! Er ist ein Verräter!
Sst
Gnng

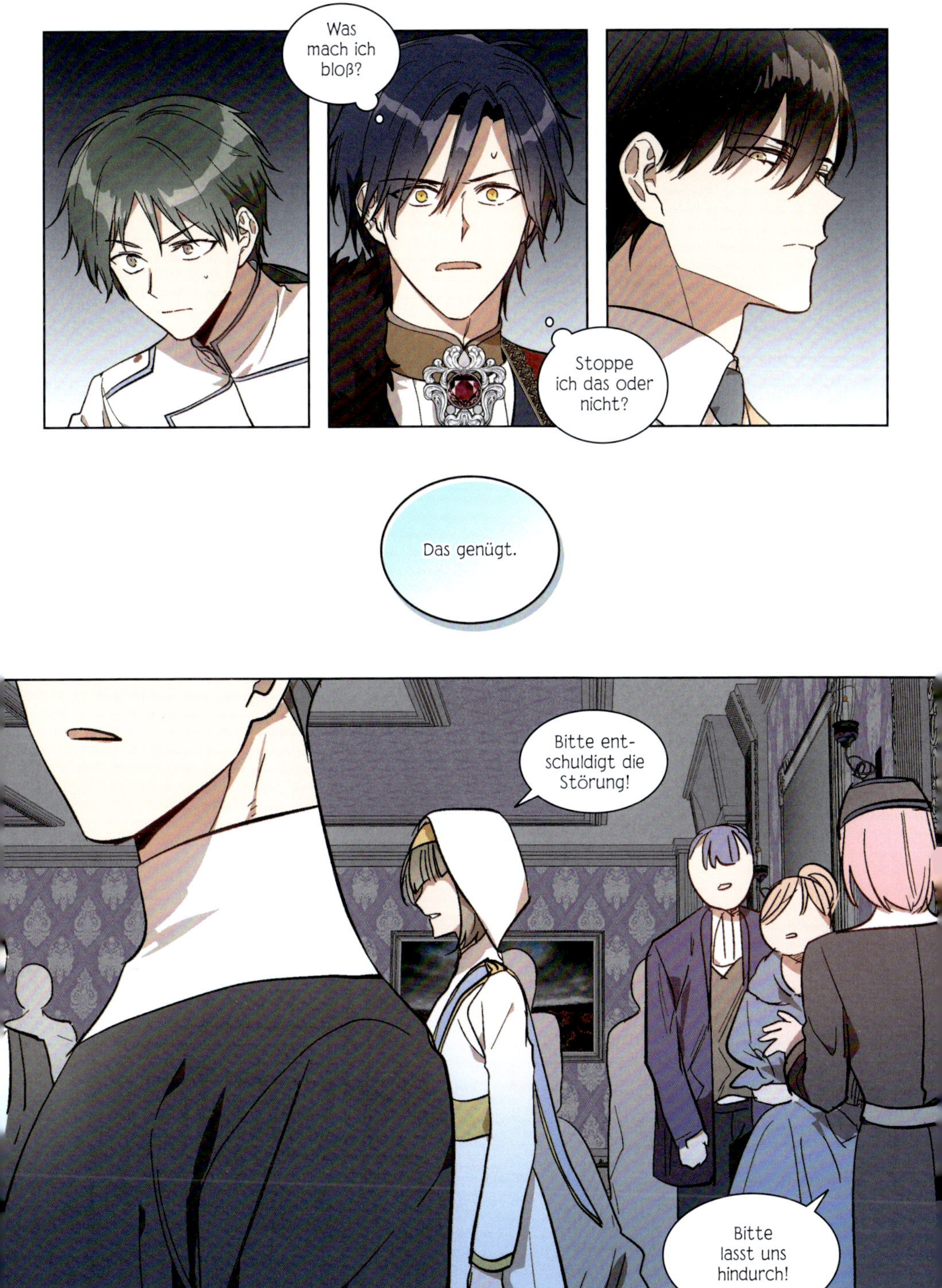

Was mach ich bloß?
Stoppe ich das oder nicht?
Das genügt.
Bitte entschuldigt die Störung!
Bitte lasst uns hindurch!

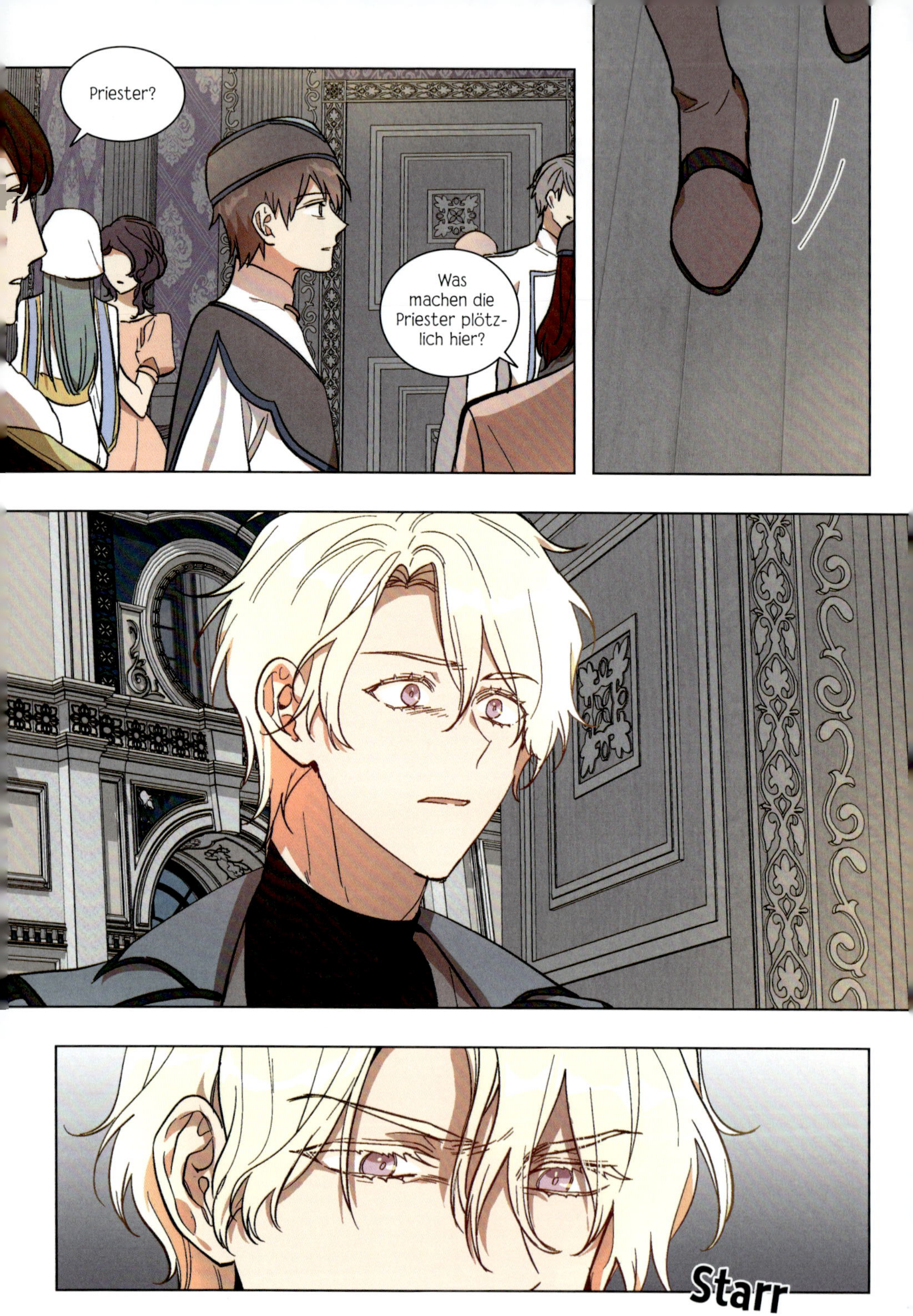
Priester?
Was machen die Priester plötz-lich hier?
Starr

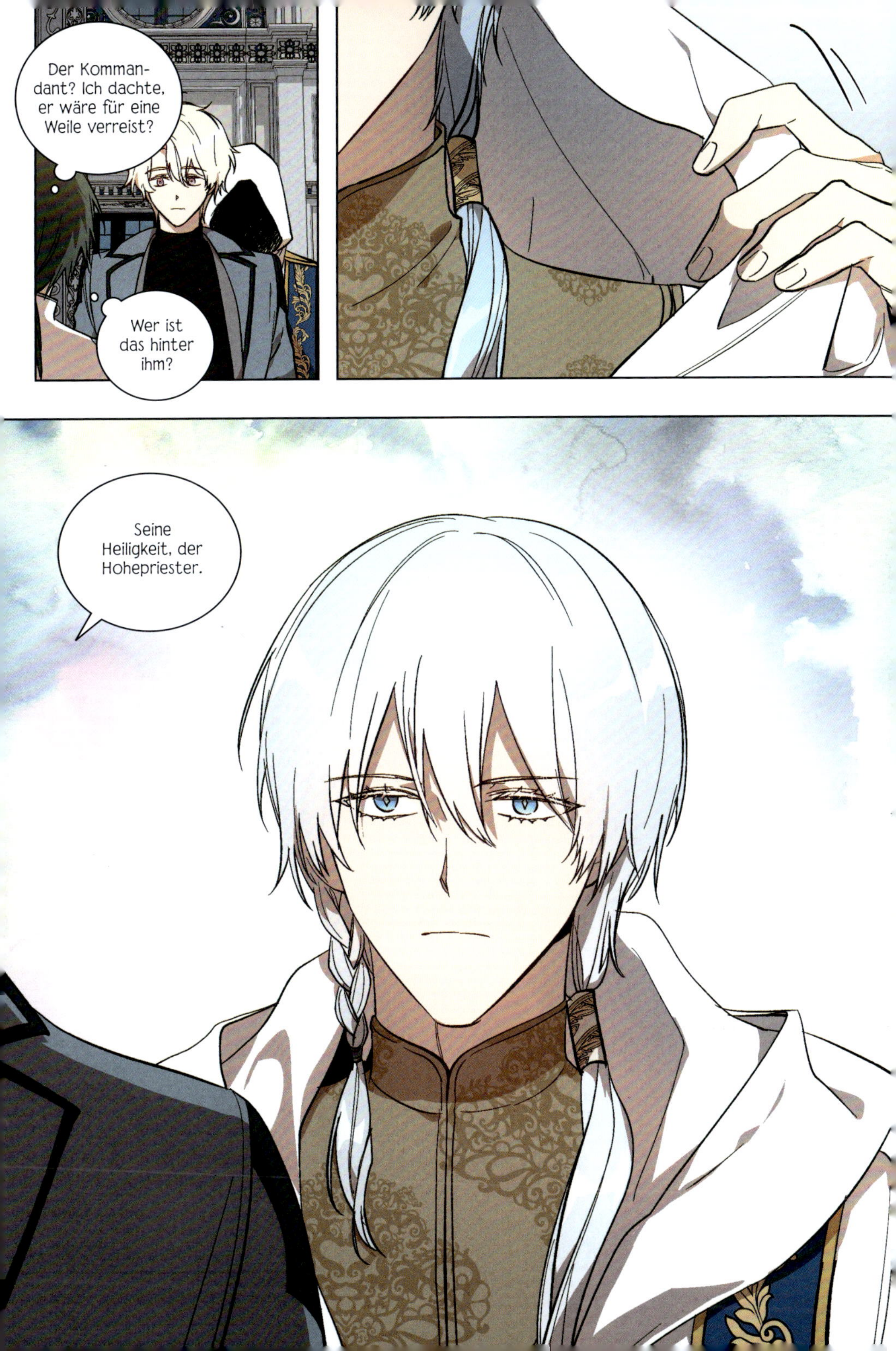
Der Komman-
dant? Ich dachte,
er wäre für eine
Weile verreist?
Wer ist
das hinter
ihm?
Seine
Heiligkeit, der
Hohepriester.

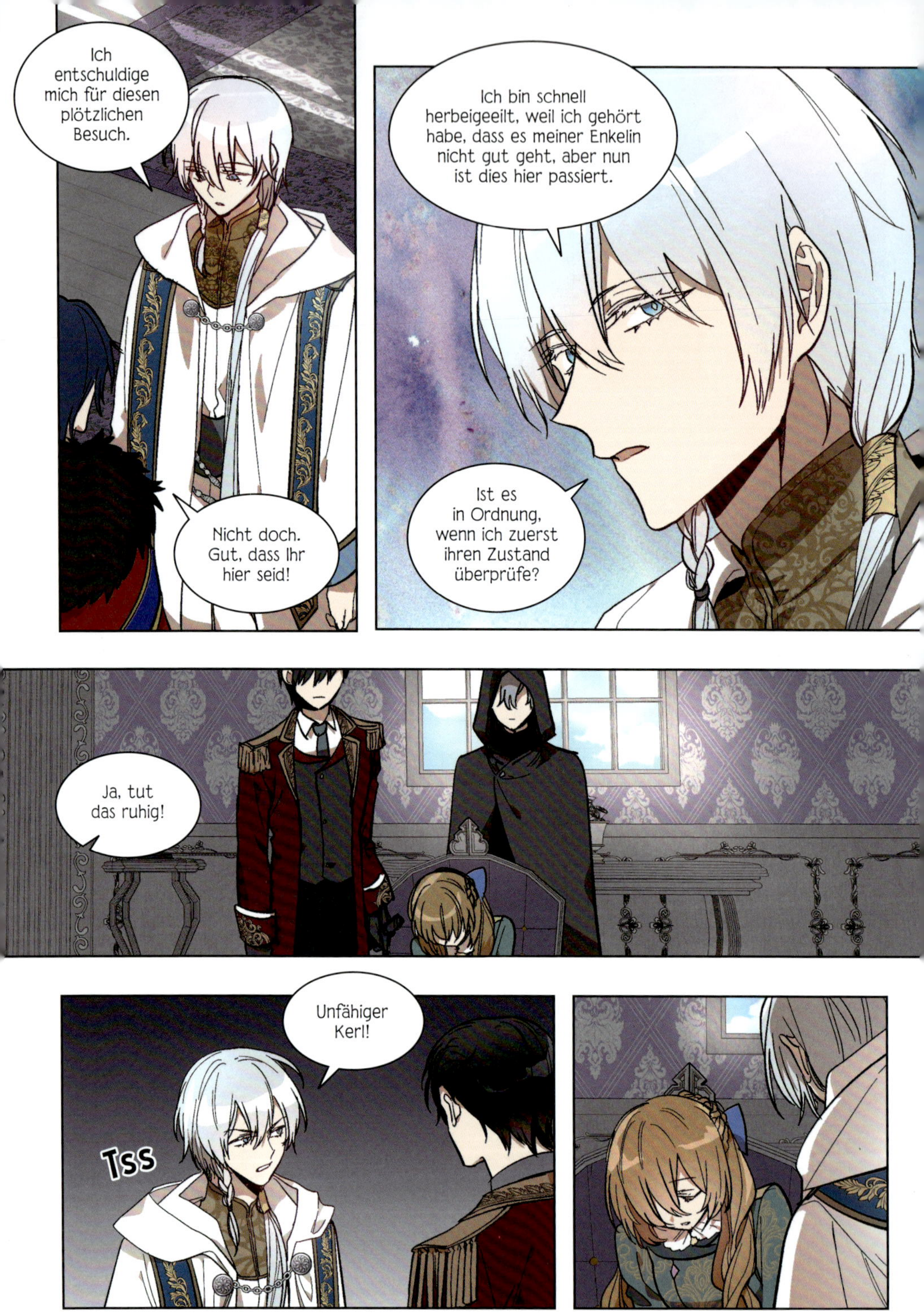
Ich entschuldige mich für diesen plötzlichen Besuch.
Nicht doch. Gut, dass Ihr hier seid!
Ich bin schnell herbeigeeilt, weil ich gehört habe, dass es meiner Enkelin nicht gut geht, aber nun ist dies hier passiert.
Ist es in Ordnung, wenn ich zuerst ihren Zustand überprüfe?
Ja, tut das ruhig!
Unfähiger Kerl!
TSS

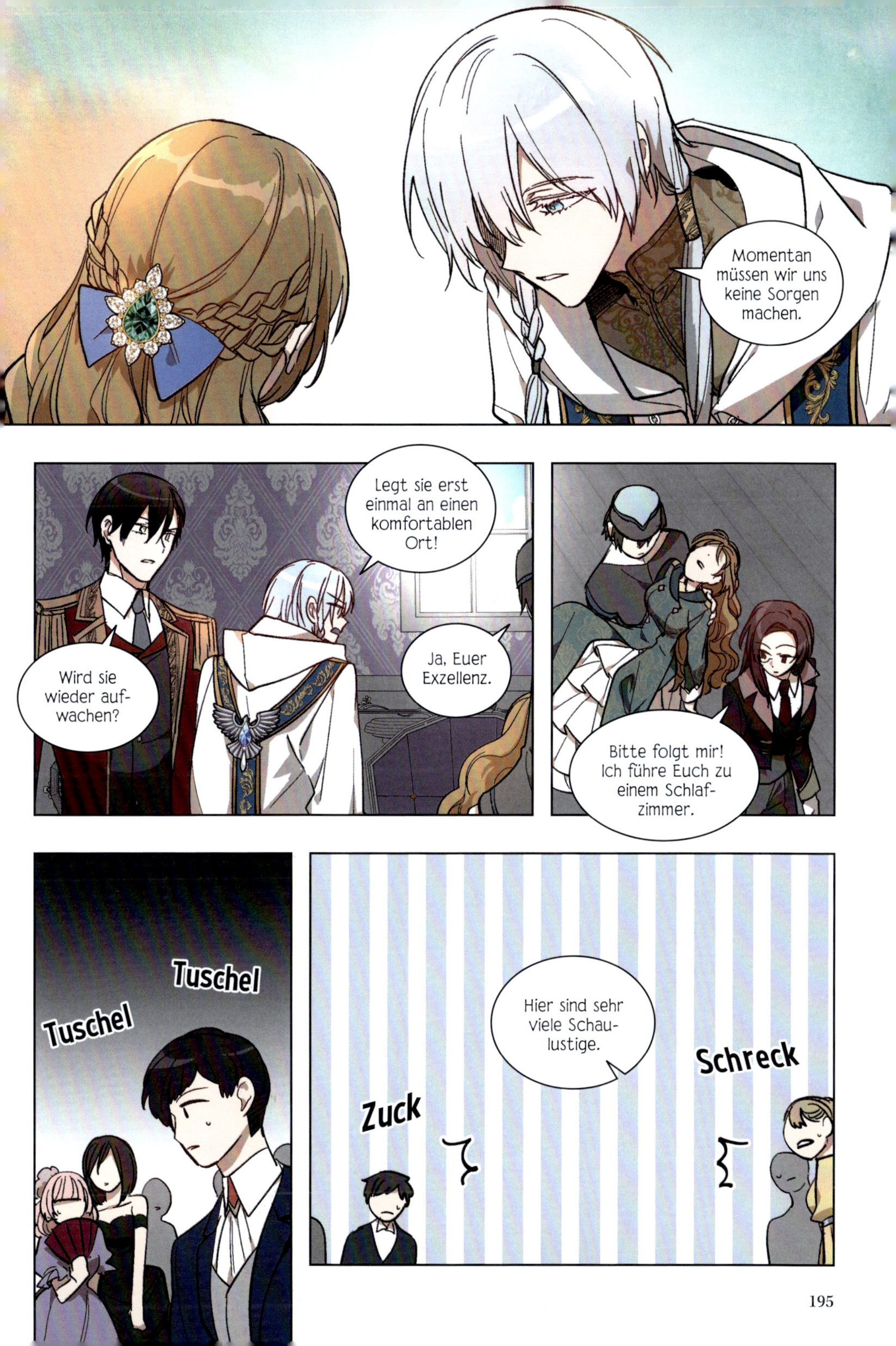
Momentan müssen wir uns keine Sorgen machen.
Wird sie wieder auf-wachen?
Legt sie erst einmal an einen komfortablen Ort!
Ja, Euer Exzellenz.
Bitte folgt mir! Ich führe Euch zu einem Schlaf-zimmer.
Tuschel
Tuschel
Hier sind sehr viele Schau-lustige.
Zuck
Schreck

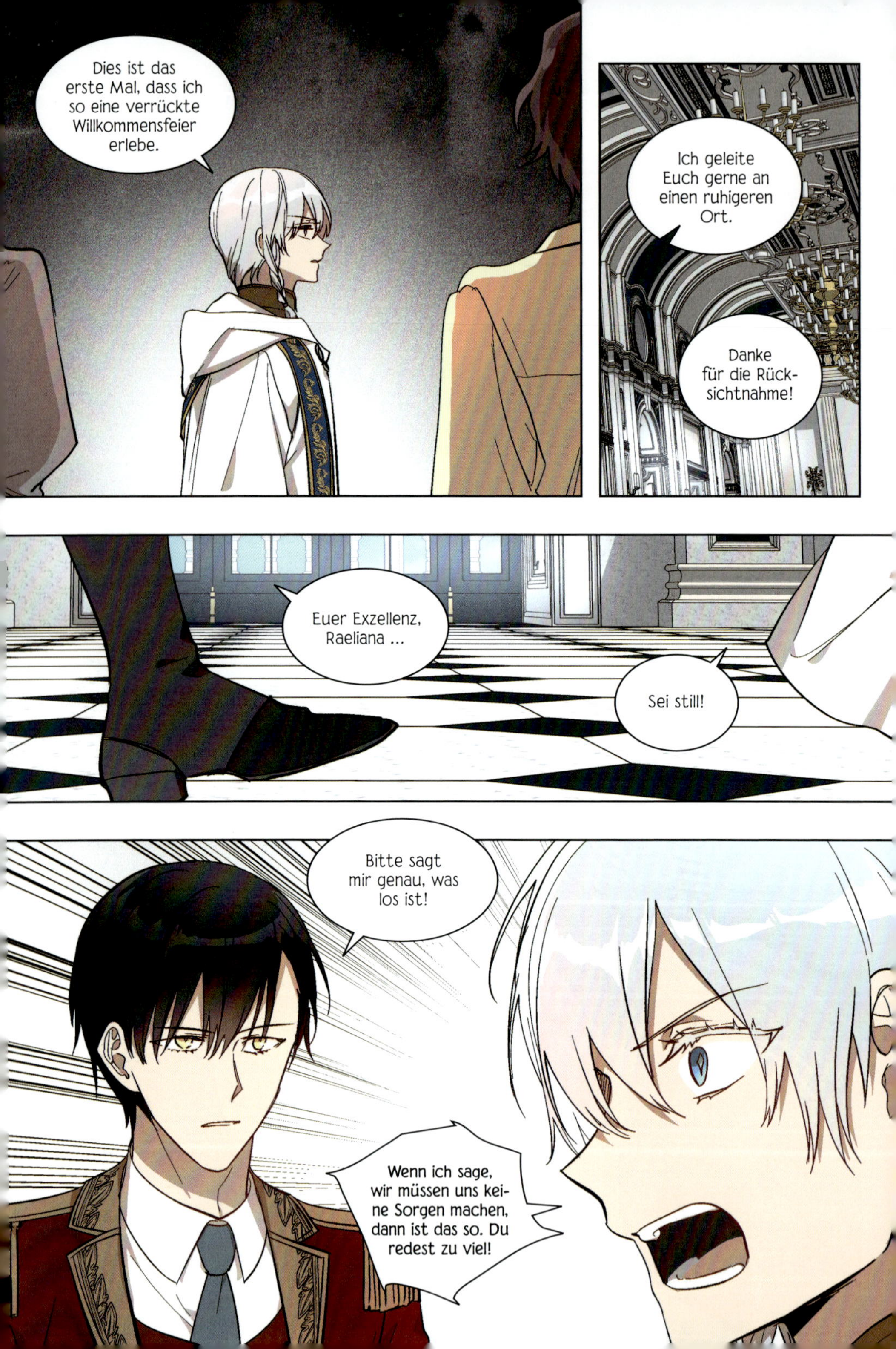

Dies ist das erste Mal, dass ich so eine verrückte Willkommensfeier erlebe.
Ich geleite Euch gerne an einen ruhigeren Ort.
Danke für die Rücksichtnahme!
Euer Exzellenz, Raeliana ...
Sei still!
Bitte sagt mir genau, was los ist!
Wenn ich sage, wir müssen uns keine Sorgen machen, dann ist das so. Du redest zu viel!

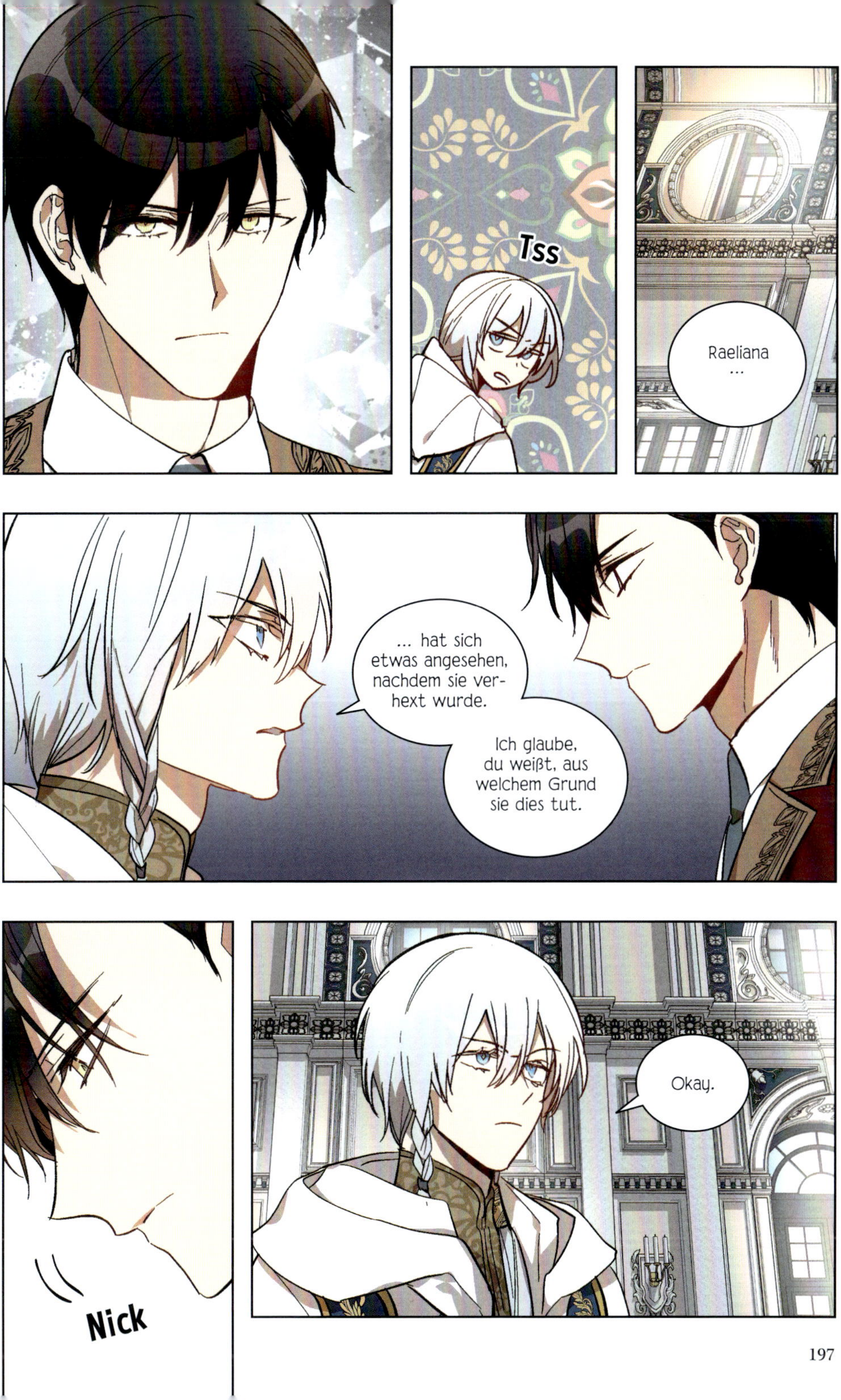
Tss
Raeliana ...
... hat sich etwas angesehen, nachdem sie verhext wurde.
Ich glaube, du weißt, aus welchem Grund sie dies tut.
Nick
Okay.

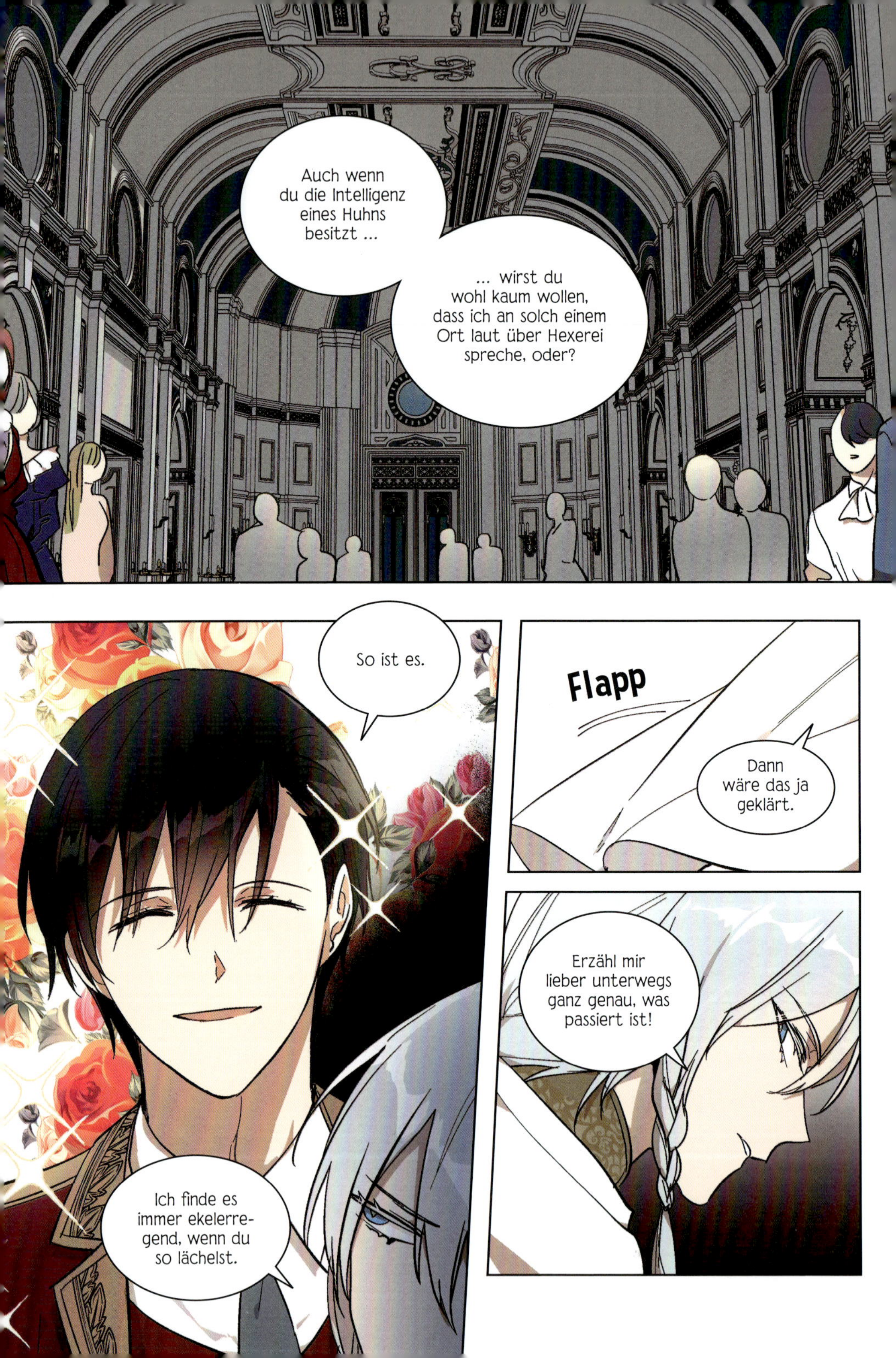

Auch wenn du die Intelligenz eines Huhns besitzt ...
... wirst du wohl kaum wollen, dass ich an solch einem Ort laut über Hexerei spreche, oder?
So ist es.
Ich finde es immer ekelerregend, wenn du so lächelst.
Flapp
Dann wäre das ja geklärt.
Erzähl mir lieber unterwegs ganz genau, was passiert ist!

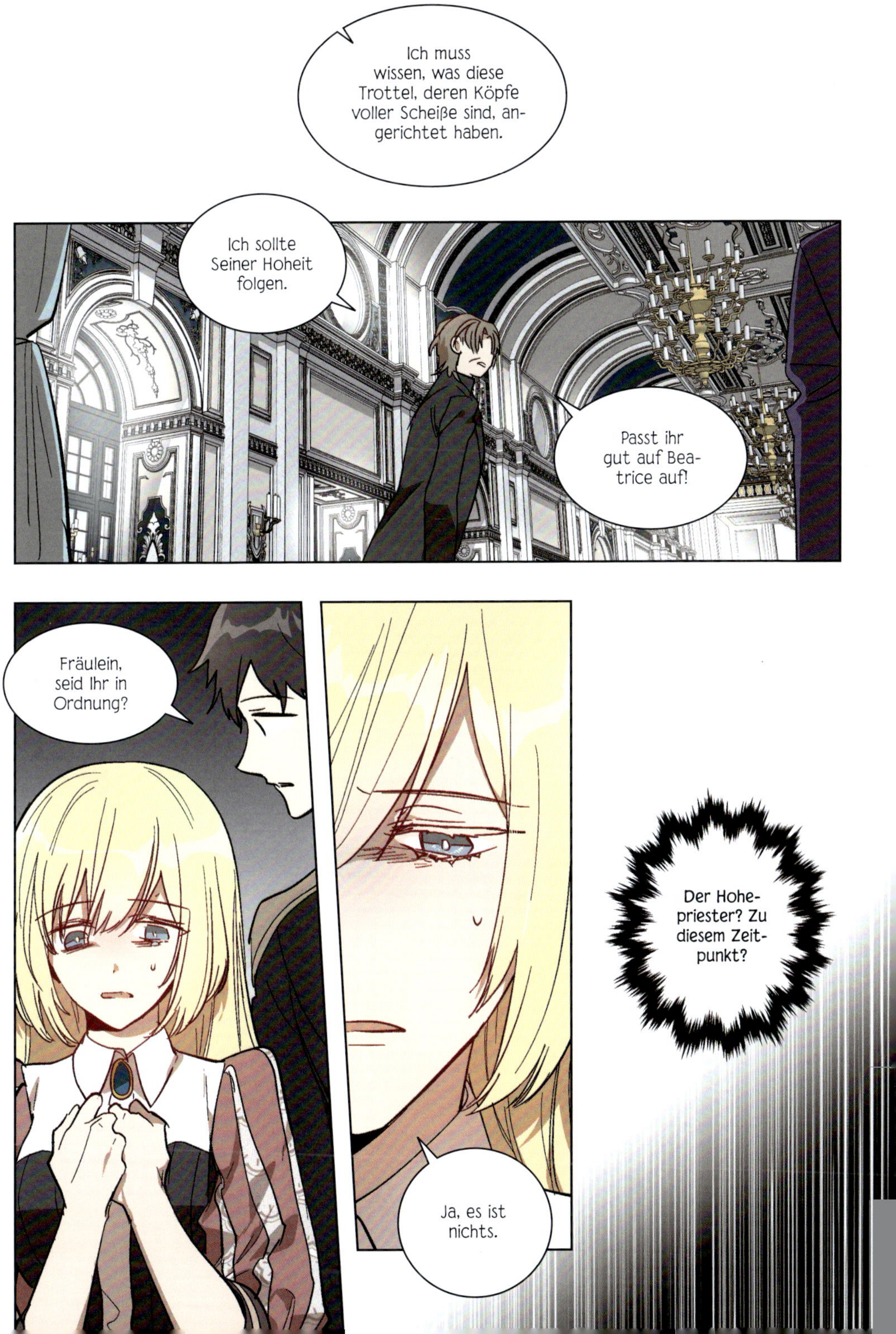
Ich muss wissen, was diese Trottel, deren Köpfe voller Scheiße sind, angerichtet haben.
Ich sollte Seiner Hoheit folgen.
Passt ihr gut auf Beatrice auf!
Fräulein, seid Ihr in Ordnung?
Ja, es ist nichts.
Der Hohepriester? Zu diesem Zeitpunkt?

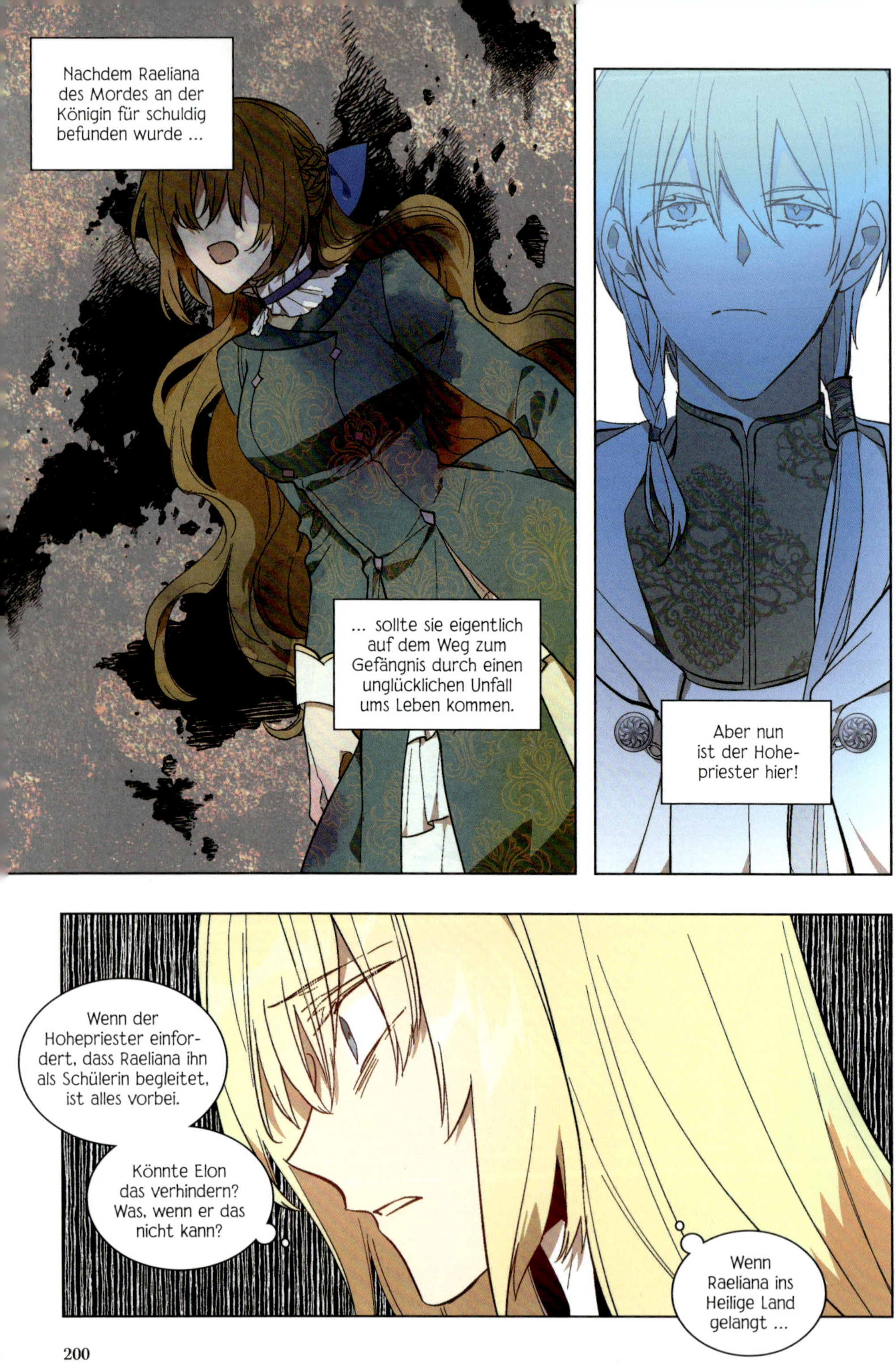
Nachdem Raeliana des Mordes an der Königin für schuldig befunden wurde …
… sollte sie eigentlich auf dem Weg zum Gefängnis durch einen unglücklichen Unfall ums Leben kommen.
Aber nun ist der Hohe-priester hier!
Wenn der Hohepriester einfor-dert, dass Raeliana ihn als Schülerin begleitet, ist alles vorbei.
Könnte Elon das verhindern? Was, wenn er das nicht kann?
Wenn Raeliana ins Heilige Land gelangt …

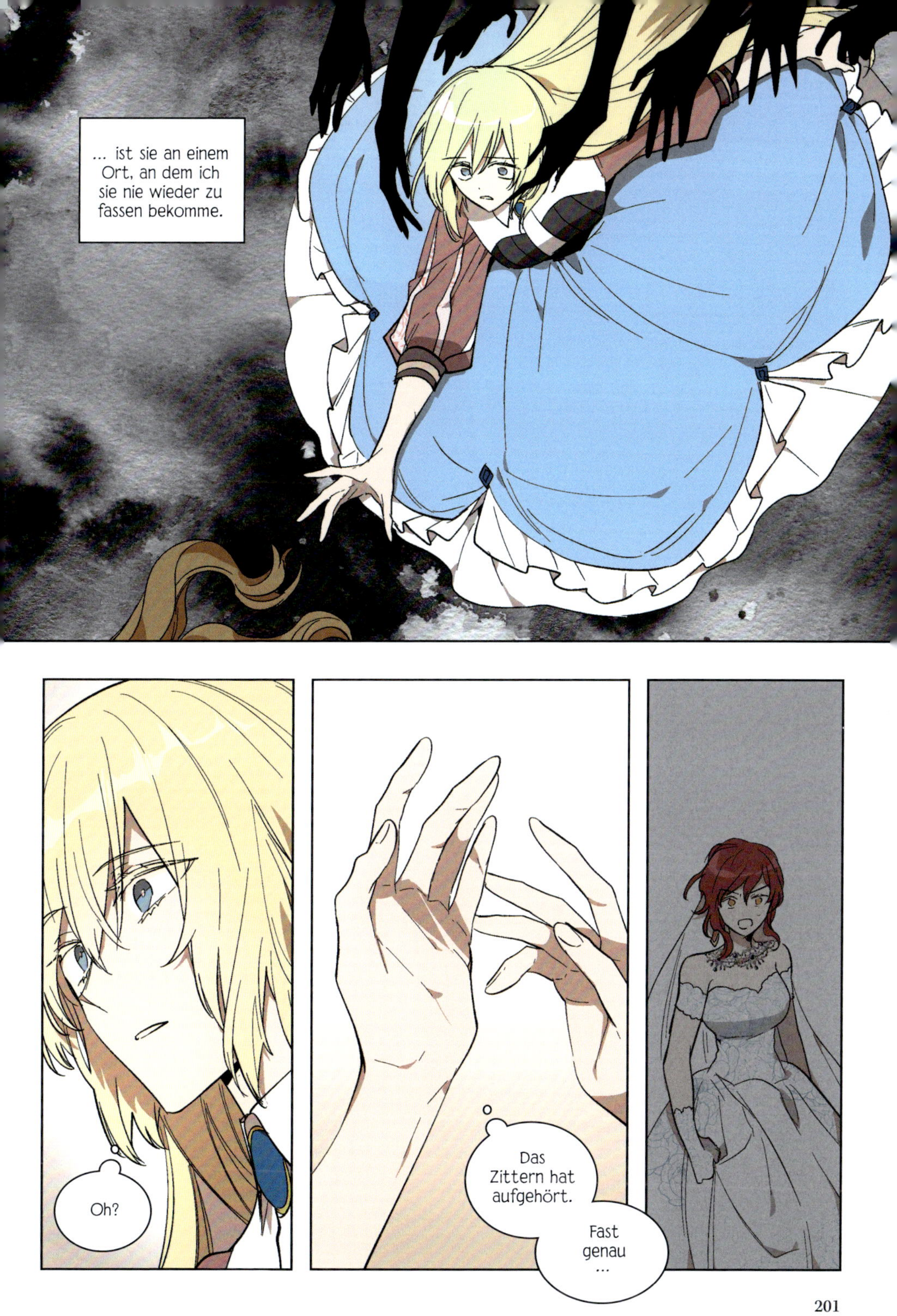
… ist sie an einem Ort, an dem ich sie nie wieder zu fassen bekomme.
Oh?
Das Zittern hat aufgehört.
Fast genau …

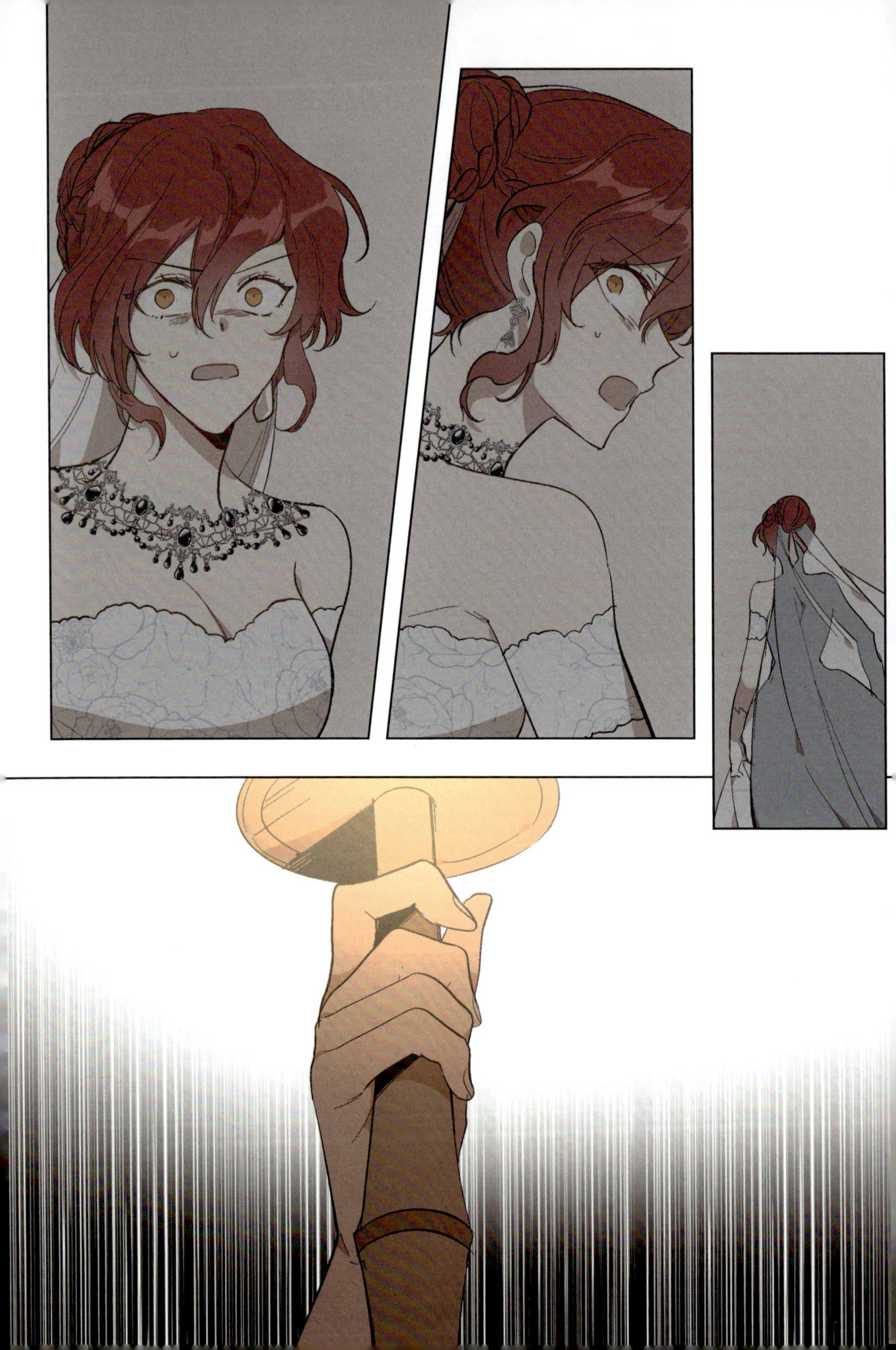

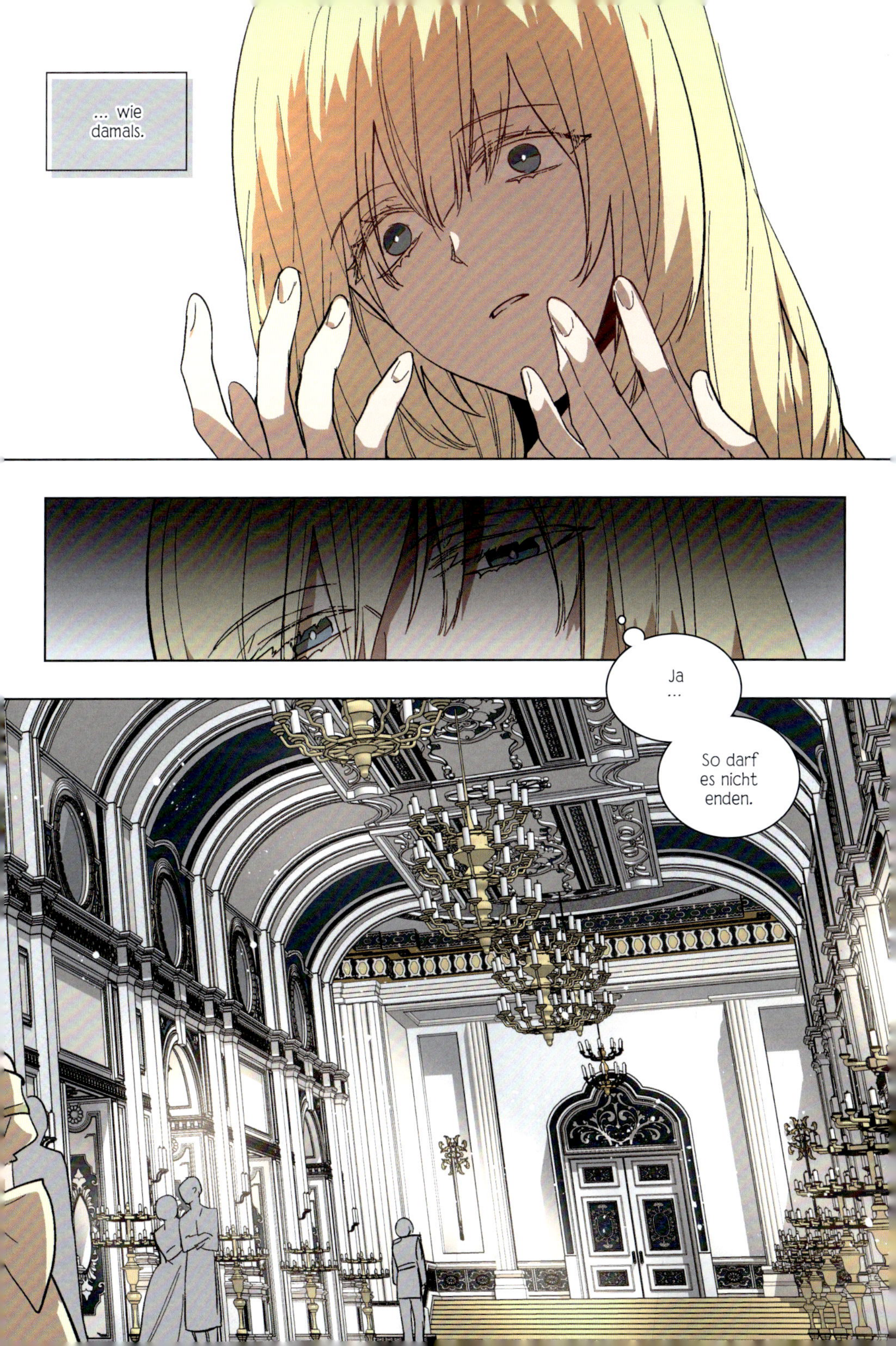

... wie damals.
Ja ...
So darf es nicht enden.

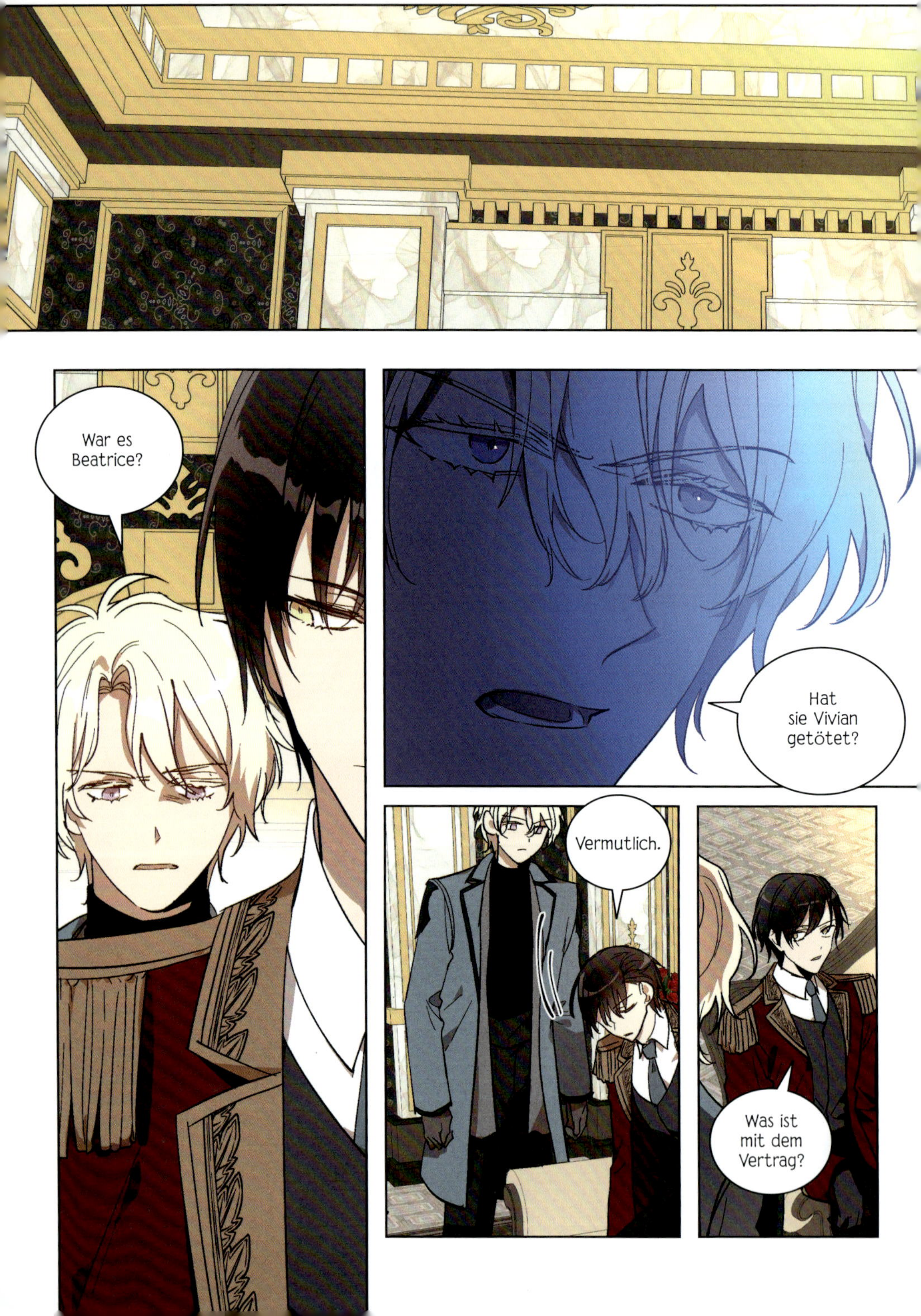
War es Beatrice?
Hat sie Vivian getötet?
Vermutlich.
Was ist mit dem Vertrag?

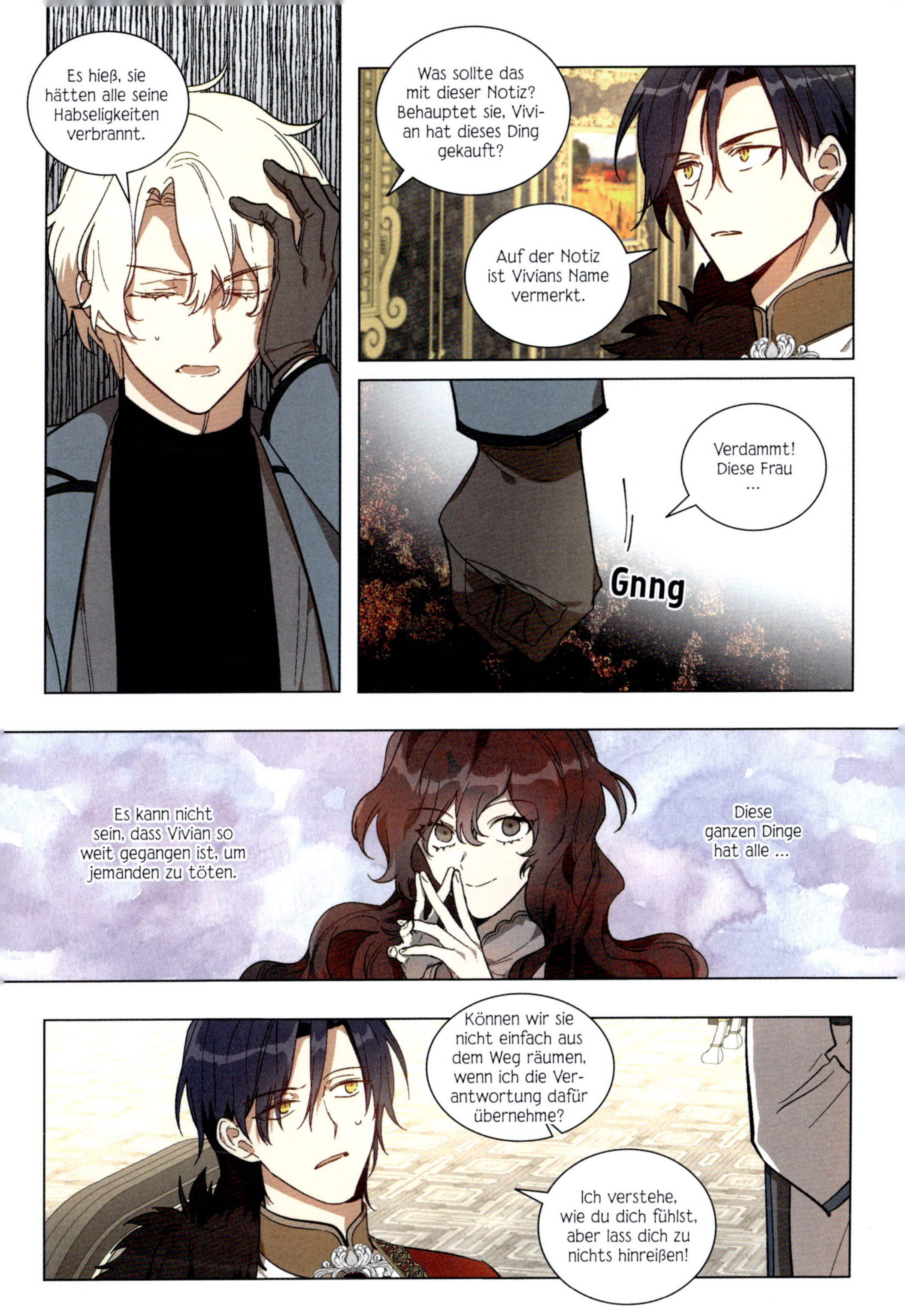
Es hieß, sie hätten alle seine Habseligkeiten verbrannt.
Was sollte das mit dieser Notiz? Behauptet sie, Vivian hat dieses Ding gekauft?
Auf der Notiz ist Vivians Name vermerkt.
Verdammt! Diese Frau ...
Gnng
Es kann nicht sein, dass Vivian so weit gegangen ist, um jemanden zu töten.
Diese ganzen Dinge hat alle ...
Können wir sie nicht einfach aus dem Weg räumen, wenn ich die Verantwortung dafür übernehme?
Ich verstehe, wie du dich fühlst, aber lass dich zu nichts hinreißen!

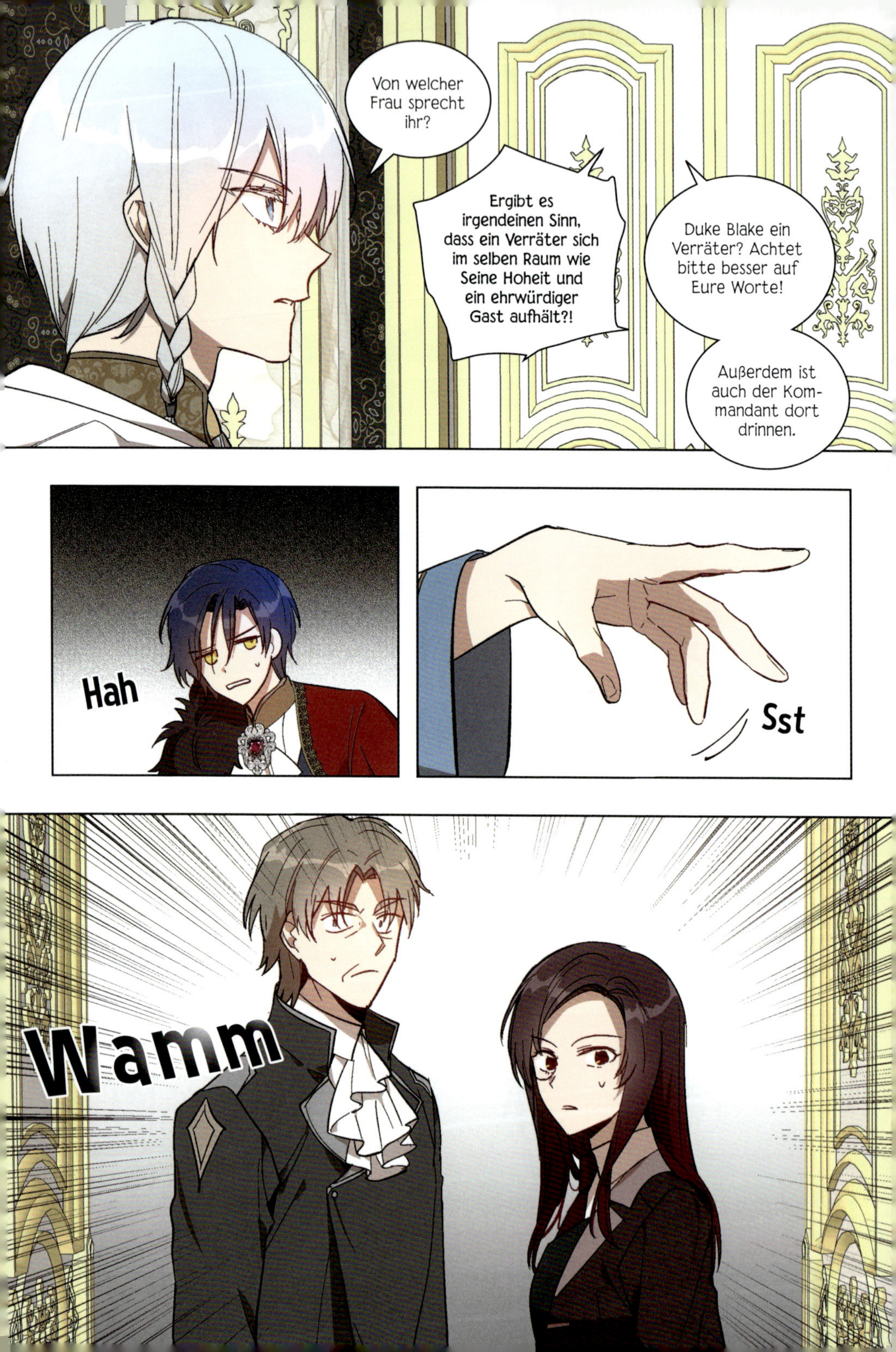

Von welcher Frau sprecht ihr?
Ergibt es irgendeinen Sinn, dass ein Verräter sich im selben Raum wie Seine Hoheit und ein ehrwürdiger Gast aufhält?!
Duke Blake ein Verräter? Achtet bitte besser auf Eure Worte!
Außerdem ist auch der Kommandant dort drinnen.
Hah
Sst
Wamm

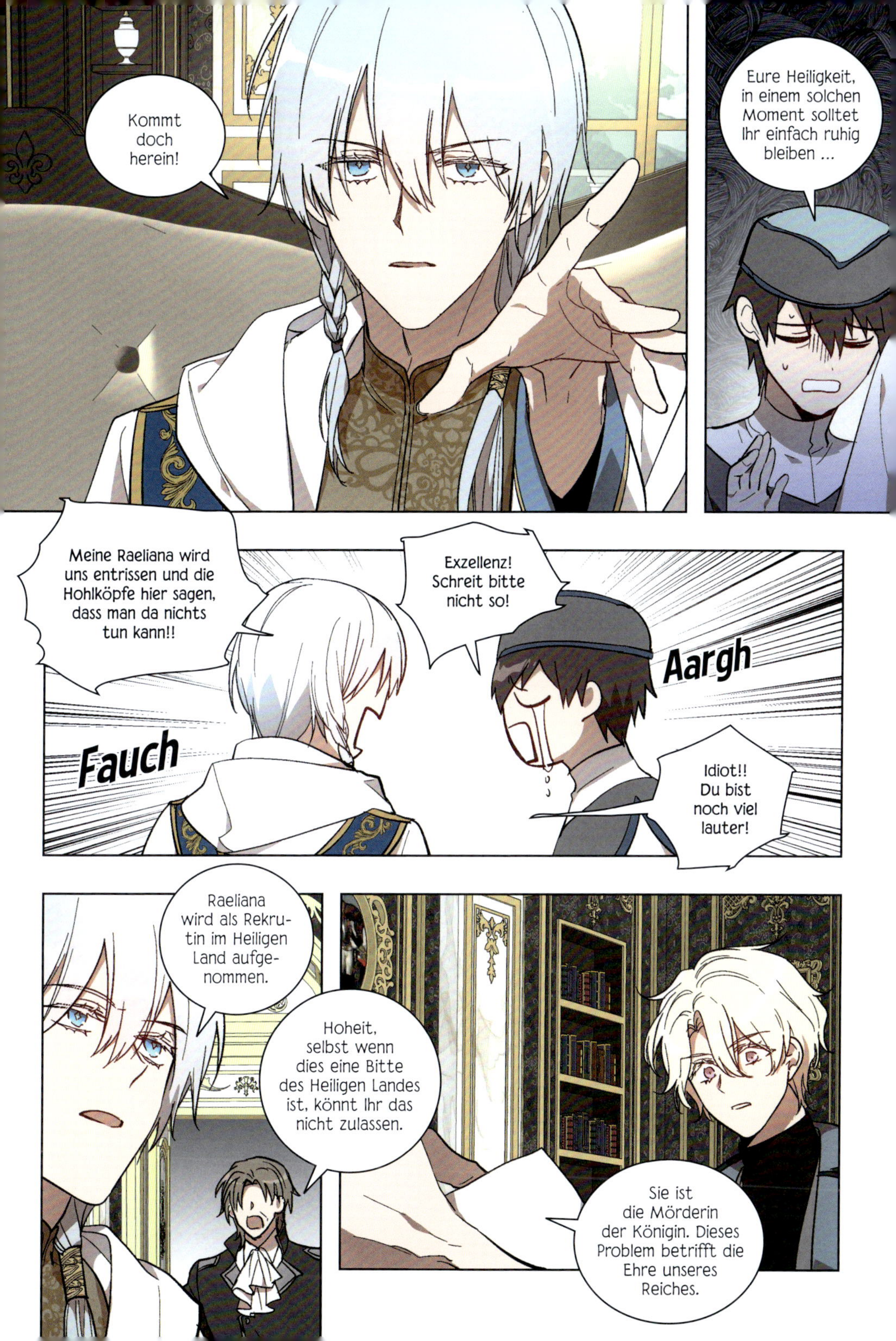
Kommt doch herein!
Eure Heiligkeit, in einem solchen Moment solltet Ihr einfach ruhig bleiben ...
Meine Raeliana wird uns entrissen und die Hohlköpfe hier sagen, dass man da nichts tun kann!!
Exzellenz! Schreit bitte nicht so!
Aargh
Fauch
Idiot!! Du bist noch viel lauter!
Raeliana wird als Rekrutin im Heiligen Land aufgenommen.
Hoheit, selbst wenn dies eine Bitte des Heiligen Landes ist, könnt Ihr das nicht zulassen.
Sie ist die Mörderin der Königin. Dieses Problem betrifft die Ehre unseres Reiches.

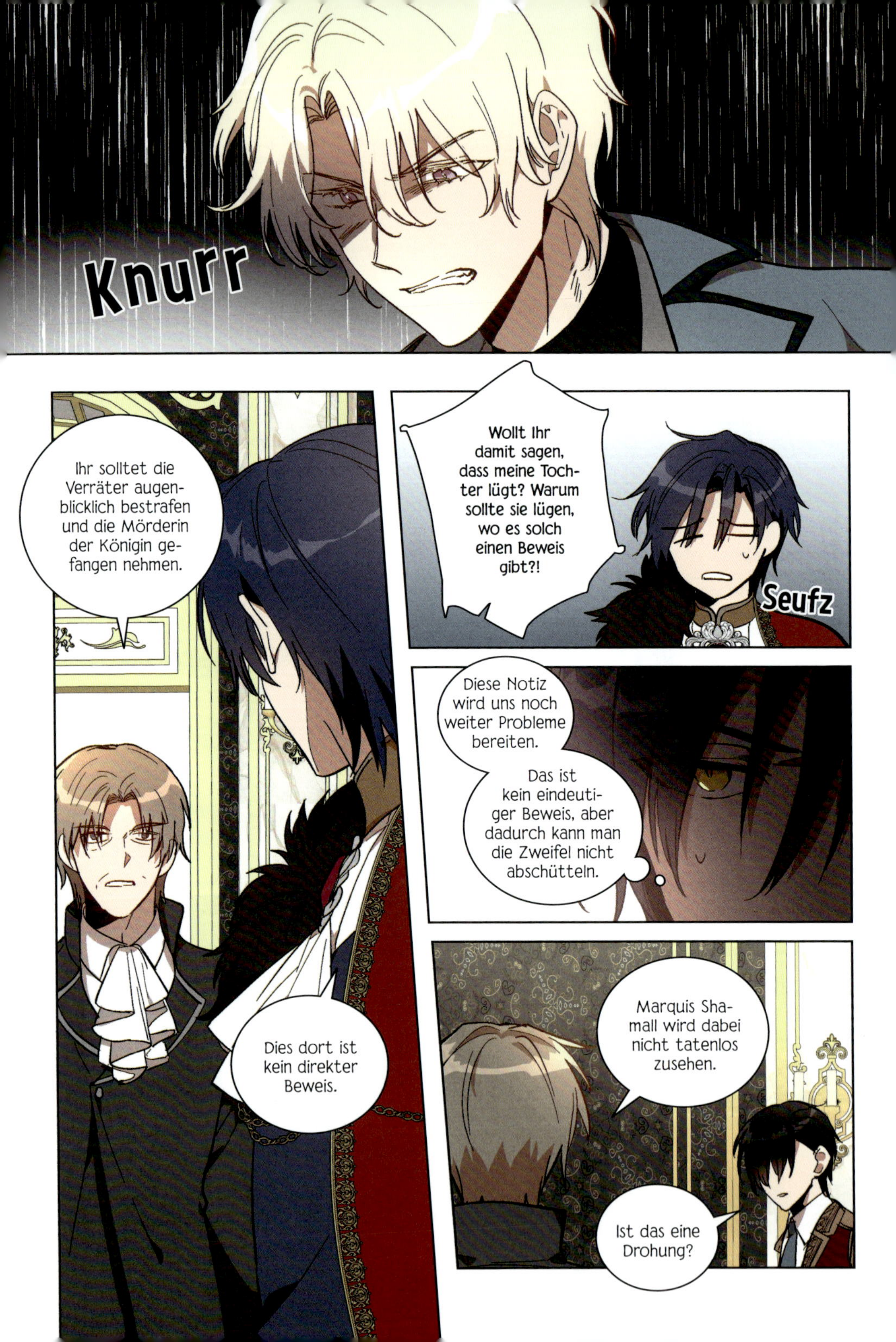
Knurr
Ihr solltet die Verräter augenblicklich bestrafen und die Mörderin der Königin gefangen nehmen.
Wollt Ihr damit sagen, dass meine Tochter lügt? Warum sollte sie lügen, wo es solch einen Beweis gibt?!
Seufz
Dies dort ist kein direkter Beweis.
Diese Notiz wird uns noch weiter Probleme bereiten.
Das ist kein eindeutiger Beweis, aber dadurch kann man die Zweifel nicht abschütteln.
Marquis Shamall wird dabei nicht tatenlos zusehen.
Ist das eine Drohung?

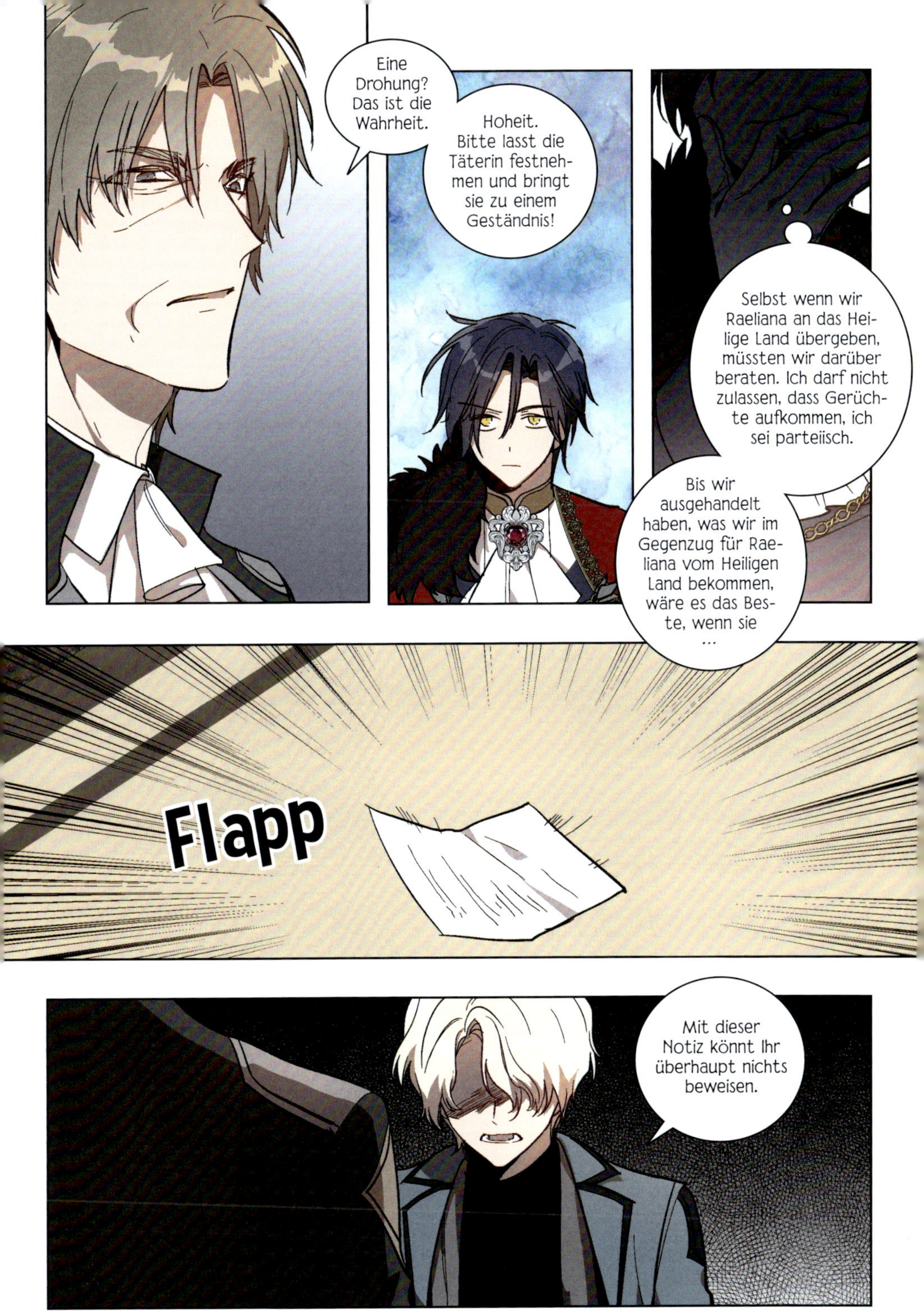
Eine Drohung? Das ist die Wahrheit.
Hoheit. Bitte lasst die Täterin festnehmen und bringt sie zu einem Geständnis!
Selbst wenn wir Raeliana an das Heilige Land übergeben, müssten wir darüber beraten. Ich darf nicht zulassen, dass Gerüchte aufkommen, ich sei parteiisch.
Bis wir ausgehandelt haben, was wir im Gegenzug für Raeliana vom Heiligen Land bekommen, wäre es das Beste, wenn sie …
Flapp
Mit dieser Notiz könnt Ihr überhaupt nichts beweisen.

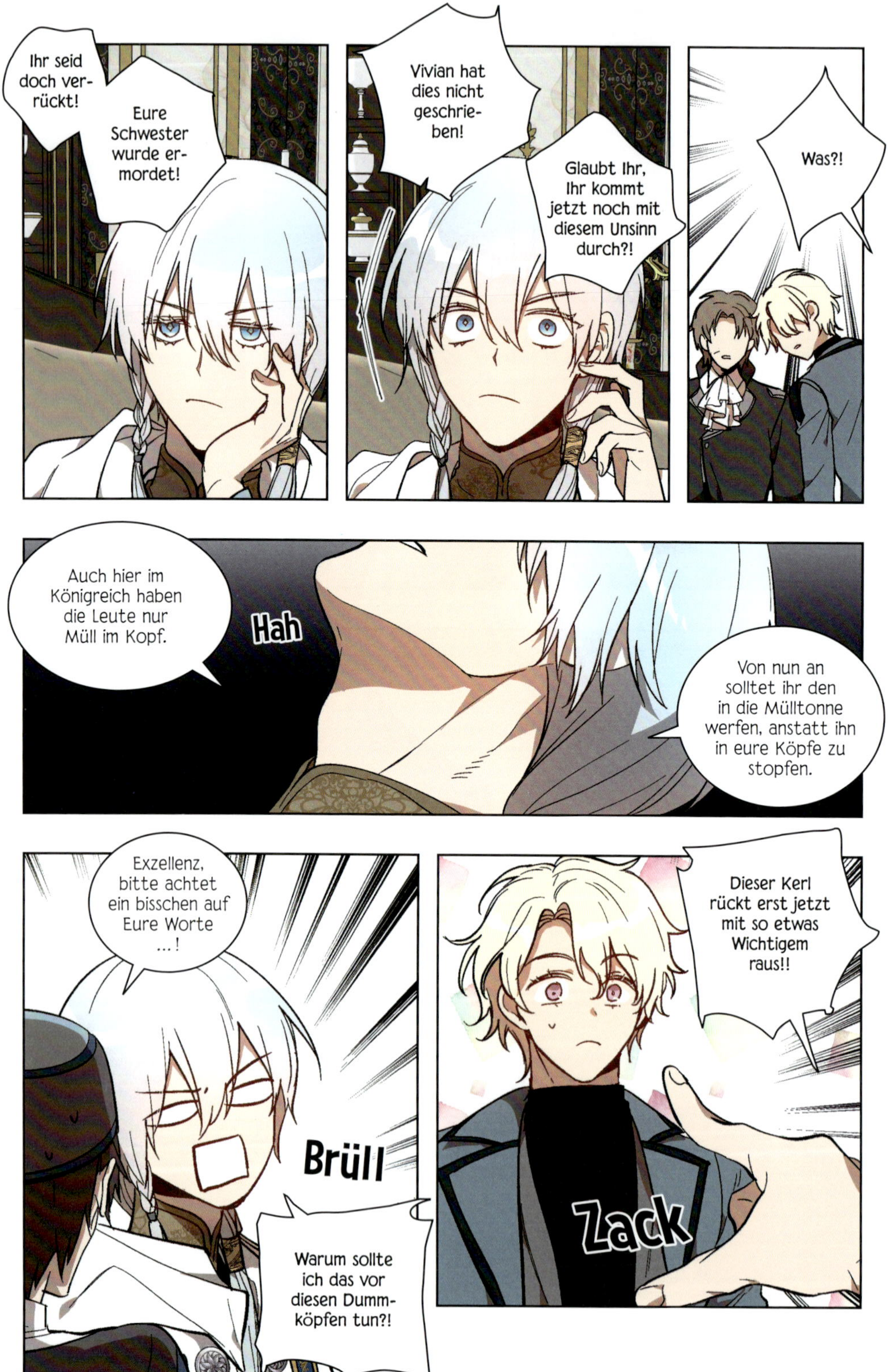
Ihr seid doch verrückt!
Eure Schwester wurde ermordet!
Vivian hat dies nicht geschrieben!
Glaubt Ihr, Ihr kommt jetzt noch mit diesem Unsinn durch?!
Was?!
Auch hier im Königreich haben die Leute nur Müll im Kopf.
Hah
Von nun an solltet ihr den in die Mülltonne werfen, anstatt ihn in eure Köpfe zu stopfen.
Exzellenz, bitte achtet ein bisschen auf Eure Worte …!
Brüll
Warum sollte ich das vor diesen Dummköpfen tun?!
Dieser Kerl rückt erst jetzt mit so etwas Wichtigem raus!!
Zack

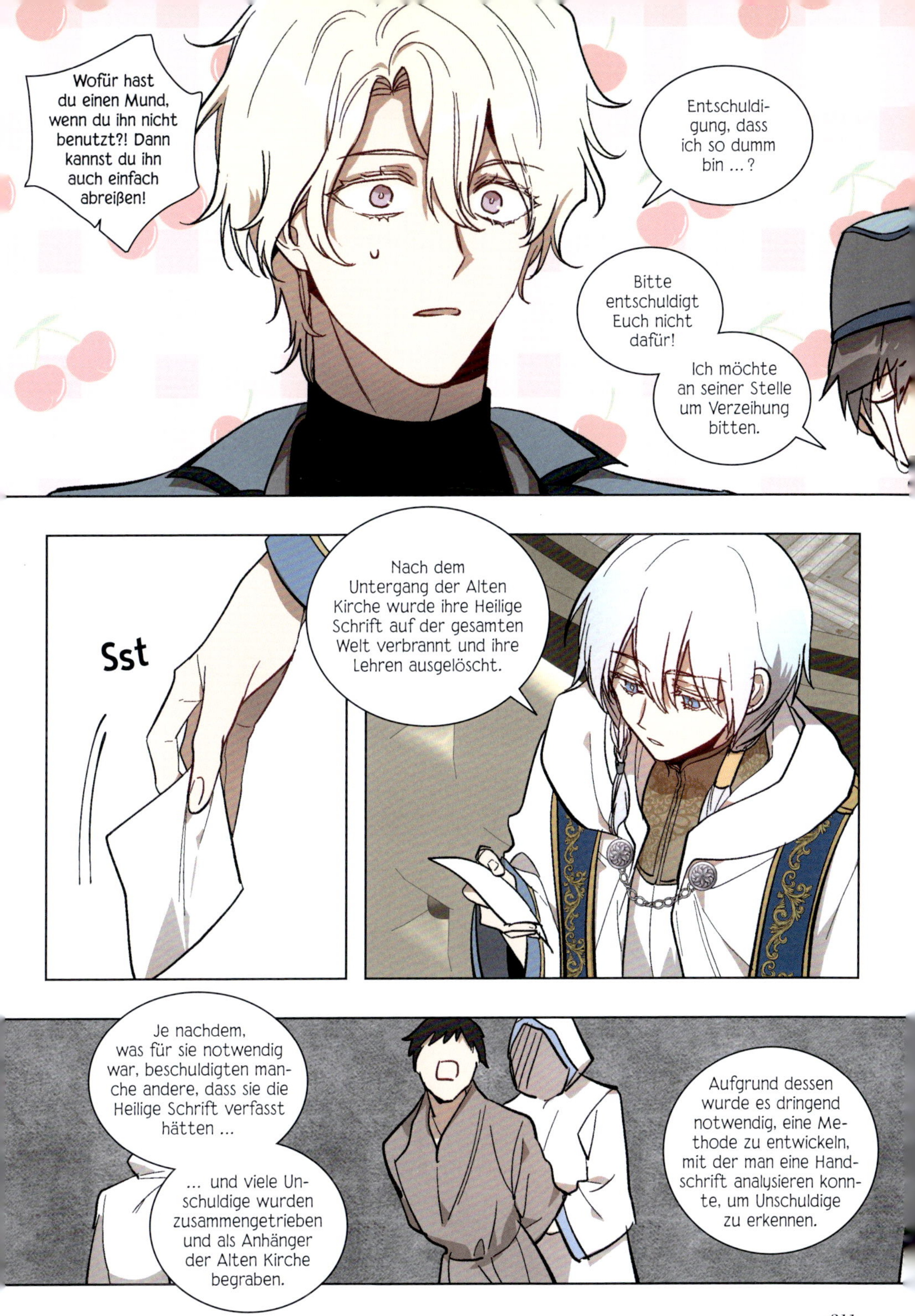

Wofür hast du einen Mund, wenn du ihn nicht benutzt?! Dann kannst du ihn auch einfach abreißen!
Entschuldigung, dass ich so dumm bin ...?
Bitte entschuldigt Euch nicht dafür!
Ich möchte an seiner Stelle um Verzeihung bitten.
Sst
Nach dem Untergang der Alten Kirche wurde ihre Heilige Schrift auf der gesamten Welt verbrannt und ihre Lehren ausgelöscht.
Je nachdem, was für sie notwendig war, beschuldigten manche andere, dass sie die Heilige Schrift verfasst hätten ...
... und viele Unschuldige wurden zusammengetrieben und als Anhänger der Alten Kirche begraben.
Aufgrund dessen wurde es dringend notwendig, eine Methode zu entwickeln, mit der man eine Handschrift analysieren konnte, um Unschuldige zu erkennen.

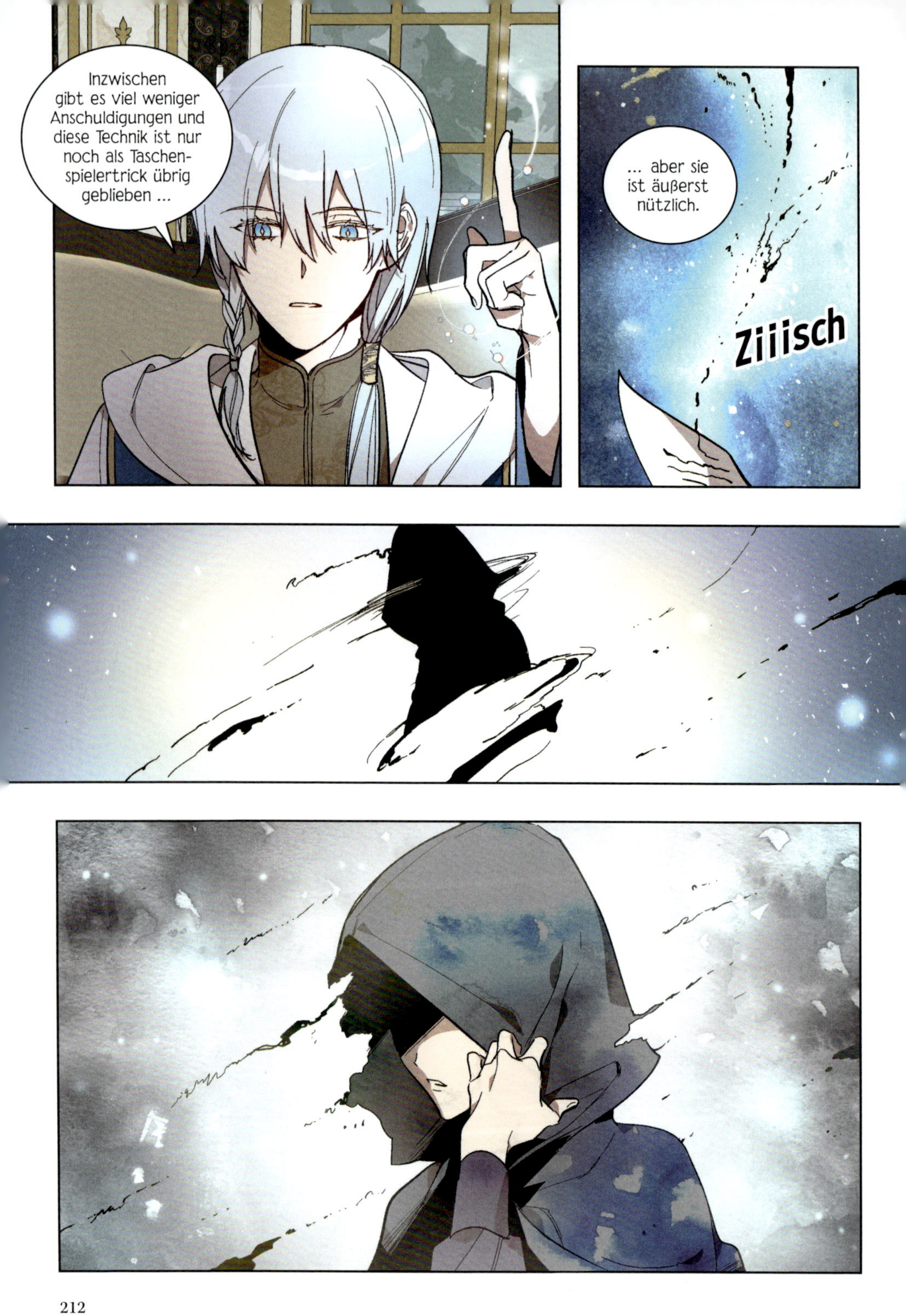
Inzwischen gibt es viel weniger Anschuldigungen und diese Technik ist nur noch als Taschen-spielertrick übrig geblieben ...
... aber sie ist äußerst nützlich.
Ziiisch

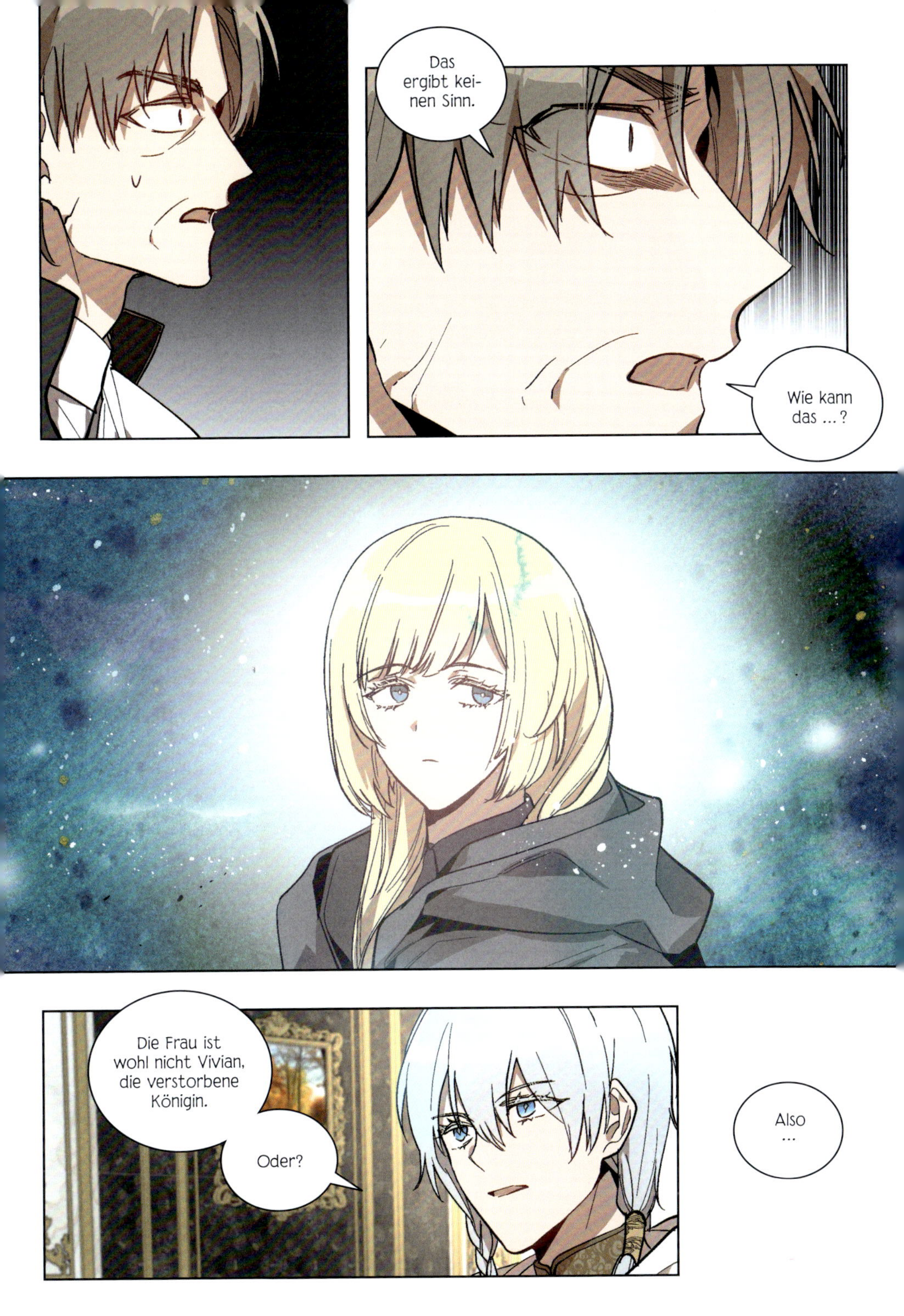
Das ergibt keinen Sinn.
Wie kann das ...?
Die Frau ist wohl nicht Vivian, die verstorbene Königin.
Oder?
Also ...

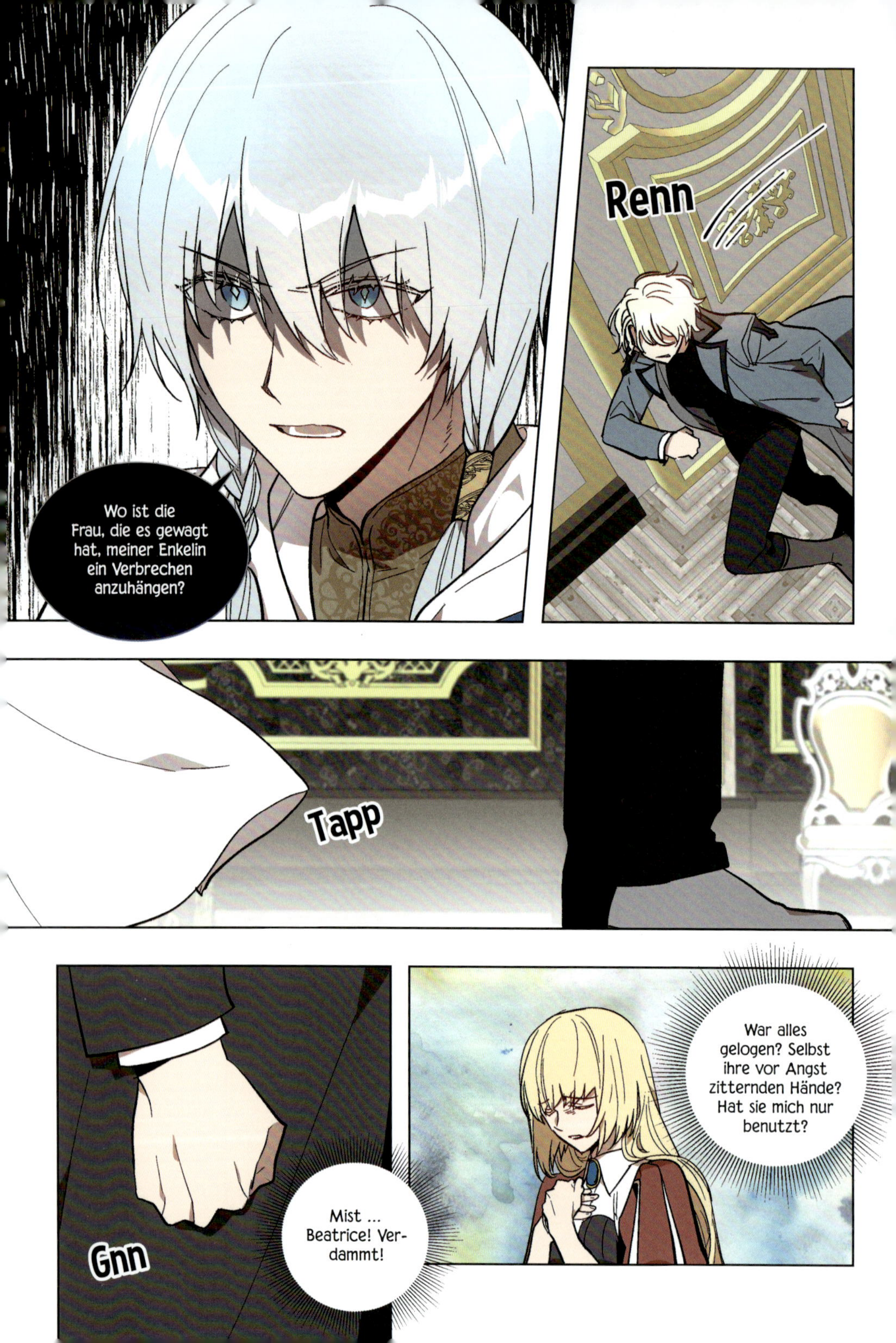
Wo ist die Frau, die es gewagt hat, meiner Enkelin ein Verbrechen anzuhängen?
Renn
Tapp
Gnn
Mist ... Beatrice! Verdammt!
War alles gelogen? Selbst ihre vor Angst zitternden Hände? Hat sie mich nur benutzt?

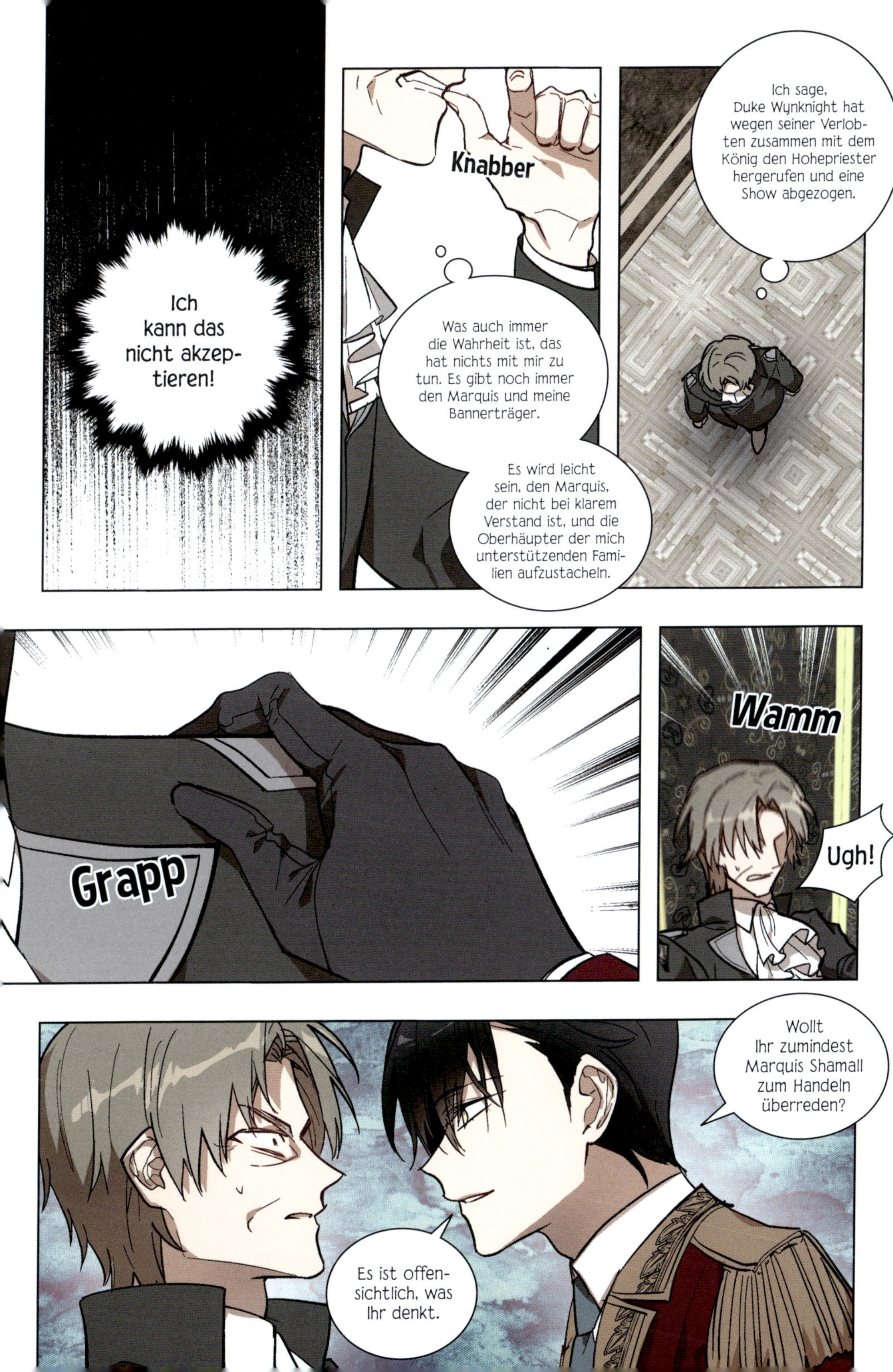
Ich kann das nicht akzeptieren!
Knabber
Was auch immer die Wahrheit ist, das hat nichts mit mir zu tun. Es gibt noch immer den Marquis und meine Bannerträger.
Es wird leicht sein, den Marquis, der nicht bei klarem Verstand ist, und die Oberhäupter der mich unterstützenden Familien aufzustacheln.
Ich sage, Duke Wynknight hat wegen seiner Verlobten zusammen mit dem König den Hohepriester hergerufen und eine Show abgezogen.
Grapp
Wamm
Ugh!
Wollt Ihr zumindest Marquis Shamall zum Handeln überreden?
Es ist offensichtlich, was Ihr denkt.

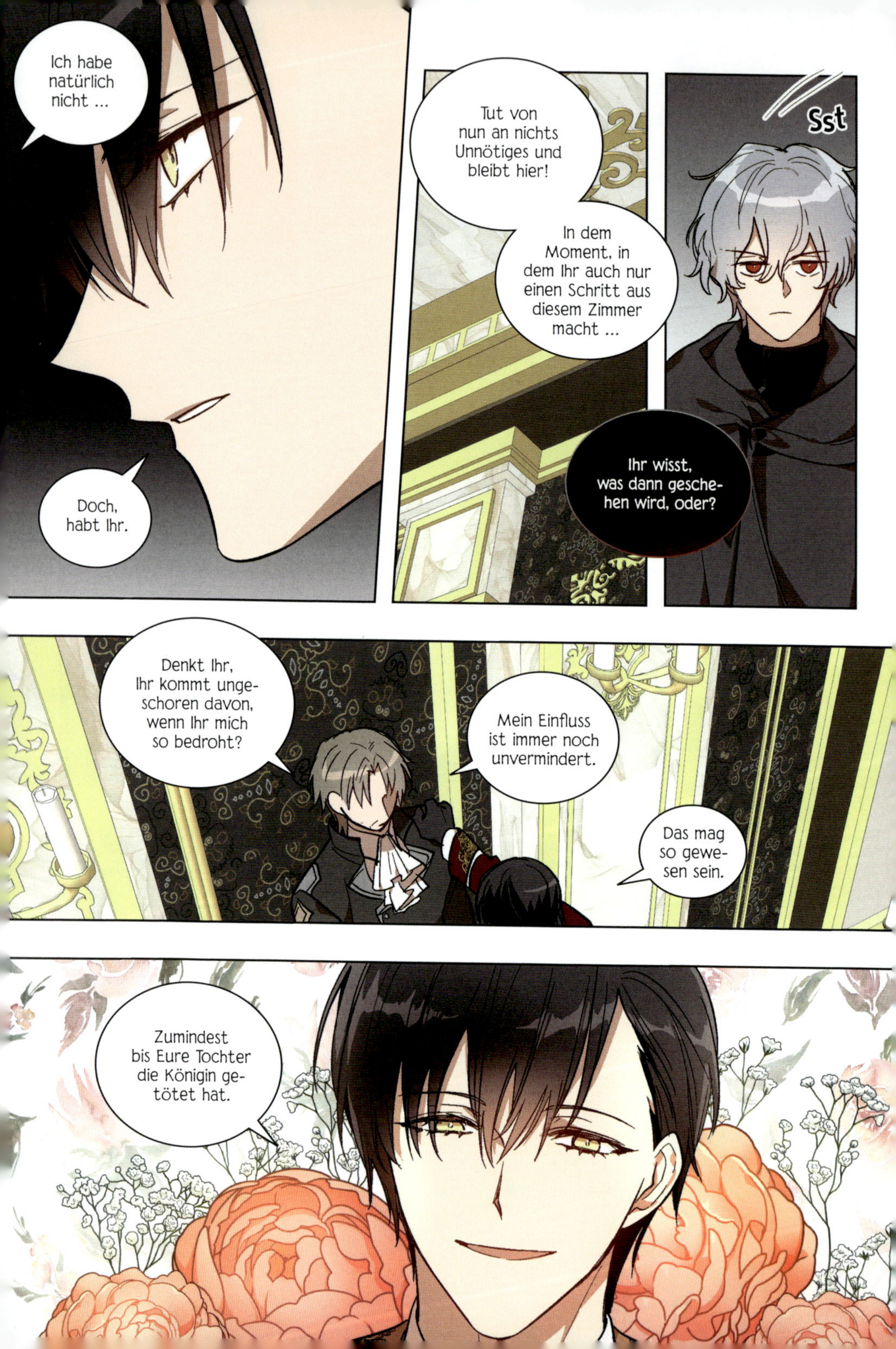
Ich habe natürlich nicht ...
Doch, habt Ihr.
Tut von nun an nichts Unnötiges und bleibt hier!
In dem Moment, in dem Ihr auch nur einen Schritt aus diesem Zimmer macht ...
Sst
Ihr wisst, was dann geschehen wird, oder?
Denkt Ihr, Ihr kommt ungeschoren davon, wenn Ihr mich so bedroht?
Mein Einfluss ist immer noch unvermindert.
Das mag so gewesen sein.
Zumindest bis Eure Tochter die Königin getötet hat.

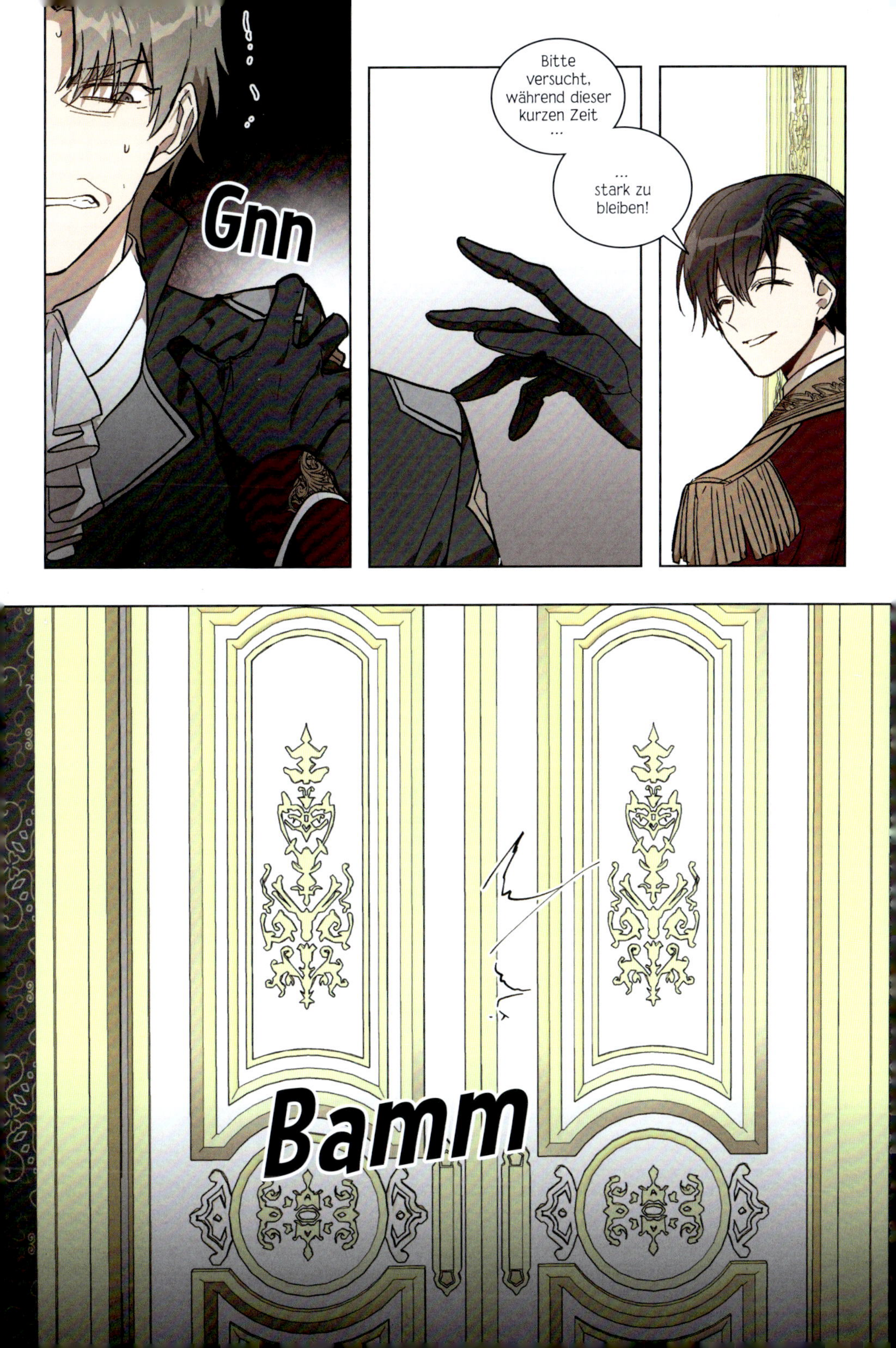
Gnn
Bitte versucht, während dieser kurzen Zeit …
… stark zu bleiben!
Bamm

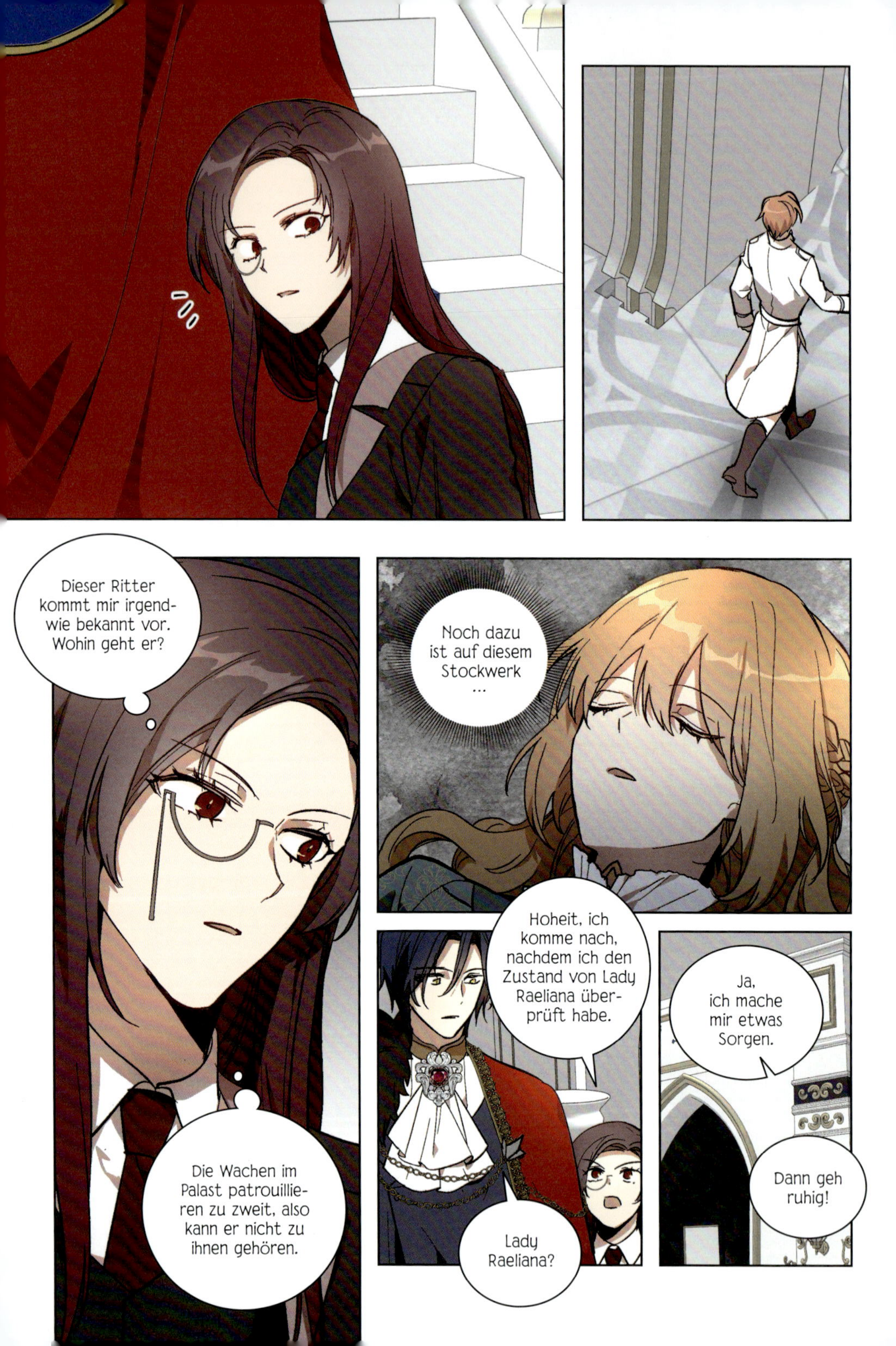
Dieser Ritter kommt mir irgend-wie bekannt vor. Wohin geht er?
Die Wachen im Palast patrouillie-ren zu zweit, also kann er nicht zu ihnen gehören.
Noch dazu ist auf diesem Stockwerk …
Hoheit, ich komme nach, nachdem ich den Zustand von Lady Raeliana über-prüft habe.
Lady Raeliana?
Ja, ich mache mir etwas Sorgen.
Dann geh ruhig!

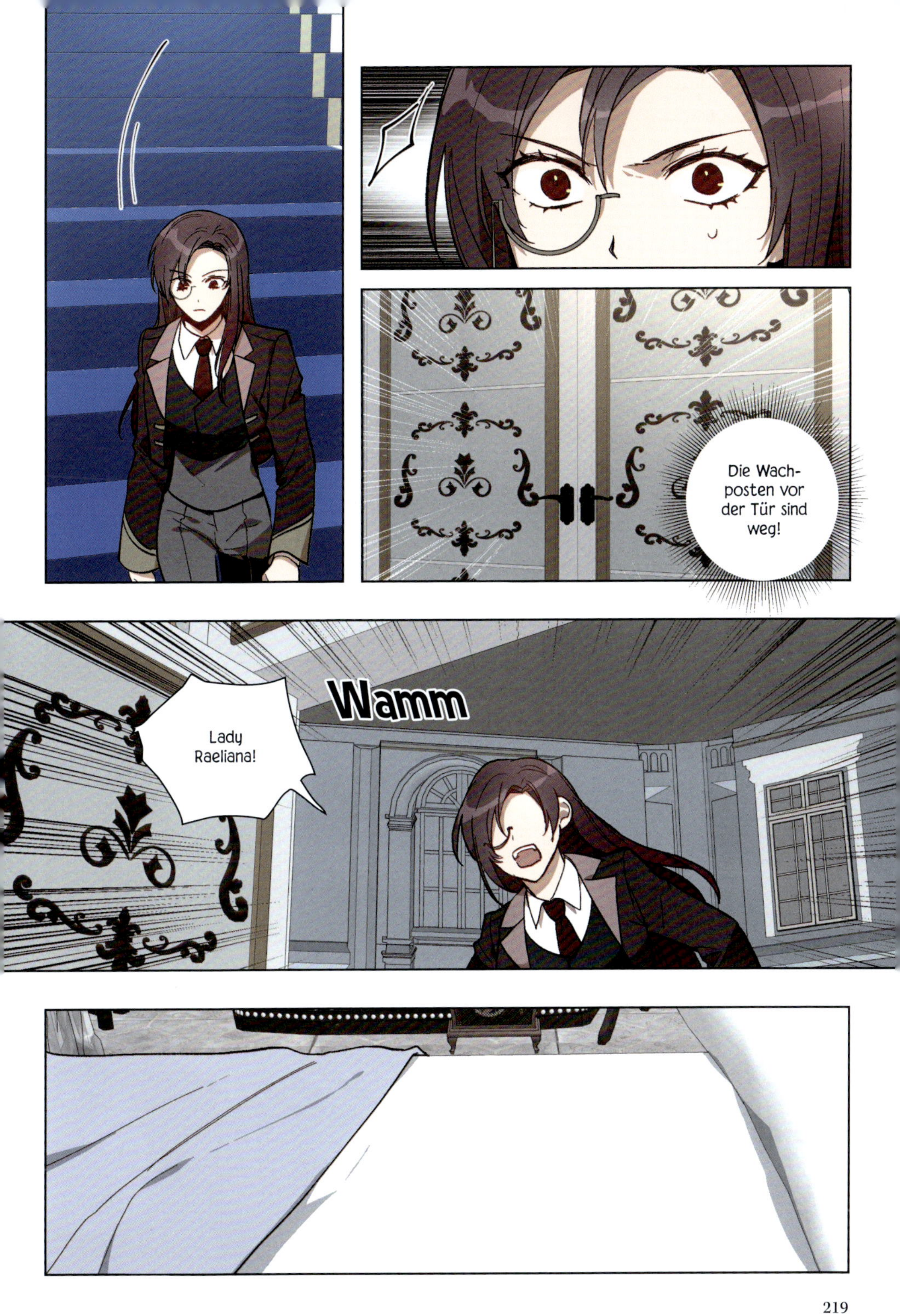
Die Wachposten vor der Tür sind weg!
Wamm
Lady Raeliana!

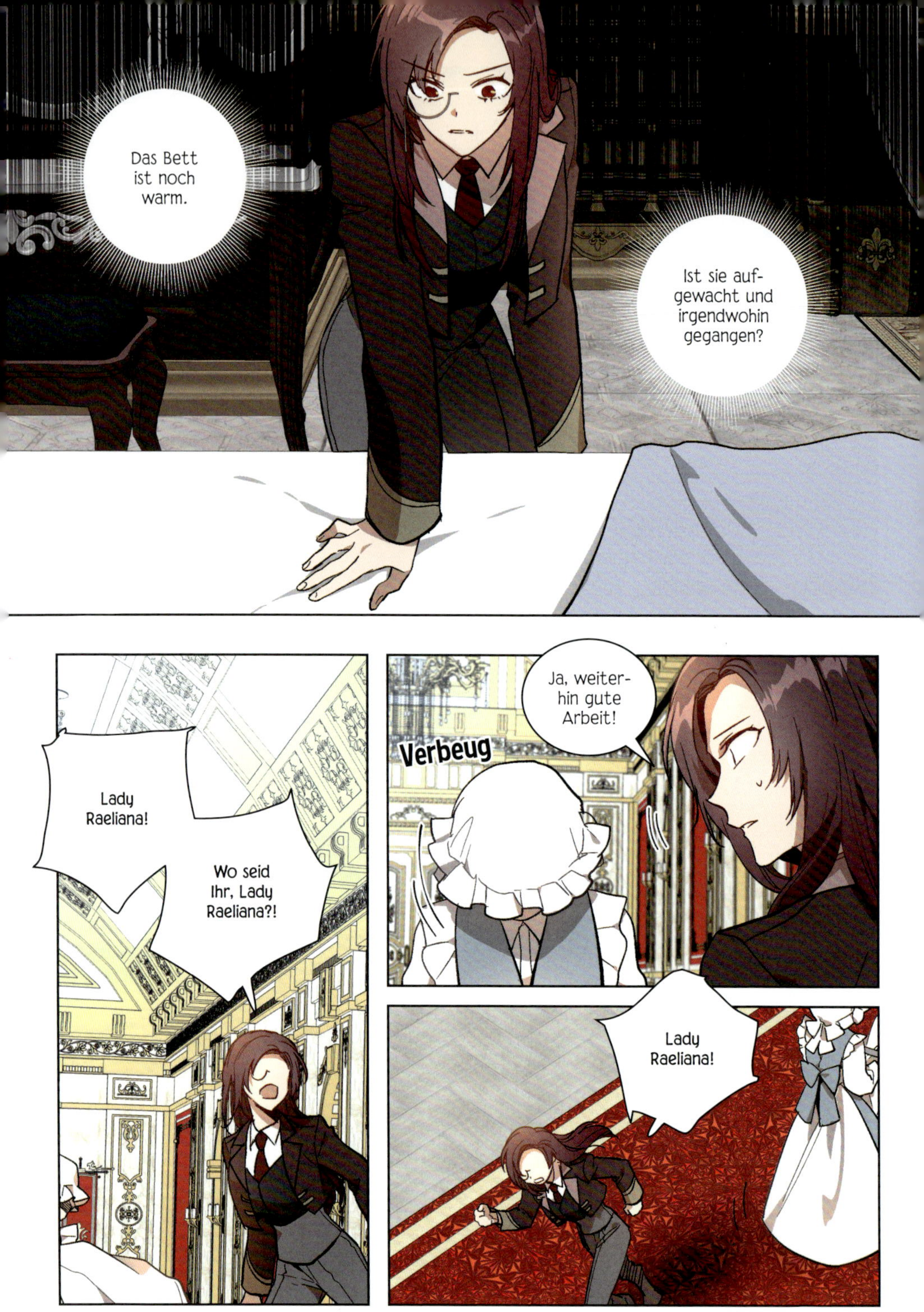
Das Bett ist noch warm.
Ist sie auf-gewacht und irgendwohin gegangen?
Lady Raeliana!
Wo seid Ihr, Lady Raeliana?!
Ja, weiter-hin gute Arbeit!
Verbeug
Lady Raeliana!

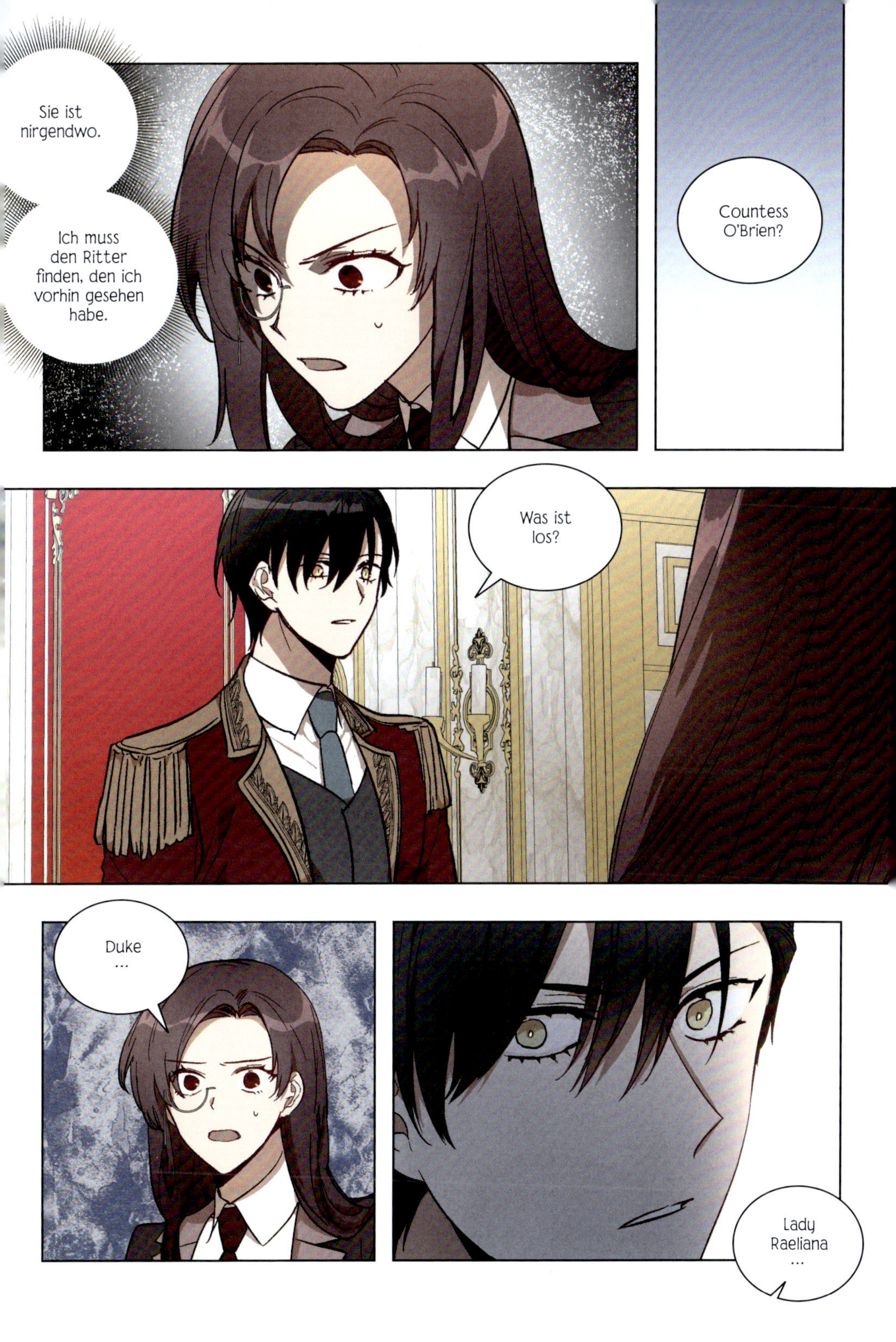
Sie ist nirgendwo.
Ich muss den Ritter finden, den ich vorhin gesehen habe.
Countess O'Brien?
Was ist los?
Duke …
Lady Raeliana …

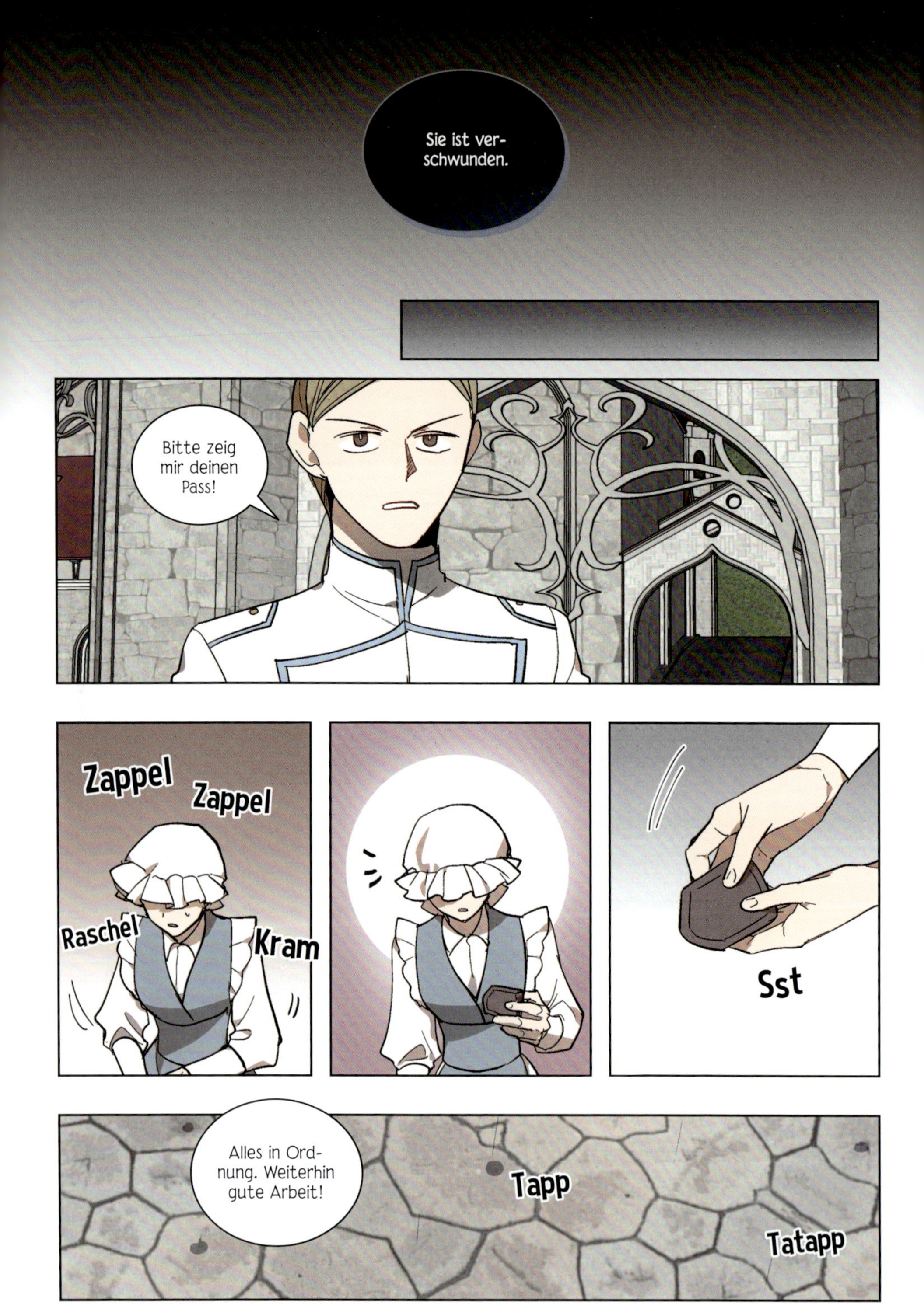
Sie ist verschwunden.
Bitte zeig mir deinen Pass!
Zappel
Zappel
Raschel
Kram
Sst
Alles in Ordnung. Weiterhin gute Arbeit!
Tapp
Tatapp

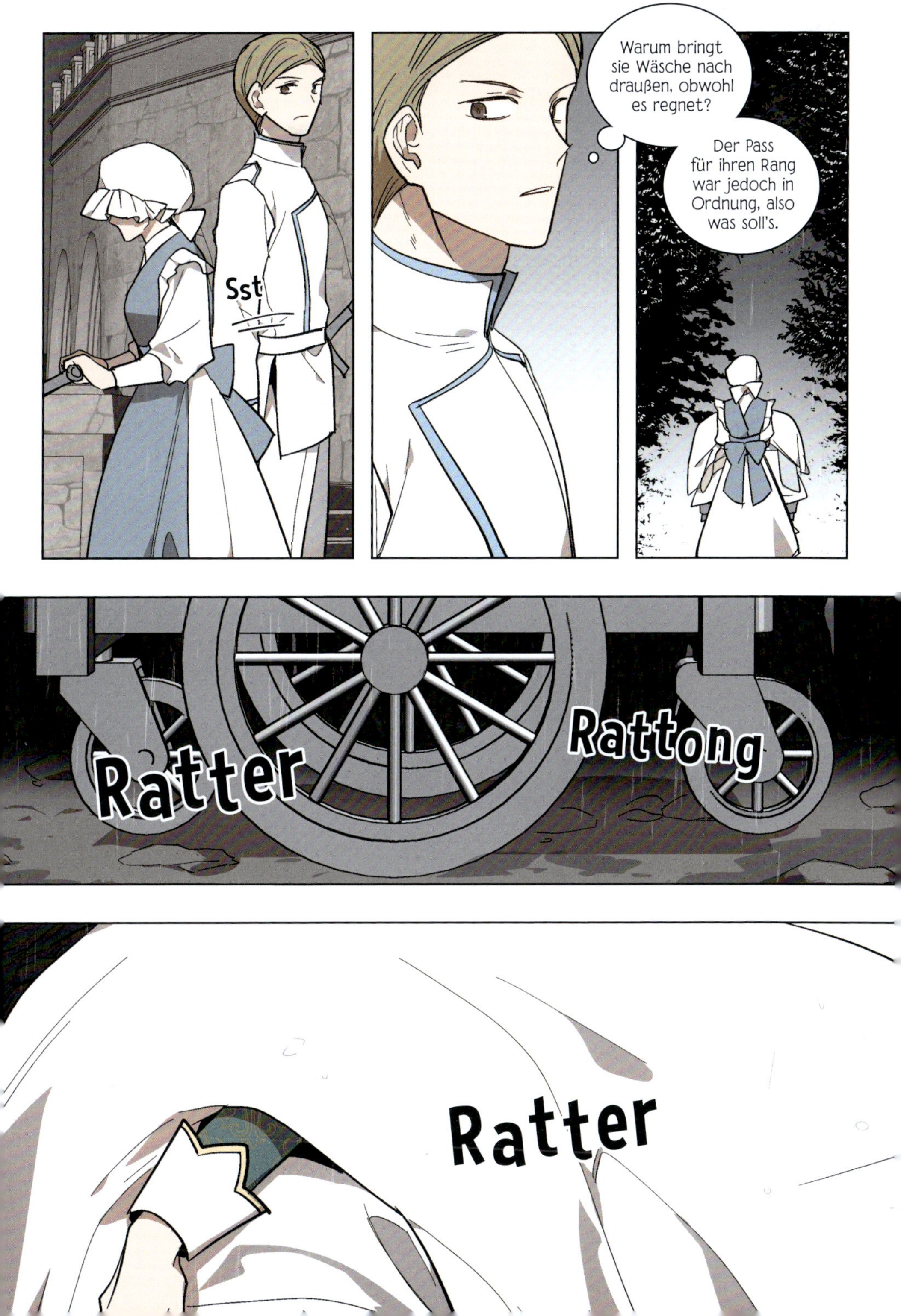
Sst
Warum bringt sie Wäsche nach draußen, obwohl es regnet?
Der Pass für ihren Rang war jedoch in Ordnung, also was soll's.
Ratter
Rattong
Ratter

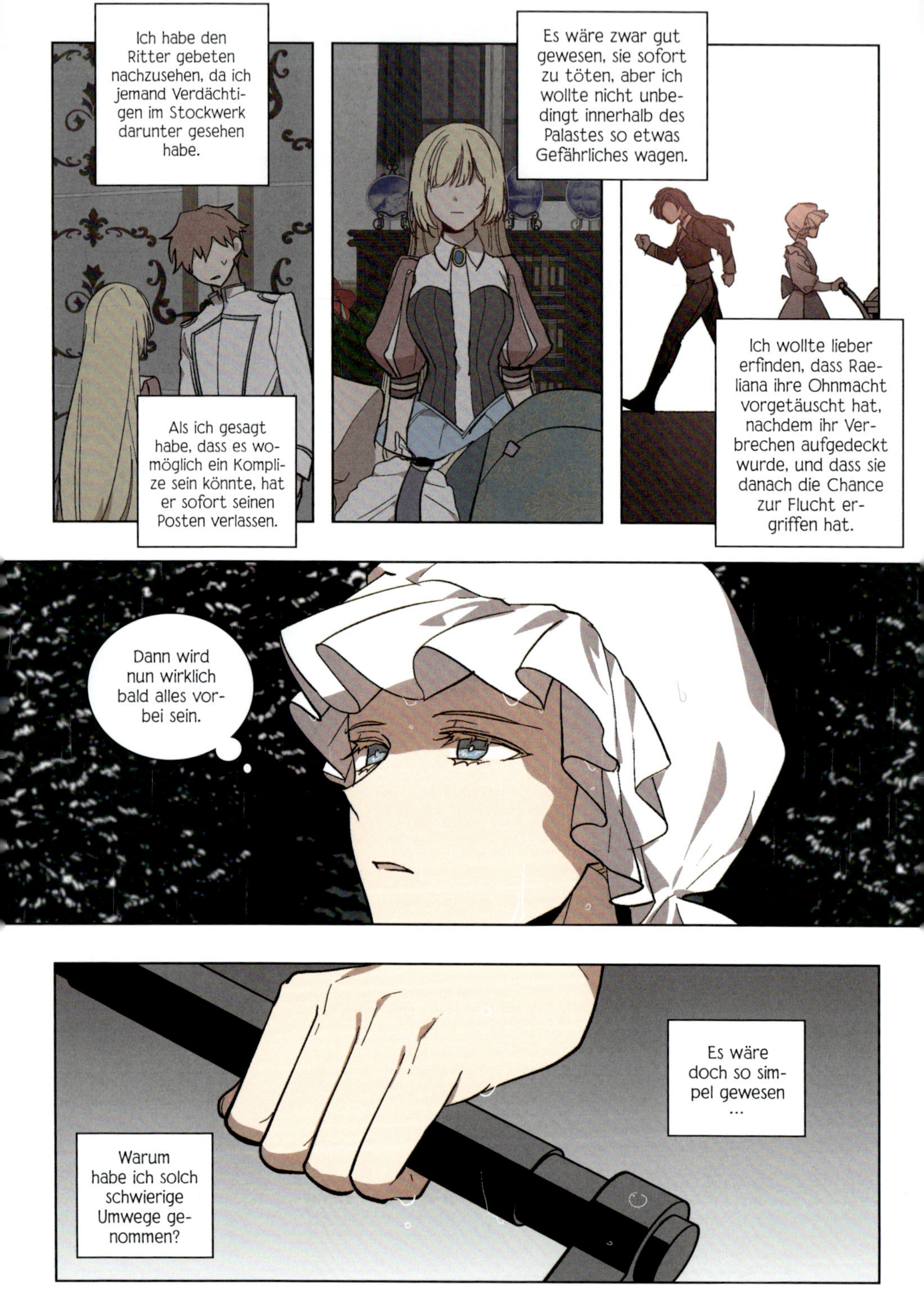

Ich habe den Ritter gebeten nachzusehen, da ich jemand Verdächtigen im Stockwerk darunter gesehen habe.
Als ich gesagt habe, dass es womöglich ein Komplize sein könnte, hat er sofort seinen Posten verlassen.
Es wäre zwar gut gewesen, sie sofort zu töten, aber ich wollte nicht unbedingt innerhalb des Palastes so etwas Gefährliches wagen.
Ich wollte lieber erfinden, dass Raeliana ihre Ohnmacht vorgetäuscht hat, nachdem ihr Verbrechen aufgedeckt wurde, und dass sie danach die Chance zur Flucht ergriffen hat.
Dann wird nun wirklich bald alles vorbei sein.
Es wäre doch so simpel gewesen …
Warum habe ich solch schwierige Umwege genommen?

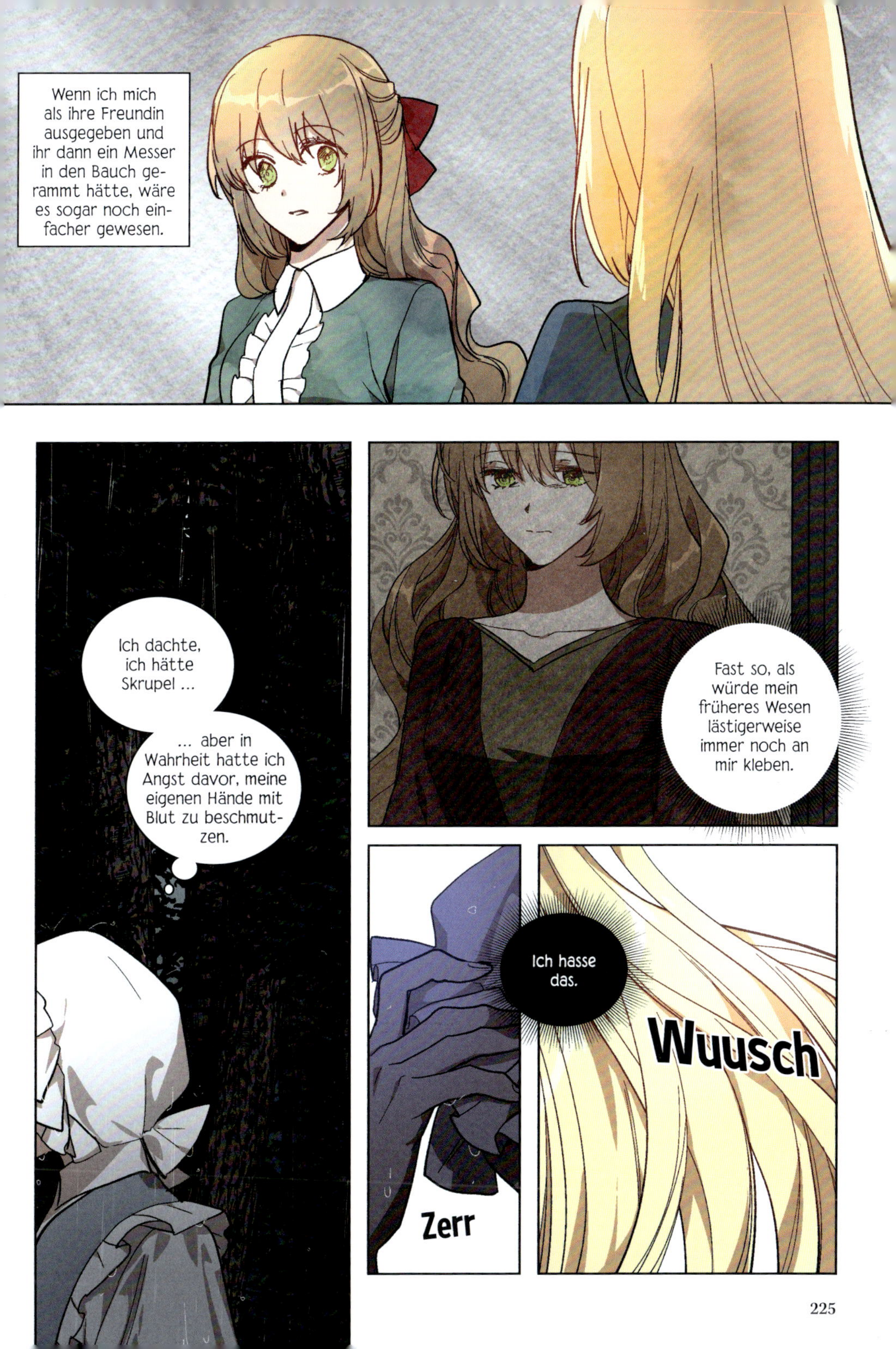
Wenn ich mich als ihre Freundin ausgegeben und ihr dann ein Messer in den Bauch gerammt hätte, wäre es sogar noch einfacher gewesen.
Ich dachte, ich hätte Skrupel ...
... aber in Wahrheit hatte ich Angst davor, meine eigenen Hände mit Blut zu beschmutzen.
Fast so, als würde mein früheres Wesen lästigerweise immer noch an mir kleben.
Ich hasse das.
Zerr
Wuusch

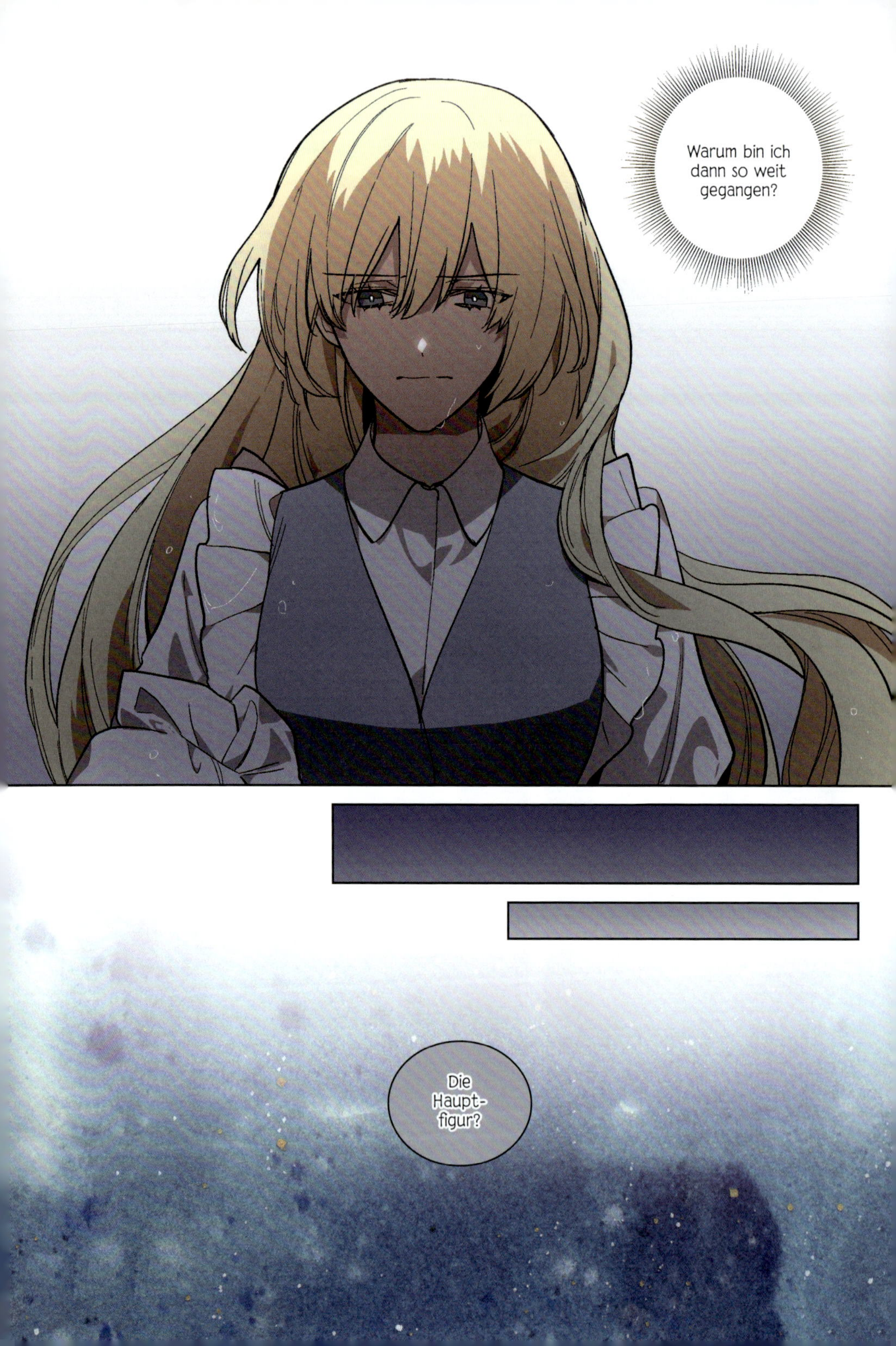
Warum bin ich dann so weit gegangen?
Die Haupt-figur?

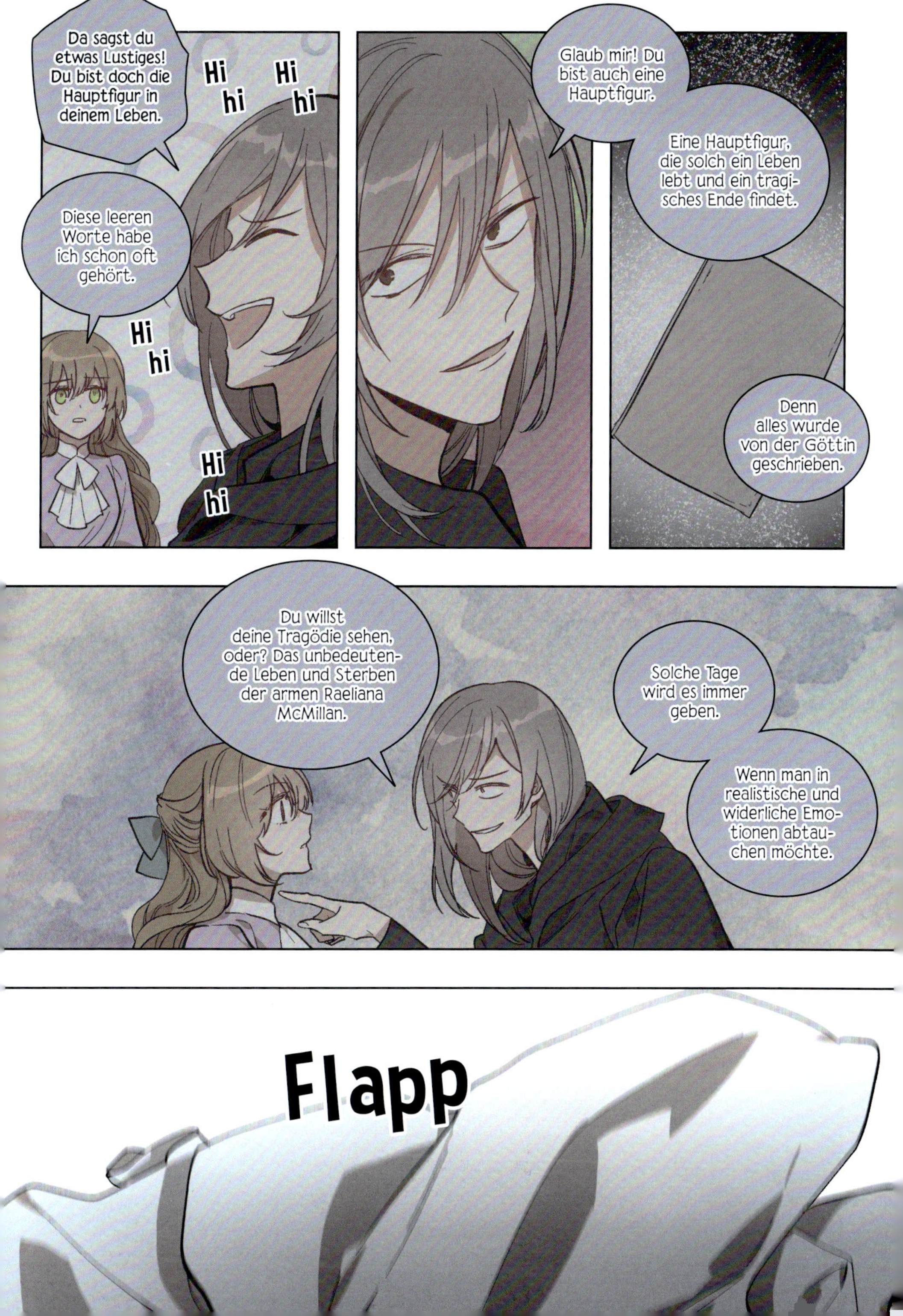
Da sagst du etwas Lustiges! Du bist doch die Hauptfigur in deinem Leben.
Hi hi Hi hi
Diese leeren Worte habe ich schon oft gehört.
Hi hi
Hi hi
Glaub mir! Du bist auch eine Hauptfigur.
Eine Hauptfigur, die solch ein Leben lebt und ein tragisches Ende findet.
Denn alles wurde von der Göttin geschrieben.
Du willst deine Tragödie sehen, oder? Das unbedeutende Leben und Sterben der armen Raeliana McMillan.
Solche Tage wird es immer geben.
Wenn man in realistische und widerliche Emotionen abtauchen möchte.
Flapp

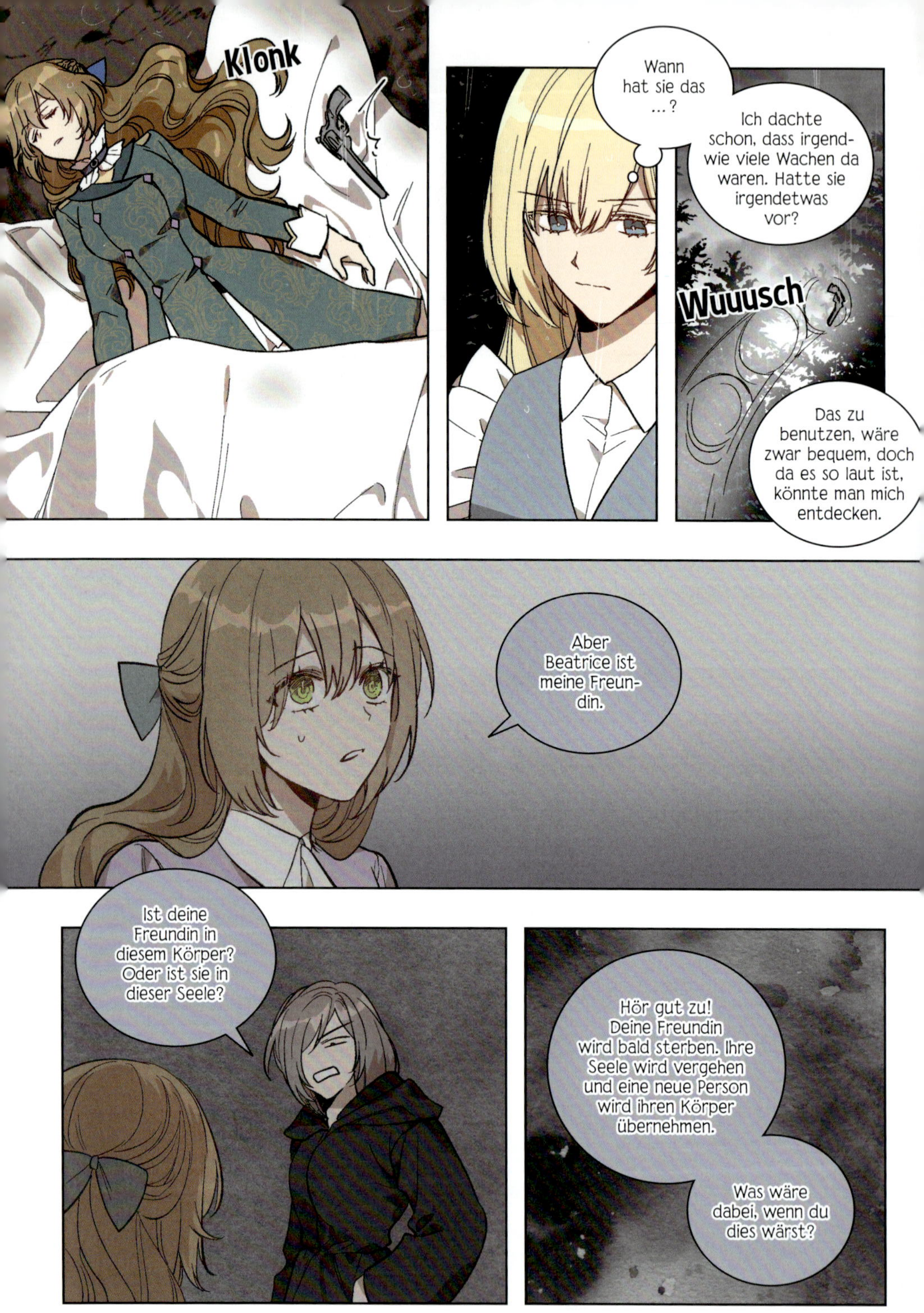
Klonk
Wann hat sie das ...?
Ich dachte schon, dass irgendwie viele Wachen da waren. Hatte sie irgendetwas vor?
Wuuusch
Das zu benutzen, wäre zwar bequem, doch da es so laut ist, könnte man mich entdecken.
Aber Beatrice ist meine Freundin.
Ist deine Freundin in diesem Körper? Oder ist sie in dieser Seele?
Hör gut zu! Deine Freundin wird bald sterben. Ihre Seele wird vergehen und eine neue Person wird ihren Körper übernehmen.
Was wäre dabei, wenn du dies wärst?

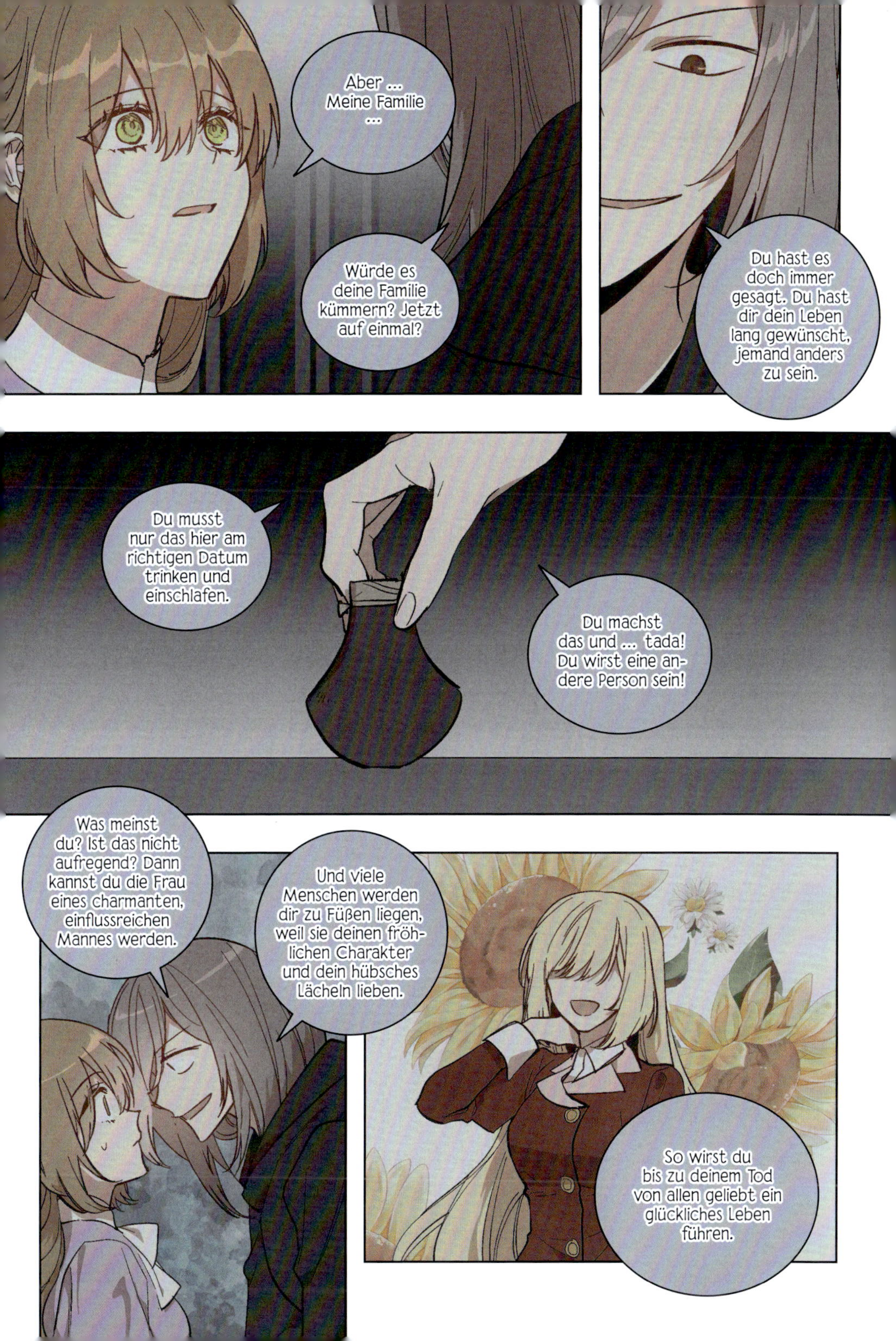
Aber ...
Meine Familie
...
Würde es deine Familie kümmern? Jetzt auf einmal?
Du hast es doch immer gesagt. Du hast dir dein Leben lang gewünscht, jemand anders zu sein.
Du musst nur das hier am richtigen Datum trinken und einschlafen.
Du machst das und ... tada! Du wirst eine andere Person sein!
Was meinst du? Ist das nicht aufregend? Dann kannst du die Frau eines charmanten, einflussreichen Mannes werden.
Und viele Menschen werden dir zu Füßen liegen, weil sie deinen fröhlichen Charakter und dein hübsches Lächeln lieben.
So wirst du bis zu deinem Tod von allen geliebt ein glückliches Leben führen.

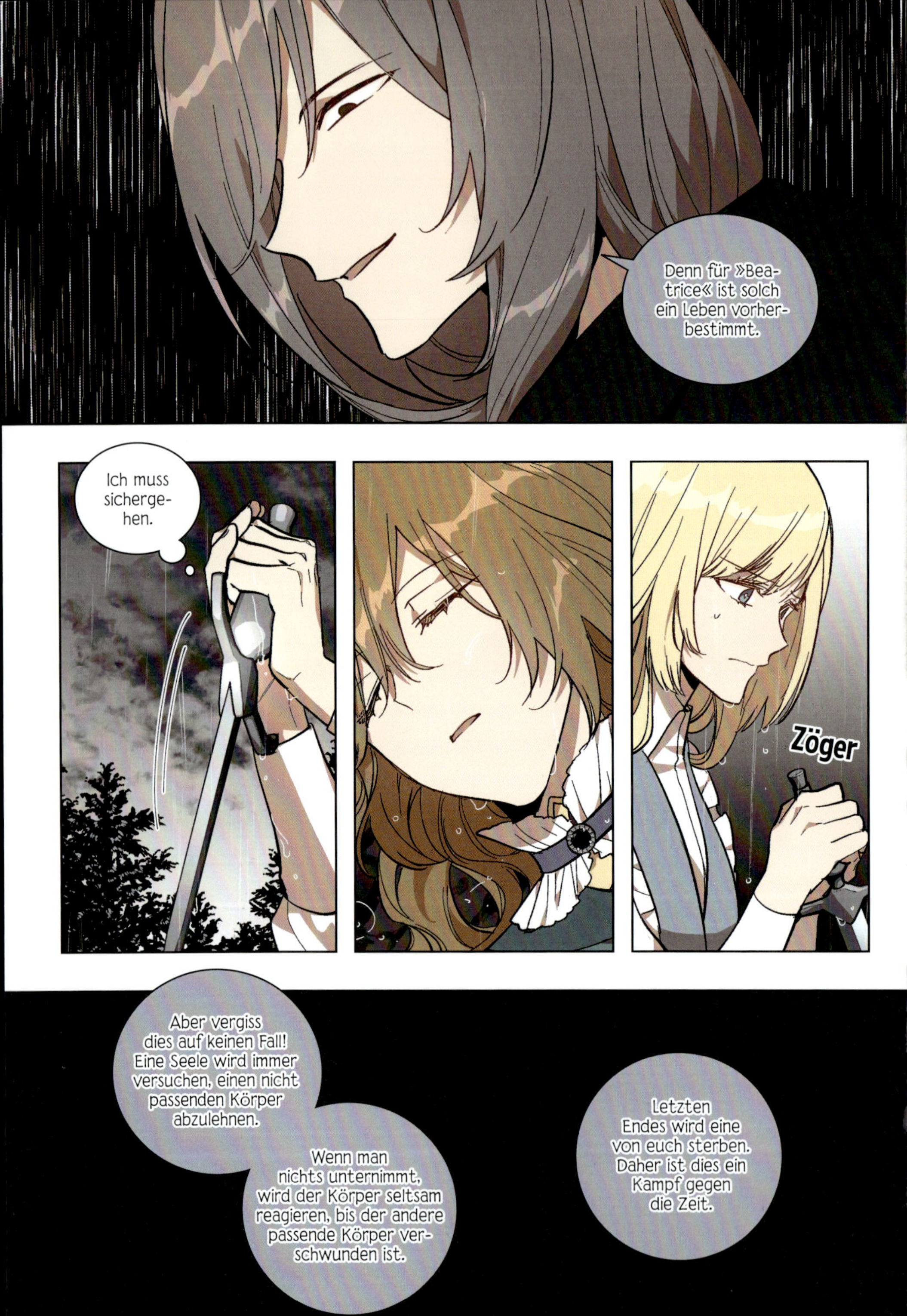
Denn für »Beatrice« ist solch ein Leben vorherbestimmt.
Ich muss sichergehen.
Zöger
Aber vergiss dies auf keinen Fall! Eine Seele wird immer versuchen, einen nicht passenden Körper abzulehnen.
Wenn man nichts unternimmt, wird der Körper seltsam reagieren, bis der andere passende Körper verschwunden ist.
Letzten Endes wird eine von euch sterben. Daher ist dies ein Kampf gegen die Zeit.

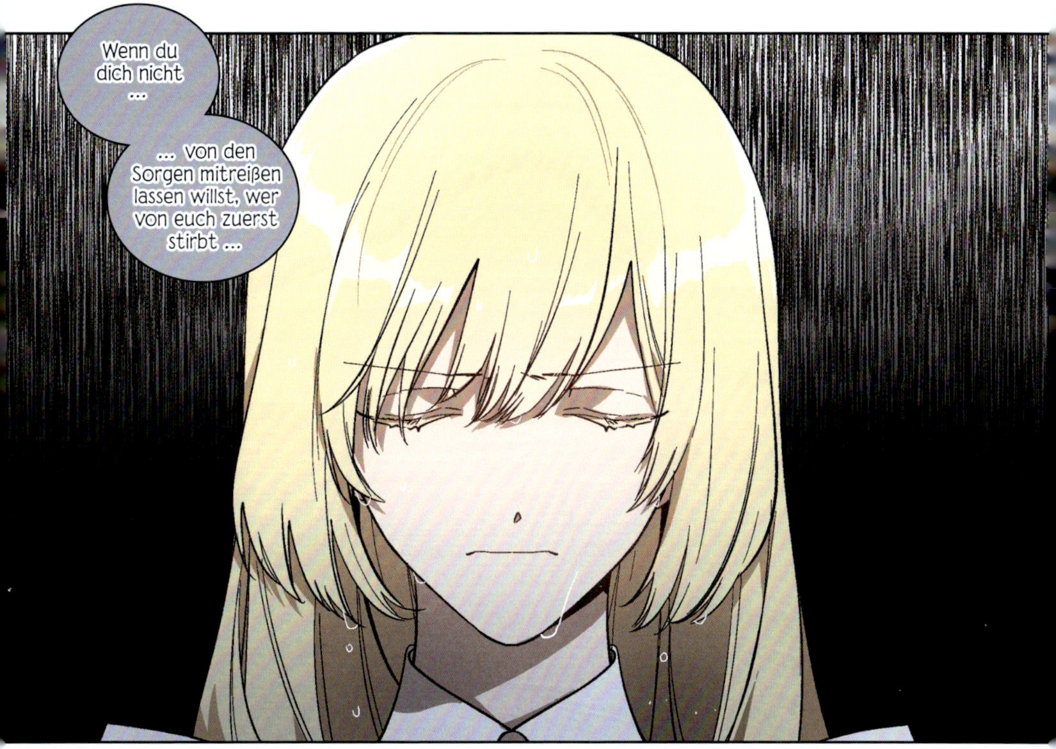
Wenn du dich nicht ...
... von den Sorgen mitreißen lassen willst, wer von euch zuerst stirbt ...

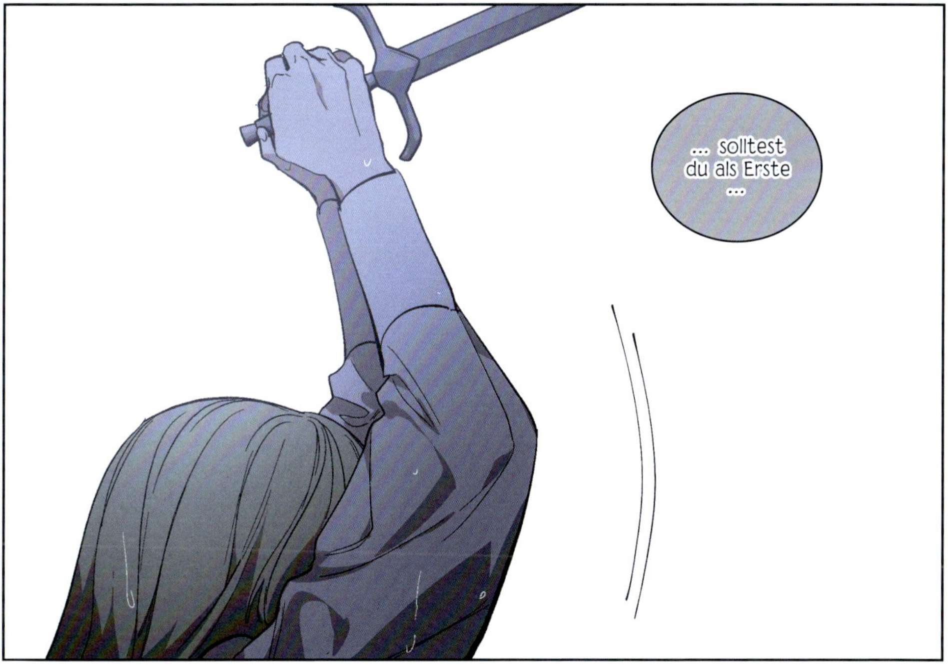
... solltest du als Erste ...

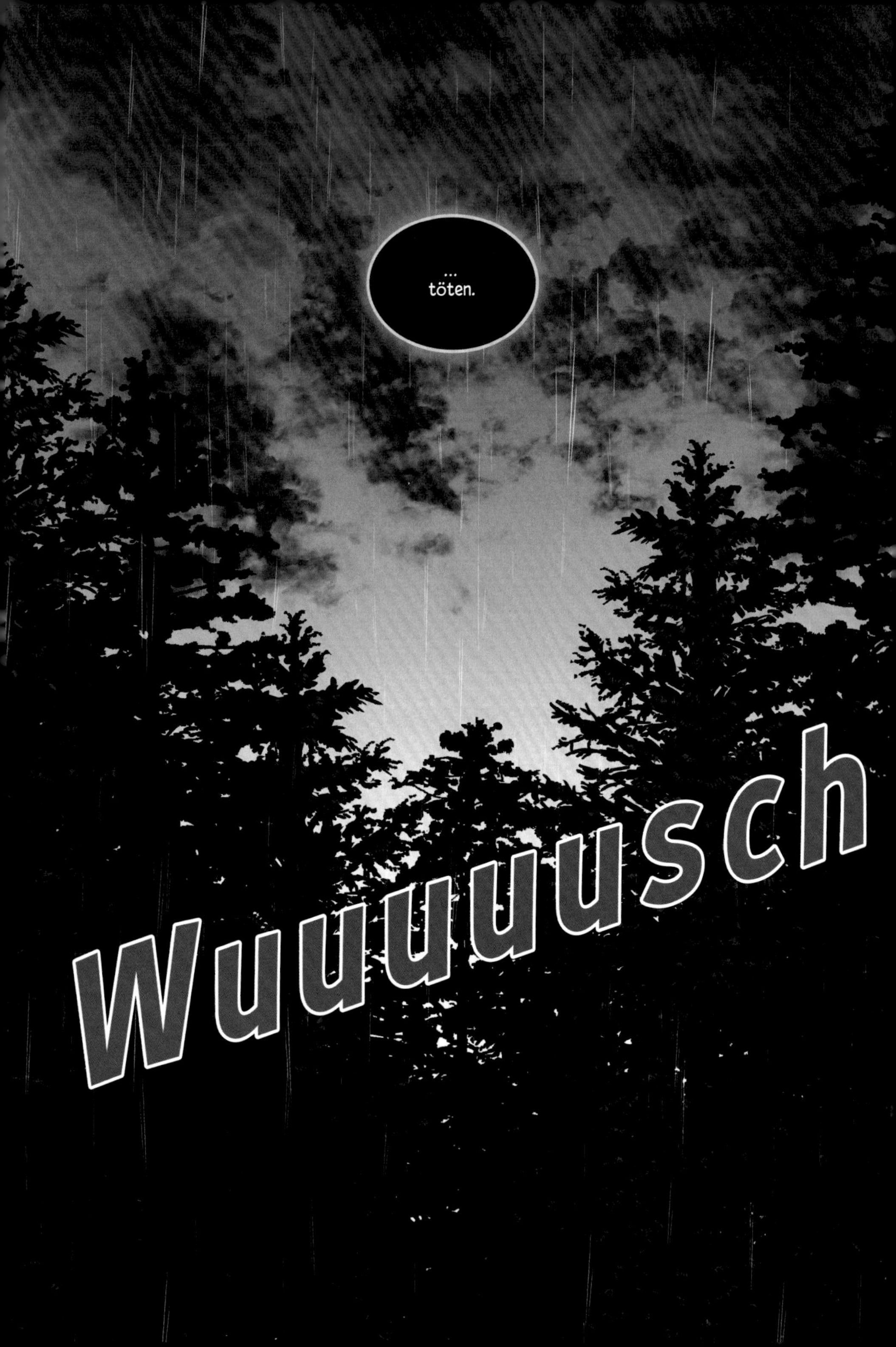
... töten.
Wuuuuusch

RAELIANA

Warum sie die Verlobte des Dukes wurde

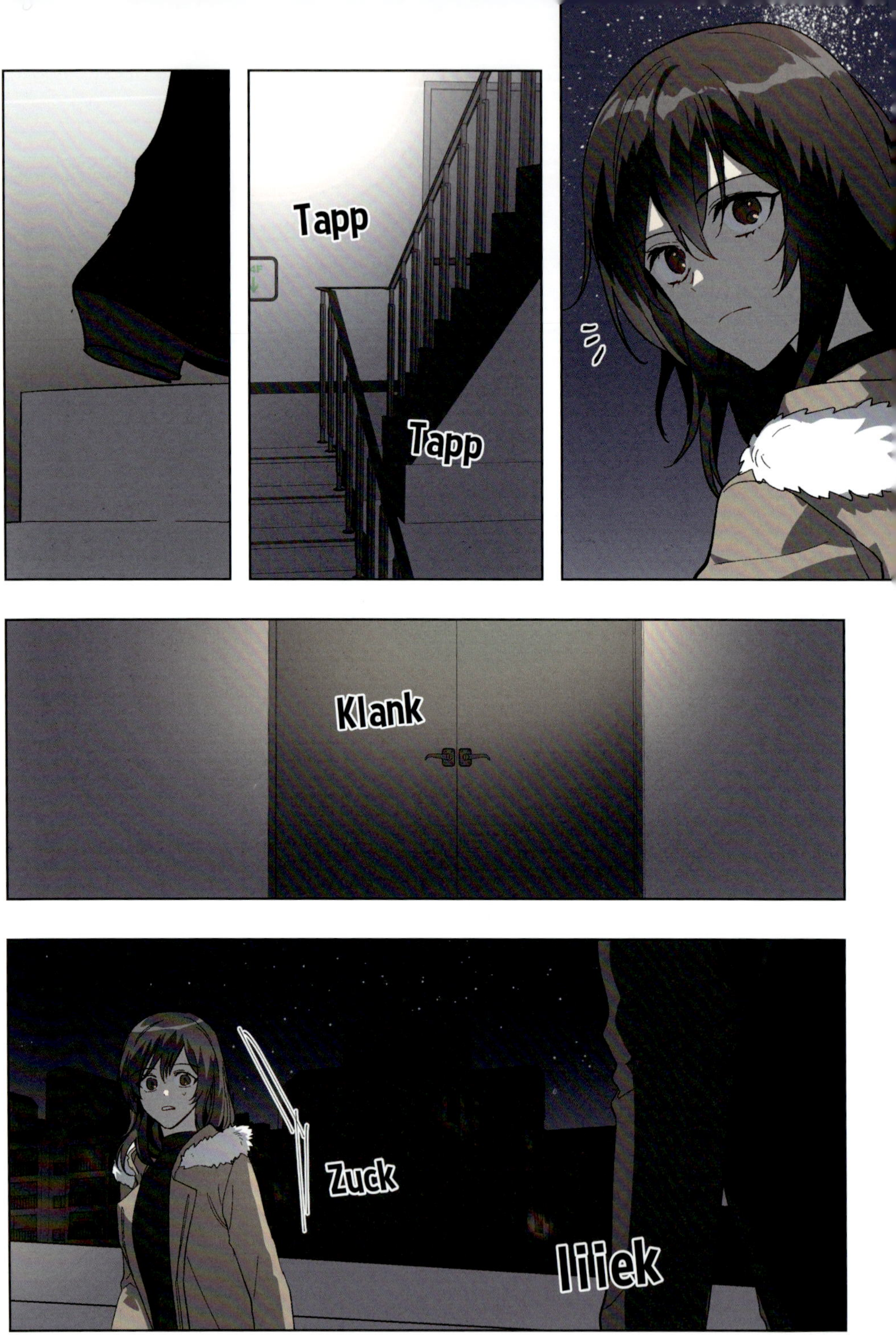
Tapp
Tapp
Klank
Zuck
Iiiek

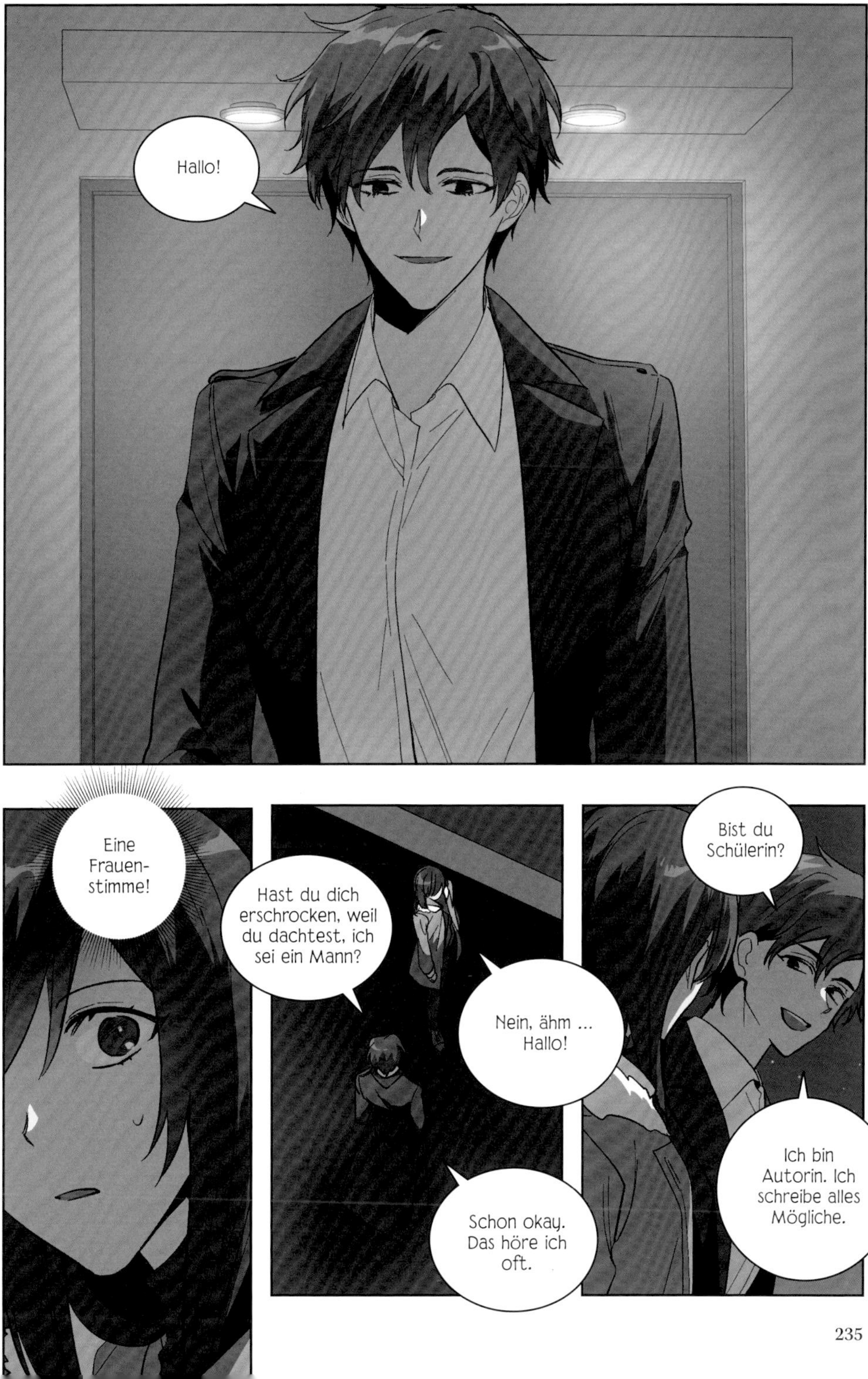
Hallo!
Eine Frauenstimme!
Hast du dich erschrocken, weil du dachtest, ich sei ein Mann?
Nein, ähm … Hallo!
Schon okay. Das höre ich oft.
Bist du Schülerin?
Ich bin Autorin. Ich schreibe alles Mögliche.

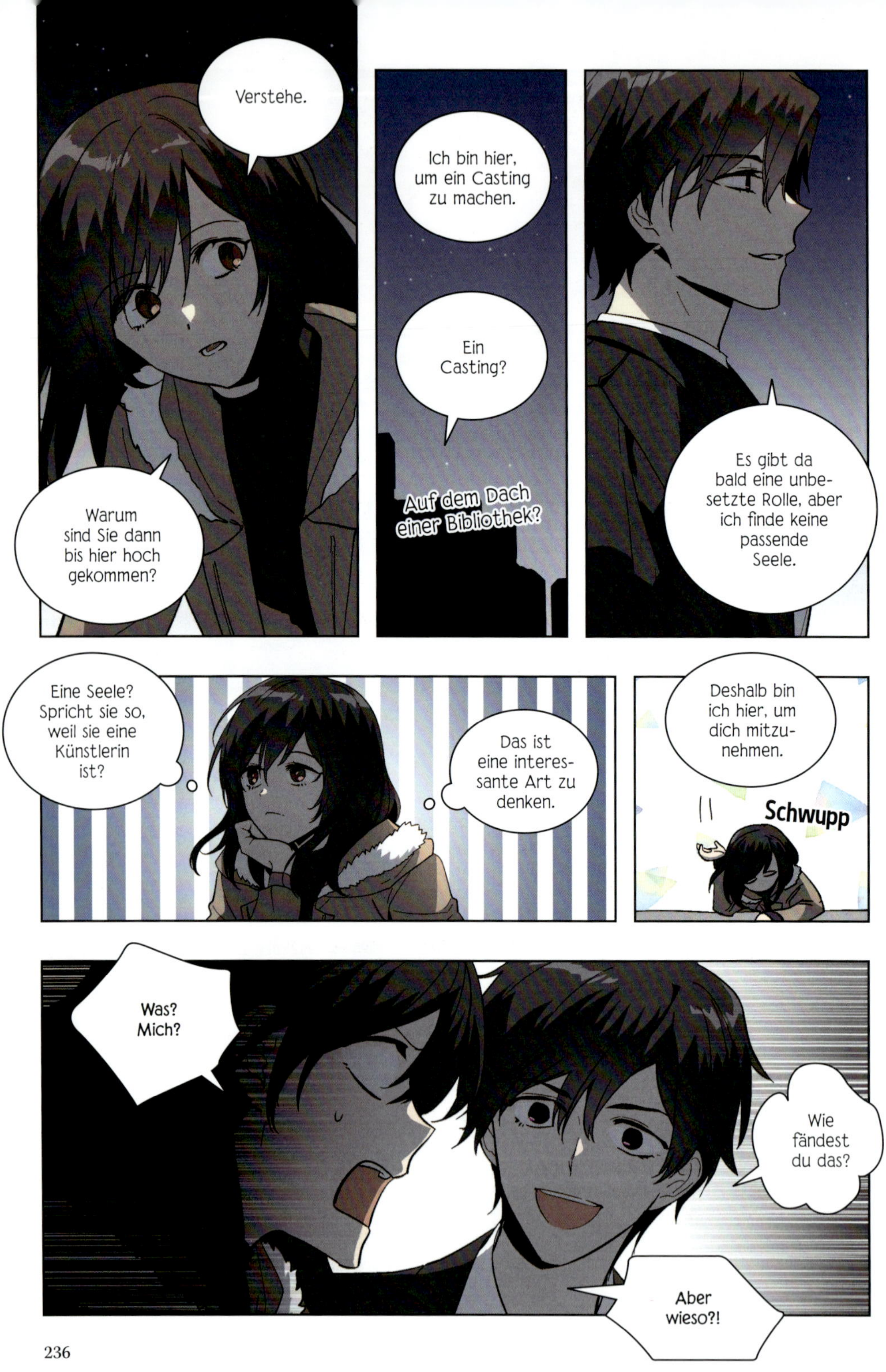
Verstehe.
Warum sind Sie dann bis hier hoch gekommen?
Ich bin hier, um ein Casting zu machen.
Ein Casting?
Auf dem Dach einer Bibliothek?
Es gibt da bald eine unbesetzte Rolle, aber ich finde keine passende Seele.
Eine Seele? Spricht sie so, weil sie eine Künstlerin ist?
Das ist eine interessante Art zu denken.
Deshalb bin ich hier, um dich mitzunehmen.
Schwupp
Was? Mich?
Wie fändest du das?
Aber wieso?!

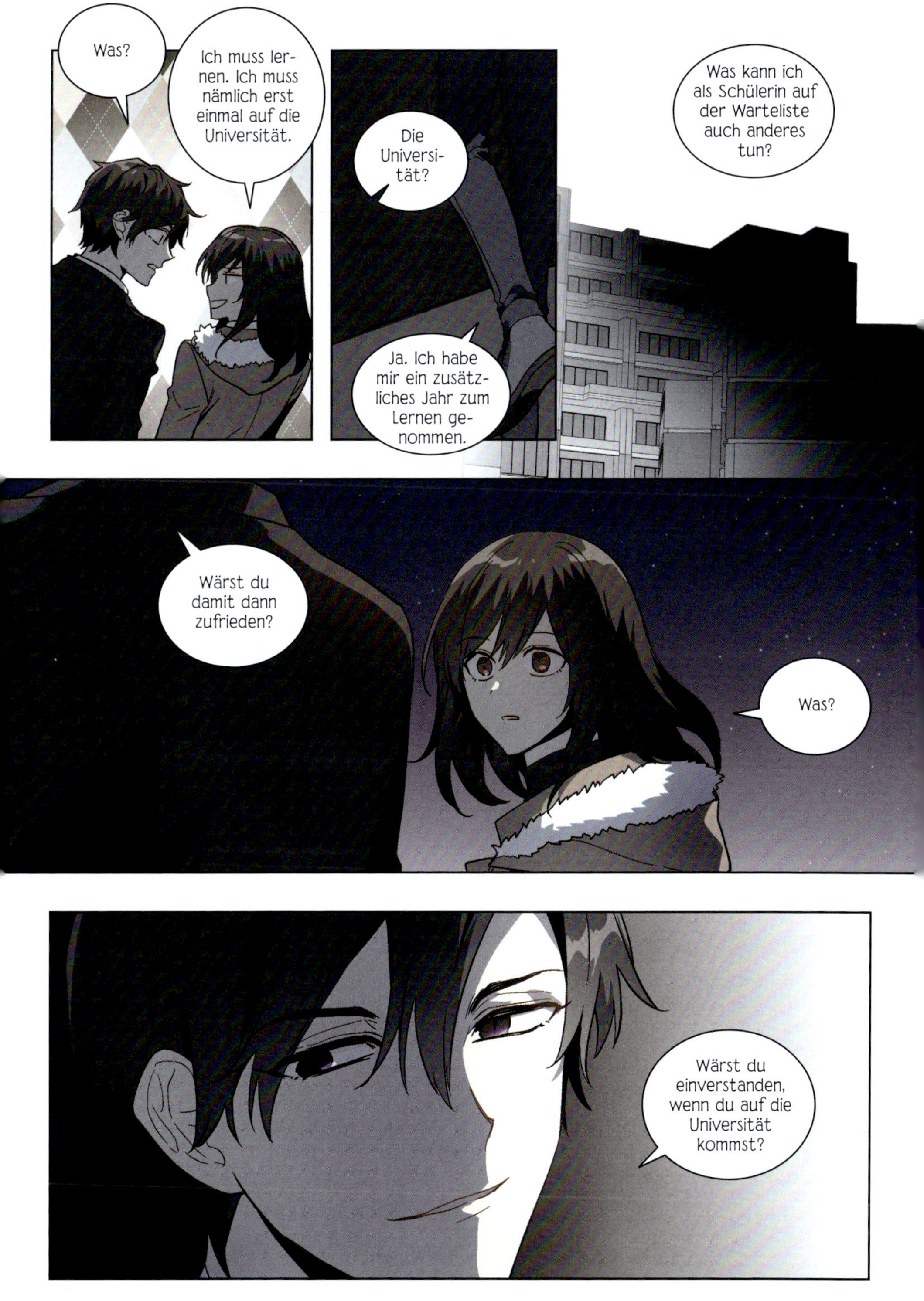
Was?
Ich muss lernen. Ich muss nämlich erst einmal auf die Universität.
Die Universität?
Ja. Ich habe mir ein zusätzliches Jahr zum Lernen genommen.
Was kann ich als Schülerin auf der Warteliste auch anderes tun?
Wärst du damit dann zufrieden?
Was?
Wärst du einverstanden, wenn du auf die Universität kommst?

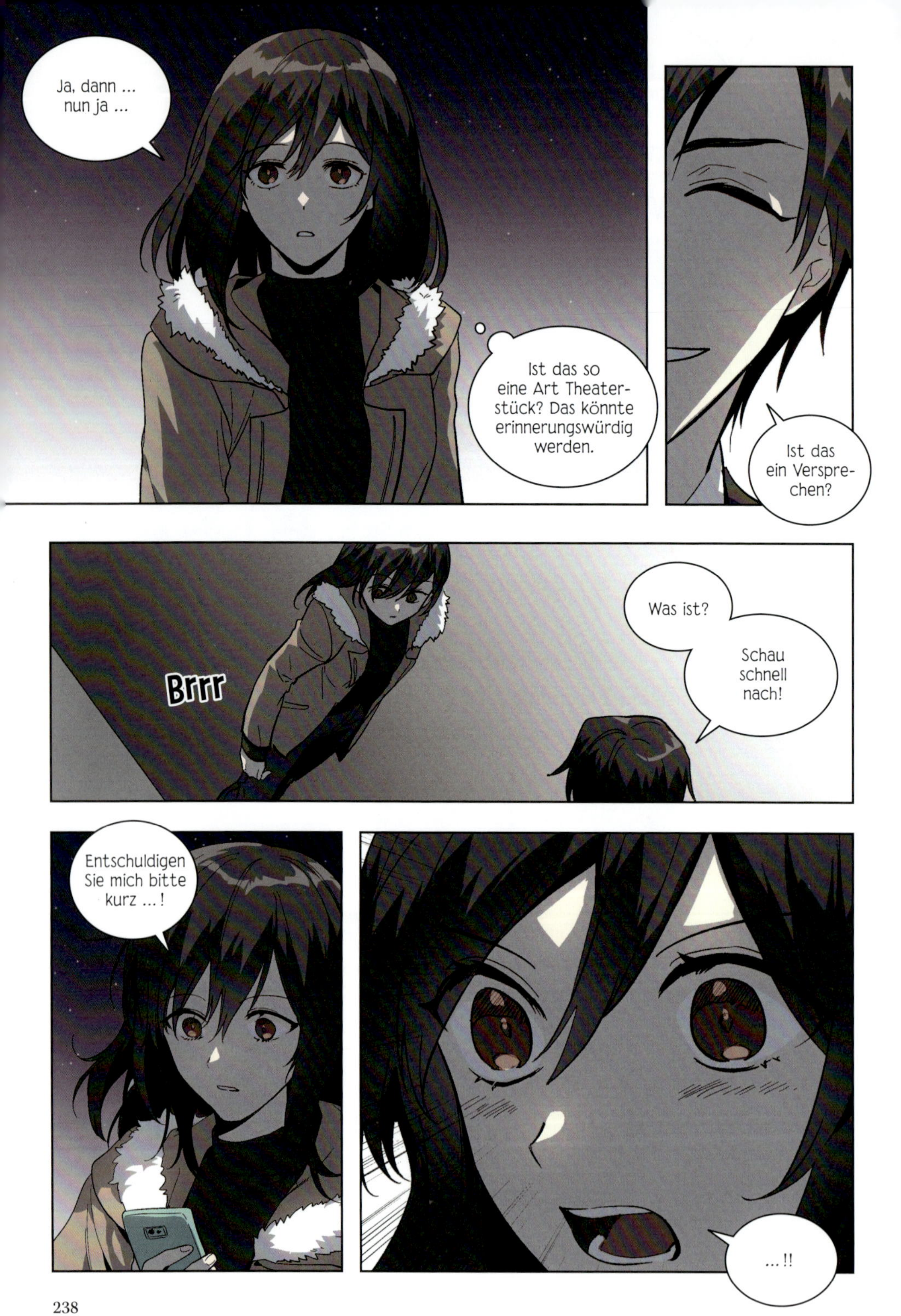
Ja, dann ... nun ja ...
Ist das so eine Art Theaterstück? Das könnte erinnerungswürdig werden.
Ist das ein Versprechen?
Brrr
Was ist?
Schau schnell nach!
Entschuldigen Sie mich bitte kurz ...!
...!!

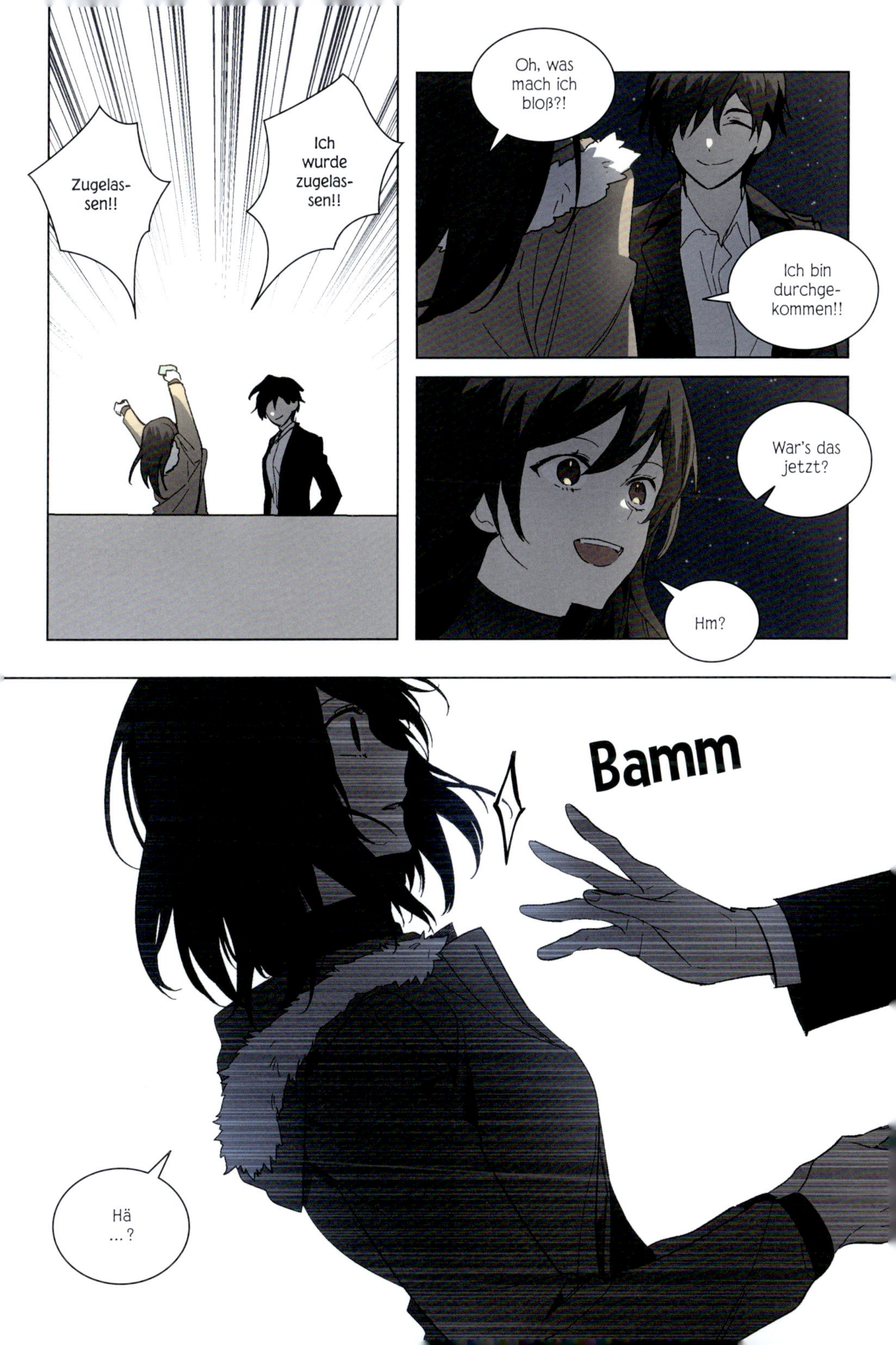
Ich wurde zugelas-sen!!
Zugelas-sen!!
Oh, was mach ich bloß?!
Ich bin durchge-kommen!!
War's das jetzt?
Hm?
Bamm
Hä ...?

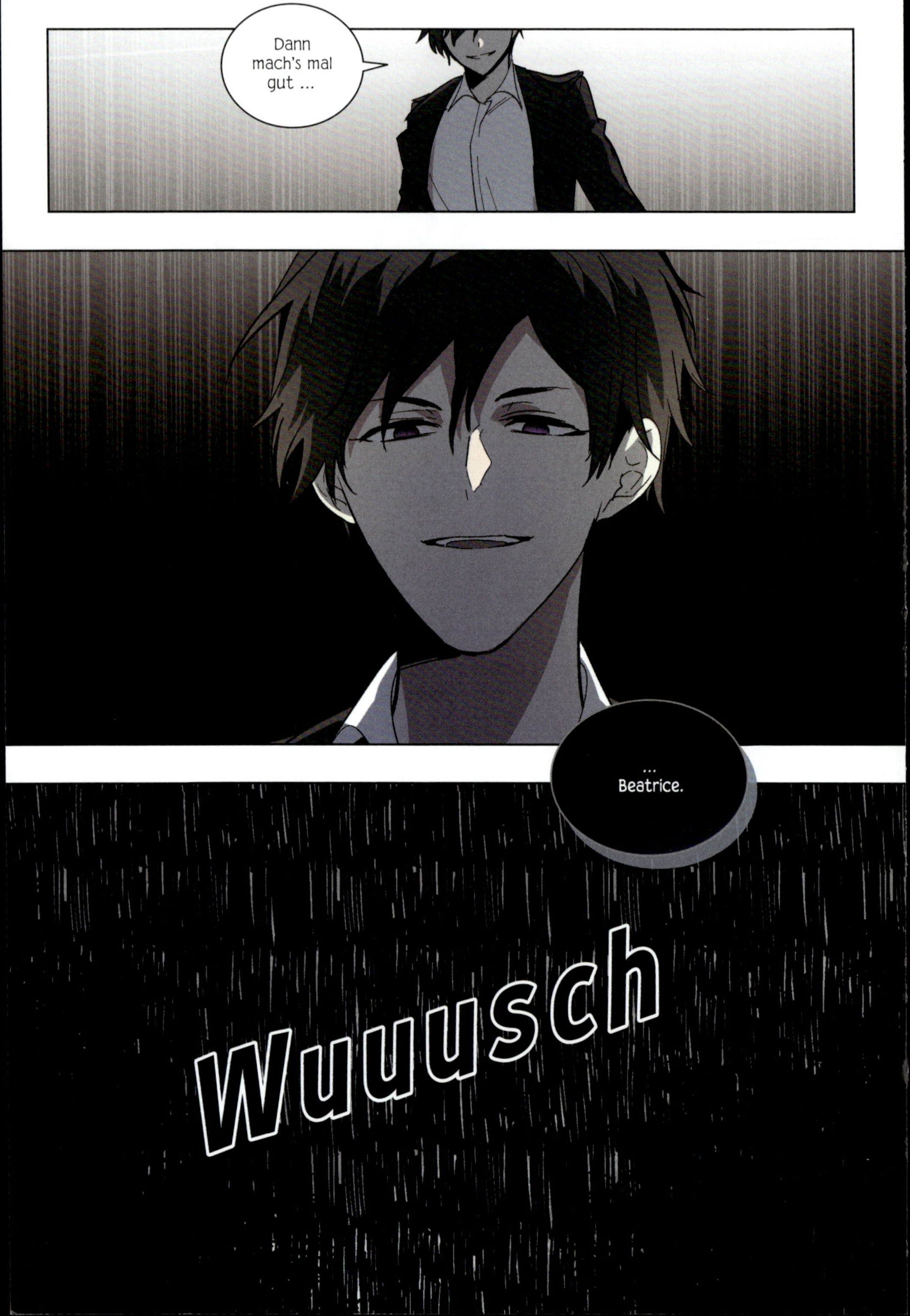
Dann mach's mal gut ...
... Beatrice.
Wuuusch

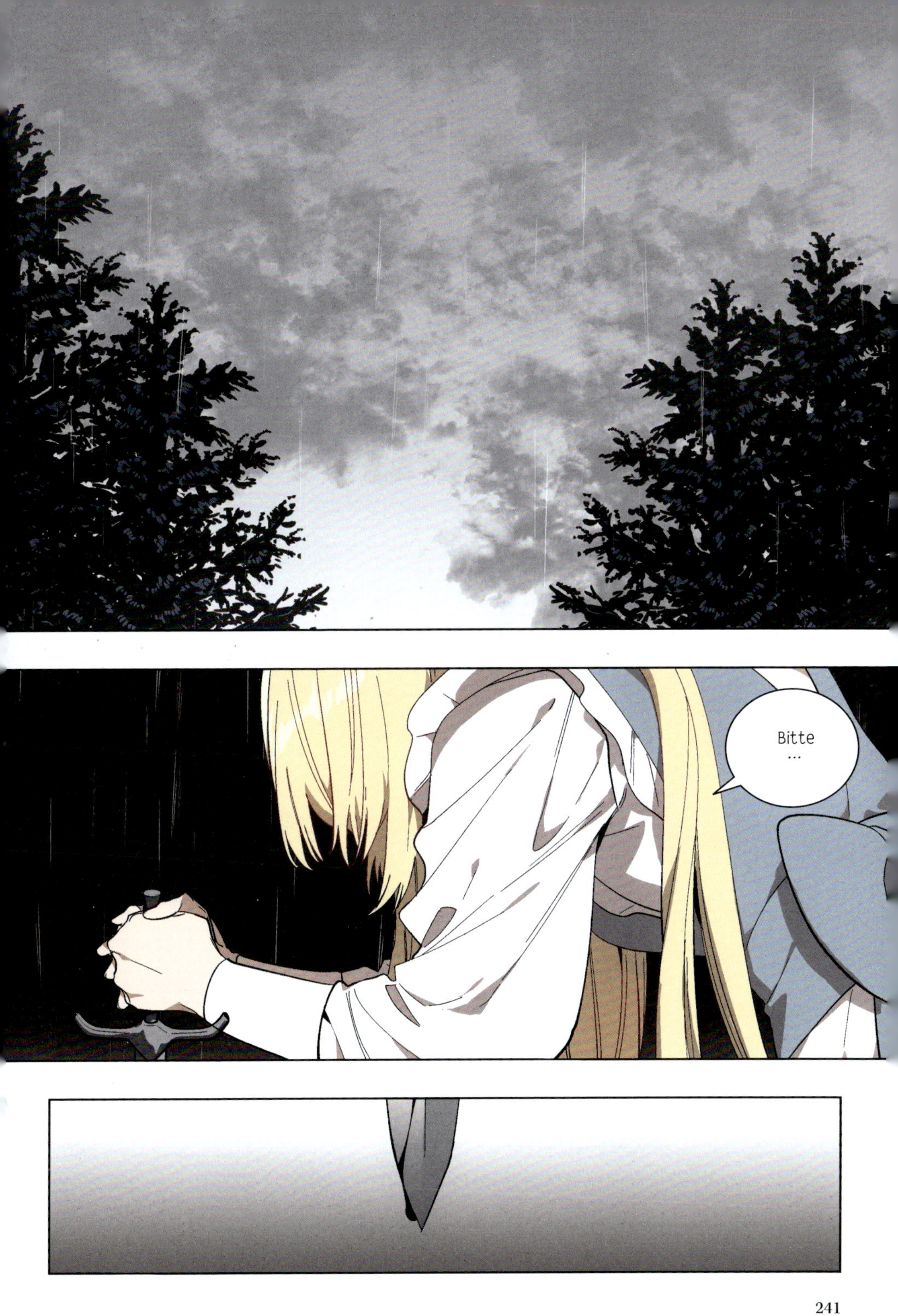
Bitte
...

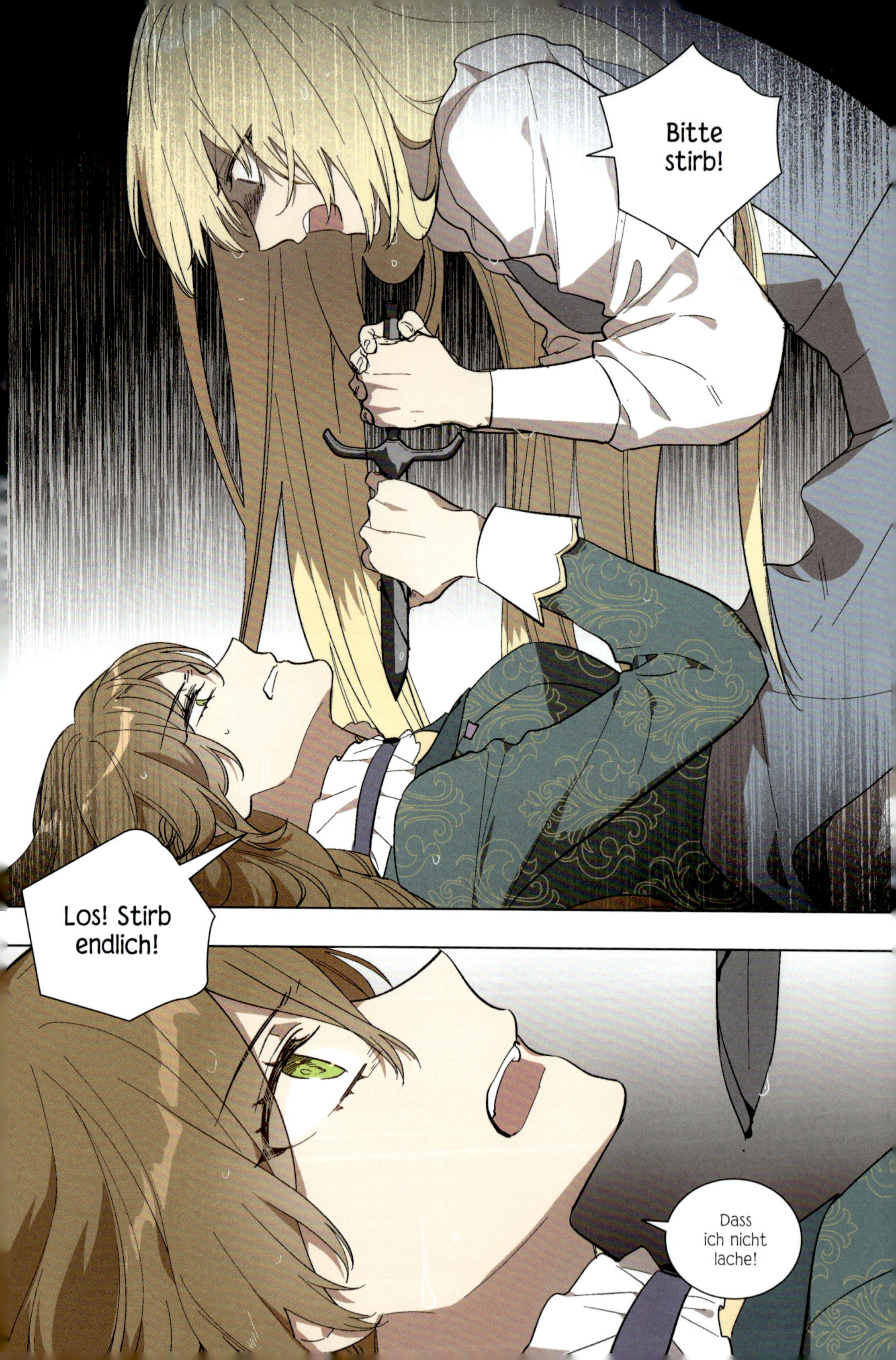
Bitte stirb!
Los! Stirb endlich!
Dass ich nicht lache!

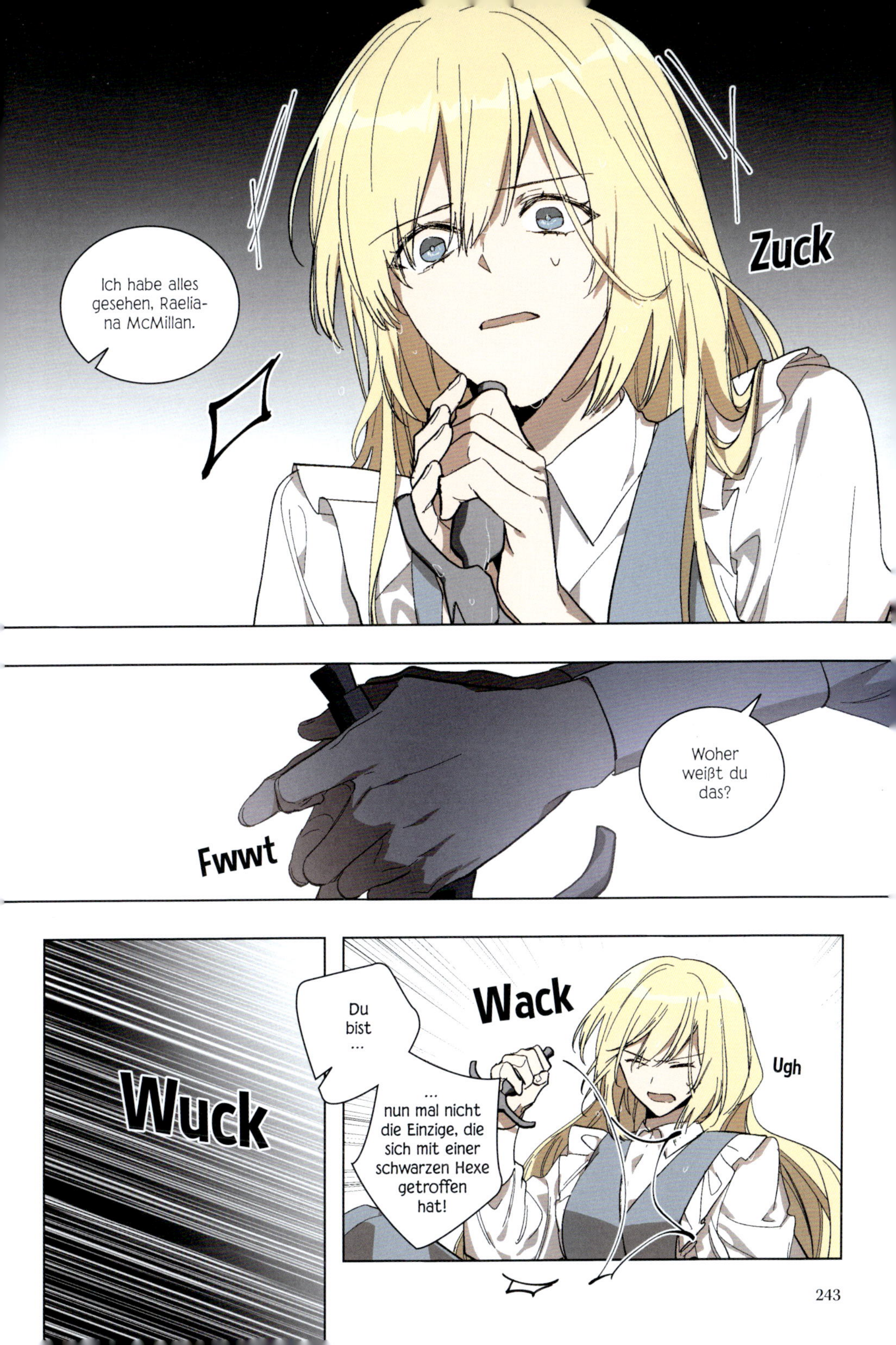
Ich habe alles gesehen, Raeliana McMillan.
Zuck
Woher weißt du das?
Fwwt
Wuck
Du bist ...
... nun mal nicht die Einzige, die sich mit einer schwarzen Hexe getroffen hat!
Wack
Ugh

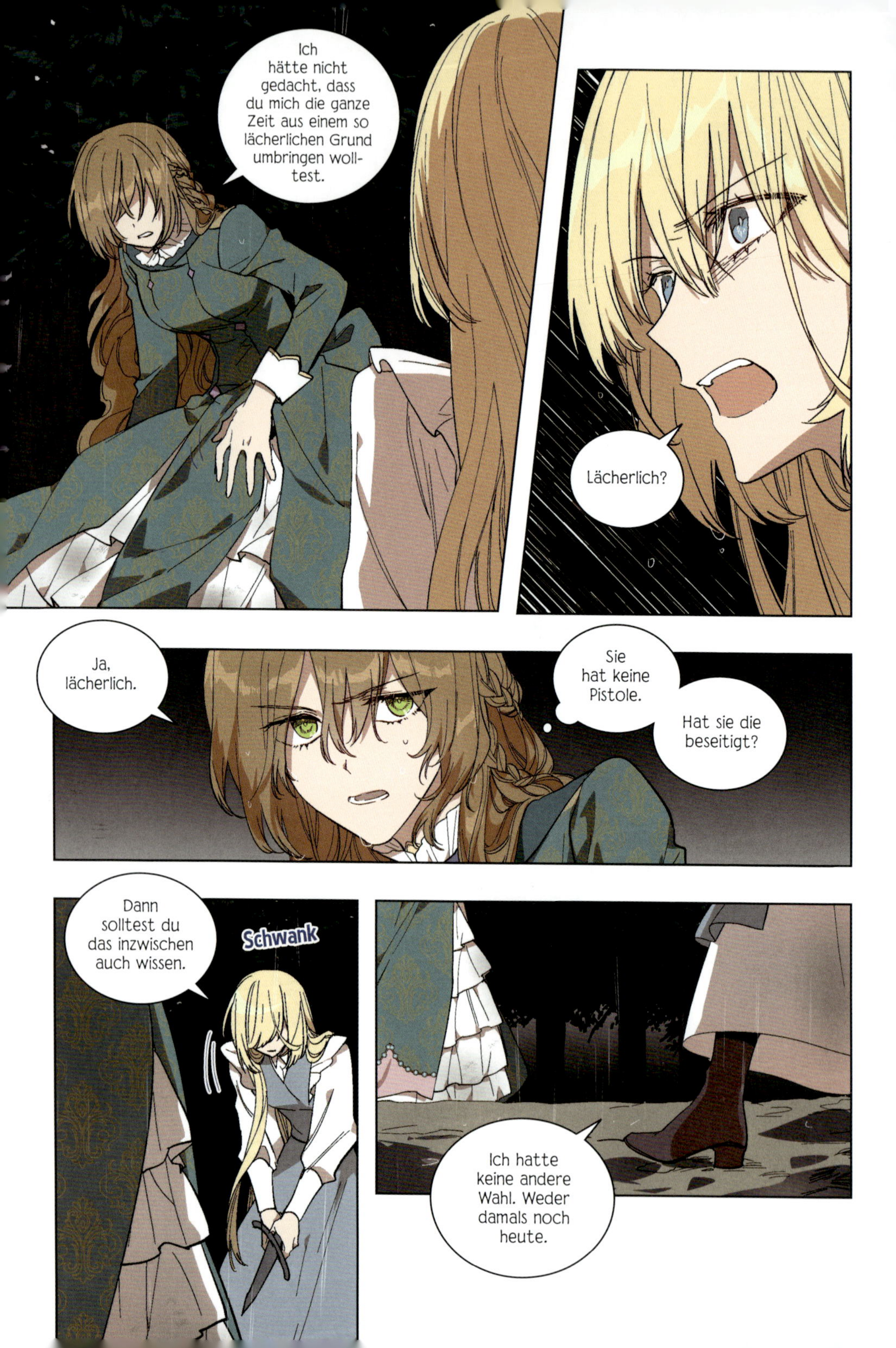
Ich hätte nicht gedacht, dass du mich die ganze Zeit aus einem so lächerlichen Grund umbringen wolltest.
Lächerlich?
Ja, lächerlich.
Sie hat keine Pistole.
Hat sie die beseitigt?
Dann solltest du das inzwischen auch wissen.
Schwank
Ich hatte keine andere Wahl. Weder damals noch heute.

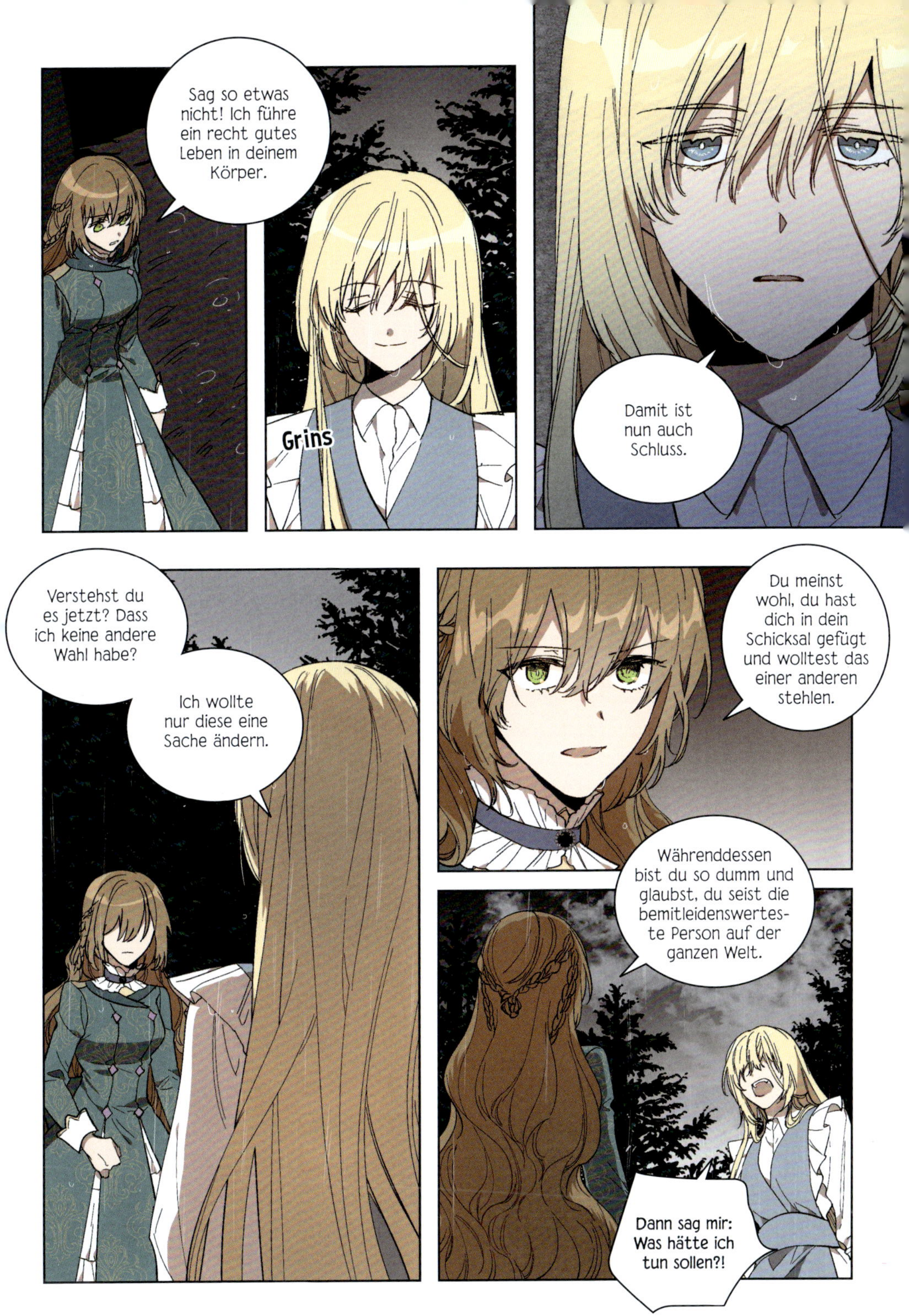
Sag so etwas nicht! Ich führe ein recht gutes Leben in deinem Körper.
Grins
Damit ist nun auch Schluss.
Verstehst du es jetzt? Dass ich keine andere Wahl habe?
Ich wollte nur diese eine Sache ändern.
Du meinst wohl, du hast dich in dein Schicksal gefügt und wolltest das einer anderen stehlen.
Währenddessen bist du so dumm und glaubst, du seist die bemitleidenswerteste Person auf der ganzen Welt.
Dann sag mir: Was hätte ich tun sollen?!

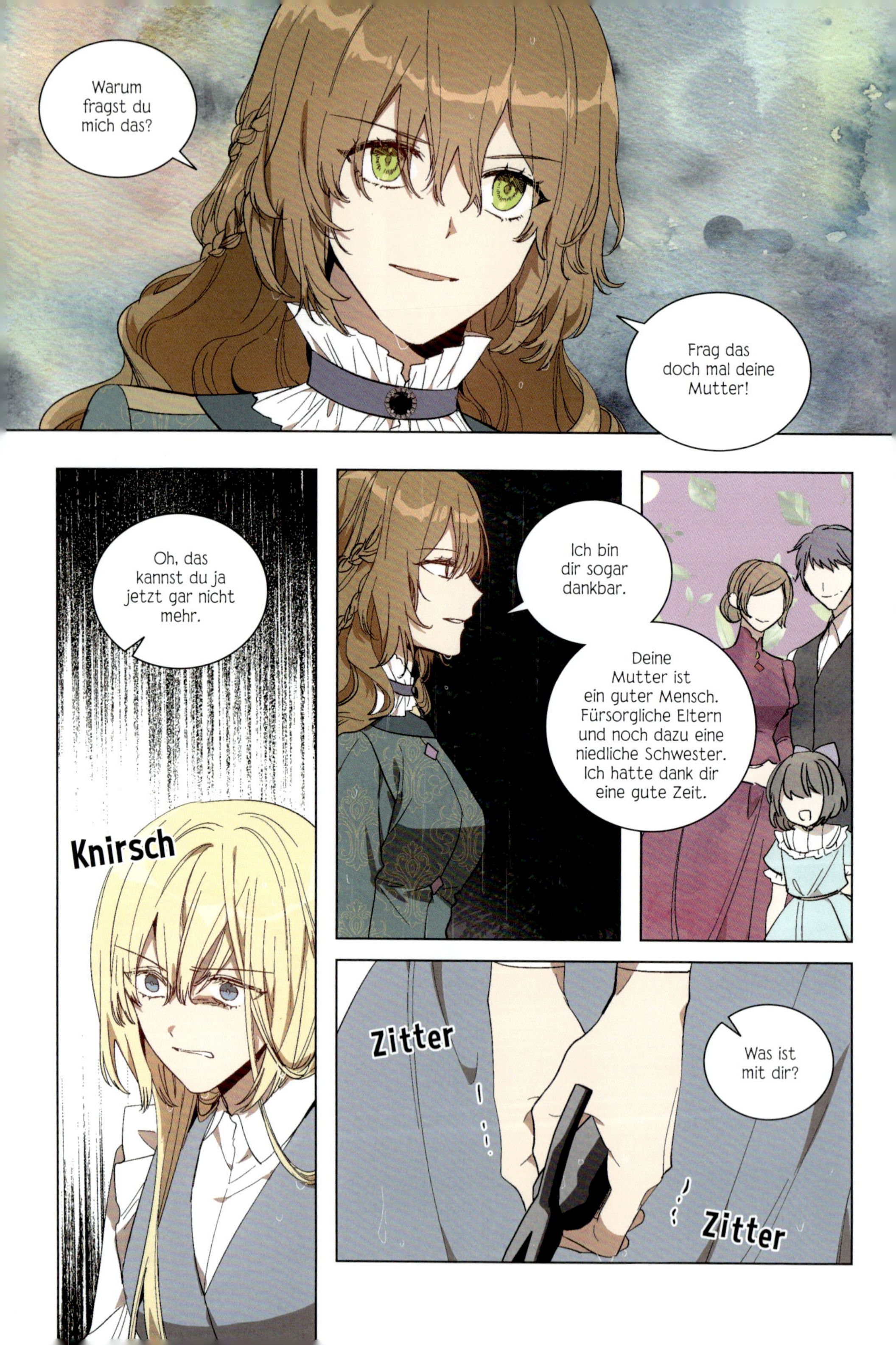
Warum fragst du mich das?
Frag das doch mal deine Mutter!
Oh, das kannst du ja jetzt gar nicht mehr.
Knirsch
Ich bin dir sogar dankbar.
Deine Mutter ist ein guter Mensch. Fürsorgliche Eltern und noch dazu eine niedliche Schwester. Ich hatte dank dir eine gute Zeit.
Zitter
Was ist mit dir?
Zitter

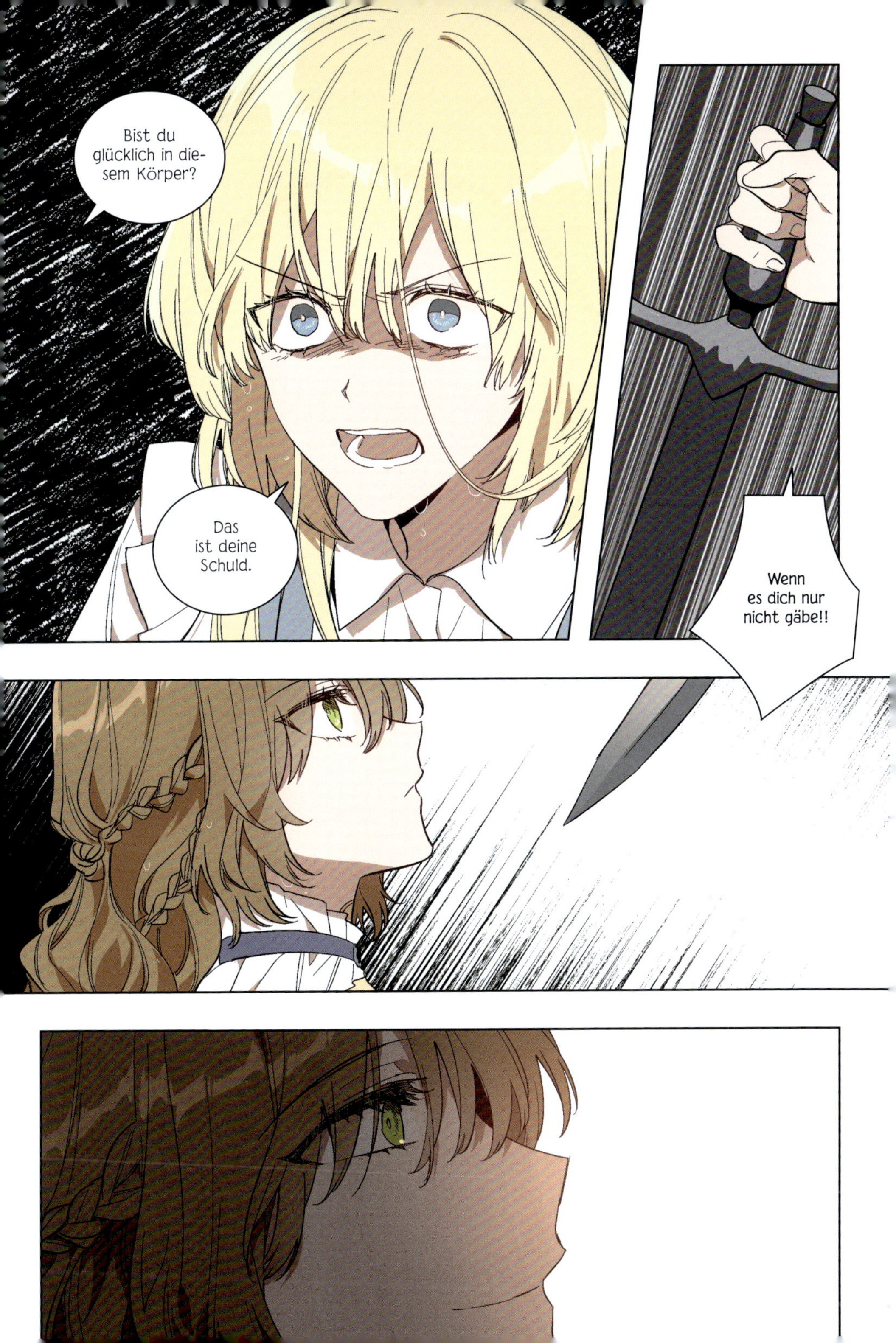
Bist du glücklich in diesem Körper?
Das ist deine Schuld.
Wenn es dich nur nicht gäbe!!

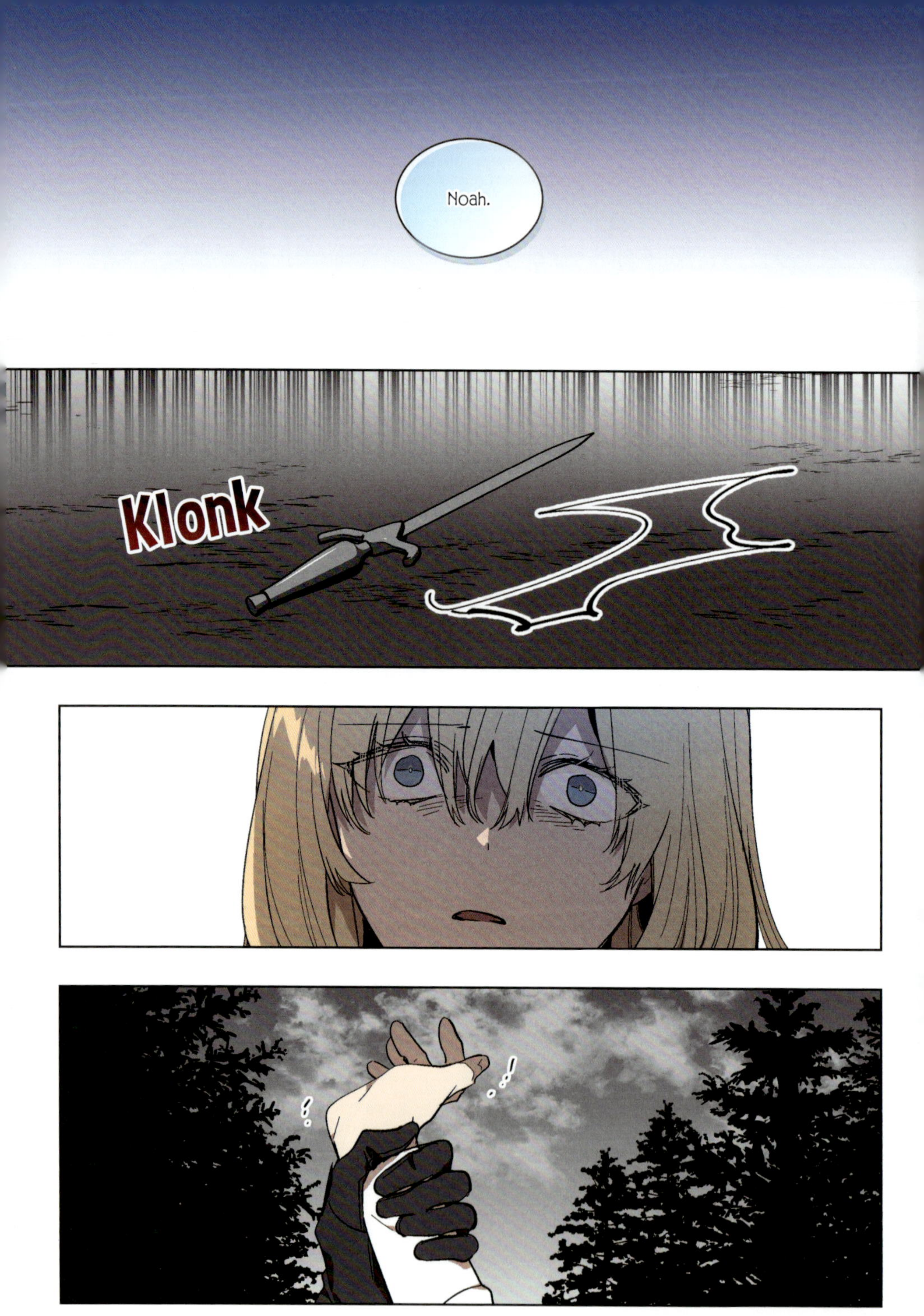
Noah.
Klonk

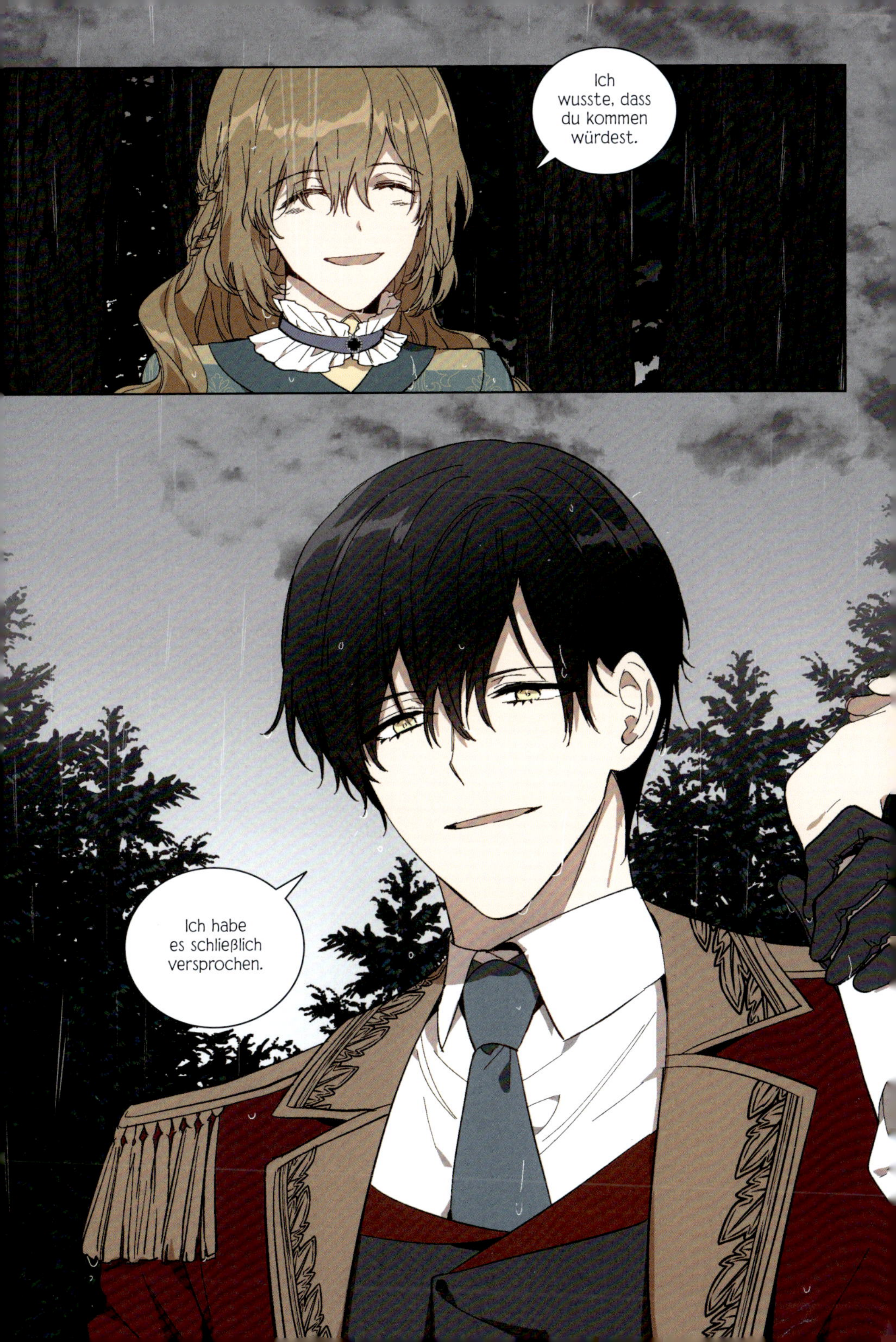
Ich wusste, dass du kommen würdest.
Ich habe es schließlich versprochen.

Vorschau
Band 9

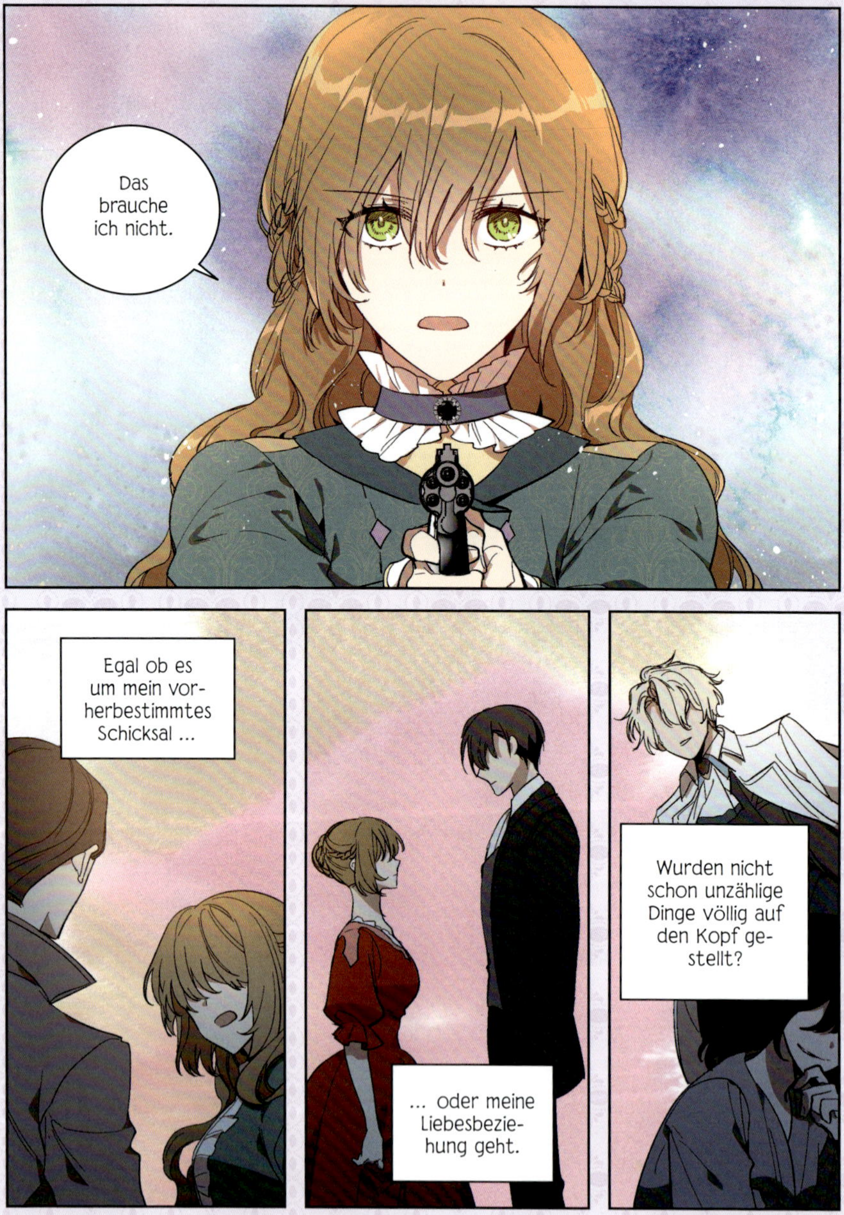

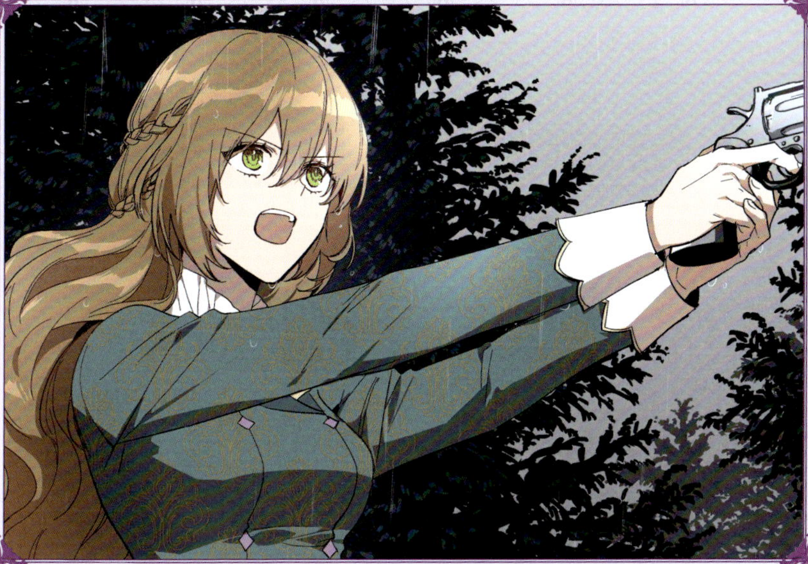

Sie hat das Schicksal einer anderen
gestohlen und wurde selber zu Beatrice.
Bis zum Schluss kennt sie nichts außer Selbstmitleid
und Ausflüchte. Doch Raeliana richtet, ohne
zu zögern, die Waffe auf sie!

»Ich bin anders als du. Ich entscheide selbst,
wie meine Zukunft aussieht.«

Seid gespannt auf das Serienfinale in Band 9!

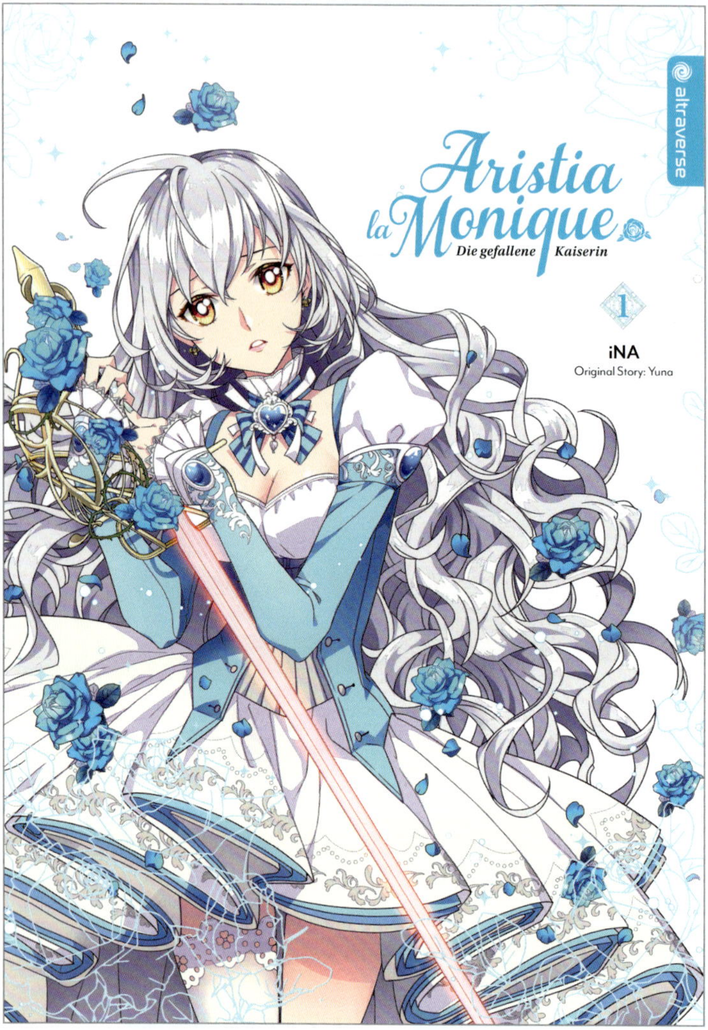

Aristia la Monique – Die gefallene Kaiserin

iNA | Yuna

Seit ihrer Geburt wurde Aristia in dem Glauben erzogen, dass sie eines Tages Kaiserin sein würde. Als wie aus dem Nichts eine geheimnisvolle Frau auftaucht und den Platz an der Seite des Kaisers einnimmt, bricht ihre Welt zusammen. Unfähig, sich in dieses neue Leben zu fügen, erleidet Aristia einen tragischen Tod. Doch sie verschwindet nicht – sondern erwacht sieben Jahre zuvor! Gelingt es ihr dieses Mal, dem Schicksal eine glückliche Wendung zu geben?

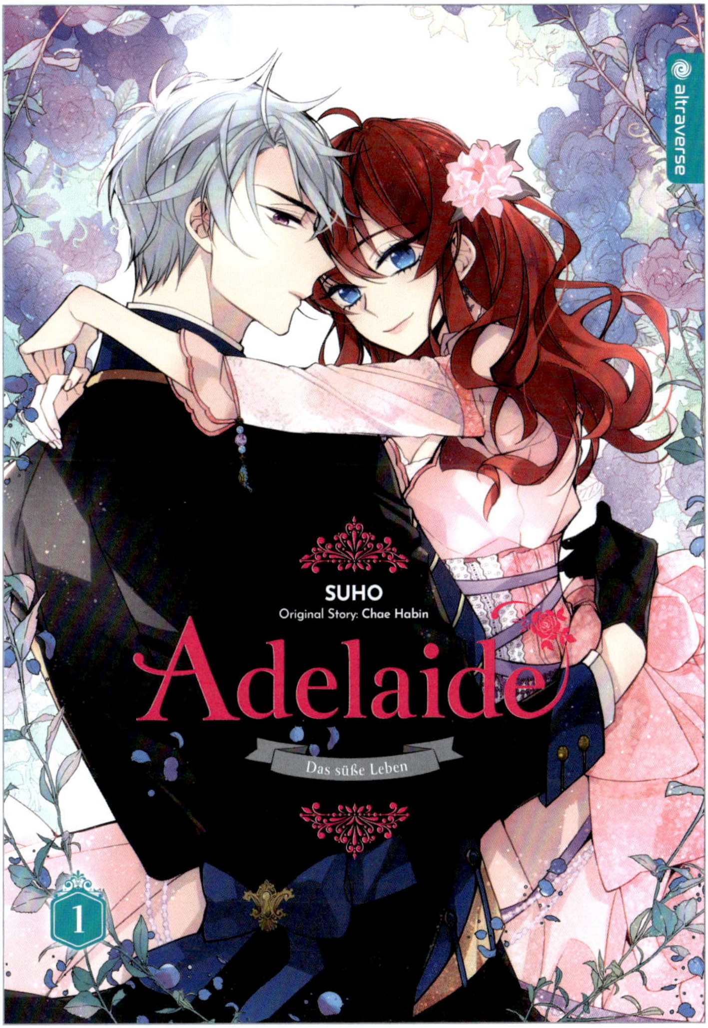

Adelaide – Das süße Leben

SUHO | Chae Habin

Adelaide wurde wiedergeboren und lebt gelangweilt in einer fremden Welt. Ihr neues Dasein als adelige Tochter macht sie nicht besonders glücklich. Als sie 17 Jahre alt ist, erfährt sie vom Auftauchen einer geheimnisvollen Frau und setzt alles daran, diese kennenzulernen. Vielleicht stammt die Frau ja aus ihrer alten Welt, an die sie sich noch bestens erinnert! In der Folge erwarten Adelaide viele Überraschungen und ihr Leben ist plötzlich alles andere als langweilig!

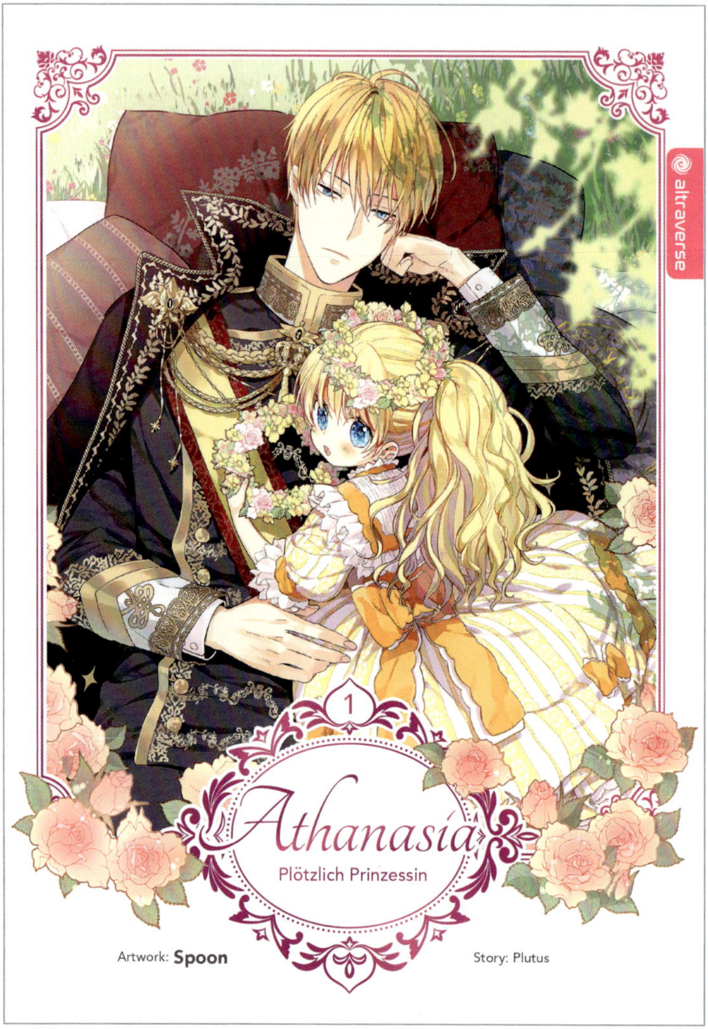

Athanasia – Plötzlich Prinzessin

Spoon | Plutus

Wiedergeboren als Prinzessin! Besser hätte es Athanasia kaum treffen können. Wäre nicht der Kaiser ein grausamer Tyrann, der sein Kind ablehnt und vernachlässigt. Noch als Baby wird Athanasia bewusst, dass sie eine Überlebensstrategie braucht. Andernfalls wird sie an ihrem 18. Geburtstag auf Geheiß ihres eigenen Vaters sterben! Damit es so weit nicht kommt, macht sich die Prinzessin daran, ihr Schicksal zu verändern ...